João Simões Lopes Neto:
UMA BIOGRAFIA

Carlos Francisco Sica Diniz

João Simões Lopes Neto: uma biografia

2ª edição
(revista, atualizada e aumentada)

Porto Alegre, RS
2023

coragem

© Carlos Francisco Sica Diniz, 2023.
© Editora Coragem, 2023.

A reprodução e propagação sem fins comerciais do conteúdo desta publicação, parcial ou total, não somente é permitida como também é encorajada por nossos editores, desde que citadas as fontes.

www.editoracoragem.com.br

contato@editoracoragem.com.br

(51) 98014.2709

Produção editorial: Thomás Daniel Vieira.

Preparação e revisão de texto: Laura Rossini dos Santos.

Fotos de originais, organização e tratamento: Emerson Ferreira.

Ilustração da capa: Cris Castro.

Porto Alegre, Rio Grande do Sul.

Primavera de 2023.

Dados Internacionais de Catalogação na Publicação (CIP)

D585j Diniz, Carlos Francisco Sica
      João Simões Lopes Neto: uma biografia / Carlos Francisco Sica Diniz; prefácio à 1.ed.: Ligia Chiappini; prefácio à 2.ed.: Luís Augusto Fischer; Posfácio: Fausto José Leitão Domingues. – 2. ed, rev. atual. aum. – Porto Alegre: Coragem, 2023.
      440 p.

      ISBN: 978-65-85243-13-1

      1. Lopes Neto, João Simões – Biografia. 2. Literatura gaúcha. 3. Literatura sul-rio-grandense. 4. Escritores – Biografia. 5. Literatura brasileira. 6. Biografia. I. Chiappini, Ligia. II. Fischer, Luís Augusto. III. Domingues, Fausto José Leitão. IV. Título.

CDU: 929:82

Bibliotecária responsável: Jacira Gil Bernardes – CRB 10/463

À memória de meu pai, Alcides Torres Diniz.

SUMÁRIO

Prefácio à 1ª edição 11
    por Ligia Chiappini

Prefácio à 2ª edição: 15

Verdade e ilusão. 15
    por Luís Augusto Fischer

Introdução 21

Capítulo 01: Antecedentes familiares 41

Capítulo 02: (1865 – 1876) .57

Capítulo 03: (1876 – 1884) .75

Capítulo 04: (1885 – 1889) .85

Capítulo 05: (1890 – 1892) 109

Capítulo 06: (1893 – 1895) 119

Capítulo 07: (1896 – 1900) 139

Capítulo 08: (1901 – 1903) 161

Capítulo 09: (1904) 177

Capítulo 10: (1905 – 1906) 199

Capítulo 11: (1907 – 1909) 229

Capítulo 12: (1910 – 1911) 247

Capítulo 13: (1912) 271

Capítulo 14: (1913) 307

Capítulo 15: (1914) 335

Capítulo 16: (1915 – 1916) 359

Posfácio: Uma biografia exemplar 375
    Fausto José Leitão Domingues

Bibliografia 381

Índice onomástico 415

PREFÁCIO À 1ª EDIÇÃO

por Ligia Chiappini

Uma biografia tem muito trabalho investido. Trabalho que, em muitos aspectos, se pode comparar ao do detetive, sobretudo daqueles que a ficção perenizou, capazes de reconstruir toda uma trajetória a partir de indícios colecionados com paciência e obstinação e relacionados entre si, por artes da razão e da intuição.

Biógrafo-detetive, Carlos Diniz nos apresenta aqui o resultado da longa investigação que fez sobre a vida e a obra do escritor gaúcho, brasileiro, platino e universal, João Simões Lopes Neto.

Partindo das duas biografias existentes, de Carlos Reverbel e de Ivete Simões Lopes Massot, Diniz ora delas se aproxima, ora se distancia, buscando manter um justo equilíbrio entre o testemunho — em que fundamentalmente se basearam esses biógrafos — e outras fontes, até agora, pouco ou nada frequentadas: arquivos do Colégio Abílio e da Faculdade de Medicina do Rio de Janeiro, da Biblioteca de Pelotas, da União Gaúcha, da Academia Rio-Grandense de Letras, de cartórios e jornais pelotenses, entre outras.

Juntando fragmentos de informações colhidos cá e lá, o autor desta biografia consegue desconstruir alguns mitos: o da proverbial riqueza, que o escritor teria herdado e esbanjado, aos seus estudos no Rio de Janeiro; destes à propalada condição de fundador da União Gaúcha, a cuja diretoria João Simões Lopes Neto só mais tarde iria pertencer. Carlos

Diniz consegue ainda apresentar indícios das leituras feitas pelo escritor, tão difíceis de inventariar, já que, logo depois de sua morte, sua biblioteca fragmentou-se na apressada venda, providenciada pela viúva para remediar sua difícil situação financeira.

Seguir a vida de Simões do nascimento à morte, do primeiro ao último texto que escreveu e que sobre eles escreveram, é, para nós leitores, um prazer e um sofrimento. Prazer porque o biógrafo apaixonado nos conduz facilmente através de sua escrita agradável, interessante e interessada. Sofrimento porque essa mesma escrita conta a história de um grande escritor que não teve em vida o reconhecimento merecido e que, mesmo hoje, é pouco conhecido e estudado. Sofrimento, ainda, porque o retrato que se pinta é de um intelectual extremamente engajado no seu tempo, cujas energias precárias, devido a uma precária saúde, são exploradas até o fim em prol de ideais civilizadores, ao ponto de esgotarem-se as forças para lutar pela própria sobrevivência. Um homem que fez muito em pouco tempo, morrendo com apenas 51 anos.

Vida e obra emaranham-se nesta nova biografia, que é uma importante contribuição para o esclarecimento de ambas, tratadas de modo indissociável. Afinal, essa obra exigia essa vida, poderíamos dizer, parodiando Merleau Ponty. É o que Diniz parece compreender, como leitor apaixonado de Simões.

A história que lemos aqui, de um grande escritor e de sua pequena-grande obra é também a história de uma importante cidade do Brasil: Pelotas, a princesinha do sul. De suas elites, de suas camadas populares, de seus luxos e pobrezas, de suas luzes e becos sombrios.

Acompanhar cronologicamente o engajamento do escritor pelotense nas principais instituições da cidade é também inventariar seus discursos e palestras, nos quais, por sua vez, há inúmeras pistas sobre o seu projeto ficcional. Perseguir sua trajetória jornalística é também encontrar vários

PREFÁCIO À 1ª EDIÇÃO

de seus contos e lendas publicados em revistas e jornais antes de saírem nos livros que conhecemos.

De fato, este trabalho recupera também importantes textos aos quais o público (entre ele, a crítica) não tinha acesso. Além dos já citados contos e lendas, publicados em primeira versão nos jornais e revistas da cidade, recupera também o tão falado *Terra Gaúcha*, do qual conhecíamos apenas as 27 páginas que estavam em poder de Carlos Reverbel. O exame desse material permitiu a Diniz comprovar uma hipótese que lancei há mais de dez anos em meu livro *No Entretanto dos Tempos: literatura e história em João Simões Lopes Neto*, a ideia de que o projeto simoniano fora esboçado na conferência de 1904, Educação Cívica, e prosseguia nesse livro infanto-juvenil que ele se pusera a escrever, segundo os ideais pedagógicos e patrióticos de um José Veríssimo e de um Carlos Jansen e segundo o modelo de El cuore, de De Amicis. *Terra Gaúcha*, com suas duas partes: campo e colégio, campo e cidade, parece unificar-se depois, na narrativa do velho Blau, quando esta se dirige ao seu interlocutor mudo e culto e, através dele, a nós leitores urbanos e letrados.

Diniz não se limita a fornecer dados, ele também interpreta, comenta e julga, não hesitando em valorar a obra ficcional como também a sua crítica. Alarga-se, assim, a sua leitura da obra, incluindo aí a recepção. Alarga-se, na verdade, o próprio conceito de obra, abarcando as leituras que, ao longo do tempo, passaram a fazer parte dela. Entre estas, algumas de além-fronteira, como indica a ousada, mas bastante plausível, hipótese de um certo Borges, leitor de um certo Simões Lopes.

Além do trabalho em arquivo, este livro demonstra que o autor está muito atualizado não apenas com a bibliografia simoniana, mas até mesmo como estilo atual de biografar, desconfiando da possibilidade de se alcançar a objetividade completa, e de recuperar o passado tal qual ele se deu, aceitando a participação subjetiva e criativa do biógrafo, mas sempre buscando uma espécie de justo meio-termo entre documento e invenção. Sobre esse precário e sempre difícil, mas desejável, equilíbrio, ele mesmo nos fala, quando apresenta o seu método, identificando-o ao mesmo tempo como construção, estribada em conhecimentos e conjeturas e optando por "manter algumas lacunas na vida do biografado, para evitar o equivocado preenchimento decorrente da falta de comprovação nas fontes" (p. 37).

Lacunas existem e vão continuar existindo, desafiando novos biógrafos e exigindo novas pesquisas. Lacunas talvez sejam as responsáveis pelos saltos que, frequentemente, o texto de Diniz, ele próprio, realiza, passando muitas vezes por analogia de um tema a outro, de uma instância a outra da vida-obra biografada e da ampla bibliografia secundária em que se apoia.

Uma coisa é certa: mesmo lacunar, este livro obriga a quem já se aventurou pela pesquisa lopes-neta, como é o meu caso, tanto através de textos críticos quanto através do cotejo de edições e estabelecimento de texto[1], a voltar sobre seus próprios achados, conhecimentos e conjecturas, corrigindo e renorteando o que agora, graças aos achados, conhecimentos e conjecturas de um biógrafo sério e inventivo, é possível corrigir e renortear.

(Berlim, 13.05.03).

---

1   Refiro-me especialmente ao livro acima citado, *No entretanto dos tempos: literatura e história em João Simões Lopes Neto*, São Paulo, Martins Fontes, 1988, e à edição crítica por mim organizada: Contos Gauchescos, Lendas do Sul e Casos do Romualdo, Rio de Janeiro, Ed. Presença/ INL, 1988.

PREFÁCIO À 2ª EDIÇÃO:
VERDADE E ILUSÃO

por Luís Augusto Fischer

O admirável trabalho que Carlos Francisco Sica Diniz apresenta agora, em segunda e revista edição, presta um enorme serviço. Para a memória de Simões Lopes Neto, em um óbvio primeiro lugar, mas igualmente para a decifração de uns quantos mistérios que povoam toda uma zona de interesse da cultura sulina – uma zona composta de interesses literários, vetores historiográficos e perspectivas interpretativas.

Se fosse necessário alinhar todas as dimensões implicadas no trabalho que agora se publica, a conta ia longe. Num nível elementar e evidentemente decisivo, temos aqui uma coleção de fatos documentados tendo ao centro a vida de João Simões Lopes Neto. Pelotense, foi o primeiro neto varão do homem que talvez fosse no momento o homem mais rico do estado, de quem trazia o nome acrescido da especificação de "neto", ele viveu entre 1865 e 1916. Viveu uns anos no Rio de Janeiro, de onde retornou para sua cidade natal, onde desempenharia uma série impressionante de atividades, até afunilar seus interesses no campo da escrita ficcional, folclorista, historiadora, jornalística.

Sendo uma pessoa da alta elite econômica e social, o escritor deixou rastros de sua passagem em muitos registros. Alguns ele mesmo produziu, como se poderá ler em sua obra, publicada ou não em seu tempo de vida;

outros foram sendo feitos pelas atenções que gente como ele costuma receber, da imprensa, de memorialistas, de historiadores. Mas já esse nível, quando observado de perto, se desdobra em algumas camadas. Porque a vida do ilustre pelotense, além de haver sido muito variada em ocupações e interesses, conheceu também aspectos obscuros. Por quê, se pergunta todo mundo que sabe de sua história, por que ele retornou do Rio de Janeiro sem ter alcançado formação inteira em alguma carreira superior?

Esse mistério poderia ser irrelevante, não fosse o fato de que aquele jovem viria a produzir arte e pesquisa de primeiro nível de importância. E logo outra camada de interesses aflora: ocorre que o Simões Lopes Neto parece ter sido uma daquelas figuras cuja inteligência e cuja sensibilidade não foram acompanhadas por um equivalente espírito de organização e pertinácia. Publicou menos do que escreveu; legou manuscritos que vieram ao mundo impresso quase um século depois de sua morte; produziu pérolas literárias, como seus contos, mas não teve tempo para desdobrar suas descobertas até as mais vigorosas consequências. Por quê?

Um leitor menos atento poderia, então, duvidar: mas com esses embaraços todos, será que vale tanto a pena ir atrás de todos os detalhes possíveis, documentar cada passo de sua vida, cercar as lacunas com o máximo de seguras informações? Aí é que está: vale, vale cada movimento dessas décadas de trabalho que teve Sica Diniz para chegar ao resultado que o leitor tem em mãos.

Não é tão simples dizer os motivos desse valor. Acima ficou dito que a biografia de Diniz traz elementos de interesse para a literatura, a história e a cultura em sentido amplo. E não é exagero. Filho da mesma conjuntura que daria ao Brasil figuras de primeira importância como o poeta Olavo Bilac, o marechal Cândido Rondon ou o cancionista Catulo da Paixão Cearense, Simões Lopes concebeu (ou intuiu) e realizou uma revolução literária, que daria frutos maduros nos tempos posteriores à sua morte.

PREFÁCIO À 2ª EDIÇÃO: VERDADE E ILUSÃO

Antes de definir que revolução foi essa, porém, é preciso dizer que ele foi um escritor de muitos gêneros. Produziu peças de teatro, poemas, ensaios críticos, estudos, livros didáticos, pesquisa folclórica, crônicas, textos de memória, historiografia, conferências, contos (humorísticos, documentais, passionais, trágicos, históricos) e lendas. Ainda hoje a totalidade de sua obra escrita não alcançou ser toda devidamente publicada. É perfeitamente possível dizer dele algo parecido ao que Augusto Meyer disse de Alcides Maya: foi uma dessas pessoas muito maiores do que a vida que conseguiu ter.

Agora a revolução. Num país cuja identidade foi formada na costa litorânea, basicamente em Salvador e no Rio de Janeiro, as duas maiores cidades do mundo da plantation (aquele sistema de produção econômica baseada em quatro pilares nítidos: monocultura, exportação, latifúndio e escravidão), a literatura veio sendo concebida como uma simples e direta reprodução das modas europeias. Escrevia-se aqui reiterando temas, procedimentos, figuras que Paris consagrava. E essa reiteração significava, em termos gerais, ignorar tanto o mundo da escravidão (não era de bom-tom dar protagonismo literário a gente que na vida real nem era cidadã) quanto o vasto mundo do interior, o amplo espaço que era tratado com a palavra "sertão".

Não, não confunda a coisa: "sertão", ao longo do tempo, não era apenas o sertão seco, o sertão de Vidas secas; "sertão" era o espaço geográfico que ficava para além do espaço da plantation, em direção ao interior. Um mundo que tinha mineração, muitas rotas de comércio e serviços, de norte a sul, de oeste a leste. Um mundo a cavalo. Um mundo patriarcal e machista, onde as mulheres eram mais raras do que nas cidades. Um mundo mais afeito ao pacto (aquele acerto oral, de contornos imprecisos, que é sustentado pela moral e não pela letra escrita, a qual aliás nem existe por ali), e menos propício ao contrato (aquele acerto com termos explicitados, com ajustes escritos, sob o império da lei formal).

Este mundo compreende a maior parte do território do atual Brasil, dos pampas ao cerrado, até as bordas da floresta e as do litoral. Este mundo esteve ativo desde que o território nem era Brasil ainda, com os caminhos indígenas, como o famoso Peabiru, e ao longo da colonização foi impulsionado pelas muitas rotas de comércio e trânsito, de bens, pessoas, serviços. Este mundo, no entanto, quase não aparecia na literatura que ia sendo produzida, como dito acima, nas grandes cidades do mundo da plantation, Salvador, Rio de Janeiro, Recife, até mesmo a interiorana Vila Rica, depois Ouro Preto. Ou, quando era objeto de representação literária, o que ocorria era pura e simplesmente ele ser visto caricatamente, como um lugar apenas atrasado e violento (como se nas grandes cidades não houvesse atraso e violência), de gente abarbarada.

Não é que o mundo do sertão não contivesse esses elementos todos – sim, ele os continha. Mas até o começo do século 20 era quase sempre a visão de fora e de longe, que usava como lente um estilo de vida e pensamento urbanos, europeizados, com nenhuma empatia para com aquele mundo bravo do sertão. (As exceções se contam nos dedos de uma mão e não chegaram a alterar o panorama. Momentos de Basílio da Gama, algum Alencar, Taunay em certas passagens.)

Até que chega a revolução de Simões Lopes Neto. Como esta biografia mostra com detalhes pacienciosamente pesquisados e recompostos, ele poderia ter sido apenas um herdeiro das elites, sem olho ou coração para a vida local e para o modo de ser dos de baixo. Mas ele avançou, por motivos mais e menos nobres, com maior ou menos clareza, e no auge de sua criação dá a palavra a Blau Nunes, um tipo inventado a partir da vivência empática do autor com os gaúchos pobres, com os que viviam a história sem entendê-la em toda a extensão.

Não se trata de um revolucionário social ou coisa que o valha; trata-se de um homem que soube aprender a ver as coisas relevantes da vida

PREFÁCIO À 2ª EDIÇÃO: VERDADE E ILUSÃO

por dentro de intensas experimentações, que deram resultado porque ele, como seu Blau, era dotado de alma forte e coração sereno.

Lendo mais uma vez essa beleza de trabalho documental de Carlos Francisco Sica Diniz, com toda uma competente e minuciosa atualização agora em sua segunda edição, reforço minha viva sensação de que foi uma grande figura humana, este João Simões Lopes Neto. Não por acaso sua obra atravessa os tempos e nos permite, cada vez com maior amplitude, enxergar muito melhor sua época, no Brasil todo e em sua geração, e entender com mais detalhe a nossa vida, especialmente cá na ponta sulina do Brasil, na vizinhança dos países platinos.

Simões Lopes Neto foi uma espécie de primo espiritual distante de outros aristocratas com sentimento popular genuíno como Liev Tolstói; criador de Blau Nunes, um tipo de avô da muito mais desenvolvida figura de Riobaldo, criado por Guimarães Rosa; um farol que ilumina para diante figuras de primeira grandeza como Vitor Ramil. E sua história, atravessada de invenção cultural, da genuína ilusão que move os grandes artistas, abre variados caminhos e está aqui recontada, com amorosa paciência, com rigor documental, como acerto analítico.

INTRODUÇÃO

"Não é preciso ser gaúcho para sentir-lhe a poesia."
Lucia Miguel-Pereira

Os ensaios críticos sobre o imortal escritor gaúcho superam, em quantidade e qualidade, as narrativas biográficas. Hoje, passados mais de cem anos da morte de Simões Lopes Neto, as fontes publicadas e as primárias que restaram, ainda que raras, são suficientes para que se possa escrever uma biografia completa, apesar de todas as dificuldades em encontrar escassas informações originais, da pobreza da correspondência ativa e passiva do escritor, dos poucos depoimentos conhecidos e confiáveis de pessoas que com ele conviveram, de certas narrativas afoitas ou equivocadas, muitas até festejadas como irrefutáveis, e das nossas limitações pessoais. Mesmo assim, foi possível descobrir novos fatos, novas informações, novos enfoques, e constatar que era ainda possível lançar hipóteses inéditas sobre o polêmico assunto. Contudo, por maior que seja o esforço na busca da verdade, por mais honesto e fidedigno que tente ser, jamais ficará o biógrafo imune à censura e à discordância. Luiz Viana Filho, ao tratar do tema, já observava que "o biógrafo jamais conseguirá pôr-se a salvo das acusações de haver falseado a própria verdade. Até porque, pela natureza do seu trabalho, ele estará sempre abraçado com dois inesgotáveis motivos de dúvidas e recriminações: a necessidade de lançar mão do conjetural e a complexidade da alma humana. Contingências inevitáveis a quem tenta a biografia, pois se o primeiro é um dos meios de que dispõe o biógrafo para decifrar a esfinge, que é para ele o biografado, o segundo é a própria esfinge que lhe cabe decifrar."[2] A grandeza da obra de João Simões Lopes Neto sempre será superior a todas as passagens da sua vida e do seu notável caráter de homem público, do seu amor à pátria e do vigoroso empenho — cultivado até os derradeiros dias, mas tropeçando em muitos obstáculos — pelo desenvolvimento de seus projetos pessoais, literários e comunitários. A tarefa do biógrafo, porém, não é e nunca será menor do que a do crítico. Quando o escritor alcança a notoriedade de um Simões Lopes, as biografias elevam-se à classe das fontes bibliográficas imprescindíveis ao estudo da obra que produziu. Deve-se a muitos fatores a pobre bibliografia biográfica de João Simões Lopes Neto. Um deles, sem dúvida, foi o tardio reconhecimento do valor de sua obra literária, o que levou Moysés Vellinho a dizer, numa frase feliz, que a carreira póstuma de Simões, no sentido da reputação de sua obra ou quanto à crescente irradiação de seu nome, apresenta-se como um dos fatos mais singulares da literatura brasileira.[3]

E estava certo quando viu, nesse ressurgimento, o inverso do que normalmente ocorre com os escritores da província, que vão caindo, com as suas obras, num contínuo esquecimento. Outro estaria na oceânica distância que fatalmente se estabelece entre as periferias e os centros hegemônicos. Impressa e divulgada na provinciana Pelotas, segunda cidade de um não menos provinciano Rio Grande, nos primeiros anos do século XX, era natural que a obra de Simões Lopes, com todos os adornos de uma linguagem quase dialetal, permanecesse por muito tempo aprisionada nos acanhados muros regionais. Afora as notas biográficas que acom-

---

2   Viana Filho, Luiz. *A verdade na biografia*. Rio de Janeiro: Civilização Brasileira, 1945, p.45.
3   Vellinho, Moysés."Estudo crítico", in Simões Lopes Neto, João, *Contos e Lendas*. Rio de Janeiro: Agir, 1957, p.6. Este texto foi reproduzido sob o título"A carreira póstuma de Simões Lopes Neto", na 2a edição de Letras da Província, do mesmo autor. Porto Alegre: Globo, 1960, p.251 a 263.

INTRODUÇÃO

panham muitas publicações dos textos do escritor[4], há algumas biografias que merecem registro: "J. Simões Lopes Neto: Esboço biográfico em tempo de reportagem", de Carlos Reverbel (publicada na revista Província de São Pedro, vol. 2, 1945, p. 78 a 102), e depois reproduzida em posfácio, quase na íntegra, sob o mesmo título, na edição crítica de Contos Gauchescos e Lendas do Sul (da Editora Globo, 1949); "Alguns aspectos de Simões Lopes Neto", de Mozart Victor Russomano (Fundamentos da Cultura Rio-Grandense, 3ª série, Universidade do Rio Grande do Sul, 1958); Simões Lopes Neto na Intimidade, de Ivete Simões Lopes Barcellos Massot (Bels e Instituto Estadual do Livro, 1974); "Um capitão da Guarda Nacional", de Carlos Reverbel (Universidade de Caxias do Sul e Martins Livreiro, 1981) e Simões Lopes Neto, de Antônio Hohlfeldt, Tchê, 1985, incluída na coleção "Esses Gaúchos". Merece todos os encômios o esforço pioneiro de Reverbel, naquele primeiro escorço biográfico, nascido numa viagem a Pelotas, nos idos de 1945, como repórter destacado pela Editora Globo em missão preparatória ao lançamento da primeira edição crítica de Simões, num tempo em que muito pouco se sabia sobre a vida do escritor. A visita de Carlos Reverbel à casa de dona Francisca Meirelles Simões Lopes[5], dona Velha para os mais chegados, ficou bem documentada. No arquivo histórico da Biblioteca Pública Pelotense encontra-se um cartão, de 11 de julho de 1945, assinado por Manoelito de Ornellas, pedindo à viúva do escritor que recepcionasse o "jovem amigo Carlos Reverbel com a mesma confiança e estima" com que lhe havia honrado. E também ali está a resposta de dona Francisca, comunicando ao apresentador que havia facilitado o trabalho de pesquisa em torno das obras e biografia do saudoso marido. Passar a palavra ao próprio Reverbel é o melhor que se pode fazer: "Como a Editora Globo

---

4   A nota biográfica que antecedeu a 2a edição do Cancioneiro Guasca, 1917, foi a primeira síntese bio- gráfica confiável que se publicou.
5   Francisca Meirelles Simões Lopes, em solteira Francisca de Paula Meirelles Leite (02.04.1873– 02.01.1965).

pretendia fazer um grande lançamento dessa que seria a primeira edição crítica de Contos Gauchescos e Lendas do Sul, ficou resolvido que faria parte do material de promoção do livro uma grande reportagem sobre a vida do autor. Simões Lopes Neto havia morrido em 1916, em Pelotas, aos 51 anos de idade. As notícias biográficas disponíveis sobre ele em Porto Alegre eram poucas e não muito confiáveis. A solução era mandar alguém a Pelotas, onde provavelmente ainda seria possível encontrar contemporâneos do escritor dispostos a fornecer mais informações sobre ele. Como repórter destacado para a missão de cavar material sobre a vida e a obra de Simões Lopes Neto, embarquei em um vapor para Pelotas em meados de 1945. Eu estava entusiasmado, é verdade, mas nem de longe imaginava que esse entusiasmo poderia manter o mesmo fôlego por mais de 40 anos."[6] A viagem e a pesquisa renderam frutos inesperados. Sucessivas reportagens vieram a público, a viúva do escritor ressurgiu do esquecimento e Reverbel levou na bagagem os Casos do Romualdo, que seriam publicados, pela primeira vez em livro, na edição da Globo de 1952. Quando, anos depois, o jornalista Carlos Reverbel escreveu a monografia *Um Capitão da Guarda Nacional*, que trouxe o subtítulo "Vida e obra de J. Simões Lopes Neto", a tarefa já estava a meio caminho, tendo desenvolvido com maior amplitude o esboço biográfico reproduzido na edição crítica e agregado novas pesquisas, valendo-se, ainda, de informações nem sempre corretas de pessoas que consultou. O trabalho de Carlos Reverbel, de méritos indiscutíveis, poderia ter sido mais rigoroso quanto às fontes, se levarmos em conta a relativa proximidade das datas entre o levantamento dos dados, na década de quarenta, e o falecimento do escritor. O livro de Ivete Simões Lopes Barcellos Massot, sobrinha do biografado e filha de Maria Izabel de Freitas Lopes, irmã mais moça de Lopes Neto, por mais imprecisões que contenham seus registros, e são muitas, não deve ser desprezado. Ligia Chiappini soube valorizá-lo e dele

---

6   Reverbel, Carlos. *Arca de Blau*. Porto Alegre: Artes e Ofícios, 1993, p.120.

INTRODUÇÃO

serviu-se na biografia que esboçou na primeira parte de *No Entretanto dos Tempos: Literatura e História em João Simões Lopes Neto* (Martins Fontes, 1988). Disse a escritora:

"É um esforço notável de memória de quem, amorosamente, quer reviver o passado do tio e padrinho. Ivete é o último elo de uma longa cadeia de narradores em que Simões mais brilhantemente se encaixou. Assim, como boa parte dos seus contos provinham dos casos que ouviu seja do pai, seja do avô, seja dos peões que, como Romualdo (a figura folclórica inspiradora de *Casos*), gostavam de 'queimar campo', ela também conta a vida de Simões que ouviu contar as tias e a mãe, mais do que ele próprio, com quem conviveu ainda muito pequena."[7] Nem tão pequena assim, pois quando Simões Lopes morreu, em 1916, Ivete tinha dezoito anos completos. O livro de lembranças foi escrito de memória, muitos anos depois do que viu e do que ouviu, ficando evidente que a autora, em muitas passagens, embaralhou fatos, atrapalhou-se em datas e nomes. *Simões Lopes Neto na Intimidade* não tem o rigoroso compromisso de uma biografia; é antes um livro de lembranças, um encontro coloquial com o passado e com o tio escritor. E por isso tem seu valor. Sem a pretensão de biografar o escritor, Mozart Victor Russomano deu-nos *Alguns Aspectos de Simões Lopes Neto*, síntese admirável, retrato falado do homem e de seu desapercebido momento criador, em não mais do que dezesseis páginas, numa publicação da Faculdade de Filosofia da Universidade do Rio Grande do Sul. Ali, pela vez primeira, perseguindo a fonte da força criadora de Simões Lopes, toca-se na resposta correta, até então apenas tangenciada: o retorno de Simões Lopes ao regionalismo, aos motivos pampianos, coincide com os seus fracassos econômicos e "só então ele volta, espiritualmente, para a infância tranquila, passada nas fazendas da família abastada, onde tudo era fácil e ameno"[8]. Simões Lopes nunca

7   Chiappini, Ligia. *No Entretanto dos Tempos*. São Paulo: Martins Fontes, 1988, p.10.
8   Russomano, Mozart Victor. *Alguns aspectos de Simões Lopes Neto*. Fundamentos da Cultura Rio--Grandense, 3a série. Porto Alegre: UFRGS, 1958, p.217.

foi rico, pois a fortuna do avô dissipou-se nas partilhas vertidas à enorme descendência. Mesmo assim, o patrimônio que herdou poderia ter proporcionado uma vida amena, sem aflições financeiras, tivesse Simões Lopes a mínima disposição de bem administrá-lo. Havia, na verdade, o que perder nos malogrados negócios a que se dedicou. E terminou perdendo o que não era muito, mas era o que tinha para perder, num contínuo desfazer-se, de bens e de funções, o que levou Ligia Chiappini a complementar a assertiva de Russomano, formulando a hipótese do escritor e seu senso de missão, nos mesmos termos em que Nicolau Sevcenko, autor de *A Literatura como Missão, Tensões e Criação Cultural na Primeira República*, examinou os casos de Lima Barreto e Euclides da Cunha: "Era preciso antes perder todo o dinheiro, para encontrar novamente seu outro: o seu lado Simeão".[9]

Seria um descompasso pensar em Simões Lopes como se fosse um fenômeno literário isolado da gauchesca. Vertente que não se inaugura com José Hernández e seu Gaucho Martín Fierro. O primeiro, o iniciador, foi o uruguaio Bartolomé Hidalgo, um barbeiro – *rapa-barbas*, como o chamou Lugones – falecido em 1823 de uma enfermidade pulmonar e que deslumbrou a crítica com suas composições rurais, criando, por assim dizer, com os *Diálogos*, a escola da poesia gauchesca. Hidalgo, como ressaltou Jorge Luis Borges, descobriu *la entonación del gaucho* e sobreviveu nos outros que seguiram, pois, em 1841, em Montevidéu, rompeu a cantar o cordobês Hilario Ascasubi.[10] Este poeta, criador de Santos Vega, a quem concedeu o dramatismo pitoresco da vida da Fazenda de la Flor e que recolheria da guitarra de Hidalgo uma poderosa influência, nasceu em 1807, quando seus pais faziam acidentada travessia por Córdoba.[11] Foi jornalista e militar, e lutou na guerra do Brasil. Inimigo de Rosas,

---

9   Chiappini, Ligia, ob. cit., p.47-48.
10   Borges, Jorge Luis. La Poesía Gauchesca. *Obras Completas*. Buenos Aires: Emecé Editores, 1974, p.181.
11   Ornellas, Manoelito de. *Genealogia lírica dos pampas*. Província de São Pedro, no 11, p.14.

INTRODUÇÃO

chegou a ser preso; no exílio, em Montevidéu, revelou sua cultura e permaneceu sempre fiel ao gênero literário que escolhera. Seu seguidor seria o argentino Estanislao del Campo, criador do Fausto, que lhe ocorreu parodiar por volta de 1866, quando assistia à peça do mesmo nome no Teatro Colón, na voz do gaúcho Anastasio el Pollo, intérprete a seu modo das fantásticas cenas do pacto com o diabo. A poesia gauchesca dividiu-se em dois caminhos: o da dramática e satírica (Hilário Ascasubi e Estanislao del Campo) e o da descritiva ou pinturesca (José Hernández)[12]. Hernández nasceu em 1834, nos subúrbios de Buenos Aires. Escreveu no exílio, em Santana do Livramento, a primeira parte do imortal Martin Fierro, publicada em 1872. Fierro é o drama do gaúcho desertor, perseguido pela justiça e insubmisso ao serviço das tropas. É no pampa que *El gaucho Martín Fierro* traça a "sua larga perspectiva e seus versos recolheram essa sabedoria que rola generosamente pelos fogões, na voz dos velhos tapejaras e vaqueanos"[13], enquanto Santos Vega, de Ascasubi, retrata o gaúcho do tempo do tirano Rosas e o implacável conflito das guerras políticas. Mais próximo a Hernández que de Ascasubi está Antonio Lussich, autor de *Los Tres Gauchos Orientales*, aparecido em junho de 1872; um rascunho, como disse Borges, do livro definitivo de Hernández. Registraram alguns escritores, entre eles Manoelito de Ornellas, que esses poetas precursores da gauchesca recolheram a experiência da vida dos campos, os segredos dos seus costumes e a riqueza do vocabulário, quase dialetal, diretamente do convívio da vida guerreira, com os gaúchos nas fazendas, nos acampamentos e nos fortins de fronteira. Por isso, sua poesia foi genuinamente popular, pois esse tipo de vida estava dentro de sua alma e nos seus anseios de liberdade política. Mas essa literatura não teria existido, não teria sido criada, tal qual especula Jorge Luis Borges, não fosse o caráter urbano de Buenos Aires e Montevidéu, pois as guerras da inde-

---

12   Ornellas, Manoelito de, id., p.13.
13   Ornellas, Manoelito de, id., p.16.

pendência, a guerra do Brasil, as guerras anárquicas, fizeram com que homens de cultura civil se integrassem com a gauchada e seus costumes. Confrontos que terminaram sendo a causa desse fenômeno literário. Da conjunção desses dois estilos vitais, do assombro que um produziu no outro, nasceu a literatura gauchesca.[14] Portanto, sem Bartolomeo Hidalgo não teriam surgido Hilario Ascasubi ou Estanislao del Campo, que, por sua vez, sobreviveram em José Hernández, criador do imortal Martín Fierro. Sem Hernández, sem Daniel Granada e sua *Antiguas y Modernas Supersticiones del Rio de la Plata*, sem o quase desconhecido Luiz Araújo Filho, autor de Recordações Gaúchas, não teria acontecido o fenômeno literário João Simões Lopes Neto, seus *Contos Gauchescos* e *Lendas do Sul*. Disse Lussich: "Yo tuve ovejas y hacienda; caballos, casa y manguera; mi dichaera verdadera". E cantará Hernández: "Tuve en mi pago en un tiempo, hijos, hacienda y mujer. Pero empecé a padecer, me echaron a la frontera, y qué iba a hallar al volver! Tan sólo hallé la tapera". Repetirá Simões Lopes Neto: "Eu tive campos, vendi-os; frequentei uma academia, não me formei; mas sem terras e sem diploma, continuo a ser... Capitão da Guarda Nacional". Falsa, em todos os sentidos, é a ideia, às vezes repetida, de que Simões Lopes seria um escritor ingênuo. Walter Spalding, que anotou a *Terra Gaúcha*, contribuiu para a vulgarização dessa hipótese, ao dizer que se tratava de escritor nato, que sequer teria completado o curso secundário e que fez sua cultura lendo e estudando por si e à medida das necessidades. Simões Lopes foi, no entanto, um intelectual bem acabado, integrado aos ideais de seu tempo, que desenvolveu um projeto literário que pode ser muito bem reconstituído. Ligia Chiappini encontrou essa resposta numa conferência pronunciada pelo escritor na Biblioteca Pública Pelotense, em 1904, e reproduzida, com complementos, dois anos depois: *Educação Cívica*, publicada na íntegra pela associação tradicionalista União Gaúcha e que contém um trecho que foi

---

14   Borges, Jorge Luis, ob. cit., p.179.

aproveitado para a introdução *Contos Gauchescos*. Ali estaria, por assim dizer, o projeto "explícito e da própria ficção" do escritor: contar a história do Rio Grande num livro que no início foi "pensado como um só, constituído de fragmentos vibrantes de patriotismo". A ideia desse livro sonhado, ao mesmo tempo em que fracassou, "deu cria, fragmentando-se em toda a obra de Simões" e foi ao longo do tempo se desmembrando em livros que o escritor chamava, modestamente, de populário: o *Cancioneiro Guasca*, os *Contos Gauchescos*, as *Lendas do Sul*, os *Casos do Romualdo*... E "restaram, pelo caminho, fragmentos mais diretamente memorialísticos, porque, a esta altura, já achara outro fio para relembrar o passado gaúcho, talvez com maior verossimilhança: a fala e o gesto do narrador popular".[15] Alguns críticos chegam a esboçar o projeto global do escritor, que começaria pelo simples registro — pela compilação e transcrição das manifestações culturais do povo gaúcho — e prosseguiria pelas narrativas, tiradas da boca do povo, já estilizadas pela interferência do regionalista, nos contos e nas lendas, para no final encerrar com a sátira de Romualdo. Assim, os *Contos* e as *Lendas* teriam caráter épico, constituindo uma interpretação da história do Rio Grande, em que desponta o mito do herói; os *Casos do Romualdo* seriam uma sátira e falariam, em última instância, da decadência do gaúcho.[16] Mas os *Contos Gauchescos* e as *Lendas do Sul* é que deram corpo e forma ao projeto do escritor, quando ele passa magistralmente pelo crivo da ficção. Os *Contos Gauchescos* foram publicados em 1912 e *Lendas do Sul* no ano seguinte. Dezoito são os contos na edição original. Mais adiante foi acrescentado outro: *O menininho do presépio*, que deveria entrar na segunda série, mas nunca chegou a ser escrita. A rigor, os contos reúnem vinte textos independentes, mas todos interligados, se neles incluirmos a apresentação de Blau Nunes. O grande achado técnico de Simões Lopes Neto foi exatamente o de escrever os contos

---

15   Chiappini, Ligia, ob. cit., p.108.
16   Hohlfeldt, Antônio. *A história gaúcha em três lendas de João Simões Lopes Neto*. Porto Alegre: Correio do Povo, Caderno de Sábado, 05.05.79.

na linguagem de um narrador fictício, o tapejara Blau, precursor de Riobaldo, que vai contando as suas histórias de memória ao seu acompanhante, um interlocutor mudo que seria o próprio escritor. Até o final da introdução é o apresentador que está falando, sempre, numa prosa parnasiana. Blau, contudo, só começa a falar, naquela linguagem quase dialetal que lhe é típica e que traduz a sua relação íntima com o pampa, ao iniciar o conto Trezentas onças. E tudo isso é proposital na criação de Simões. Uma virada que é "ao mesmo tempo técnica e ideológica do foco narrativo, fato decisivo e inovador em relação ao regionalismo da época".[17] Flávio Loureiro Chaves costura os casos contados por Blau ao interlocutor, durante uma jornada pelo interior da província, numa narrativa única: "Um só personagem-narrador presta testemunho diante do mesmo interlocutor-escriba, o motivo da viagem servindo para deflagrar no espaço da memória a atualização do passado, assegurando assim a relativa unidade da sequência episódica. O mesmo Blau Nunes, apresentado indiretamente na Salamanca do Jarau através do discurso em terceira pessoa, ocupa nos Contos Gauchescos a dupla posição de personagem e narrador: a realidade observada outrora é recuperada e revelada pela sua palavra. Isto ocorre invariavelmente em qualquer dos textos, todos relatados no discurso em primeira pessoa, e é o que estabelece o ponto de vista da narrativa."[18] Esse tempo passado é o das guerras platinas, da Revolução Farroupilha, da Campanha do Paraguai. Mas na criação das personagens é que fica clara a temática de Simões Lopes Neto, quando são metidas nas tramas às vezes históricas, na recriação de um tempo que passou. Os contos poderiam ser situados no tempo, aproximadamente entre 1827 e 1906, mais ou menos o tempo de vida de Blau Nunes. "O texto dos contos inclui um nível histórico, que é habitualmente confundido na biografia de Blau Nunes, abordando — pelo avesso — a história do Rio

---

17   Chiappini, Ligia, ob. cit., p.321.
18   Chaves, Flávio Loureiro. Simões Lopes Neto: Regionalismo&Literatura. Porto Alegre: Mercado Aberto, 1982, p.102.

INTRODUÇÃO

Grande nesse período", disse Flávio Loureiro Chaves. E prossegue, eluci-
dando: "Não se pode ignorar o histórico enquanto elemento de primeira
importância no discurso de Blau já porque numa determinada fase da
vida o acaso parece ter colocado este gaúcho pobre na crista dos acontecimentos, 'furriel farroupilha, que foi, de Bento Gonçalves e marinheiro
improvisado de Tamandaré'. Embora os casos não estejam ordenados
numa seqüência, sucedendo-se, ao contrário, segundo as sugestões e associações desordenadas da memória, possuímos os dados concretos para
reconstituir sua cronologia: as Guerras Cisplatinas (1817-1828), a
Revolução Farroupilha (1835-1845), a Guerra do Paraguai (1864-1870)
e, a partir daí, a velhice de Blau até alcançarmos o momento presente do
seu testemunho ao interlocutor."[19] Quando o autor cede a palavra a Blau
sente-se que está por acontecer uma transubstanciação literária.[20] Nada
soa falso nos Contos ou nas Lendas. As descrições do cenário são curtas,
certas passagens assumem tons bíblicos, lêem-se duas ou três linhas e fica-se com a sensação de que se leram páginas, como naquele trecho da
lenda do Negrinho do pastoreio: "Caiu a serenada silenciosa, molhou os
pastos, as asas dos pássaros e a casca das frutas...", ou na descrição do
pôr-do-sol, em Trezentas onças, de colorido natural, sem os exageros do
pinturesco forçado: "A estrada estendia-se deserta; à esquerda os campos
desdobravam-se a perder de vista, serenos, verdes, clareados pela luz ma-
cia do sol morrente, manchados de pontas de gado que iam se arrolhando
nos paradouros da noite...". Trabalhou Simões maravilhosamente a arte
do conto, primeiro concebendo, na esteira de Edgar Allan Poe, um determinado efeito, singular e único a ser obtido. Inventa os incidentes e com-
bina os eventos da maneira que melhor o leve a estabelecer o efeito
preconcebido. Na composição simoniana não há palavra alguma cuja
tendência não seja para o desígnio preestabelecido, o desfecho final, a

---

19   Chaves, Flávio Loureiro, ob. cit., p.127
20   Meyer, Augusto. Prosa dos pagos. São Paulo: Livraria Martins Editora, 1943, p.12.

eclosão da tragédia, desatando-se a violência nas devastações, no banho de sangue. Rapsodo bárbaro, como o chamou Manoelito de Ornellas, Simões é um dos mais expressivos fenômenos literários do início de século, na sua prosa realista, seca, curta, como nos relatos de Isaak Babel, dos *Contos de Odessa* e da *Cavalaria Vermelha*. Assim é Simões, desferindo um fortíssimo quando o leitor imagina que será tocado um pianíssimo. O escritor português João de Castro Osório excogitou sobre a existência de parentesco entre a narrativa de Simões e os *Serões da Ucrânia*, do russo Nicolau Gogol, notando-o na seriação das aventuras, na reunião dos simples episódios, mas engrandecidos até a epopéia, da vida nas intérminas planuras, como nas estepes, e das lendas e dos mitos reveladores da alma do homem capaz de submeter a planície, manter e alargar as suas fronteiras, e viver a sua beleza e angústia.[21] O que lia Simões Lopes Neto? Lamentavelmente a sua biblioteca, já certamente reduzida por ocasião da morte do escritor, foi vendida a retalho. Fica-se, então, com as citações do próprio escritor e com o espírito aberto a todas as imaginações. O argumento das *Lendas do Sul* – três delas recriadas de forma magistral – foi em parte recolhido do padre Teschauer, na Revista do Instituto do Ceará, de 1911. Teschauer inspirou-se em Granada, mas há quem diga que Simões Lopes teria conhecido diretamente a obra de Daniel Granada. Especulando nessa linha, Augusto Meyer apontou muitos elementos – inexistentes em Teschauer, mas presentes em Granada – de que Simões se valeu para compor a *Salamanca do Jarau*, transformando em excelente literatura o que sorveu nos capítulos *Salamancas*, *Cerros encantados* e *Cerros bravos*, do livro do escritor platino.[22] Não se duvida mais da influência de Luiz Araújo Filho, autor de *Recordações Gaúchas*. Seu editor em Pelotas, em 1905, foi o mesmo de Simões. Como Simões, também procurou minimizar a im-

---

21   Osório, João de Castro. *Um grande poeta épico*, Província de São Pedro, no 15, p.176-178. Porto Alegre: Editora Globo, 1951.
22   Granada, Daniel. Reseña Histórico-Descriptiva de Antiguas y Modernas Supersticiones del Río de La Plata. Montevidéu: A. Barreiro y Ramos, 1896.

INTRODUÇÃO

portância do que escrevia. Na dedicatória, ofereceu o livrinho aos patrícios campeiros; é de supor que fossem seus únicos leitores. Como Simões, que nem de longe alcança e numa prosa muito descritiva, baseia a estrutura do livro numa viagem campeira, que retroage a 1860, localizando a ação numa estrada de Piratini, rota dos tropeiros. Foi nele que Simões Lopes sorveu muitas ideias, a começar pela estrutura narrativa. O vaqueano Chico Preto, que contava os casos, depois reviveu em Blau. Foi do livro *Recordações Gaúchas* que Simões Lopes recolheu o episódio do gaúcho que perde a mulher no jogo, recriado no conto *Jogo do osso*. Assim, também, ao descrever a perseguição do gado alçado, no conto Correr eguada, e o tema do contrabando, no conto Contrabandista. Simões ter lido Javier de Viana é mais do que uma simples conjetura. A Biblioteca Pública Pelotense dispunha da coleção da revista argentina *Caras y Caretas*. Muitos contos regionalistas de Viana foram publicados nesta revista, que aquela instituição recebia regularmente na mesma época em que o criador de Blau Nunes participava da diretoria da casa. E há até mesmo quem arrisque dizer, sem apoio nas fontes até então disponíveis, que teria havido um encontro entre os dois escritores quando Viana passou brevemente por Pelotas, por volta 1902. O valor literário da prosa simoniana não se enfraquece quando se constata que os temas, o substrato histórico, não são novos: "Nova é a sua expressão; porque de todos estes elementos se apropriou para dimensioná-los numa visão do mundo numa linguagem simbólica, estas sim originais únicas, inexistentes todos os autores que precederam."[23] João Simões Lopes Neto não pode ser considerado unicamente um escritor regionalista. O seu texto mantém-se fiel ao meio que descreve, o pitoresco dos usos e costumes e linguagem em parte dialetal. Muitos falam em ideologia regionalista, mas o que importa é que, mesmo incorporando o regionalismo, a prosa simoniana o ultrapassa, expressando a visão de mundo, tornando-se literatura universal. Simões soube,

---

23   Chaves, Flávio Loureiro, ob. cit. p.72-73.

como poucos, fixar a imagem, já quase espectral, desse tipo social defini-do e de brevíssima fluência histórica que se movimentava pelas planícies fronteiriças rio-grandenses e pelas regiões do Prata, por volta da segunda metade do século dezoito. Produto de um meio que o adota, mas que também o repele, este ancestral sobreviveu na alma popular, recebendo de Simões Lopes reconhecida contribuição para retirar sua voz do esqueci-mento. Contudo, não seria errado dizer que em Simões o regionalismo foi unicamente uma forma de expressão literária. Alfredo Bosi, que con-siderava Simões o patriarca da letras gaúchas, classificou-o como escritor pré-modernista, do que muitos discordam, uma vez que a prosa do autor das *Lendas do Sul* estaria acima de classificações, mas reconheceu caráter universal: seus contos fluem num ritmo tão espontâneo, que o caráter semi dialetal da linguagem passa a segundo plano, impondo-se a verdade social e psicológica dos trechos das personagens[24], o que da mesma forma não escapou perspicácia de Augusto Meyer. Simões Lopes Neto impõe ao leitor o interesse psicológico como valor predominante: "A paisagem, as singularidades do ambiente, a própria forma dialetal, apesar de fatores importantes na construção da obra, não passam de um meio que empre-gou para exprimir as dores e alegrias humanas (...) dentro dessa obra re-gional – ou regionalista – não é só o tipo característico de uma determinada região que aparece, mas o homem sempre, já tão complexo na afeição de primitivo, tão vulnerável ameaçado, aparência de forte, às vezes triste ví-tima do destino."[25] Simões Lopes Neto, como todo escritor de gênio, criou o seu mundo, a sua visão de mundo e esse cosmos adquiriu vida própria. Nessa recriação, o espaço, o pano de fundo, deixa de ser o pam-pa, o tempo deixa de ser o passado heróico, para converter-se pura e simplesmente no espaço da linguagem. Simões, antes do tempo, desafi-nou do coro parnasiano. Sua prosa, por ser o exemplo perfeito da obra

---

24 Bosi, Alfredo. O Pré-Modernismo. São Paulo: Cultrix, 1966, p.63.
25 Meyer, Augusto. Ob.cit., p.21-22.

INTRODUÇÃO

que ultrapassa o propósito de seu autor, é boa literatura. Numa das últimas entrevistas que concedeu, Jorge Luis Borges, falando sobre a metáfora, disse que a literatura não consiste precisamente em escrever exatamente o que alguém se propõe, porém em escrever misteriosa ou profeticamente algo mais além do propósito circunstancial.[26] Pensamos que nada melhor explicaria o fenômeno lopes neto.

Registrou Sainte-Beuve que a verdade sobre os homens e sobre as coisas é difícil de se encontrar, e uma vez encontrada não menos difícil de conservar.[27] A tarefa do biógrafo, numa última análise, é perseguir a verdade, aproximar-se tanto quanto possível da verdade completa, mesmo que muitas vezes esta verdade, longe de embelezar o biografado, exiba facetas de acontecimentos pouco atraentes ou mesmo depreciativos. O trabalho ao qual nos dedicamos e voltamos, com paciência, há vários anos, pesquisando, anotando leituras, impressões, comparando, registrando e limitando incongruências e contradições, está comprometido com a verdade possível, disponível. O apelo à análise conjectural é recurso também legítimo, tanto ao historiador quanto ao biógrafo, sob pena de este realizar simples cronologia. A ela recorremos na medida necessária, sem o exagero da mera ficção, vírus que contaminou tantas biografias boas de ler, mas inúteis na perseguição da verdade histórica. Há momentos, entretanto, em que o biógrafo necessita desse exercício intuitivo, racional, que parte do fato comprovado para o verossímil. Nesses casos, como observou Luiz Viana Filho, outra vez citado, "somente com o auxílio daquela 'intuição toda racional e objetiva que vai tateando de grau em grau', conseguirá o biógrafo preencher, em parte, as imensas lacunas com que, ao nosso conhecimento, se apresenta qualquer vida. Evidentemente, isso não significa inventar, nem confiar livremente à imaginação a reconstituição duma existência, mas, apenas, admitir que,

---

26   Borges, Jorge Luis. Diálogos Últimos. Buenos Aires: Editorial Sudamericana, 1987, p.184.
27   Sainte-Beuve, Profils et Jugements, séc. XVIII, p.86, in Viana Filho, Luiz, ob. cit., p.42.

considerados determinados elementos conhecidos, é possível ter como provável que certas ocorrências se tenham passado de tal ou qual modo. Quem acusaria de invenção o paleontólogo que, à vista duma porção de fósseis, reconstitui o dinossauro? Entretanto, embora nada mais conheça do dinossauro além dum punhado de ossos fósseis, ele recompõe todo um esqueleto, cobre-o de massa, dá-lhe cor, dentes, olhos, e entrega-o à curiosidade dos visitantes do museu. Por que não seria dado ao biógrafo, afim de compor a sua narrativa, e dar-lhe sequência, movimento e colorido, estribar-se em certos conhecimentos e aventar conjeturas que decorrem, ou acredita decorrerem, dos elementos que têm ao alcance?"[28] Tratando-se de uma construção biográfica, seguindo a linha traçada por Pierre Bourdieu (L'Illusion Biographique) referida por Annateresa Fabris, tentamos sempre entender a noção de trajetória "como uma série de posições ocupadas sucessivamente por um mesmo agente num espaço em devir e sujeito a incessantes transformações". Dessa maneira, os acontecimentos biográficos — alvo desta composição — passam a ser definidos como "colocações e deslocamentos no espaço social, que não pode deixar de ser considerado, sob pena de transformar uma vida naquilo que ela não é: uma série única e auto-suficiente de acontecimentos reportados a um sujeito, cuja constância só reside no nome próprio."[29] Faltavam peças de armar neste quebra-cabeça. Tentar preenchê-las, com base nas fontes disponíveis, descartando as versões equivocadas, foi a tarefa mais difícil durante o curso da composição. Optamos por manter algumas lacunas na vida do biografado, para evitar o equivocado preenchimento decorrente da falta de comprovação nas fontes. Porém, nesses casos, jamais deixamos de trazer ao leitor, para seu julgamento, as diversas hipóteses existentes, desde que revestidas de plausibilidade.

---

28   Viana Filho, Luiz, ob. cit. p.47.
29   Fabris, Annateresa. Desconstruir-Reconstruir. Porto Alegre: Porto Arte, v. 7, n.13, p.69-80.

Introdução

Foi comovente retratar a solidão intelectual de Simões, nos seus últimos anos de vida, doente, pobre, vendo todos os seus sonhos dissolvidos nos invernos de suas derradeiras penúrias e amarguras. Contudo, foi essa a mais fascinante e criativa fase da vida do escritor e certamente a mais acessível à pesquisa, por haver coincidido com a sua trajetória de jornalista, em *A Opinião Pública* e no *Correio Mercantil*, jornais que reproduziram as criações quase diárias que redigiu. Simões Lopes se desnuda quando não é ficcionista. As matérias que escreve nos jornais são como espelhos multifacetados que reproduzem seus intermitentes estados de espírito, no vaivém de suas amarguras e de seus devaneios. Matéria farta para o leitor não apressado que tivemos de ser, por ofício e por determinação. Examinando e reexaminando, lendo e relendo as produções antecedentes que se ocuparam, com maiores ou menores demoras, da biografia de Simões Lopes, discordamos de muitas passagens, de algumas conclusões e de certas fontes informativas de que se serviram. Não seria honesto, contudo, deixar de reconhecer que os trabalhos dos biógrafos antecessores, que julgamos ter alguma coisa acrescentado, revelaram-se importantes para que esta composição chegasse a ser construída.

Fontes valiosas que muitas vezes consultamos, igualmente imprescindíveis para qualquer biografia, foram os ensaios críticos existentes, já em grande número, alguns compostos como monografias, outros figurando como capítulos ou artigos publicados em livros, revistas de literatura ou nas páginas literárias dos jornais. Muitos deles estão citados na bibliografia que encerra esta obra. Foram, porém, de inestimável ajuda, juntamente com o já citado *No Entretanto dos Tempos – Literatura e História em João Simões Lopes Neto*, de Ligia Chiappini, os seguintes: *Contos Gauchescos*, de Antonio de Mariz (no jornal *A Opinião Pública*, de 17.11.1913); *O Rapsodo Bárbaro*, de Manoelito de Ornellas (em *Símbolos Bárbaros*); *Prosa dos pagos*, de Augusto Meyer; *História Literária do Rio Grande do Sul*, de João Pinto da Silva; *Evolução da Prosa Brasileira*, de Agripino Grieco;

Linguagem e Estilo de João Simões Lopes Neto, de Aurélio Buarque de Hollanda (na edição crítica, de 1949, de *Contos Gauchescos e Lendas do Sul*); *Estudos Gauchescos de Literatura e Folclore*, de Sílvio Júlio; o prefácio de Augusto Meyer, para a primeira edição de *Casos do Romualdo*; *Figuras e Ciclos da História Rio-Grandense*, de Carlos Dante de Moraes; *Letras da Província*, de Moysés Vellinho; *Prosa de Ficção*, de 1870 a 1920, de Lucia Miguel-Pereira (*História da Literatura Brasileira*, vol. XII); *Centenário de Simões Lopes Neto*, de Dante de Laytano (na Revista Brasileira de Folclore, ano V, no 12); *Simões Lopes Neto e Darcy Azambuja – Uma Visão do Neo-Regionalismo Gaúcho*, de Mozart Victor Russomano; *Simões Lopes Neto: A Invenção, o Mito e a Mentira*, de Ana Mariza Filipouski (em colaboração com Luiz Arthur Nunes, Maria da Glória Bordini e Regina Zilberman); *A Literatura no Rio Grande do Sul*, de Regina Zilberman; *Simões Lopes Neto: Regionalismo & Literatura*, de Flávio Loureiro Chaves; *Introdução ao Estudo de Simões Lopes Neto*, de Raymundo Faoro (na revista Quixote, no 4); *O Arquivo de Simões Lopes Neto*, de Mozart Victor Russomano e *O teatro de Simões Lopes Neto*, de Cláudio Heemann (ambos no livro O Teatro de Simões Lopes Neto, vol.I); *O Pré-Modernismo*, de Alfredo Bosi; *O elemento sensorial nas Lendas do Sul*, de Mozart Pereira Soares (em *Lendas do Sul*, edição ilustrada por Nelson Boeira Faedrich); *O elemento sensorial nos Contos Gauchescos*, de Mozart Pereira Soares (em *Contos Gauchescos*, edição ilustrada por Nelson Boeira Faedrich); a introdução de Ligia Chiappini à edição crítica de *Contos Gauchescos, Lendas do Sul e Casos do Romualdo*; *Linguagem Virtual, "Citrodia, Blau e Riobaldo"*, de Mário Chamie.

A pesquisa nos jornais da época foi quase toda feita na Biblioteca Pública Pelotense, mas contamos também com ajuda de outras bibliotecas ou instituições, entre as quais nomeamos a Biblioteca Rio-Grandense, a Biblioteca Pública de Porto Alegre, o Instituto Histórico e Geográfico do Rio Grande do Sul, o Instituto de Estudos Brasileiros, de São Paulo,

INTRODUÇÃO

o Arquivo Público do Estado do Rio Grande do Sul, o Arquivo Nacional e o Arquivo da Cidade do Rio de Janeiro. Nas citações das fontes adotamos o critério da atualização ortográfica, fixando o texto sem prejuízo dos originais. O interesse narrativo, no entanto, sugeriu que em algumas passagens fosse o texto copiado na ortografia utilizada na própria fonte, sempre alertando o leitor para este modo de reprodução.

Passadas duas décadas da primeira edição desta biografia, muitos fatos, ainda desconhecidos, foram sendo revelados, fontes importantes localizadas e até mesmo encontrado um manuscrito inédito – a *Artinha de Leitura* – que deu nova luminosidade e compreensão ao projeto didático do escritor. Contribuições relevantes sobre a obra de Simões Lopes Neto, em boa parte produzidas nas academias, somaram-se ao já alentado manancial crítico. Competentes edições comentadas dos *Contos Gauchescos* e das *Lendas do Sul*, traduções da produção literária de Simões Lopes Neto, movimentaram o mercado livreiro. Enfim, as comemorações do biênio simoniano, transcorridas entre os anos 2015 e 2016 – cento e cinquenta anos do nascimento e 100 anos da morte do homenageado – comprovaram que estavam vivos e em plena efervescência o entusiasmo, a produção crítica e a realimentação do culto simoniano em todas as esferas: das universidades, dos animadores culturais, dos editores e das livrarias aos leitores do imortal Simões Lopes Neto.

A reedição desta biografia, com atualização e algumas correções que se faziam necessárias,passou a ser uma tarefa que teria de ser enfrentada. E para que tudo se concretizasse foi fundamental o incentivo permanente do professor Luís Augusto Fischer, certamente uma das maiores autoridades acadêmicas em atividade que se dedica ao estudo, ensino e divulgação da produção literária de Simões Lopes Neto.

Não poderíamos deixar de renovar agradecimentos a Fausto José Leitão Domingues, autor do posfácio desta edição, pela franquia à sua coleção particular e contribuições relevantes, a Mogar Xavier, pela cessão das cópias dos dois primeiros livros de atas da União Gaúcha; a Hilda Simões Lopes Costa, que nos cedeu cópia do manuscrito de viagem do Visconde da Graça ao Rio de Janeiro. E aos saudosos Mozart Victor Russomano, que nos permitiu consultar, demoradamente, o arquivo de Simões Lopes Neto, doado pela viúva do escritor em março de 1955[30] e hoje pertencente a Fausto José Leitão Domingues; Mario Osório Magalhães, pelo acesso ao manuscrito de memórias inéditas de João Simões Lopes, tio do biografado, e Adão Fernando Monquelat, consagrado livreiro gaúcho.

E por fim, agradeço os prefaciadores das duas edições desta biografia: Ligia Chiappini, que enviou seu texto, de Berlim, em maio de 2003, e a Luís Augusto Fischer, que se ocupou da mesma tarefa, vinte anos depois.

C. F. Sica Diniz.

2023.

---

30   O registro da doação foi feito no Diário Popular, 05.03.1955, e no Correio do Povo, 11.03.1955.

Capítulo 01

ANTECEDENTES FAMILIARES

"Meu pai; o pala branco, brilhando no sol, voando ao
vento, parece que está nos dizendo – adeus! Adeus! – ainda
está lá, no alto das coxilhas verdejantes."

J. Simões Lopes Neto

De ascendência marcadamente portuguesa, João Simões Lopes Neto era bisneto, pelo lado paterno, do comendador João Simões Lopes, natural da Freguesia do Paraíso, do Arcebispado de Lisboa, filho de José Simões Lopes, nascido em São João de Louz, no Aveiro, e de Thereza Maria de Jesus, natural de Alenquer. O bisavô do escritor veio para o Brasil no início do século XIX e estabeleceu-se como fazendeiro no povoado que mais tarde seria denominado Freguesia de São Francisco de Paula, depois cidade de Pelotas, onde morreu, em 12 de setembro de 1853. Em 16 de julho de 1815, matrimoniou-se com Izabel Dorothea Carneiro da Fontoura, que nascera em 11 de janeiro de 1795, na Freguezia Nossa Senhora da Conceição de Viamão, filha do capitão-mor José Carneiro da Fontoura e neta de João Carneiro da Fontoura, um dos pioneiros que vieram para o Rio Grande com as forças do brigadeiro Silva Paes, em 1737, nos primeiros tempos da colonização portuguesa no sul do Brasil. João Simões Lopes Neto era, portanto, descendente direto da legendária família Fontoura, de larga projeção na vida continentina.[31] Izabel Dorothea era sobrinha de dona Izabel Francisca, uma das maiores proprietárias de sesmarias na época, residente em Nossa Senhora da Conceição de Viamão. O casal fixou morada na Estância dos Laranjais, em Pelotas. Com a morte da tia, Izabel recebeu boa parte da propriedade, que passou a denominar-se "Estância da Graça". O casal gerou muitos filhos, podendo-se nomear, pelo que se sabe ao certo, no mínimo sete: João (avô do escritor), Vicência, Izabel Dorotéa, José, Ildefonso, Antonia e Cândida Clara. O primogênito, cujo nome completo era João Simões Lopes Filho, que receberia o título de Visconde da Graça, nasceu em 1o de agosto de 1817 e viria a ser o avô do escritor. Homem empreendedor, de grande prestígio e enorme influência política, chegou a vice-governador da província e assumiu o governo no impedimento do titular. Não ascendeu ao cargo de governador porque não era de sua vontade, muito mais vocacionado que estava à atividade empresarial. Como fazendeiro e industrial aumentou muito a fortuna paterna e teve muitos filhos de dois casamentos. Matrimoniou-se, em primeiras núpcias, com Eufrásia Gonçalves Vitorino, durante o ano de 1836, e com D. Zeferina Antonia da Luz, em 1857. Fernando Luís Osório traçou o agitado perfil do Visconde da Graça, salientando o estudo de humanidades no seminário de São José, no Rio de Janeiro, sem chegar a ordenar-se como sacerdote. Foi comerciário na Bahia e, no regresso à cidade natal, trabalhou com seu pai na charqueada da Graça. João Simões Lopes envolveu-se, como revolucionário, na Guerra dos Farrapos, tendo militado nas fileiras farroupilhas em 1835, o que lhe custou a prisão e deportação para Pernambuco. A 21 de dezembro de 1855, perdeu sua esposa, dona Eufrásia Gonçalves Lopes, fulminada pelo cólera-morbo, calamidade que, de 15 de dezembro a 21 daquele fatídico mês, vitimou sessenta e duas pessoas na charqueada da Graça. A todas

---

31   Simões Lopes, Luiz."O hóspede da Estância da Graça". Porto Alegre: Revista do Globo, n. 795, 27.05 a 9.06 de 1961.

ANTECEDENTES FAMILIARES

essas vítimas, na maioria seus escravos, o abnegado e nobre varão prestou a mais desvelada assistência, pois a peste que se abateu sobre a Graça assumiu proporções de tragédia para a família Simões Lopes. Não bastasse o número elevado de mortes, o Visconde da Graça perdeu a esposa e logo depois, no mesmo dia, a filha Izabel.[32] Em segundas núpcias, casou-se com D. Zeferina Antonia da Luz, na Graça, em 1º de julho de 1857, deixando muitos descendentes desses dois matrimônios: doze filhos do primeiro casamento e dez do segundo. Faleceu em 25 de outubro de 1893. Fernando Luís Osório, no texto que se transcreve, ocupou-se do esboço biográfico do Visconde da Graça: "Em 27 de abril de 1846 foi nomeado cavaleiro da Ordem de Cristopor mercê a Majestade Imperial, o Imperador D. Pedro, em cumprimento do Decreto de 10 de fevereiro de 1846. Em carta patente de 23 de dezembro de 1868 foi nomeado coronel comandante Superior da Guarda Nacional do município de Pelotas, Província do Rio Grande do Sul. Foi eleito em 1870 membro da Assembléia Legislativa Provincial. Em 15 de abril de 1871 foi nomeado primeiro Vice-Presidente da Província do Rio Grande do Sul, exercendo a presidência de 24 de maio a 12 de setembro desse ano, no impedimento do Conselheiro Francisco Xavier Pinto Lima. Foi exonerado desse cargo, a seu pedido, em 13 de março de 1877. Distinguido e honrado com o título de Barão da Graça, com a Carta de Fidalguia e Nobreza, em 27 de novembro de 1872. Foi convidado pelo Visconde do Rio Branco em carta de 30 de outubro de 1874 para Presidente da Província.'É nosso desejo que V. Excia. aceite a administração efetiva da Província que tanto lhe merece, que V. Excia. tanto conhece, onde é respeitado por gregos e troianos.' Não aceitou."[33]

Este convite de Rio Branco ao Barão da Graça aconteceu no ano seguinte à demorada visita que o nobre rio-grandense havia feito ao Rio de

---

32   Dados registrados pelo próprio viúvo, num manuscrito que redigiu no dia 21.12.1856.
33   Osório, Fernando. A Cidade de Pelotas. Pelotas: Tip. do Diário Popular, 1922, p.217-218.

Janeiro e ao Nordeste e, de certa maneira, deu sequência às conversas que naquela ocasião manteve com João Simões Lopes, quando foi abordada a indecisão do Partido Conservador na província e a preocupação do chefe de estado em não desgostar os liberais. A viagem estendeu-se por três meses e seria documentada pelo barão no seu detalhado e literário diário de viagem, cuja cópia, hoje em poder de familiares do seu autor, foi possível examinar em pormenor. O Diário registra o último encontro entre os dois, que ocorreu no Rio de Janeiro, no dia 28 de outubro de 1873, nas vésperas da viagem de retorno, e sua leitura demonstra com limpidez o respeito e a consideração que Rio Branco nutria pelo avô do escritor. Ao chegar à casa em que se hospedava, João Simões Lopes encontra uma carta de Rio Branco, que veio a ser transcrita no Diário, nos seguintes termos: "A S. Excia. Sr. Barão da Graça cumprimenta o Visconde do Rio Branco, e comunica que estará esta tarde às suas ordens, em casa, às 6 e ½ horas, desejando vê-lo..." Adiante, registra o manuscrito do viajante: "À hora indicada, partia carro e fui ter à porta de S. Excia o encontro de todos (direi mesmo conferência) com aquele hábil homem de Estado. Foi-me tão agradável, quanto honroso e delicado o acolhimento que me fez." A conversa, relatada minuciosamente no Diário, girou sobre a estratégia das obras ferroviárias no sul do país e de fortificações nas zonas fronteiriças, para colocar o Brasil em posição de resistir vantajosamente à cavalaria dos argentinos, sua arma principal, "se por ventura o orgulho ofendido destes senhores, pelo papel secundário que representaram na última guerra, e naufrágio de sua diplomacia no Paraguay, quiser desforrar-se pelas armas". E adentro uma política, a incursionar sobre os destinos do Partido Conservador da província.[34]

---

34   Este Diário de viagem é documento de qualidade, pelo detalhamento da época que retrata, tanto em relação à corte, quanto ao painel econômico, cultural e paisagístico, traçado em linguagem culta e elegante. Merece sair do ineditismo. Cópia datilografada do manuscrito foi-nos ofertada por Hilda Simões Lopes Costa, bisneta do Visconde da Graça.

Voltando ao esboço biográfico, Osório arremata: "Em 12 de janeiro de 1876 emprestou, sem juros, à Província, que atravessava crise aguda, a quantia de cem contos de réis. Elevado a visconde, em 16 de fevereiro de 1876, pelos relevantes serviços prestados ao Estado, na Província do Rio Grande do Sul. Em 22 de junho de 1878 foi reformado, a pedido, no posto que ocupava de coronel da Guarda Nacional. Tomou parte, fazendo uso da palavra, na memorável reunião popular de 28 de julho de 1881, realizada no salão da Biblioteca Pública Pelotense, para protesto ao decreto que extinguia o alfandegamento da Mesa de Rendas de Pelotas. Em 30 de setembro de 1881 foi oficialmente encarregado pela Praça do Comércio e Câmara Municipal de Pelotas para ir à Corte apresentar ao Governo Imperial as representações solicitantes de uma alfândega de quarta ordem para Pelotas, tendo entregue em 19 de novembro, em mãos, a referida representação ao Exmo. Sr. Conselheiro José Antonio Saraiva, Ministro da Fazenda. Por essa ocasião, em visita de despedida à Sua Majestade Imperial, mereceu as seguintes e confortantes palavras do Imperador: 'Sr. Graça, a sua Pelotas terá uma alfândega...'. Em 1885, a pedido da Sociedade de Imigração, exerceu grande influência junto ao Governo Geral a fim de ser sustada a decisão deste, mandando suprimir a Escola de Medicina e Veterinária, uma das mais belas aspirações de Pelotas. Foi nomeado pela segunda vez Vice-Presidente da Província em 30 de agosto de 1885. Em 22 de outubro de 1887 foi escolhido pela comissão do manifesto abolicionista, nomeada pela Assembléia Geral convocada em 23 de setembro de 1887, em Porto Alegre, por S. Excia. Revma. o Sr. Bispo Diocesano, para fazer parte da comissão encarregada de promover no município de Pelotas a libertação dos últimos escravos nele existentes."[35]

A participação do Visconde da Graça no progresso de sua cidade natal deixou muitas marcas. Foi fundador da Biblioteca Pública Pelotense, teve

---

35   Osório, Fernando, ob. cit., p.218.

decisiva atuação na abertura da barra e canalização do rio São Gonçalo, na instalação da companhia de bondes e na estrada de ferro que se estende de Rio Grande a Bagé como doador de terrenos, até mesmo os da estação urbana e sua área de manobras. Seu espírito humanitário levou-o a empenhar-se na manutenção de instituições pias, como o Asilo de Mendigos, do qual foi grande benemérito e cujo fechamento impediu, mediante o alcance de numerário para a execução das obras que se faziam necessárias.

"É do conhecimento de todos" – consignou Fernando Osório – "que, não fosse a avultada soma de 300 contos de réis que S. Excia. empregou na Companhia Hidráulica Pelotense, esta empresa teria acabado por falta de recursos. Quando, em 1876, a Companhia Inglesa teve que suspender a iluminação pública nas três cidades – Porto Alegre, Rio Grande e Pelotas – e que Carlos Pinto obteve o contrato para esse fim, foi o Visconde da Graça que, com 750 contos, em libras esterlinas, comprou o acervo dessa companhia, começando logo depois a funcionar os gasômetros".[36]

Do seu primeiro casamento, com dona Eufrásia Gonçalves Vitorino, acontecido na cidade de Pelotas, no primeiro dia de junho de 1836, nasceram doze filhos: João Paulino, Catão Bonifácio – pai de João Simões Lopes Neto –, Izabel, Maria Joaquina, Eulália, Francisco de Salles, Evaristo, Vicente, Ildefonso, José, Francisca e Eufrázia. Dois morreram na infância: Eulália e Ildefonso (o primeiro, com este nome que se repetiria na prole do segundo casamento). Duas morreram antes dos quinze anos: Izabel, logo depois da morte de sua mãe, ambas contaminadas pelo cólera, e Francisca, aos doze. Entre os oito filhos que atingiram idade adulta, somente o primogênito, João Paulino, morreu solteiro. Teve morte trágica: fulminado por um raio, conforme relata a tradição familiar. Dos sete que contraíram casamento, cinco tiveram descendentes.[37]

---

36   Id., p.218.
37   A genealogista Alda Maria de Moraes Jacottet documentou o nascimento de seis filhos adulterinos do Visconde da Graça, entre 1875 a 1892, concebidos da união com Vicência Ferreira Lira: Diário Popular, 21.11.2000.

ANTECEDENTES FAMILIARES

A avó paterna de João Simões Lopes Neto, nascida Eufrásia Gonçalves Victorino (1814), era natural de Piratini e filha de Manoel Gonçalves Victorino, do Estreito, e de Francisca Gomes de Jesus, de Piratini, ambos de ascendência portuguesa. Não se tem dados precisos sobre a data de nascimento desse bisavô do escritor, mas apurou-se que a bisavó nasceu em 20 de junho de 1784 e foi batizada em 30 do mesmo mês. O casamento foi celebrado por volta de 1805, sendo digno de nota que a bisavó do escritor faleceu aos oitenta e seis anos, na cidade de Pelotas, quando o bisneto tinha cinco anos de idade, tendo sobrevivido à filha Eufrásia em cerca de quinze anos. Os antepassados portugueses de dona Francisca remontam à Ilha de Santa Maria, dos Açores. Do segundo casamento, com Zeferina Antonia da Luz, o Visconde da Graça gerou dez filhos, nesta ordem: Arminda, Antonio, Ismael, Justiniano, Ildefonso, Manoel, Clotilde, Regina, João e Augusto. As filhas Clotilde e Regina, nascidas entre 1870-1872, faleceram antes de completar o primeiro ano de idade, mas todos os demais atingiram idade adulta, casaram e tiveram descendentes. Zeferina Antonia da Luz nasceu em Encruzilhada, no Rio Grande do Sul, a 21 de agosto de 1837, sendo filha de Manoel Pereira da Luz e de Joaquina Antonia da Luz, ambos de origem portuguesa. O casamento foi celebrado na Estância da Graça no primeiro dia do mês de julho de 1857, ocasião em que a nova esposa ingressou "no santuário de Eufrásia, mansamente, sem ruído, sentindo-se logo amada pelos pequeninos que correram ao seu encontro".[38] A referência tem fundamento, pela idade dos últimos três filhos de Eufrásia: José com oito anos, Francisca e Eufrazinha com menos de quatro. Zeferina — que anos depois, com os títulos recebidos pelo marido, viria a ser Baronesa da Graça e depois Viscondessa da Graça —, na relação amena que manteve com os filhos e netos de Eufrásia, conquistou verdadeiro amor filial, que se manteve

---

38   Essas expressões são de Ivete Simões Lopes Barcellos Massot, Simões Lopes Neto na Intimidade. Porto Alegre: Bels, 1974, p.25.

até sua morte, ocorrida na cidade de Pelotas, em 25 de junho de 1923. Tendo sobrevivido sete anos ao escritor, participou das derradeiras homenagens de seu sepultamento ao enviar uma coroa de flores acompanhada de cartão com esta mensagem: "Ao querido neto João, grande pesar de sua avó".[39] A ocorrência de segundas núpcias com extensa prole ocasiona nas famílias insólitas circunstâncias de existirem sobrinhos mais velhos do que tios e enormes diferenças de idade entre primos, maiores até do que as normais distâncias etárias entre pai e filho. Foi o que aconteceu com João Simões Lopes Neto. Alguns filhos do segundo casamento do visconde — irmãos de Catão Bonifácio pela linha paterna — nasceram depois do escritor ou pouco antes. Ildefonso Simões Lopes, deputado federal pelo Rio Grande por sete legislaturas e ministro da agricultura, era praticamente da mesma idade, pois nascera um ano depois (1866); já Augusto Simões Lopes, que foi prefeito da cidade de Pelotas, deputado federal na Constituinte de 1934 e senador da República, era um tio muito mais moço do que o sobrinho escritor. De registrar, ainda, entre os tios mais novos, João Simões Lopes (1874), que se notabilizou pelo pioneirismo no cultivo do arroz na região sul do Rio Grande, autor de uma monografia sobre o tema[40] e muitas vezes confundido na posteridade com o sobrinho nove anos mais velho, por força da semelhança do nome. Justiniano Simões Lopes (1864), primeiro presidente da centenária União Gaúcha, e Ismael Simões Lopes (1862), que influenciou o escritor nas suas incursões pelo jornalismo, eram pouca coisa mais velhos. Foram companheiros de juventude e amigos, sempre, do escritor. Filho do ministro Ildefonso Simões Lopes e quase quarenta anos mais moço do que o seu primo escritor, Luiz Simões Lopes nasceu em 1903. Homem de grande longevidade, pois faleceu em 1996, e proprietário da Estância

---

39   A Opinião Pública, 16.06.1916.
40   Simões Lopes, João. Cultura do Arroz. Pelotas: s/editor, 1914.

ANTECEDENTES FAMILIARES

da Graça, deixou-nos imprescindíveis depoimentos sobre o escritor e seu ambiente familiar.

Catão Bonifácio Lopes, segundo filho do Visconde da Graça e pai do escritor, era fazendeiro, homem simples e campeiro. Tandão, como era conhecido na família e por esse apelido chamado pelo filho, nasceu no dia 14 de maio de 1838, na cidade de Pelotas, onde foi batizado em 11 de novembro, conforme assento assim lavrado: "Aos onze de novembro de mil oitocentos e trinta e oito, nesta Matriz de São Francisco de Paula, batizei solenemente a Catão Bonifácio, branco, nascido em quatorze de maio, filho legítimo de João Simões Lopes Filho, natural desta Freguezia, e dona Euphrazia Gonçalves Victorino, de Piratiny, neto paterno de João Simões Lopes, natural da Freguezia do Paraíso em Lisboa, e Dona Izabel Dorothea da Fontoura, de Viamão; materno de Manoel Gonçalves Victorino, natural do Estreito, e Dona Maria Gomes, de Piratiny. Foram padrinhos o avô materno e dona Anna Gonçalves Victorino. Para constar fiz este assento, que assinei. Vigário encomendado: Francisco Florencio da Rocha."[41] Os registros que nos deixaram as pessoas da família são reveladores do afeto e da admiração de Simões pelo pai, perenemente moldados na dedicatória de Contos Gauchescos: "À memória de meu pai", "Saudade". Não somente por isso é que Catão Bonifácio passaria para a história. Retratado no conto Juca Guerra, de Contos Gauchescos (1912), como "um moço chamado Tandão Lopes", no episódio sucedido num rodeio, em certa estância do Pavão, situada na costa de dois rios, "querência da gadaria xucra", onde aconteceu um aparte de touros. Pois o tal moço — ginetaço — "fechou as chilenas e meneou o rebenque, de chapéu do lado, numa pabulagem temerária, de guasca que só a Deus respeita!" Tendo o cavalo caído ao solo quando se enredou no laço, Tandão ficou ali também caído e preso pela perna. Juca Guerra salvou-o da arremetida do touro, atirando contra o animal a sua própria montaria, seguindo-se

---

41   Assentos de batismo, Liv. 4, fl.137.

uma arrojada manobra do moço, Tandão. Já livre, pulou para o touro, "ainda meio azonzado do trompaço, manoteou-lhe nas aspas e torceu-lhe a cabeça, que cravou no chão, num pronto!" O episódio teria acontecido de verdade, tendo o heroísmo de Juca a serventia de amenizar os arroubos campeiros e destemidos de Catão Bonifácio. O modelo de Juca Guerra, que se saiu como herói nesse episódio, é o moço José Cunha, peão na Estância da Graça, que recebeu a seguinte descrição da memorialista Ivete Massot, na sua crônica dos fatos que dizia ter ouvido no seio da família Simões Lopes: "Tinha um rosto bonito e tostado, cabelos até os ombros presos por uma vincha, usava xiripá e botas de potro. Era o tipo do gaúcho fronteiriço."[42] Mais tarde fora apelidado de Juca Guerra pelo avô do escritor, que recebeu com muita simpatia o moço na Graça e deu-lhe o posto de peão. "Quando isso aconteceu" — teria dito Simões — "papai e vovô encheram Juca de presentes e ele, apesar de estar muito afeiçoado à família Simões Lopes, vendo a sua vida mais ou menos assegurada pela generosidade dos patrões, retornou à casa paterna, em 'Descanso', um lugarejo entre Pelotas e Passo das Pedras, onde acabou casando".[43] Ninguém melhor que Juca Guerra seria merecedor desses versos de Jorge Luis Borges: "Hijo de algún confín de la llanura / Abierta, elemental, casi secreta, / Tiraba el firme lazo que sujeta / Al firme toro de cerviz oscura. / [...] Fue el hombre gris que, oscuro en la pausada / Penumbra del galpón, sueña y matea, / Mientras en el Oriente ya clarea / La luz de la desierta madrugada. / Nunca dijo: Soy gaucho. Fue su suerte / No imaginar la suerte de los otros. / No menos ignorante que nosotros, / No menos solitario, entró en la muerte."[44]

Quase cinquenta anos depois da publicação do conto Juca Guerra, Luiz Simões Lopes, primo do escritor que chamava de tio pela diferença de idade, iria registrar um depoimento vivo, que dele mesmo ouvira,

---

42   Massot, Ivete Barcellos, ob. cit., p.109.
43   Id., p.111.
44   Borges, Jorge Luis. El Gaucho, Obras Completas, 1974, p.1111.

ANTECEDENTES FAMILIARES

sobre Catão Bonifácio e suas façanhas — deixar de transcrevê-lo na íntegra seria um atentado à fidelidade do relato: "De tudo quanto ele nos contava, o que mais interessava era a vida aventurosa de seu pai, Catão Bonifácio Simões Lopes — tio Catão — (o Tandão Lopes dos Contos Gauchescos), cuja fama de valentia até hoje desperta viva curiosidade nos jovens da família. Imagino bem que o tio Joca havia de exagerar muitos fatos e até criar outros para se divertir com a criançada; mas a figura do tio Catão, gaúcho completo, brigador incorrigível, altaneiro com os fortes e magnânimo com os fracos e os vencidos, gozava de um prestígio fabuloso em nossos pequenos corações gaúchos, já dominados pelos deuses incontrastáveis do meio em que vivíamos: a coragem, a destreza nas lides campeiras, o desprezo ao perigo, o respeito aos fracos, a audácia diante dos topetudos. E era um rosário interminável de 'causos' do tio Catão: quando ele entrou a cavalo no Teatro 7 de Abril, de relho em punho, em defesa dos brios de artistas brasileiros (uma écuyère) vaiados pelos portugueses; quando, em um boliche no Estado Oriental, cortou a facão a orelha de um castelhano parlapatão, a quem depois, de pena, deu onças de ouro; quando fez cantar o sino de uma estância vizinha à bala; quando, repreendido pelo pai, se tocou para a campanha e se empregou de domador, ficando o seu patrão muito embaraçado ao saber, por um visitante, a verdadeira identidade do domador que ajustara."[45] Catão Bonifácio encarnava a figura típica do gaúcho em seu melhor estilo nas lides com a gadaria das estâncias; essa silhueta quase mítica que se desenha sobre a paisagem das imensas planícies, cenário de seu apego telúrico e de suas façanhas. Ao contrário do irmão maior João Paulino, campeiro igual a ele, mas de tímido temperamento, que havia escolhido uma vida reclusa e limitada às fainas da estância paterna, Catão Bonifácio ampliou seus horizontes à vida urbana e civilizada da cidade. No imaginário da família Simões Lopes, este legendário Catão Bonifácio Lopes — Tandão Lopes

---

45   Simões Lopes, Luiz. O Hóspede da Estância da Graça (v. nota no 31).

para os mais chegados, tio Catão para os que vieram depois — é descrito como um homem de porte alto, de maneiras fidalgas, mas de excêntrico temperamento, que despertava insônia e suspiros nas moças casadoiras da cidade. E poucas havia, no pequeno mundo social da Princesa do Sul, que não tivessem lançado seus "olhares esperançados ao cavalariano garboso gentil que atravessava a cidade, ora de poncho ao vento, nas boas montarias em que desfilava com elegância, ou de casaca e claque, no seu belíssimo carro, para bailes, teatros, ou reuniões sociais."[46] Essa dualidade, nunca dissimulada, daqueles jovens do tempo de Catão Bonifácio, seria ainda notada, muitos anos depois, e já no alvorecer do século vinte, por Coelho Neto, quando visitou a cidade de Pelotas ao final de 1906, ali permanecendo nos primeiros dias do ano seguinte. Retornando ao Rio de Janeiro, Coelho Neto passou ao seu amigo Gregório da Fonseca as impressões de sua visita à cidade de Pelotas, onde viu os mesmos rapazes que executavam pela manhã as mais rústicas festas campeiras, com botas, esporas e bombachas, à noite envergar casacas num elegante baile de gala.[47]

A posição de Pelotas, como a de algumas outras cidades do sul do Rio Grande — dividida entre o campo e o agrupamento urbano, civilizado e culto, entre o luxo das residências e a simplicidade da estância —, foi bem explorada por Ligia Chiappini, quando a espelha no traçado de uma simetria com a própria vida de João Simões Lopes Neto, como se estivesse condenado a viver sob o signo do entre, nesse espaço intermediário, entre a fazenda e a cidade, entre o rural e o urbano, e, por que não dizer, entre o passado e o presente. Bravatas à parte, o certo é que Catão Bonifácio ganhou a confiança de seu pai, que lhe confiou a administração da Graça e, anos mais tarde, da estância São Sebastião, em Uruguaiana, onde passaria mais de dez anos, de 1884 a 1895.

---

46   Massot, Ivete Simões Lopes Barcellos, ob. cit., p.27, 31 e 34.
47   Reverbel, Carlos. Um Capitão da Guarda Nacional. Porto Alegre: UCS – Martins Livreiro, 1981, p.64.

Catão Bonifácio casou-se com Theresa Coelho de Freitas no dia 14 de outubro de 1861. Thereza era filha de dona Silvana Claudina Coelho da Silva, nascida na freguesia de Nossa Senhora da Conceição de Canguçu, e do português Manoel José de Freitas Ramos, natural da Vila Nova do Famalicão. A mãe do escritor era neta paterna dos lusitanos Francisco de Freitas Ramos e Marianna Alves. Seus avós, pelo lado materno, chamavam-se Jerônimo José Coelho da Silva e Maria Silveira d'Ávila. Era bisneta, pelo avô materno, de João Coelho da Silva e Anna Maria; por parte da avó materna, de José Silveira d'Ávila e Anna Rosa, todos de origem portuguesa.

O casamento religioso foi celebrado em tradicional capela situada na área central da cidade. Conforme o registro existente na Diocese de Pelotas, a cerimônia ocorreu "na Capela do Imperial Asilo das Órfãs Desvalidas, depois de preenchidas todas as disposições do Sagrado Concílio Tredentino e Constituição do Bispado, pelas oito horas da noite", na presença do vigário Antonio da Costa Guim, que lavrou o assento matrimonial no livro dos casamentos, e das testemunhas Januário Joaquim Amarante e Felisberto Ignácio da Cunha. Consta no documento que, "com palavras de presente e mútuo consentimento, receberam-se em matrimônio Catão Bonifácio Lopes, filho legítimo de João Simões Lopes e de dona Eufrásia Gonçalves Lopes, com dona Thereza D'Freitas, nascida e batizada na mesma freguesia, filha legítima do finado Manoel José de Freitas Ramos, natural do Reino de Portugal e de dona Silvana d'Freitas, natural da freguesia de Nossa Senhora da Conceição de Cangussu".[48] Não se poderia acreditar ao acaso a participação de Felisberto Ignácio da Cunha como testemunha do matrimônio religioso. Este nobre senhor, na verdade o Barão de Correntes, que viveu de 11 de novembro de 1824 a 19 de dezembro de 1896, casou-se em segundas núpcias com uma irmã de Thereza chamada Silvana, como a mãe, filha de outro casamento. A avó

---

48   Fls. 108 do Livro 3, de assentamentos de casamentos, Paróquia da Catedral de Pelotas.

do escritor, Silvana Claudina Coelho da Silva, assinava-se, quando soltei-ra, como Silvana Claudina Coelho, ou simplesmente Silvana Coelho da Silva. No entanto, aparece neste assento matrimonial de Thereza como Silvana de Freitas, pois se havia consorciado com Manoel José de Freitas Ramos, já falecido por ocasião do casamento de Thereza. O pai de Silvana chamava-se Custódio Gonçalves Belchior.[49] Deste casamento da avó do escritor com Gonçalves Belchior é que nasceu Silvana Coelho Belchior, irmã unilateral de Thereza pelo lado materno. Esta circunstância ocasio-naria diversas confusões nas referências de genealogia do escritor, insis-tindo muito sem dizer, sem o devido cuidado, que dona Thereza, a mãe do escritor, era descendente da família Belchior. Para maior confusão, os restos mortais de Simões Lopes Neto, no cemitério de Pelotas, foram levados ao jazigo da família Belchior, onde também estão sepultadas dona Thereza, mãe do escritor, e a avó materna, Silvana. Ivete Massot, narran-do, por ouvir contar, cenas do namoro de Catão com Thereza, alude à estância de dona Silvana, que ficava na localidade chamada de Cotovelo, marcada pela curva de quase noventa graus que o Arroio das Pelotas experimenta na direção do São Gonçalo. Uma das filhas do segundo e já referido casamento do Barão de Correntes, também Silvana, veio a casar-se com Guilherme Echenique, o editor de João Simões Lopes Neto. Sylvio da Cunha Echenique, filho de Guilherme, legou-nos interessante depoimento sobre Simões Lopes Neto, a quem conheceu na intimidade, ainda menino, por ser sobrinho-neto da mãe do escritor. Nascido em 17 de dezembro de 1898, Sylvio estava para completar dezoito anos em 1916, quando morreu Simões Lopes, o que sem dúvida concede confia-bilidade aos seus relatos.

Da união entre Thereza e Catão Bonifácio nasceram quatro filhos: Eufrázia (1862), João Simões Lopes Neto (1865), Silvana (1868), que

---

49   Rheingantz, Carlos G. Povoamento do Rio Grande de São Pedro. A Contribuição da Colônia do Sacra- mento,Anais do simpósiocomemorativodo bicentenário darestauração doRio Grande(1776-1976), II vol. Rio de Janeiro: IHGB-IGHMB, 1979, p.501.

casou com José Gomes Mendes e não teve filhos, e Maria Izabel (1869). Maria Izabel casou com Pedro Leão de Almeida Barcellos e desse matrimônio nasceram cinco filhas, entre elas a memorialista Ivete Simões Lopes Barcellos, que casou-se com Antonio Cesar Leivas Massot.

Capítulo 02

(1865 - 1876)

"... lindas ficam as gotas da orvalhada, trespassadas pela
luz do sol que vai subindo."
J. Simões Lopes Neto

João Simões Lopes Neto nasceu numa manhã de quinta-feira, no dia 9 de março de 1865, na Estância da Graça. Situada nos arredores da cidade de Pelotas, a trinta quilômetros do centro urbano e à margem esquerda do legendário Arroio das Pelotas, a Graça estende-se do Retiro às proximidades do Cotovelo, ponto em que este curso d'água experimenta uma acentuada curva. Naquele ano, a terra natal de João Simões Lopes Neto seria vista, aos olhos do príncipe Luiz Felipe Gastão d'Orléans — o Conde d'Eu —, que se encontrava em campanha na Guerra do Paraguai, como bela e próspera cidade. Descreve o príncipe os estabelecimentos das charqueadas, a zona urbana, o teatro, os hospitais e a igreja, refere os jornais que circulavam e demora-se na crônica de seus arredores: os rios, a esplêndida campina, as circundantes chácaras e a serra dos tapes, *"suas ruas largas e bem alinhadas, as carruagens que as percorrem (fenômeno único na província), sobretudo os seus edifícios, quase todos de mais de um andar, com as suas elegantes fachadas, dão a ideia de uma população opulenta. De fato, é Pelotas a cidade predileta do que eu chamarei a aristocracia riograndense, se é que se pode empregar a palavra aristocracia falando-se de um país do novo continente. Aqui é que o estancieiro, o gaúcho cansado em criar bois em atar cavalos no interior da campanha, vem gozar as onças e os patacões que ajuntou em tal mister.*[50] Lamentaria o marido da Princesa Isabel, depois de pormenorizada descrição, que não fosse ela a capital da província, pelas vantagens que possuía sobre Porto Alegre: *"Em certas ruas as residências ricas; noutras as lojas. Especialmente na rua do Comércio e na rua S. Miguel vê-se uma fila contínua dessas lojas, onde estão expostos estribos, esporas enormes, peitorais e freios, tudo de prata, ostentando esplendor deslumbrante, que iguala, não digo já o da rua do Ouro, de Lisboa, mas até o da 'Strada degli Orefici' de Genova."*[51] Era esta a florescente Pelotas que viu nascer João Simões Lopes Neto, naquele longínquo 1865, situada na faixa litorânea do extremo sul da região que foi chamada, a princípio, Continente do Rio Grande, ou simplesmente "Continente", bela e vastíssima porção do Brasil, e o *"mais notável trato do território da República, não só pelo renome de que goza na história pátria, que a proclama lendária terra do civismo e da bravura, como ainda pela feliz topografia do seu solo, pela variedade das suas produções, pelo clima e pela nobre população que a habita, herdeira e continuadora das tradições cavalheirescas da Península Ibérica, de que descende".*[52] Em 1865 a indústria do charque, maior fonte de prosperidade de Pelotas, já havia retomado seu pleno desenvolvimento e permaneceria sendo, por muitas décadas, a principal indústria fabril do Rio Grande do Sul. Nada menos do que sessenta e seis mil toneladas de carne seca e salgada saíram dos portos da província somente nos anos de 1864-1865 e 1865-1866, segundo as listas de exportação disponíveis[53], egressas, nas suas mais expressivas quantidades, dos estabelecimentos pelotenses. Essa massa de dinheiro, que em todas as safras e desde o início

---

50   Conde d"Eu, Viagem Militar ao Rio Grande do Sul (agosto a novembro de 1865) , SãoPaulo: Companhia Editora Nacional, 1936, p. 212.
51   Id., p. 213-214.
52   Varela, Alfredo. Riogrande do Sul. Descripção Physica, Historica e Economica. Pelotas: Echenique & Irmão – Editores, 1897, vol. 1, p.1.
53   Id., p. 463 (1864-65: 35.192.170 kg; 1865-66: 30.864.703 kg).

(1865 – 1876)

do século enchiam os cofres da cidade, foi a razão de seu progresso material e refletiu-se no trato urbanístico da Princesa do Sul, em seu invejável casario e nas sólidas instituições culturais e assistenciais, que há muito já impressionavam os viajantes estrangeiros que ali aportavam e que se manifestavam estupefatos com aquele oásis urbano em meio ao primitivo descampado do deserto verde do pampa sulino.[54]

E assim foi, invariavelmente, desde o mais antigo cronista conhecido — o comerciante inglês John Luccock[55], em 1809 —, até chegar às narrativas de Herbert Smith[56], colhidas nas épocas de grande incremento do centro urbano e das charqueadas, em torno de 1882, passando por Saint-Hilaire (1820)[57], Nicolau Dreys (1839)[58], e pelas notas de Michael Mulhal[59], por volta de 1871. Nem mesmo Avé-Lallemant, que por ali havia passado no ano de 1858, e que revelou antipatia pela atividade empresarial das charqueadas, a ponto de nomear Pelotas como *degoladora de bois*, não deixaria de mencionar o impressionante abate de *400.000 reses anualmente.*[60] E não se privaria de relatar o desenvolvimento da indústria de matéria-prima animal, ao mencionar a fábrica de velas e cola de um industrial alemão, que estaria em primeiro lugar entre *"todas as empresas similares em Pelotas e em toda a Província e talvez em todo o Brasil".*[61]

Para tratar das reminiscências familiares sobre o nascimento de Lopes Neto não há outra fonte disponível fora das anotações da memorialista

---

54   Abeillard Barreto assinala mais de cem escritores estrangeiros que escreveram sobre Pelotas, na sua Bibliografia Sul-Riograndense, 2 v. Rio de Janeiro: Conselho Federal de Cultura, 1973.

55   Luccock, John. Notas sobre o Rio de Janeiro e Partes Meridionais do Brasil. São Paulo: Martins, 1951.

56   Smith, Herbert. Do Rio de Janeiro a Cuiabá. São Paulo: Melhoramentos, 1922.

57   Saint-Hilaire, Auguste. Viagem ao Rio Grande do Sul. Rio de Janeiro: Ariel, 1935.

58   Dreys, Nicolau. Noticia Descriptiva da Provincia do Rio-Grande de S. Pedro do Sul. Rio de Janeiro: J. Villeneuve e Comp., 1839.

59   Mulhal, Michael George. O Rio Grande do Sul e suas Colônias Alemãs. Porto Alegre: Bels-IEL, 1974.

60   Avé-Lallemant, Roberto. Viagem pelo sul do Brasil no Ano de 1858. Rio de Janeiro: INL, 1953, p.93 e 389.

61   Id., p.390.

Ivete Barcellos Massot, ao relatar o que disse ter ouvido contar sua tia Eufrásia, irmã do escritor, *"a única pessoa que tinha competência para narrar com minúcias todos os passos de sua vida"*, pois era a moça da casa que ajudou a criá-lo. O que Eufrásia não presenciara era por ela contado *"como ouvira de seus pais e tios, do velho Lourival, da mucama Raquel e do peão de confiança, o chasque da casa, Simeão, pai de Simeãozinho, o irmão de leite de João Simões Lopes Neto"*.[62] Povoando as lembranças da família, esses relatos informam que o nascimento de João Simões Lopes Neto não se seguiu, imediatamente, ao da irmã mais velha. Thereza deu à luz, no ano seguinte ao do nascimento de Eufrásia, um menino prematuro que não sobreviveu ao parto, frustrando as expectativas da família. Esperanças que se renovaram, meses depois, com novos sinais de gravidez de Thereza, no inverno de 1864. Quando se aproximava a data prevista do parto, por ordem médica, as idas à cidade foram suspensas e todas as precauções foram tomadas. Chovia muito naqueles princípios de março de 1865. O mau tempo e o alagamento em torno à sede da estância, ilhada no meio de tanto aguaceiro, impediram que Thereza percorresse com segurança as vinte milhas que distanciavam a Graça dos recursos da cidade. O parto teria de ser na própria fazenda e todos estavam ansiosos, à espera de que o médico da família chegasse em tempo. Ao surgir o doutor Miguel Barcellos, o menino já estava por nascer com a ajuda das mucamas da casa, experientes naqueles misteres. João veio ao mundo, portanto, ao final da manhã daquele 9 de março, quando as chuvas terminavam e o sol já aparecia a pino. Eram tempos de guerra. Não tardariam os combates sangrentos da campanha militar em que a pátria, muito especialmente o Rio Grande, iriam envolver-se na Guerra do Paraguai. Na Graça reinava a paz, e os ecos dos combates seriam apenas sentidos nos negócios da indústria saladeiril, já em alta desde o estabelecimento do imposto sobre o charque que vinha

---

62   Referências grifadas extraídas de Ivete Barcellos Massot, ob. cit., p.47. 62 O Decreto no 2.864, de 3.11.1860, eliminou as facilidades sobre as importações do vizinho país, voltando a taxar o produto.

do Estado Oriental[63] e que seriam incrementados pelas vendas durante o esforço de guerra provocado pela campanha do Paraguai.[64]

O batizado do menino iria acontecer no dia de São João, padroeiro festejado todos os anos na estância, seguindo a tradição portuguesa que vinha de outras gerações e de outro continente. Naquele dia de sábado, 24 de junho, haveria de ser batizado o primeiro neto varão de João Simões Lopes. E foi mesmo o que aconteceu, como anotado ficou nos registros da Diocese de Pelotas: *"Aos vinte e quatro de junho de mil oitocentos e sessenta e cinco, nesta Freguezia de São Francisco de Paula de Pelotas"* — escreveu, no livro próprio, o cônego vigário Antonio da Costa Guim, que oficiou a cerimônia e lavrou o assentamento[65], haver, em altar portátil, batizado e posto os santos óleos — *"ao inocente JOÃO SIMÕES, cor branca, nascido a nove de março do ano corrente, filho legítimo de Catão Bonifácio Lopes e de dona Thereza de Freitas Lopes, neto paterno de João Simões Lopes e materno de Manoel José de Freitas Ramos"*. Foram padrinhos Gustavo Venzi e dona Silvana Belchior.

A memorialista Ivete Massot ouviu das velhinhas, e não esqueceu, que por esses tempos teria ocorrido uma transformação que todos perceberam no modo grave de ser do pai de Catão Bonifácio: *"O neto parecia ter aumentado o encanto de espírito e o bom humor do avô... Surgiu naquele dia, no lugar do vulto austero de sempre, o conversador espirituoso e feliz."*[66] Algumas informações adicionais sobre a infância de João Simões Lopes Neto seriam colhidas em outro depoimento valioso que nos foi deixado por Alfredo Augusto Gonçalves Braga, tio do escritor e seu padrinho de casamento, nas páginas do jornal *A Opinião Pública*.[67] É também por aí

---

63   O decreto n. 2.864, de 03.11.1860, eliminou as facilidades sobre as importações do vizinho país, voltando a taxar o produto.

64   Marques, Alvarino da Fontoura. A Economia do Xarque. Porto Alegre: Martins Livreiro, 1992, p.30.

65   Fls. 37 do Livro 13, de assentamentos de batismos, Paróquia da Catedral de Pelotas.

66   Massot, Ivete Barcellos, ob. cit., p.53.

67   "O vermelhinho". *A Opinião Pública*, 13.07.1916, sob a assinatura de Um velho ca-

que se tornaram conhecidos alguns episódios da infância do escritor, vividos antes de se transferir para a cidade no estabelecimento rural do avô. Até o início da escolaridade oficial João viveu na Graça, em companhia dos pais e das irmãs. Infância feliz, em permanente e fecunda relação com a natureza. Eram tempos da amizade com Simeão, pretinho de sua idade, filho de escrava, que já nasceu livre, seu irmão de leite e companheiro de todas as brincadeiras;[68] tempos do Vermelhinho, um dos petiços que o pai lhe presenteara; tempos do Romeu, um cordeirinho domesticado ao redor da casa de estância, que dormia no quartinho da escada, ao lado dos meninos João e Simeão. Tempos de recortes de figuras, das coleções de livrinhos, borboletas, ovos de passarinho e do jornalzinho caricato *O Mosquito*, guardados numa pequena escrivaninha que o pai mandara fazer e que o menino fechava à chave para que as outras crianças — e muitas havia na Graça — não desorganizassem os pertences: *"Seu pai, vendo alguma coisa de extraordinário naquela inclinação de colecionador, mandou o Vero, carpinteiro da Charqueada, fazer-lhe uma escrivaninha de minúsculas dimensões, toda de pinho, com caimento e divisões — O João pulou de contente! Ali guardava ele os seus livros, figurinhas, penas, lápis e ovos de passarinhos, que ele e o Simeão tinham colhido durante o dia."*[69] Aos cinco anos, já aos cinco anos, haviam nascido Silvana e Maria Izabel, as duas irmãs mais moças. Seria desse tempo, quando o menino andava pelos cinco ou seis anos, a fotografia mais antiga que se conhece: o cabelo preto, liso, penteado para o lado, já se desenhando aquele olhar perdido

---

marada. Braga era casado com Arminda da Luz Lopes, tia do escritor e primeira filha do segundo casamento do avô. 67 Após a morte de João Simões Lopes Neto, Alfre do Braga registraria: "O Simeão ainda vive... – pobre e resignado–tem os cabelos negros e o espírito calmo. Algumas vezes, quando os dois se encontravam, o Simeão em vez de receber ordens... recebia cigarros!" (A Opinião Pública, 13.07.1916).

68   Após a morte de João Simões Lopes Neto, Alfredo Braga resgistraria: "O Simeão ainda vive... – pobre e resignado – tem os cabelos negros e o espírito calmo. Algumas vezes, quando os dois se encontravam, o Simeão em vez de receber ordens... recebia cigarros!" (*A Opinião Pública*, 13.07.1916).

69   Braga, Alfredo Augusto, id.

(1865 – 1876)

e distante e o leve estrabismo, traço atávico, que em nada desfigurava a criança de belo porte.[70] Mas o pai não se conformava e, na melhor das intenções, quando o filho já se havia integrado à vida escolar oficial, entregou o menino aos cuidados de um especialista que se anunciava pela cidade e que depois revelou-se um charlatão. A delicada operação que fez não teve êxito e o estrabismo, segundo o relato de familiares do escritor, acentuou-se muito. O episódio é contado em pormenores e cheio de conjeturas que não cabem ser transcritas, a não ser pelo que dele se poderia relacionar com certas fixações muito presentes na obra do escritor: esse olhar; *"este olhar que apanha as belezas da terra e do céu"*, uma espécie de *"metáfora obsessiva"*, como observou Ligia Chiappini, *"desde a abertura dos Contos Gauchescos, talvez, e em parte, devido ao pequeno defeito que ele trazia, de nascença, um leve estrabismo, agravado por operação mal sucedida".*[71] Muitos anos depois, já homem feito, João Simões troçaria de um certo senhor Nava Coll, um dentista ambulante, *um gênio e um talento*, na coluna em versos *Balas de Estalo*, numa clara alusão ao charlatanismo que o vitimara na infância:

> *Saca dientes, saca moelas*
> *Y cura por un caracol*
> *Hijos, madres y abuelas*
> *Saca dientes, saca moelas*
> *El señor D. Nava Coll.*
> *É um gênio é um talento*
> *Este dentista ambulante.*
> *Não tem nada de pedante,*
> *Este dentista ambulante.*
> *Possui da glória o fermento*
> *Este dentista gigante.*

---

70   Álbum de recortes: acervo da Biblioteca Pública Pelotense.
71   Chappini, Ligia, ob. cit., p.19.

É um gênio é um talento,
Este dentista ambulante.
Enquanto o diabo esfrega um olho,
Arranca nove cataratas
E ri-se dos pataratas.
Enquanto o diabo esfrega um olho
Trinta dentes e um caolho,
Viva as curas! São baratas!
Enquanto o diabo esfrega um olho
Arranca nove cataratas.[72]

Nos dias de inverno, o menino madrugava, *"para ver a espessura das geadas, que trazia nas mãos roxas de frio e um pedacito entre os dentes, sempre a rir e cheio de saúde. Quando havia tropa a receber na ponte do Retiro, lá ia o gaúcho em miniatura, sempre ao lado do Simeão..."*[73] Nada melhor do que deixar falar o próprio escritor, quando se recorda daqueles momentos fugidios da infância, nas horas antes do amanhecer:

"Saímos para o terreiro. Já quase não se via as estrelas, que apontavam e sumiam-se, pequeninas, como cabeças de alfinetes. Os galos amiudaram, rachando o bico, em desafio de cocorocós. Na frescura do ar havia o perfume das madressilvas da tapera, numa mistura de cheiros dos pastos maduros, das frutas do pomar, das outras flores do jardim de minha mãe. Lá, longe, para o lado do nascente distinguia-se uns como grandes montes, de nuvens carregadas, parecendo uma serrania muito alta. Por cima das nossas cabeças passou um espenejado de asas e logo, num galho adiante, uma cantoria trocista se ouviu:

– Bem-te-vi! Bem-te-vi!... te vi... te vi!...

E logo outro respondeu, e tico-ticos piaram alegres, um forneiro soltou um longo trinado, e por aí fora, longe e perto, no arvoredo, despertava, canta-

---

72   *A Pátria*, 27.08.1889.
73   Braga, Alfredo Augusto. A Opinião Pública, 13.07.1916.

(1865 – 1876)

va e saltava toda aquela gadaria sem marca e a que se não pode parar rodeio! Na raiz da serrania de nuvens surgiu um claráozinho, uma lista cor de rosa, cor de fogo, que foi subindo, subindo, clareando, clareando tudo. Rompiam as barras do dia.[74]

Ivete Barcellos Massot, que dizia contar o que ouvia da tia Eufrázia, irmã mais velha de João, é pródiga ao ressaltar o afeto de Catão Bonifácio pelo filho. O pai teria prolongado, tanto quanto podia, o início da escolaridade oficial de João, retardando a ruptura que teria de vir. Com nove anos completos, mas já com algumas lições caseiras colhidas com a professora da irmã mais velha, João vai para o colégio na cidade. Corria o ano de 1874.

Quero-queros, rolinhas, perdizes, viuvinhas, tesourinhas, canários-da-terra, andorinhas, corruíras, cardeais, anus[75], marrequinhas-piadeiras, socós, socós-bois, joões-grandes, garças-brancas, garças-pardas, marias-faceiras, jabirus, maçaricos, narcejas, marrecões, cisnes-de-pescoço-preto, saracuras, jaçanãs, frangos-d'água, chimangos, tahãs, martins-pescadores, biguás[76], gaviões, falcões-de-coleira, quiriquiris, sanãs, saracuras-três-potes, pintos-d'água, carquejas, frangos-d'água, seriemas, colheireiros, flamingos, mergulhões, marrequinhas-pés-vermelhos, marrecas-de-colar, marrecas-de-bicos-roxos, marrecas-de-cabeças-pretas, corujas-do-campo, sangues-de-boi, noivinhas, asas-de-telha, borboletinhas-do-mato, pia-cobras, juritis, alegrinhos, vira-bostas[77], balança-rabos, não mais.

Não mais braçadas no arroio. Bagrinhos, traíras, pintados, jundiás, pulando nas pontas dos anzóis. Não mais cigarras, borboletas, vaga-

---

74   Simões Lopes Neto, João. Fragmentos de Madrugada, que integra otexto manuscrito"Recordações de infância". Correio do Povo, Caderno de Sábado, 12.06.1971.

75   "O anu é pássaro preto, /Pass'ro de bico rombudo: /Foi praga que Deus deixou / Todo negro ser bei- çudo!..." (do Cancioneiro Guasca).

76   "O biguá na terra firme /Não corre: tropica e cai; /E mesmo num banhadal / Também a prompaços vai" (do Cancioneiro Guasca).

77   "Vira-bosta é preguiçoso /Mas velhaco passarinho /Pra não fazer o seu ninho /Se apossa do ninho alheio"(quadrinha popular: Eurico Santos, Pássaros do Brasil. Belo Horizonte: Itatiaia, 1979, 4. ed., p.243).

-lumes das noites de verão, não mais os cheiros dos campos; não mais madressilvas, corticeiras, espinilhos ao sol, umbus, figueiras, bambuzais. Capinchos, gambás, zorrilhos, doninhas, guaiquicas, mãos-peladas, guaraxains[78], tatus, não mais. Não mais chape-chapes das patas dos cavalos pisando os pastos molhados de sereno, não mais. Mugido triste dos bois, relinchos, berros de ovelhas, correrias nos campais, em meio às reboleiras de mato. Assobio do minuano entrando pelas frinchas das janelas batidas pelos invernos. Ruído da chuva chicoteando os telhados e as noites fechadas de escuridão. E o sobrado grande da fazenda, que parecia que tinha sido feito para ficar, eternamente, acorrentado àqueles intermináveis crepúsculos das planícies do sul. Era o mundo que deixava para trás; mundo que o menino para sempre perdia; mundo que a memória, em certos momentos mágicos, recuperaria num futuro distante, através da explosão sensorialista peculiar à prosa de ficção que seria criada na maturidade. *"A leitura de Simões Neto nos revela uma tal abundância de notações sensoriais,* – diria Mozart Pereira Soares – *que não nos permite dúvida: estamos diante de um caso excepcional de hiperestesia."*[79] Momentos pequenos e passageiros, diria Mozart Victor Russomano, mas suficientes para sulcar, *"naquela alma predestinada, a significação dos grandes silêncios do descampado aberto ao sol das tardes, das linhas profundas da paisagem monótona convidando para a busca dos horizontes, dos feitos de homens que tinham músculos de aço e nervos de cristal."*[80]

O menino vai para a escola na cidade. As informações, deixadas por todos quantos trataram da vida do escritor, não foram precisas quanto à escolaridade oficial de João Simões Lopes Neto, antes de transferir-se para

---

78   "Lá vem o guaraxaim /Com cara de disfarçado /Ele vem comer galinha /E soltar cavalo atado!"(do Cancioneiro Guasca).
79   Soares, Mozart Pereira."O elemento sensorial nos contos gauchescos", in Simões Lopes Neto, João. Contos Gauchescos, edição ilustrada. Porto Alegre, Globo, 1983, p.IX.
80   Russomano, Mozart Victor."Alguns aspectos de Simões Lopes Neto", Fundamentos da Cultura Rio-Grandense, 1958, p.212. 80 Osório, Fernando, ob. cit., p. 181.

(1865 – 1876)

o Rio de Janeiro, porém o trânsito de Simões por colégio de Pelotas já havia sido confirmado em extensas narrativas com tintas autobiográficas. O livro escolar *Terra Gaúcha*, que fora lido no original e mencionado por Manoelito de Ornellas, é pródigo em episódios transcorridos no colégio municipal e nas férias que passava na estância dos avós, sobre os quais discorre o narrador menino, falando na primeira pessoa.

Alguns relatos dos biógrafos, ao tratar desse tema, dizem que João, com onze anos de idade, ao morrer a mãe, em 27 de junho de 1876, já havia sido transferido para o colégio na cidade. Diante da falta dos registros dos alunos das escolas que funcionavam nas últimas décadas do século dezenove, que não foram encontrados, foi possível, no entanto, estabelecer seguras relações, partindo de depoimentos publicados sobre o escritor e conferindo-os com dados oficiais da época, no intento de localizar a escola que freqüentou na cidade de Pelotas. Há equívoco na indicação feita por Ivete Barcellos Massot, quando afirmou que João, aos 9 anos, em março de 1874, teria sido levado a estudar como aluno de internato, no Colégio Evolução. Fundado por Luiz Carlos Massot e Affonso Emilio Massot, o Evolução começou a funcionar somente em 1886.[81] Bem antes, em 1878, Affonso Massot e Emilio de Missimy instalaram o Curso Racional, num sobrado da rua 7 de Abril que fazia esquina com a rua General Osório, daí passando para uma outra casa, onde teve como diretor Manoel Ignácio Fernandes. Poderia ter havido, por parte da memorialista Ivete, confusão de datas e de nomes das escolas, já que ambos foram fundados por antepassados da família Massot e isso seria uma explicação plausível. O menino teria ingressado no Curso Racional após o falecimento da mãe, que ocorreu em 27 de junho de 1876. Hipótese, porém, que se esboroou diante de novas pesquisas. Funcionavam na cidade de Pelotas, à época da escolaridade primária de João Simões Lopes Neto, vários colégios particulares. Entre os mais antigos, destacavam-se

---

81   Osório, Fernando, ob. cit., p.181.

o Colégio União, dirigido por Antônio José Rodrigues Pereira, na rua Alegre, o Colégio Peixoto, de Demétrio Antonio Peixoto, sediado na rua Augusta, o Colégio Santa Cruz, de Antonio Vasconcellos Vieira Diniz, na rua do Torres,[82] e ainda muitos outros. O historiador Fernando Osório, referindo-se aos educandários daquela época, acrescenta a esses três os colégios Grauert, Reis, José de Seixas e Bernardo Taveira Júnior (Colégio São Salvador), Colégio Francês, de Aristides Guidony, e São José, de Francisco Rodrigo de Souza.[83]

Simões Lopes Neto estudou no Colégio Francês, de Aristides Guidony. Quem revelou esse dado foi o escritor gaúcho Manoelito de Ornellas, pessoa muito ligada à viúva de Simões Lopes e um dos poucos a ter acesso aos arquivos que estavam em poder dela, antes de muita gente manipular os documentos que ali jaziam. Essa informação veio à tona, numa divulgação de cunho nacional, em 1955, ano em que a *Revista Ilustração Brasileira*, do Rio de Janeiro, sediada na rua Senador Dantas, publicou uma edição inteiramente dedicada ao Rio Grande do Sul. Ornellas passou à Revista Ilustração Brasileira os dados biográficos para a nota que antecede à publicação, naquele periódico, do conto Deve um queijo, de autoria de Simões Lopes. Consta na referida anotação: *"Com o falecimento de D. Tereza de Freitas Lopes, o menino João foi enviado para a Capital da República, sob o cuidado de seus tios Ildefonso Simões Lopes, nome eminente na política nacional e irmão de seu avô, e de João Augusto Belchior, irmão de sua mãe. Em Pelotas frequentara o Colégio Gueldony"[84]*. Idêntica informação sobre a escolaridade de Simões Lopes, iniciada no colégio de Aristides Guidony, já havia circulado na imprensa de Pelotas , numa nota biográfica do escritor publicada em 1942. Coincidência ou não, essa nota foi editada no dia em que se anunciava uma conferência de Manoelito de

---

82   Almanak Pelotense, de Joaquim Ferreira Nunes, ano 1862, p.21.
83   Osório, Fernando, ob. cit., p.182.
84   Ilustração Brasileira (fundada em 1909). Rio de Janeiro: ano XLVI, no 239, novembro-
-dezembro, 1955, p.59. A grafia correta é Guidony.

(1865 – 1876)

Ornellas na cidade de Pelotas.[85] Nessa época do Colégio Francês, João foi colega dos irmãos Bruno (1864) e José Gonçalves Chaves (1865), netos do legendário charqueador Antônio José Gonçalves Chaves. Estreitou-se, assim, a ligação afetiva de João Simões Lopes Neto com os seus contemporâneos da família Gonçalves Chaves. Por ocasião do prematuro falecimento de Álvaro José Gonçalves Chaves — irmão mais velho de Bruno e José —, deixaria João Simões registrada, em letra de forma, sua homenagem no necrológio publicado na folha *A Pátria*, em 1890. Mais de vinte anos depois, na *Revista do 1º Centenário de Pelotas*,[86] Simões ainda se fixa nos Gonçalves Chaves, biografando todos eles na galeria dos filhos ilustres da sua terra. E é também da época do Colégio Francês a fotografia existente no escasso álbum iconográfico do escritor, quando tinha onze ou doze anos, identificada com a frase *Le petit Simões*.[87] Revela-se ali, à primeira vista, quando já processada a ruptura com a vida campeira, um urbaníssimo modelo que se veste no rigor da moda europeia e que poderia passar por um aluno do liceu *Condorcet*, de Paris. O educador Aristides Guidony morreria pobre, em 21 de julho de 1881, mas como reconhecimento da mocidade dos colégios da cidade, dos colegas de magistério, alunos e amigos que acompanharam seu cortejo fúnebre.[88]

A Graça já ficara para trás e seria revisitada nas férias escolares ou em ocasiões especiais. Ficara para trás o paraíso perdido, o emblema da infância do escritor, que lhe concederia a matriz emocional de uma obra literária que o tempo e a crítica iriam imortalizar, sem que o escritor e seus contemporâneos sequer imaginassem que tal prodígio pudesse acontecer. Retornos, já ocasionais, ao mundo de que se despedia e que seria revisitado em algumas narrativas no gênero memorialístico. E foi por

---

85   Diário Popular, 09.12.1942.
86   No 1, 15.11.1911, p.8 a 12.
87   Álbum de recortes: acervo da Biblioteca Pública Pelotense.
88   *Correio Mercantil*, 22.07.1881.

esse trânsito da memória que nasceram as histórias da Sia Mariana, parte do livro escolar *Terra Gaúcha*, o manuscrito *Recordações da Infância* e a narrativa *A Recolhida*, publicada na *Revista da Academia de Letras do Rio Grande do Sul*. Esse texto — malgrado sua singeleza, introduzido no livro escolar que escreveu, mas não conseguiria publicar —, teve acabamento para editoração e pôde ser apreciado, juntamente com os manuscritos inéditos, como fonte preciosa, na falta de outras narrativas autobiográficas conhecidas. Nos manuscritos e no texto na época publicado (*A Recolhida*) surgem como fios condutores o encantamento telúrico e a figura do capataz Juca, presentes nos fragmentos citados.

"Chegando à fralda da coxilha lancei a vista para o campo, a rumo do poente. Quanta beleza vi, que ainda não vira! Por detrás de mim subia o sol e os meus olhos correndo com a luz, alcançavam até muito ao longe, sobre a verde extensão, suavemente ondulada. Nas canhadas distantes restava, suspensa, uma leve cerração; sobre o alto das coxilhas recortava-se muito bem o corpo de uma que outra rês, e das querências viam-se pontas de gado movendo-se a passo, em fila, para as aguadas; no ar fino vinham berros de terneiros e mugidos de tourada, e latidos, gritos agudos dos quero-queros, em revoada, alarmados, enquanto que de muito alto, do céu sem nuvens, descia o grasnido estridente de um par de taãs, que voava sereno, sereno, em círculos largos."

E mais adiante: "[...] cigarras ensaiavam trilos; nas ramas dos capins as teias de aranhas pareciam pequenas redes enfeitadas de continhas de vidro transparente, vermelhas, cor de ouro, roxas, azuis, verdes... tão lindas ficam as gotas da orvalhada trespassadas pela luz do sol que vai subindo."

Interessa, contudo, pelo conteúdo autobiográfico, o diálogo final entre o narrador e o capataz:

" — Eh! Amigo! Tens muito serviço de campo, agora? Não sei porque, mas no meio do meu contentamento — foi como um corisco! — de repente lembrei-me do colégio, do Mestrinho, da festa das bandeiras... E suspirei.

(1865 – 1876)

— *Ah! Seu Juca!* — *disse.* — *Que bom que eu fosse peão da estância...*
campeiro, domador... Só assim não iria mais para o colégio... Não é?

O velho capataz deu dois últimos chupões à bomba, com esta revirou a
erva na cuia e, vagarosamente, enquanto cevava um outro amargo, respon-
deu-me baixinho, porém muito sério:

— *Amiguito! Não diga barbaridades!...*"[89]

Outra ruptura, de trágicas consequências para a família, iria acontecer
logo adiante. João teria de viver, com suas três irmãs, os dias tristes da
enfermidade e morte da mãe. Thereza, bela e frágil, contraiu grave doença
pulmonar, sem cura naqueles tempos, que a levaria ao túmulo em poucos
meses. Durante a virada do ano de 1875, João estava em férias na estância e a mãe, no seu delicado estado de saúde, aparentava uma melhora
enganosa. Foi por aqueles dias que se deu um acontecimento histórico na
cidade. Concluídos os serviços de desobstrução da foz do São Gonçalo,
em fins de 1875, abria-se o porto da cidade de Pelotas para os navios de
grande cabotagem. Chegava ao final uma longa campanha iniciada em
1833 por Domingos José de Almeida e Antônio José Gonçalves Chaves,[90]
incrementada definitivamente em 1862, quando o governo imperial
mandou executar estudos concretos sobre essa obra pública, coroados
com parecer favorável na Assembléia Provincial somente em outubro de
1867. A comissão encarregada desse expediente constatava o prejuízo da
exportação dos produtos das charqueadas pelo baixio da barra do São
Gonçalo, sendo os produtores obrigados a mandar a carne em iates de
pouco calado até Rio Grande, onde deviam ser baldeados, ou desembarcados e reembarcados os carregamentos. Não demorou a ser assinado

---

89   "A recolhida". Porto Alegre: Revista da Academia de Letras do Rio Grande do Sul, n. VII,
junho-agosto de 1911. Este texto integra o livro *Terra Gaúcha. Histórias de Infância* (1913), que tem
como original os dois cadernos manuscritos (As férias, na estância e *O estudo*, no colégio). O tema é
tratado neste livro, no capítulo 8, sob título *O Verdadeiro Terra Gaúcha.*
90   Antônio José Gonçalves Chaves, autor de Memórias Ecônomo-Políticas sobre a
Administração Pública do Brasil (1822). Em 1820, hospedou Saint-Hilaire na sua residência em Pelotas.

o contrato da obra com a companhia autorizada e a desobstrução foi, finalmente, concluída ainda no ano de 1875. Faltavam apenas as formalidades oficiais. Por volta das onze horas de uma certa sexta-feira, dia 11 de fevereiro de 1876, quando o navio norte-americano Tampico atracou no porto, depois de ultrapassar com sobra de calado as águas da foz do São Gonçalo e por esta via fluvial chegar ao cais, a multidão já se aglomerava em terra. Na recepção oficial despontava o avô do escritor, que em dia próximo seria elevado a Visconde da Graça. Alguns dias depois, terminada a descarga de mil e duzentas barricas de trigo, o palhabote estadunidense desamarrou-se do cais do porto e atracou em trapiche particular da charqueada de Heleodoro de Azevedo e Souza, para iniciar o carregamento de charque destinado a Pernambuco, o que seria feito em clima de festa, aos dezessete dias daquele mês. A imprensa noticiou que em torno das onze da manhã, nas instalações portuárias daquele estabelecimento comercial, improvisou-se um amplo salão ao ar livre, com duas filas de cadeiras em toda largura, a acomodar autoridades e convidados especiais. Iniciou-se o carregamento. O Visconde da Graça, *"sempre o primeiro e o mais entusiasta nestas festas de progresso público"* e que na véspera havia recebido seu novo título, arremessou sobre o convés o primeiro pedaço de carne seca. Como disseram os discursos, todos achavam, e tinham razão, que estava sendo dado o primeiro passo para o engrandecimento e a independência industrial e comercial da Princesa do Sul. O *Tampico* soltaria suas amarras a 22 de fevereiro, pelas sete da manhã, para logo transpor o canal e lançar-se barra a fora.[91] Pelotas caminhava, a largos passos, para o seu apogeu econômico, porém, no âmago da família de Catão Bonifácio Lopes, dias tristes já chegariam sem demoras. Os episódios que envolveram a doença e a morte de Thereza foram relatados de memória pela filha Eufrázia, a irmã mais velha do escritor e uma mocinha de quinze anos na época

---

91   A crônica desses acontecimentos foi feita por J. Simões Lopes Neto, na Revista do 1º Centenário, números 6 (março, 1912), 7-8 (abril e maio, 1912).

(1865 – 1876)

da perda da mãe. Esses relatos orais de Eufrázia com mais de cinquenta chegam já em segunda mão, por isso devem ser apreendidos com certa reserva quando se há de reportar à reprodução feita pela memorialista Ivete Barcellos Massot, que ouvia dessa tia o que escreveu. É possível, no entanto, captando da riqueza de pormenores a essência das histórias, fazer constar que depois dos acontecimentos de fevereiro, quando se abriu o porto para a navegação de largo porte, e findas as férias escolares de João, a família de Catão Bonifácio voltou a instalar-se na casa da cidade. João foi na frente, porque começavam as aulas. Na despedida, teria dito Thereza: *"Vai tranqüilo, Joca; na cidade nos veremos mais seguido. Lá ficarei boa!"* Dias antes, e num certo meio-dia, quando a mesa estava posta, o menino não havia aparecido para o almoço e saíram à sua procura. Estava sentado ao chão, encostado no moirão da mangueira, pernas dobradas e mãos entrelaçadas nos joelhos, olhando o infinito, quando foi surpreendido com os olhos vermelhos pela irmã e pelo pai. João pensava na mãe; pensava, como numa despedida triste, nas coisas que amava e que se iam desvanecendo. *"Eles esperavam com paciência que passasse aquela crise de choro e quando, finalmente, João se acalmou, juntos entraram em casa, fazendo-o refrescar o rosto antes de ir ver a mãe, na sala."*[92]

Foi-se o verão, passou o outono. Com a proximidade do inverno, o estado de saúde da esposa de Catão Bonifácio, já desenganada pelo médico da família, piorava dia após dia. Catão, tomado de profunda tristeza, começou a preparar os filhos para o desenlace que se aproximava e que não demorou a chegar. Em junho não houve festa de São João na Estância da Graça. Thereza de Freitas Lopes morreu numa terça-feira, no dia 27 de junho de 1876, na casa da cidade, na companhia do marido e dos filhos.

A imagem triste dessa morte, vencendo os dias e os anos, seria invocada no limiar de uma conferência que Simões Lopes Neto recitou, quase no fim da vida, ao rememorar, da mãe, *"a diluída imagem sorridente, mei-*

---

92   Massot, Ivete Barcellos, ob. cit., p.103.

ga e boa, daquela que mais tarde, pálida e muda e rígida, foi levada para o frio pouso onde ia dormir para sempre".[93]

---

93   *O Menino Jesus*, conferência de 27 de setembro de 1913: manuscrito localizado nos arquivos do escritor.

Capítulo 03

(1876 - 1884)

*"Amanhã! O que é, e o que vai ser, o que há de passar
amanhã?..."*

J. Simões Lopes Neto

O que Thereza não havia imaginado e certamente não teria desejado
veio a suceder, numa imposição ditada por inevitáveis circunstâncias:
a separação de seus quatro filhos. João já estava na escola e não muito
tempo depois partiria para o Rio de Janeiro para completar seus estudos;
Eufrazinha, já uma moça, ficou na casa do avô paterno; Silvana foi entregue à tia Eufrázia e a pequena Maria Izabel à tia Maria Joaquina. O futuro
encarregou-se de mostrar que essa desintegração, de fato, não ocorreu de
espírito, pois os irmãos sempre permaneceriam unidos e solidários, mesmo quando os azares da vida se chocaram de frente com João Simões, ao
tempo em que nada mais tinha para sobreviver que não fosse sua modesta
ocupação de jornalista. Quando uma de suas irmãs, solteira, engravidara
em casa da tia com quem residia, encontrou no irmão escritor, recém-ca-
sado, seu único apoio, pois levou-a a residir com ele, "escondeu-a, trouxe
médico para vê-la." E atendendo à recomendação de que a gestante fizesse

caminhadas, tarde da noite passeava com a irmã — "ela enrolada em grande capote — a contornar a quadra onde moravam".[94]

Após a morte de Thereza, supõe-se que durante o transcorrer do ano de 1877 — mas poderia ser em 1878 – o escritor foi levado para o Rio de Janeiro, com a intenção de completar seus estudos. As notas biográficas apontavam para o Colégio Abílio, do professor Abílio Cesar Borges, o barão de Macaúbas. Tido como um dos melhores educandários do Brasil, e com fama de renovador dos métodos pedagógicos, seria este colégio – com seu diretor, personificado como o professor Aristarco — imortalizado no romance *O Ateneu*, de Raul Pompéia. Quando *O Ateneu* foi lançado nas páginas da Gazeta de Notícias, em 1888, diria o seu autor que a propaganda do Ateneu — leia-se Colégio Abílio — estendia de tal maneira "seus tentáculos através do país, que não havia família de dinheiro, enriquecida pela setentrional borracha ou pela charqueada do Sul, que não reputasse um compromisso de honra com a posteridade doméstica mandar, dentre seus jovens, um, dois, três representantes abeberar-se à fonte espiritual" daquele educandário. A família Simões Lopes não escaparia da influência dessas irradiações do reclame. Ildefonso Simões Lopes e Antonio Simões Lopes, filhos do segundo matrimônio do Visconde da Graça, internaram-se no colégio do vaidoso e eficiente Abílio Cesar Borges, e seria tentador dizer que, com o ingresso do único filho varão nesse colégio da Capital, Catão Bonifácio estaria a dar seguimento à tradição há tempos inaugurada pelo pai. O visconde deixaria registrada, no seu diário da viagem de 1873 ao Rio de Janeiro, a anotação de um desses desenlaces: "15 de setembro — Depois do almoço, dirigimo-nos ao colégio de São Francisco, à praça da Constituição, levando meu filho Antonio para entregar ao Padre Belmonte, seu digno diretor; [...] retiramo-nos bastante comovidos pela aflição de meu filho que, desde o 1º de

---

94   Hilda Simões Lopes: "Entre sonhos e charqueadas", Simões Lopes Neto - Cadernos Porto & Vírgula, n. 17, Porto Alegre, EU, 1999, p. 26-27.

(1876 – 1884)

agosto, jamais se tinha separado de mim. Por mais de uma vez experimentei a punidade do cumprimento do dever paterno, afastando de si os filhos em prol da educação." Antonio, mais adiante, passaria ao internato do Colégio Abílio e lá receberia a companhia de seu irmão Ildefonso. Fundado na Bahia por Abílio Cesar Borges, em 1858, sob a denominação de Ginásio Baiano, transferiu-se para a capital do Império, onde começou a funcionar, como Colégio Abílio, em agosto de 1871, conforme constou no pedido de equiparação ao Ginásio Nacional remetido ao Executivo em 10 de novembro de 1895.[95]

Não foi, no entanto, encontrado qualquer registro que comprovasse a passagem de Simões Lopes Neto pelo Colégio Abílio, entre os documentos desse educandário correspondentes ao período do Império, hoje depositados no Arquivo Nacional, sediado no Rio de Janeiro.[96]

Nos relatórios e papéis diversos, guardados nos pacotes de documentos dos anos de 1876 a 1884, não se acham nominatas dos alunos matriculados em cada um desses anos, a não ser uma certidão, com data de 1895, que se reportou apenas ao número de alunos matriculados, a cada ano, com algumas lacunas, desde a fundação do ginásio da Bahia, em 1858, até 1895. Abrange o documento, dessa forma, todo o período de funcionamento da escola no Rio de Janeiro, até a data da certidão (1871 a 1895).[97] Se faltam os nomes dos alunos matriculados, o mesmo não ocorre quanto às relações dos que prestaram exames no período que interessava examinar: 1876 a 1884. E nessas anotações não se acha referência ao nome de João Simões Lopes Neto. No entanto, nelas figuram, prestando exames e sendo aprovados, Antônio Simões Lopes e Ildefonso Simões Lopes, filhos do segundo casamento do avô do escritor, e por isso

---

95   O Colégio Abílio ao Exmo. Sr. Presidente da República dos Estados Unidos do Brasil. Rio de Janeiro: Tip. Leuzinger, 1895.

96   A pesquisa no Arquivo Nacional foi feita de 27 a 29 de maio de 2002.

97   Certidão passada pelo secretário do Colégio Abílio, em 6.9.1895, que acompanhou o pedido de equiparação da escola ao Colégio Nacional: doc. no 9, pacote IE4-117, Arquivo Nacional.

mesmo seus tios quase da mesma idade: Antônio era de 1862 e Ildefonso de 1866. Quando este último presta seu primeiro exame no Colégio Abílio, em 1878, com aprovação plena em Português, seu irmão Antônio já havia sido aprovado nos exames de Francês, em 1876, plenamente em Geografia, em 1877, com distinção no mesmo ano em Retórica, tendo recebido medalha de prata. E mereceria aprovação plena em Aritmética e Geometria, em 1878, encerrando suas provas preparatórias e destacando-se como orador na festa de encerramento daquele ano. Ildefonso Simões Lopes aparece nas listas de exames até o ano de 1880, aprovado em Francês e Retórica, e com distinção em Geografia. Não há registros correspondentes a 1881, quando Ildefonso provavelmente concluiu seus estudos preparatórios, e 1882; porém, em 1883 e 1884, quando se encerram os registros existentes nos maços de arquivo, já não há qualquer referência aos Simões Lopes entre os alunos submetidos a exames.[98]

Outro filho mais moço do Visconde da Graça, João Simões Lopes, tio muito mais jovem do que seu sobrinho João Simões Lopes Neto, matriculou-se no Colégio Abílio em 1886, permanecendo nessa escola até 1889, como registrou em suas memórias manuscritas e ainda inéditas: *"Estudei como aluno interno, no Colégio Abílio, na praia de Botafogo... Corria o ano de 1886, já no segundo semestre"* (p. 44 das memórias); e mais adiante, na p. 45 do mesmo manuscrito: *"Ali, no palavete do Colégio Abílio, estudei até o ano de 1889, quando foi proclamada a República no país"*. E pode ter sido a semelhança dos nomes (João Simões Lopes e João Simões Lopes Neto) que levou muitos biógrafos a insistirem no erro sobre a escolaridade preparatória do biografado no Rio de Janeiro. Portanto, na primeira edição deste livro, foi possível afirmar com convicção que Simões Lopes Neto jamais prestou exames como aluno do Colégio Abílio. Restaria a remota possibilidade de Lopes Neto ter feito matrícula nesse colégio fluminense sem ter prestado exames preparató-

---

98   Documentos 25c, 25d, 25e, 25f, 25g, Pacote IE4-117, Arquivo Nacional.

(1876 – 1884)

rios. É difícil imaginar, contudo, que o escritor tenha passado em brancas nuvens no educandário do Barão de Macaúbas, a ponto de nunca ser lembrado por seus professores. No lote de documentos que instruíram o requerimento de equiparação do Colégio Abílio ao Colégio Nacional, dirigido ao Presidente da República em 1895, acha-se uma relação de antigos e destacados discípulos do Ginásio Baiano e do Colégio Abílio. A relação é extensa e nela não figura João Simões Lopes Neto. Porém, lá estão os nomes de Antônio Simões Lopes e Ildefonso Simões Lopes.[99] E para culminar, o Barão de Macaúbas, ao recordar-se dos Simões Lopes, dizia que *"se houvera tido a ventura de contar entre seus discípulos com Castro Alves e Ruy Barbosa, ainda mais feliz se sentia por ter tido alunos como os irmãos Simões Lopes, filhos do benemérito Visconde da Graça, que destacava, sem deixar de fazer justiça a seu talento, pela limpidez de caráter e sobretudo pela enorme grandeza de sua bondade"*.[100] Por que razão não se lembraria do neto do visconde? Contudo, nessa temporada na Capital do Império, o jovem Simões, tal como conjeturou Ligia Chiappini, *"deve ter acertado o passo com o que havia de mais sofisticado na nossa cultura. Aí conviveu com um Rio de Janeiro se modernizando, com a política efervescente, gestando a República, a Abolição. Aí deve ter lido os clássicos, aprendido francês e latim..."*[101] Não há por que duvidar. A sobrinha Ivete Barcellos Massot registrou que o tio escritor lembrou-se, certa vez, de dois professores particulares que teve no Rio de Janeiro. Um rigoroso baiano, que ensinava latim, e um professor de francês, cego. Este dava lições com o auxílio de uma enorme régua, que apontava para todos os objetos da sala, como se estivesse enxergando.[102]

---

99   Doc. no 17, pacote IE4-117, Arquivo Nacional.
100   Citação colhida por Antonio da Rocha Almeida, ao biografar Ildefonso Simões Lopes. Vultos da Pátria. Porto Alegre: Globo, 1966, vol. IV, p.132.
101   No Entretanto dos Tempos, 1988, p.21.
102   Massot, Ivete Barcellos, ob. cit., p.14

Na verdade, a enorme distância geográfica que separava o longínquo Rio Grande do Sul e o ambiente familiar dos Simões Lopes da capital do país seria amenizada pelos cuidados do tio avô Ildefonso Simões Lopes, de grande prestígio na corte, e do tio João Augusto Belchior, que também no Rio de Janeiro residia. A segurança desse apoio poderia ter propiciado uma proveitosa temporada de estudos, que se anunciava longa e que veio a ser interrompida antes do tempo previsto. Na falta de comprovação documental, ficou-se com a hipótese, na época da primeira edição desta obra, de que os estudos preparatórios de Lopes Neto, no Rio de Janeiro, não chegaram a ser oficiais. Tornou-se moeda corrente, nas notas biográficas do criador dos *Contos Gauchescos*, o seu ingresso na Faculdade de Medicina do Rio de Janeiro. Por esses tempos, estava sendo introduzida, desde 1879, a reforma Leôncio de Carvalho, que produziu mudanças consideráveis na velha escola, alteradas e complementadas por decreto de 12 de março de 1881. A frequência era livre. Foram mantidos os cursos de Farmácia em três anos, e Obstetrícia em dois. Já haviam as mulheres conquistado o direito de frequentar as classes acadêmicas, permanecendo o curso médico em seis anos, com oito novas cadeiras entre as vinte e seis disciplinas vigentes: anatomia e fisiologia patológica, clínica obstétrica e ginecologia, clínica de moléstias médicas e cirúrgicas de crianças, clínica cirúrgica de adultos, clínica médica de adultos, clínica psiquiátrica, clínica oftalmológica, clínica das moléstias cutâneas e sifilíticas. Esse currículo somente seria modificado em 1884, com a reforma do Visconde de Sabóia. No Arquivo Nacional, onde estão depositados os relatórios da velha Faculdade de Medicina do Rio de Janeiro no período imperial, não se encontra referência a João Simões Lopes Neto. Há uma relação completa, no ano de 1881, reportando-se a todos os alunos que se matricularam durante o ano letivo de 1880, dos que se inscreveram para exames, dos que foram admitidos a exames com matrícula de anos anteriores e dos que não compareceram aos exames. A mesma relação se

(1876 – 1884)

atém às notas obtidas pelos estudantes, do primeiro ao sexto ano, que prestaram exames. Não figura João Simões Lopes Neto nessas listas de alunos.[103] Pode-se, ainda, ler um relatório de atividades da faculdade no ano de 1882, com data de 24 de fevereiro de 1883, onde aparece, com a lista dos alunos que se formaram em 1882 na Faculdade de Medicina, referência a um mapa anexo, onde estão relacionados os 1.012 alunos do curso médico: 347 na primeira série, 209 na segunda, 170 na terceira, 110 na quarta, 105 na quinta e 71 no sexto ano. Mas esse documento, referido na folha 26 do relatório, não foi localizado entre os diversos papéis que o acompanham, existindo uma anotação, a lápis, dando conta de que não foi anexado.[104] O exame, no Arquivo Nacional, de todos os papéis que compõem os maços correspondentes ao ano de 1880 e ao primeiro semestre de 1884[105], não levou o nome de João Simões Lopes Neto, entre as relações dos alunos que prestaram exames, ou nas nominatas dos que receberam inscrições como internos, ou como ajudantes de preparadores, nas diversas clínicas existentes na escola. Contudo, as lacunas em relação aos registros dos estudantes matriculados no período que vai de 1882 a 1884 impedem que se possa afirmar, com absoluta certeza, que Simões Lopes Neto nunca chegou a se inscrever como aluno da Faculdade de Medicina do Rio de Janeiro. Há um dado intrigante que não pode deixar de ser referido. A sobrinha Ivete Massot disse que o tio escritor revelou que se lembrava de dois professores: Souza Fontes e Motta Maia, de Anatomia.[106] No Arquivo Nacional existe uma relação completa de todos os professores lotados na Faculdade de Medicina do Rio de Janeiro no ano de 1884. Entre os nomes dos docentes — em torno de sessenta — encontramos os professores Cláudio Velho da Motta Maia, de Anatomia Topográfica e Operações, e Luiz Ribeiro de Souza Fontes,

---

103   Maço IE3-102, ref. ao ano de 1881, Arquivo Nacional.
104   Maço IE3-106, de 1883, Arquivo Nacional.
105   Maços IE3-100 a IE3-109, Arquivo Nacional.
106   Massot, Ivete Barcellos, ob. cit., p.142.

de Anatomia e Fisiologia Patológicas.[107] O que se sabe, com certeza, é que Simões, ao final de 1884, voltou para o Sul, e seus futuros retornos ao Rio de Janeiro não passariam de viagens ocasionais. A versão oficial sobre as causas que conduziram à volta antecipada de João Simões à sua terra natal, interrompendo os estudos, prende-se a motivos de saúde. Mas há uma variante, não oficial, que atribui esse voltar para casa a um insólito episódio. João teria sido surpreendido ao espiar a tia na intimidade do quarto de banho, criando-se um clima desfavorável à sua permanência na casa dos parentes que o hospedavam no Rio de Janeiro.[108]

A ELUCIDAÇÃO DOS ESTUDOS PREPARATÓRIOS DE SIMÕES LOPES NETO NO RIO DE JANEIRO

Nesses vinte anos que transcorreram entre a publicação da primeira edição e esta segunda, algumas revelações de grande importância, todas embasadas em documentação idônea, trouxeram novas luzes à biografia de Simões Lopes Neto. Uma delas a merecer registro, sem dúvida, remete-nos aos estudos do biografado na Capital. Chegou ao Rio de Janeiro com seu pai, Catão Bonifácio Lopes, no paquete Cervantes, em 4 de agosto de 1878, para continuar os estudos que lhe possibilitariam inscrição nos exames preparatórios. No ano seguinte já seria chamado a prestar exame de francês. Foi aluno do **colégio São Pedro de Alcântara**, cujo internato funcionava num amplo palacete na Praia de Botafogo nº 172, mantendo a escola uma filial no centro da cidade, sem internato, na Rua do Ouvidor nº 140. E assim, durante um bom tempo, prestou vários exames preparatórios presididos pela Instrução Pública da Corte, que se estenderam de setembro de 1879 a março de 1884. Neste último ano, em 25 de novembro, é que Simões Lopes Neto iniciou sua

---

107   Maço IE3-109, de 1884, Arquivo Nacional
108   Sobre este episódio manifestar-se-ia sua sobrinha neta Hilda Simões Lopes, último elo da corrente de escritores da família: "Entre sonhos e charqueadas", Simões Lopes Neto, Cadernos Porto & Vírgula, n.17, Porto Alegre: U.E., 1999, p.26.

(1876 – 1884)

viagem de retorno ao sul pelo paquete Rio de Janeiro, com destino ao Prata, não havendo ainda registros sobre sua atividade, no Rio, nesses oito meses que transcorreram entre o último exame preparatório de que se tem notícia e a viagem de volta à terra natal. O que se pode dizer com certeza é que o jovem João Simões retornou sem completar sua formação acadêmica e nem sequer há registros sobre sua aprovação ou reprovação nas últimas convocatórias para aritmética, geometria e álgebra. Essas importantíssimas informações sobre as atividades do estudante João Simões Lopes Neto, desde sua chegada em data precisa ao Rio de Janeiro, o ingresso no colégio São Pedro de Alcântara, todos os exames preparatórios a que se submeteu como aluno deste educandário – e foram dezenas – e a data exata da viagem de volta, foram descobertas por Fausto José Leitão Domingues, que as colheu em minuciosa pesquisa nas páginas das folhas cariocas *Gazeta de Notícias* e *Jornal do Commercio*. Esses precisos dados foram revelados em conferência que Fausto Domingues pronunciou na Biblioteca Pública Pelotense, em 2016, durante as comemorações do centenário do falecimento de Simões Lopes Neto.

Assim, pouco antes de completar vinte anos, voltava o escritor à terra natal sem trazer diploma acadêmico na bagagem. Ao retornar, manuscreveu um poema contendo interessante revelação, a começar pelo título: *Despedida*. Está dedicado a uma certa dona Luiza de Queiroz. Abaixo do texto registrou o local, a data — Rio, novembro de 1984 — e as quatro letras iniciais de seu nome: J.S.L.N. entrelaçadas em forma de logotipo. Se a letra é de Simões Lopes, o mesmo não se poderia afirmar quanto à autoria dos versos: *"Adeus! Fica-te em paz Alcina amada; / Ah!sem mim sê feliz, viva ditosa; / Que contra meus prazeres, invejosa, / A fortuna cruel se mostra irada. / Tão cedo não verei a delicada, / A linda face de jasmins e rosa, / O branco peito, a boca graciosa / Onde os amores têm gentil morada. / Pode, meu bem, o fado impiamente, / Pode negar de te gozar a dita; / Pode da tua vista ter-me ausente; / Mas apesar da mísera desdita / De tão cruel partida, eternamente,/ Nesta minha alma viverás escrita.* "[109]

---

109 Localizado no arquivo do escritor, que pertenceu a Mozart Victor Russomano.

Capítulo 04

(1885 - 1889)

*"... doença da saudade que se cura com a visita da velha
casa paterna, à sombra da árvore que nos viu criança..."*
J. Simões Lopes Neto

Com os estudos inacabados, retorna Simões Lopes à terra natal. Quatro anos, então, transcorreriam, até luzir o nome do escritor nas colaborações jornalísticas, que se principiaram nas páginas do jornal *A Pátria*. Nem todas as informações que vão de 1885 a 1887 estão respaldadas por fontes documentais, e o que se sabe desse período vai muito por conta dos relatos familiares, alguns de segunda mão. Supõe-se que o escritor passou algum tempo, ao voltar para o sul, na fazenda do avô — a Estância da Graça —, situada nas margens do histórico curso d'água navegável que aflui ao São Gonçalo: o Arroio das Pelotas, berço das charqueadas que tornaram rica a Princesa do Sul. Se realmente aconteceu esse reencontro com a paz daqueles campos sem fim, em permanente idílio com a natureza, Simões Lopes, agora não mais que um hóspede na velha casa rural da sua infância, tinha o cenário perfeito para meditar, para edificar seus sonhos, para projetar seu futuro. Sua sobrinha, que contou o que ouvia dos mais velhos, descreve que foi tempo de boas leituras, de visita aos clássicos, na solidão da estância, de deleitar-se com as histórias que eram contadas à boca dos fogões da fazenda, e que o futuro escritor era feliz naquele recanto amado, onde tinha a liberdade de amanhecer com o sol, banhar-se de alvorada e dilatar a alma nos grandiosos silêncios.[110] Pode-se então imaginar, como fez Ligia Chiappini, dando curso literário às histórias sugeridas pela sobrinha do escritor, "uma espécie de volta do filho pródigo, remergulhando no aconchego da casa-terra-mãe, para aí adquirir as forças perdidas [...] Tempo de incubação da febre poética que o atacaria mais tarde".[111] Depois dessa passagem pela Graça, João teria seguido para Uruguaiana, para visitar seu pai na estância São Sebastião, de propriedade do avô. Não encontramos documentação ou depoimento da época que se referisse ao fato, razão pela qual as linhas seguintes reproduzem, tão somente, o que disse o jornalista Carlos Reverbel, sem apoio em demonstração documental. Nessa viagem teria permanecido por algum tempo na companhia do pai, que naqueles tempos administrava a estância São Sebastião, estabelecimento com mais de duzentos milhões de metros quadrados e grande rebanho de gado para corte. Pode-se imaginar o escritor a recolher novas vivências campeiras, a visitar o Cerro do Jarau e a ouvir, do pai, a versão crioula da Salamanca do Jarau.[112]

O que se sabe ao certo, no entanto, por estar documentado, é que a administração da estância São Sebastião, em Uruguaiana, esteve ao encargo de Catão Bonifácio Lopes, o pai do escritor, por mais de dez anos, mais ou menos entre 1884 e os entremeios da grande Revolução Federalista, que assolou o Rio Grande a partir de 1893.

João Simões Lopes — referido no primeiro capítulo deste livro —, conhecido por Joãozinho, tio do escritor, porém nove anos mais moço, pois era dos últimos nascidos do segundo casamento do Visconde da Graça, escreveu memórias que permanecem inéditas. Num certo trecho dessas lembranças manuscritas, refere-se à viagem que fez, quando tinha dezesseis anos, em companhia do pai, a Uruguaiana, entre fins de maio e

---

110   Massot, Ivete Barcellos, ob. Cit., p.107,108.
111   Chiappini, Ligia. No Entretanto dos Tempos, 1988, p. 26,27.
112   Reverbel, Carlos. Um Capitão da Guarda Nacional, 1981, p.30.

(1885 – 1889)

fins de junho de 1890, e ao encontro que lá tiveram com Catão Bonifácio Lopes. "Partimos do Alegrete", registrou o memorialista, "para a estância de meu pai, sita no município de Uruguaiana. A bela estância chamava-se São Sebastião e ficava em um ponto lindíssimo, logo após a passagem do rio Ibirocaí. Era uma estância de muito valor, com cerca de quatro léguas de campo especial; de longe, de muito longe, já se avistava o grande bosque de eucaliptos, que ficava próximo da casa de moradia da fazenda. A Estância de São Sebastião foi propriedade do coronel Feliciano Ribeiro, antes de ser adquirida por meu pai. Nessa rica estância estava morando o meu irmão mais velho, Catão Bonifácio Lopes, que ali desempenhava as funções de administrador da grande propriedade rural." E segue rememorando a figura do pai de Simões Lopes Neto: "Já eram passados muitos anos que eu não via meu irmão Catão, que ali estava morando sozinho. Ele era viúvo e homem de quase 50 anos de idade, muito gaúcho, campeiro, laçador, conhecedor a fundo da vida do campo. Catão já tinha a barba branca e estava defeituoso de um ombro, havendo quebrado a clavícula numa perigosa rodada de um animal redomão. Meu pai tinha grande afeto por esse meu irmão. Tive ocasião de observar a comoção de ambos quando se abraçaram. Meu irmão chorava de contentamento ao ver nosso velho pai, que também ficou muito comovido! Creio mesmo que meu pai chorou, o que só costumava fazer ocultamente. Era essa a primeira vez que eu via meu pai chorar. Senti-me comovidíssimo! Nosso pai vinha passar uma temporada na estância que ele pouco conhecia; era essa a terceira vez que vinha visitar essa propriedade. [...] A casa da estância era a de um verdadeiro gaúcho, como meu irmão Catão. Meu pai admirava-se da vida sem conforto que ali levava aquele meu velho irmão! Surrões de erva-mate pelos cantos das salas; mesas toscas, servidas de bancos de pau; mobiliário gaúcho de couro trançado pelos quartos de

87

dormir! Cuidava da casa uma velha, a Venuta, meio china, meio índia, que fazia os mais gostosos requeijões que comi em minha vida."[113]

No inventário do avô do escritor, requerido no mês de novembro de 1893, indicou-se o herdeiro Catão Bonifácio Lopes como residente em Uruguaiana. Lá permaneceu, seguramente, até os primeiros meses de 1895, quando foi encerrado definitivamente o inventário do Visconde da Graça, com a sobrepartilha aos herdeiros da quantia em dinheiro obtida com a venda dos animais que povoavam a estância localizada em Uruguaiana.[114] A passagem dos anos não dissolveu a imagem desses tempos de Catão Bonifácio Lopes em Uruguaiana, entre as amizades que deixou, como contaria o articulista Antonio Garcia de Miranda Neto sobre os relatos que ouvia de pessoas mais velhas. Lá, em Uruguaiana, o pai do escritor das *Lendas do Sul* teria ouvido a versão local da Salamanca do Jarau, que muitas vezes contou, na cidade, como relataram duas velhinhas, as irmãs Djanira, que morreu centenária, e Darcila de Oliveira. Foram amigas de Catão e rememoraram aqueles episódios.[115]

No ano de 1885, sem a menor dúvida, Simões estava a residir na sua cidade natal, cujo progresso acompanhava com interesse. As memórias manuscritas de João Simões Lopes, há pouco citadas, estão providas de notável referência a uma visita da Princesa Izabel à cidade de Pelotas, em fevereiro de 1885, e relata, com riqueza de pormenores, a recepção que o avô do escritor, já agraciado com o título de Visconde, ofereceu em sua residência à filha do Imperador. E registrou a presença de João Simões Lopes Neto, que teria prestado uma homenagem à princesa, ajudando seu outro tio, Justiniano, a confeccionar uma coroa imperial que foi ostentada na sala de jantar.[116] Registro que não deixa de ser surpreendente, a

113   Manuscrito de memórias inéditas de João Simões Lopes, tio do escritor, redigidas no ano de 1931.
114   O inventário do Visconde da Graça, processado perante o Primeiro Cartório de Órfãos e Provedoria de Pelotas, encontra-se no Arquivo Público do Estado, sob número 1.254, estante E-06.
115   Correio do Povo, 28.11.1978.
116   Memórias: nota 99.

(1885 – 1889)

julgar pelos sentimentos republicanos que já agitavam a mente do futuro criador dos *Contos Gauchescos*, mas que poderia encontrar justificativa no respeito e na admiração pelo avô paterno.

Com vinte anos, ainda sem saber muito bem o que queria da vida, João Simões Lopes Neto fazia amizades e interagia nos movimentos da sociedade local. Era a época final do apogeu do charque, a riqueza que desenvolvera, por décadas, os negócios, o ócio e, por consequência, a cultura da urbaníssima Pelotas, situando-a entre os mais importantes municípios do país, por sua densidade demográfica[117] e pela solidez das fortunas familiares que acumulava.[118] Provida de ótimas escolas, estabelecimentos industriais, casas bancárias, um intenso comércio, biblioteca pública e hospital com abrangente corpo médico, Pelotas foi a primeira cidade gaúcha a inaugurar seu teatro.[119] Movendo-se, nesses tempos, na cidade que se modernizava, Simões Lopes Neto seria chamado por Ligia Chiappini, cem anos depois, como um típico *enfant-gaté* da Princesa do Sul. Expressão bem ao gosto dos civilizados costumes da cidade sulina, que, igual que o Rio de Janeiro, recebia por *todos os vapores*[120], diretamente de Paris, o que de mais moderno havia, mas que era também aquela a sentir a "urgência de cultuar e registrar usos e costumes, lendas e tradições que, talvez mais do que outras, já adiantadas na modernização, sente morrer", e suprindo outros centros "com uma indústria saladeiril ainda bastante artesanal e muito próxima da barbárie que a civilização repudia, é a mesma que sofre diretamente a influência francesa até no nome dos remédios" que fabrica.[121]

---

117   Mais de 40.000 habitantes em 1890.

118   O historiador Mário Osório Magalhães desenvolve essas ideias em Opulência e Cultura na Província de São Pedro do Sul: um estudo sobre a história de Pelotas (1860-1890). Pelotas: Ufpel-Mundial,1993.

119   O 7 de Abril foi fundado em 1831 e inaugurado em 2.12.1833.

120   A frase grifada, extraída dos reclames publicitários da época, foi registrada por Carlos Reverbel, em *Um Capitão da Guarda Nacional*, 1981.

121   Chiappini, Ligia, *No Entretanto dos Tempos*, 1988.

Nesses entrechos, como se fosse parte de um roteiro especialmente traçado para a vida da cidade, ao fim da tarde de 7 de dezembro de 1887, o mundo intelectual de Pelotas viu abrir-se ao público a Livraria Universal, de propriedade da empresa familiar Echenique & Irmão. Simões Lopes Neto estava presente e, certamente, ainda nem imaginava que nas máquinas daquela tipografia seriam rodadas as primeiras edições das obras que o consagrariam. O anúncio do acontecimento foi pautado no *Correio Mercantil*, como a seguir se transcreve: "No prédio da rua São Miguel no 139, para o efeito devidamente restaurado, abre-se, hoje, a 'Livraria Universal', de propriedade dos srs. Echenique & Irmão. Dispondo de um sortimento magnífico para todos os ramos do seu comércio e tendo à testa dois moços probos e dedicados ao trabalho, a 'Livraria Universal' terá futuro auspicioso." Quem eram esses moços e qual a ligação que tinham com Simões é o que logo veremos. Porém, antes, para que se tenha uma ideia da grandiosidade do projeto, cabe transcrever, na íntegra, a notícia que o mesmo jornal publicou no dia seguinte: "Tivemos ensejo de observar que, no que diz respeito a livros, o sortimento é esplêndido, notando-se que ainda não chegaram as encomendas de Lisboa. Objetos de escritório belíssimos, verdadeiras novidades, e outros de fantasia estão expostos nas duas amplas vitrines da livraria, oferecendo o mais agradável aspecto. A tipografia, encadernação e pautação estão montadas com apuro. A concorrência de visitantes à Livraria Universal, entre os quais distintas famílias, foi numerosa. De novo recomendamos os Srs. Echenique & Irmão à proteção do público pelotense."[122] Os sócios eram os irmãos Carlos e Guilherme Echenique. Este último casou-se com Silvana Belchior da Cunha, filha do segundo casamento de Felisberto Inácio da Cunha, Barão de Correntes, com dona Silvana Coelho Belchior. Esta, por sua vez, era irmã de Thereza de Freitas, mãe de João Simões Lopes Neto. Aparentou-se, assim, por afinidade, com João Simões Lopes Neto.

---

122   *Correio Mercantil*, 08.12.1887.

(1885 – 1889)

Laços à parte, eram ainda muito amigos, como asseguraria, anos depois, Sylvio da Cunha Echenique, que na infância conheceu o escritor e deixou ótimas lembranças escritas, que serão oportunamente reproduzidas, na parte em que a biografia tratará das primeiras publicações de Simões Lopes Neto. O vaticínio do *Correio Mercantil*, que previa auspicioso futuro à livraria, seria plenamente confirmado, principalmente pelo prestígio que a empresa desfrutou, em sua longevidade, no comércio livreiro e na atividade editorial dentro do cenário cultural rio-grandense.

Chegou o ano de 1888 e com ele a estreia de João Simões Lopes Neto no jornalismo de colaboração nos jornais da sua cidade. Primeiramente no jornal *A Pátria*, como autor de dois poemas: o soneto *Rêve* — só há título em francês — dedicado a certa musa anônima, cujos versos reproduzimos: "Onde não chega o olhar prossegue o pensamento. / Por isso ao descambar do sol, na tarde amena, / Eu sinto na asa da saudade –lento, lento / O coração cerrar-se e torcer-se num tormento. / A triste solidão me fala... a placidez do céu / Tem risos d'esperança... a nuvem é dourada... / Mas a noite desdobra o estrelado véu, / E a saudade – a saudade me prende como um réu... / Melancólico, sozinho – as lentas horas / Passo a sonhar-te oh! Doce imagem! / Oh! Luminoso olhar! Ah! Fada d'um momento! / Eu não gemo. – Bem sei que tu não choras... / Nem te importes o meu cismar. Sigo a miragem: / Onde não chega o olhar, prossegue o pensamento." Publicado na edição de 14 de março, não tardou a segui-lo *Dúvida*, de 26 de março, que transcrevemos inteiro: "Ver-se esta fé que nada já conforta... / Escurecer-se este céu —todo esperança... / Extinguir-se esta vida semi morta / E vê-la! / Vê-la! E sentir do olhar toda a magia... Ouvir-lhe a voz — a voz tão musical, / Inebriar-se em ondas d'harmonia... / E partir! / E partir! procurando conhecê-la, / Raiar de neve a dúvida que mata, / E vê-la! / Forçar a expansão... emudecê-la:/ Éter latente – a sensação ingrata, – / Que gela!" A chama poética do jovem Simões Lopes começava a arder naquele outono de 1888. Ao aproximar-

-se o inverno daquele ano, contudo, outra flama luminosa deixaria de brilhar, ficando menor a poesia da Princesa do Sul. Morria o poeta Lobo da Costa, quase a completar 35 anos, na mais completa miséria e com a saúde devorada pelo álcool.[123] Não há provas concretas de que Simões Lopes e Lobo da Costa, os maiores representantes das letras pelotenses de todos os tempos, tenham algum dia se encontrado. E se isso aconteceu — o que não seria de duvidar — nada ficou registrado. Afinal, a cidade era pequena e o seu mundo intelectual deveria mover-se nas mesmas direções. Mas aqueles últimos tempos de vida do autor das *Auras do Sul* foram de pobreza e de miséria física. Lobo, quando não estava internado nas enfermarias da Santa Casa de Misericórdia, arrastava-se pelos bares das periferias urbanas em más companhias. Era quase um mendigo, que sobrevivia às custas dos poucos amigos que ainda restavam e que reconheciam seu talento e seu gênio. Porém, a ironia dos fatos proporcionou que se encontrassem Lobo da Costa e um tio de Simões Lopes Neto, no dia da morte trágica do poeta. Os amigos haviam levantado uma certa soma em dinheiro, para proporcionar recursos mínimos de subsistência ao vate, que se achava internado como indigente para tratamento médico. Parte desse numerário foi usado para essas primeiras necessidades. Teria sobrado a quantia de cem mil réis, entregue a Francisco de Salles Lopes, tio de Simões, que exercia funções na mesa diretora da Santa Casa. Salles Lopes ficou com a incumbência de utilizar esse dinheiro, que não era muito, para as necessidades do poeta. E assim foi feito, tendo ainda sobrado uma quinta parte desse saldo, que permanecia com o mesmo depositário. Na tarde de 18 de junho, Lobo da Costa consegue burlar a vigilância dos enfermeiros, veste-se e sai do hospital, para vagar sem rumo pela cidade. No caminho encontra-se com Salles Lopes, a quem disse já estar restabelecido. Dele recebe os vinte mil réis que sobraram e alguns conselhos de

---

123   Francisco Lobo da Costa (Pelotas,1853-1888). Autor de *Espinhos d'Alma* (romance, 1870) e dos livros de poesias *Lucubrações* (1874), *O Filho das Ondas* (drama em verso, 1a ed. sem data, rep. em 1883), *Auras do Sul* (1888), *Dispersas* (póstuma, 1895), *Flores do Campo* (póstuma, 1904).

(1885 – 1889)

como deveria gastá-los. Péssima inspiração. Lobo seguiu, pela última vez, os caminhos das tabernas, e seu corpo foi encontrado na manhã seguinte. Morreu ébrio, saqueado, fustigado pelo frio.[124]

Seis dias antes, Simões Lopes Neto começaria, nas páginas de *A Pátria*, a publicar a sessão *Balas de Estalo*, inaugurada em doze de junho e mantida até o dia primeiro de outubro, sempre assinada por algum João, com nome composto associado ao riso. E assim foram desfilando o João Ripouco, o Riforte, o Rimuito e múltiplos outros componentes desses clonados Joões: Riduro, Rimole, Risempre, Rimiúdo, Ripianíssimo, Rimudo, Risurdo, Ricegosurdo, Rilonge, Riperto, Rigago, Ritossindo, Ripasmo, Riverde, Rivotos, Riinchado, Rimaduro. Contudo, o título da coluna de jornal não foi criado por Simões Lopes Neto. *Balas de Estalo* foi o título de uma sessão da *Gazeta de Notícias do Rio de Janeiro*, durante os anos 1884 a 1885, na qual colaboravam diversos autores que assinavam como Lélio. Machado de Assis era um deles. Seus textos, escritos em prosa e também jocosos, estão publicados num dos quatro volumes das Crônicas que se integram na obra completa editada por Jackson.[125] Numa das crônicas, Machado, meio sem assunto, inventa uma série de regras para uso dos passageiros dos bondes. Do texto transcreve-se este pequeno trecho, sobre a leitura de jornais nos carros: "Cada vez que um passageiro abrir a folha que estiver lendo, terá o cuidado de não roçar as ventas dos vizinhos, nem levar-lhes os chapéus; também não é bonito encostá-la no passageiro da frente."[126] As *Balas* de Simões Lopes, nesta primeira fase da coluna, são compostas de vinte e uma colaborações, todas escritas em versos e obedecendo a forma de triolés, composição poética que utiliza estrofes de oito versos com duas rimas, na qual o primeiro, o quarto e o

---

124   Russomano, Mozart Victor, Vida e Morte de Lobo da Costa. Porto Alegre: Província de S.Pedro, no 15, p.27-35, Globo, 1951. Fagundes, Morivalde Calvet, Lobo da Costa, Ascensão e Declínio de um Poeta, Porto Alegre: Sulina, 1954. O Arauto, 24.06.1888
125   Machado de Assis, Crônicas – 4o vol. (1878-1888). Rio de Janeiro: W. M. Jackson, 1938, vol. 23, p.177 a 274.
126   Id., p.213.

sétimo são iguais, sendo o oitavo uma repetição do segundo. Unicamente na primeira, entre as *Balas* desta fase, é que Simões não usou essa forma clássica. Trabalhados com humorismo, os temas variam do intimismo e circunstanciais acontecimentos do cotidiano à crítica social e política. Pela pertinência da observação, merece destaque o que disse Ligia Chiappini sobre essa primeira fase das *Balas de Estalo*: "Andava João pelos 23 anos, quando estreou no jornalismo, em *A Pátria*, jornal fundado em 1886, mas conduzido, a partir de 1888, por seu tio, Ismael Simões Lopes. Aí ele abriu sua primeira coluna, 'Balas de Estalo'. Tratava-se, no início, de pequenos 'triolets', à maneira dos já bastante conhecidos poeminhas do parnasiano Fontoura Xavier, de três, quatro ou cinco estrofes, com temática de circunstância, engraçados, mas de humor leve, cujo sentido muitas vezes nos escapa, justamente por terem envelhecido com os fatos imediatos a que aludem. Mesmo assim, é possível perceber uma certa irreverência para com as autoridades políticas e religiosas, uma liberdade de espírito, uma certa identificação com o que chamava de 'Zé Povinho' e seus problemas. Sátira leve aos fatos cotidianos, tipos e instituições da 'Princesa do Sul'. E, num certo sentido, um treino para os seus contos de humor (como 'O mate de João Cardoso', 'Deve um Queijo', ou mesmo os 'Casos do Romualdo'), onde o riso corrige os costumes."[127] Brincar e rir sem ofender: eis os limites que o autor mesmo impõe às suas sátiras, escritas para divertir o leitor e provavelmente a si próprio, pois de artifício eram as *Balas*:

"Entre ofender e brincar
Medeia um Saara enorme...
... Que algum dicionário informe
Entre ofender e brincar
Não há talvez nem conforme

---

127   Chiappini, Ligia; ob. cit., p.29.

(1885 – 1889)

É apenas raciocinar
Entre ofender e brincar
Medeia um Saara enorme!" [128]

Balas, que retratam o estado de espírito de João Simões num tempo em que andava de bem com a vida, criando uma colaboração de jornalismo leve, divertida, sem compromissos. "Período risonho e franco, em que João ainda vive sustentado pelo pai, em boa casa de Pelotas, sob as asas do avô."[129] Período em que suas urbanas preocupações, externadas num poema satírico publicado alguns dias depois do fechamento da primeira fase da sessão *Balas de Estalo*, voltavam-se ao mau costume do uso de chapéu pelas mulheres nas plateias dos teatros. Não sem antes desculpar-se — porque era também, como todo o gaúcho que se preza, um galanteador —, ao citar, na introdução ao poema, o conhecido adágio de que numa mulher não se bate nem com uma flor.[130] Mas seria, ainda em 1888, que Simões Lopes Neto iniciaria uma participação mais efetiva no jornalismo. É quando surge no cenário pelotense o pseudônimo Serafim Bemol, que acompanharia o escritor por muitos anos, nos jornais e nas criações para o teatro. E isso aconteceu numa série de crônicas sob o título *O Rio Grande a Vol d'Oiseau*, nascidas de viagens do escritor às vizinhas comunas de Rio Grande e São José do Norte. São seis crônicas que apareceram nas páginas do diário *A Pátria* no final daquele longínquo 1888.[131] Numa dessas visitas preparatórias das crônicas ao Rio Grande, no início de novembro, é que Simões Lopes concebe, e chega a iniciar, um livro de variedades que jamais ultrapassaria o seu esboço inicial. Dos fragmentários manuscritos que restaram desse projeto no arquivo do escritor, destaca-se *Noite de chuva*, com alguns trechos adiante transcritos: texto experimental, misto

---

128   *A Pátria*, 21.08.1888.
129   Chiappini, Ligia; ob.cit., p.30.
130   Os chapéus na platéia. A Pátria, 28.07.1888.
131   A Pátria: edições de 16, 17, 22, 28 de novembro; 6 e 7 de dezembro de 1888.

de prosa e poesia, divagações e sentimentos existenciais que permeavam as ideias do escritor de vinte e três anos, naqueles finais de 1888.

"Noite de chuva — 2 de novembro de 1888 (no Rio Grande). Como chove: vencer o mundo não é esmagá-lo; é torná-lo escravo.(...) Este livro não é um livro — poderá parecer-se furiosamente com uma colcha de retalhos – é uma coleção e há mérito nas duas coisas; a primeira denota paciência, a segunda mostra ainda maior paciência. Como há vidros de óculos para todos os olhos enfermos, há um modo de pensar para todos os cérebros: suba-se ou desça-se a escala, e cada qual sairá satisfeito. [...] A máxima da vida é [...] — e é dogma — porque não admite discussão; concede-se apenas um minuto para o assombro dos bem-aventurados: o dogma é este: os grandes esmagam os pequenos. A saída é uma só: ninguém pode ser pequeno. A história é isto, a álgebra é isto, a filosofia é isto mesmo — tirar a poeira, avermelhar os olhos, ganhar batalhas, clinicar nos hospitais, furar as montanhas, sulcar os mares — tem tudo um mesmo fim, esfregar as mãos, ao concluir; redunda sempre na verdade primordial.

As crenças — míseras efêmeras — duram o que duram as rosas; nos embates das contrariedades formam-se os homens; mas despenham-se as ilusões, rápido: como voa um bando de gaivotas. Geme o coração, sonha o cérebro — poesia, saudade, tristeza — o que é? De que vale? Os desdéns de uns, a curiosidade de outros, a indiferença de todos. Quem se importa que eu esteja triste? Ninguém. E se ninguém se dói disso, que tenho eu que dizer a esse ninguém — que é toda a gente — o que é que sinto? O que ambiciono? O que sonho ou o que adoro ou odeio?"

Somente no ano seguinte é que a sessão *Balas de Estalo* voltaria a ser publicada, em 25 de abril, permanecendo na cena jornalística até 20 de agosto de 1890. Nesta outra fase de *Balas de Estalo*, ainda paginada no jornal *A Pátria*, ressurge o pseudônimo Serafim Bemol, que sobreviveria por longo tempo nas criações teatrais do escritor e em muitas produções

(1885 – 1889)

jornalísticas. São, agora, mais treze sessões, e na primeira delas figura o personagem Zé Povinho, que paga impostos e não recebe retorno dos serviços públicos. Há referências a personagens do cotidiano, como um certo Felipe, a figurar nos triolés de 26 de agosto e 8 de outubro, que apareceria, anos depois, numa cena rápida da peça *O Boato*. E há também alfinetadas ao clero, como neste primeiro verso publicado em 12 de setembro:

"O bispo queixou-se ao Papa,
Que o mundo está com frieiras...
Nos ímpios dando rasteiras.
O bispo queixou-se ao Papa,
(Que tempo, o das amoreiras!...)
Ninguém deste mal s'escapa
O bispo queixou-se ao Papa,
Que o mundo está com frieiras."

Deve ser dito, no entanto, que a leitura das colunas em verso, desta segunda fase das *Balas*, também fica muito prejudicada pelas temáticas do cotidiano a que se referem, cujos fatos vão longe no tempo e muitas vezes escapam à nossa interpretação. Entre a penúltima e derradeira publicação dessa *Balas*, no jornal de Ismael, há um intervalo grande, já que esta última só vai aparecer em 20 de agosto de 1890. Há poucos meses da Proclamação da República, em meio às edições dos triolés desta segunda fase da série, os ânimos andavam agitados. Muitos pelotenses de destaque nacional estão engajados na causa republicana desde a fundação do Clube 20 de Setembro pelos estudantes gaúchos da Faculdade de Direito do Largo da Sé, em São Paulo, com a participação ativa de Álvaro José Gonçalves Chaves, João Jacinto Mendonça e Adolfo Luiz Osório. Na Princesa do Sul, simpatizantes do movimento anunciam uma conferência de Alcides Lima[132] no Recreio dos Artistas, a ser realizada na tarde de 17 de agosto de 1889. João Simões e Manuel Simões Lopes[133] lá estão. Na saída, um grupo de monarquistas espera os assistentes para admoestá-los, e os ânimos se aquecem, até que os manifestantes entram em luta corporal com os simpatizantes republicanos. João Simões e Manuel terminam castigando duramente um dos manifestantes, segundo as notícias da época. Sendo Manuel muito unido ao irmão Ismael, proprietário do jornal *A Pátria*, um diário reconhecidamente independente, sem envolvimento com quaisquer das duas agremiações políticas em combate, era natural que procurasse manter à distância qualquer ligação da prestigiada folha com o incidente, mesmo porque o sobrinho envolvido aparecia nas suas páginas com matérias assinadas. Afinal, o jornal pertencia a um Simões Lopes e não faltaria quem dissesse que *A Pátria* estava comprometida com o episódio de grande repercussão na cidade. Procurando separar as coisas, sobrinho e tio assinam nota de esclarecimento no próprio diário, afirmando que o incidente nada tinha a ver com política. O estilo da nota é, sem dúvida, do Lopes Neto jornalista: "Uma explicação. Convém que elucidemos o que se propalou sobre o fato que conosco deu-se após a conferência do dia 17, realizada no Recreio dos Artistas pelo sr. Alcides Lima. Agredidos por um indivíduo de cor parda, cujo nome ignoramos, em ocasião em que pacificamente acompanhávamos alguns amigos, fomos obrigados a reagir, castigando a insolência do dito indivíduo. Para que não seja atribuído o nosso procedimento a questões políticas, julgamos de nosso dever orientar o público. Manuel Simões Lopes, João Simões Lopes Neto."[134] Para muitos, saiu pior a emenda que o soneto, pois deu a falsa impressão de que os firmatários não estavam querendo assumir suas

---

132   Integrante do Clube 20 de Setembro, autor de História Popular do Rio Grande, cuja 1a edição, comemorativa à Revolução Farroupilha, é de 1882.

133   Manoel Simões Lopes, irmão unilateral de Catão Bonifácio, era um dos tios mais moços que o sobrinho escritor. Nascera em 23.11.1868.

134   A Pátria, 19.08.1889.

(1885 – 1889)

posições de antimonarquistas. Melhor teria sido que os Simões Lopes esclarecessem que suas presenças na palestra de propaganda republicana era de interesse individual, pessoal, sem que lá tivessem ido como representantes do jornal *A Pátria*. Não é de descartar, contudo, que a nota tinha em mira, mais do que qualquer outro objetivo, salvaguardar a posição da família Simões Lopes, pois ao fim e ao cabo não se pode esquecer que esses jovens, que carregavam tanto peso das suas origens de família — um filho e um neto do Visconde da Graça —, não podiam passar por baderneiros extremistas. Antes de escoar-se o ano de 1889, em intervalos das *Balas de Estalo*, Simões Lopes Neto, dando mostras de sua cultura e outra vez sob a assinatura de Serafim Bemol, vai estampar, nas páginas do diário no qual colaborava, uma tradução de sua autoria, extraída de artigo publicado em francês na revista *L'Amérique*, de Paris: *A Barra do Rio Grande*.[135]

---

135   A Pátria, 10.10.1889.

Pais do escritor (Catão Bonifácio Lopes e Thereza de Freitas Lopes).

Simões aos 5 e aos 11 anos.

Escritor com pessoas que residiam na Estância da Graça (1897).

Estância da Graça, foto em torno de 1900.

Manuscrito de Simões Lopes Neto (1888).

Simões Lopes Neto e Francisca Meirelles Leite na época do casamento (1892).

Fotos do escritor: com 30 anos feitos e perto dos 50 anos.

Revista Centenária, n.5 (1912).

Diploma da Maçonaria (1890).

O Boato (1894).

Cartaz para Os Bacharéis (1894).

Libreto Os Bacharéis (1914).

Cartazes para A Mixórdia (1896)
e A Viúva Pitorra (1896).

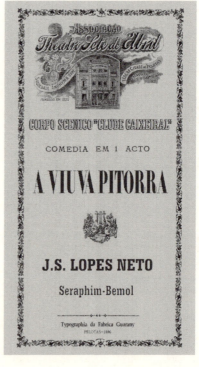

O Cancioneiro Guasca (1910).

Contos Gauchescos (1912).

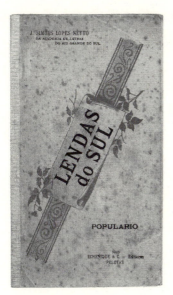
Lendas do Sul (1913).

Contos Gauchescos e
Lendas do Sul (1949).

Capítulo 05

(1890 - 1892)

*"Estou habituado a arcar — em qualquer terreno — com a
responsabilidade do que faço, do que digo e do que escrevo."*
J. Simões Lopes Neto

Dois acontecimentos importantes marcaram a trajetória de Simões Lopes
Neto nos primeiros meses de 1890: o ingresso na maçonaria e início de
atividades profissionais como despachante geral. Como maçom, ascendeu
à irmandade na loja Rio Branco, em 27 de fevereiro (Ata n. 416). Todos
os pormenores desse evento estão narrados no Capítulo 15 desta segunda
edição. Dias depois, instalou-se em um modesto escritório de despachante, divulgando a atividade profissional no jornal A Pátria, de trinta e um
de março, num curto anúncio assim redigido: *"João Simões – Despachante
Geral – Rua General Neto, n. 9. No porto, das 10 às 3, pelo telefone n° 50 –
Oferece ao comércio os seus serviços – Pelotas."* Simões iria manter-se neste
ofício por quase toda a sua vida, paralelamente a todos os outros negócios
e às mais variadas atividades profissionais e culturais a que se entregou.
Prosseguem as colaborações no jornal do tio Ismael Simões Lopes. O
prematuro falecimento do conterrâneo Álvaro José Gonçalves Chaves[136],

---

136   Neto de Antônio José Gonçalves Chaves, autor de Memórias Econômo-Políticas sobre
a Administração Pública do Brasil (1822), que em 1820 hospedou Saint-Hilaire na sua residência
em Pelotas. Álvaro José Gonçalves Chaves (1861-1890) formou-se na Faculdade de Direito de São
Paulo, foi fundador do Clube 20 de Setembro, redator chefe de A República, de São Paulo, reorga-

republicano de primeira hora, moço como o escritor e intelectual da sua admiração, comove Simões Lopes. Sua homenagem vem por escrito, no artigo *Necrológio de Álvaro Chaves*.[137] Nessa mesma época é que começam a surgir, nas páginas do diário *A Pátria*, as primeiras colunas de *Tesoura Hilariante*[138] que seria mantida por largo tempo, com publicações intermitentes sobre variados temas do cotidiano. É quando João Simões reedita os pseudônimos dos Joões do Riso, que havia usado nas *Balas de Estalo*. Exatamente naquele ano de 1890, quando Simões Lopes instala-se como despachante geral, recém proclamada a República, três facções políticas disputavam a hegemonia no Rio Grande do Sul: o Partido Conservador, em franca decadência; o Partido Republicano, em ascensão, e o Partido Liberal, dirigido pelo senador Gaspar Silveira Martins. Os republicanos que se denominavam históricos exerciam verdadeiro patrulhamento ideológico sobre os partidários mais recentes, excluindo-os das funções eletivas e da indicação de cargos. Mesmo aqueles que se tinham tornado republicanos pouco antes da proclamação de 15 de novembro eram rechaçados; odiosa prática que muito denegriu o partido, nos seus primórdios tão cioso, como efetivamente o foi, da moralidade política. Tantos foram os descontentes, tamanha a revolta, que até mesmo históricos republicanos de grande representatividade, como Demétrio Ribeiro e Barros Cassal, tornaram-se dissidentes. Quando, em 1891, os destinos do Rio Grande foram entregues a Fernando Abbott, sucessor de Cândido Costa, todos os meios foram empregados para a vitória eleitoral no pleito que se avizinhava. Grandes turbulências políticas afetaram o solo rio-grandense no ano de 1891. Em maio realizaram-se as eleições, vencidas pelos republicanos, num pleito com aparência de legalidade, mas sob suspeita de farsa eleitoral. Defenestrada a oposição, formada por dissidentes

---

nizador, com Saldanha Marinho, do Partido Republicano do Rio de Janeiro e fundador do Clube Republicano Rio-Grandense.

137   A Pátria, 25.02.1890.

138   A Pátria, 22.03.1890; 24.03.90; 28.03.1890.

(1890 – 1892)

republicanos e liberais, aprovou-se a Constituição Estadual, que seguia um modelo francamente positivista, sob a predominância de uma única verdade, traduzida num só partido e numa única liderança política: Júlio de Castilhos, eleito na assembléia de 15 de julho, mas permanecendo apenas quatro meses no poder. Ao golpe militar do marechal Deodoro da Fonseca, em 3 de novembro, que teve o apoio incondicional e imediato de Castilhos, seguiu-se a exoneração exigida pelo vice-presidente Floriano Peixoto. E aí os ventos começaram a soprar contra Júlio de Castilhos, porque o vice-presidente da República, já no poder, inicia suas intervenções nos estados que haviam apoiado Deodoro. Deposto, com respaldo da opinião pública, a 12 de novembro, pelas guarnições militares comandadas por João Nunes da Silva Tavares, foi Castilhos substituído pelo triunvirato formado por Manoel Luiz da Rocha Osório, João de Barros Cassal e Joaquim Francisco de Assis Brasil. Dias depois e ainda em novembro, a junta governativa dissolveu-se, passando o poder ao general Barreto Leite. Em meio a tanta turbulência política, João Simões Lopes Neto é apresentado a Francisca de Paula Meireles Leite. A memorialista Ivete Barcellos Massot afirma que sua mãe, Maria Izabel, a irmã mais moça do escritor e já com dezenove anos, entre as três era a mais descontraída e costumava acompanhar o irmão nas festas sociais, especialmente as mais requintadas[139] que se realizavam na casa dos tios Junius Brutus Almeida e Maria Joaquina Lopes de Almeida. Foi numa dessas festas, não se sabe com precisão se na residência dos tios, que Maria Izabel apresentou o irmão à jovem Francisca de Paula, que com ela regulava de idade. *Da apresentação às danças e das danças ao namoro foi um passo*.[140] Francisca de Paula tinha dezoito anos e João vinte e seis. Idade para casar, como já estavam fazendo seus amigos. Francisca morava com os pais na Rua de São Miguel, uma das primeiras dezenove ruas da velha freguesia, projetada em 1815. Foi

---

139   Massot, Ivete Barcellos, ob. cit., p.113.
140   Id., p.114.

durante muitos anos denominada Rua dos Canários, em homenagem aos moradores provenientes das Ilhas Canárias, que ali se situaram em bom número.[141] Um desses moradores lusitanos era Francisco Meirelles Leite, pai da jovem Francisca. O namoro ficou mesmo sério, pois no ano seguinte, a 5 de maio, o par matrimoniou-se no civil e no religioso. Francisca de Paula, na velhice, seria quase canonizada pelos admiradores do escritor, quando sobreveio seu tardio reconhecimento literário. Escancarando, com certa ingenuidade, sua privacidade e sua pobreza aos biógrafos e admiradores do rapsodo bárbaro, dona Velha — como era chamada desde moça — deixou-nos um legado de boas lembranças, mas também de amarguras e de ressentimentos. Sobreviveu ao marido em quase meio século, pois faleceu com noventa e dois anos, em três de janeiro de 1965, e por pouco não presenciou as homenagens prestadas ao imortal escritor rio-grandense nas comemorações do centenário de seu nascimento. No jornal *A Pátria* prossegue Simões Lopes, no primeiro semestre de 1891, com a coluna *Tesoura Hilariante*, sempre assinada pelos Joões do Riso (Ricongraça, Rialto, Ripouco, Riforte, Risó).[142] No mesmo jornal publicaria, em março de 1891, uma "Carta" que tinha como destinatário um certo *"cidadão Dario, do Diário Popular"*, reportando-se a vários temas da administração municipal.[143] A cinco de outubro de 1891, já decidido a se casar, o moço Simões Lopes aposta na maturidade empresarial dos que viviam em sua cidade. Associando-se a Ildefonso Menandro Correia num arrojado empreendimento, promove a incorporação da Sociedade Anônima Vidraria Pelotense.[144] Inaugurada em 15 de abril de 1893, companhia que funcionou e empregou muitos operários, na maioria de origem francesa, até sua liquidação, autorizada em vinte e dois de junho

---

141   Magalhães, Mário Osório. Os Passeios da Cidade Antiga. Guia histórico das ruas de Pelotas. Pelotas: Armazém Literário, 2000 (2a ed.), p.73.
142   A Pátria, 14.01.1891; 15.01.1891; 16.01.1891; 17.01.1891
143   A Pátria, 06.03.1891.
144   Diário Popular: edições de 06.10, 18.10 e 20.10.1891.

(1890 – 1892)

de 1895 e realizada a trinta e um de agosto do mesmo ano, quando se efetivou a venda em leilão. Foi a vidraria reaberta no ano seguinte pelo arrematante, Barão Alves da Conceição, voltando a produzir até o final do ano de 1900, quando faliram todas as suas empresas.

Ao começar o ano de 1892, no dia três de janeiro, seguindo a trilha da vocação da Princesa do Sul para as atividades teatrais, fundava-se o corpo cênico do Clube Caixeiral, por iniciativa de Carlos José da Silva. Este grupo de amadores permaneceu em atividade por muitos anos e, na relação do elenco de atores, aparecem alguns amigos de Simões Lopes Neto, entre os quais despontavam o ensaiador José Mendes, futuro cunhado do escritor, Sebastião Planella, Carlos Casanova, Gontram Torres e Prudêncio Ribeiro. Para logo, Simões Lopes ligaria seu nome, definitivamente, às amadorísticas atividades cênicas do grupo do Caixeiral, em especial pelas peças que escreveu para encenação da troupe. Relataria um desses amadores, em nota passada ao editor da revista Princesa do Sul, ter Simões substituído um ator, que estava enfermo, numa das apresentações do grupo.[145]

Ainda nos primórdios daquele ano, Simões fica enfurecido com um artigo publicado no jornal **O Nacional** por um certo *Pintor,* que não se identifica, no qual fazia ataques pessoais e gratuitos ao escritor, atribuindo-lhe autoria de uma coluna jornalística — *Pintando* — que por ele nunca havia sido escrita. E ataca com agressividade o malsinado articulista, numa nota que divulga no *Diário Popular* do dia seguinte, cujas últimas linhas são transcritas: *"[...] estranho o pouco critério dos que — ignorando — querem me dar autoria do que não fiz. Sei acatar aqueles que se fazem acatar e estou habituado — contando com os meus próprios fracos — a arcar — em qualquer terreno — com a responsabilidade do que faço, do que digo e do que escrevo."[146]* O projeto da Sociedade Anônima Vidraria Pelotense, cuja incorporação havia promovido, saía do papel e

---

145   Revista editada por Euclides Franco de Castro: Pelotas, junho de 1951. (7o fascículo).
146   Diário Popular, 28.02.1892.

era ruidosamente saudado na imprensa como se estivesse por *chegar uma nova era de prosperidade.*[147] O porto de Buenos Aires recebia quatrocentas toneladas de matéria-prima para a projetada indústria, e o prédio da fábrica estava em adiantada construção.

Tudo isso entusiasmava o moço Simões Lopes. E foi nesse estado de euforia, vendo as coisas projetadas virarem realidade, que outro acontecimento, este sim definitivo e duradouro, seria sobreposto à sua vida de sonhos: seu casamento com Francisca de Paula Meirelles Leite. A 28 de abril a imprensa noticiava que a habilitação para o casamento estava em curso, e as bodas ocorreram no dia 5 de maio. A jovem esposa, então com 19 anos,[148] era filha de Francisco Meirelles Leite e de Francisca Dias Leite. O casamento religioso ocorreu na Igreja Matriz de São Francisco de Paula, celebrado pelo padre Francisco Maria Pâncaro e na presença do vigário Marcolino da Maia Firme. No registro do matrimônio religioso — anotado no livro número 11 da Igreja Matriz, hoje Catedral de São Francisco de Paula — consta que foram padrinhos Alfredo Augusto Braga e Joaquim Francisco Meirelles Leite: tio do noivo o primeiro, pois era casado com dona Arminda, primeira das filhas do segundo casamento do Visconde da Graça, e irmão da noiva o segundo. Seriam, ambos, testemunhas do casamento civil, realizado à noite daquele cinco de maio, na residência da família da noiva, na Rua de São Miguel, atualmente rua 15 de Novembro, tendo sido lavrado pelo escrivão privativo do Registro Civil o termo a seguir transcrito, conservada a ortografia original: *"Termo de Casamento de João Simões Lopes Netto e Francisca de Paula Meirelles Leite. Aos cinco dias do mez de Maio do anno de mil oitocentos e noventa e dois, nesta Parochia de São Francisco de Paula, Munnicipio de Pelotas, Estado do Rio Grande do Sul, as nove e meia horas da noite em o predio numero oitenta e quatro da rua de São Miguel, residencia da nubente e sua familia, estando*

---

147   Diário Popular, 23.03.1892.
148   Francisca de Paula Meirelles Leite nasceu na cidade de Pelotas, no dia 2 de abril de 1873.

(1890 – 1892)

*presente, como presente o dicto, o Meritissimo primeiro Juiz de Paz do primei-
ro Districto, Major João Dias Vianna, commigo escrivão privativo do Registro
Civil e as testemunhas Alfredo Augusto Braga e Joaquim Francisco Meirelles
Leite, ambos naturaes deste Estado, industrialistas, casados e residentes nesta
Cidade. Observadas fielmente as prescripções do artigo vinte e seis e seguintes
do Decreto numero cento oitenta e hum de vinte quatro de Janeiro de mil
oitocentos e noventa. Receberam se em matrimonio João Simões Lopes Netto e
Francisca de Paula Meirelles Leite, ambos Catholicos, solteiros, naturaes desta
Cidade e nella moradores. Elle, agente do Commercio com vinte e sete annos
de idade, nascido no anno de mil oitocentos e sessenta e cinco, filho legitimo
de Catão Bonifacio Lopes, residente no Municipio de Uruguayana e de sua
esposa Thereza de Freitas Lopes fallecida nesta parochia; Ella, de profissão
domestica com dezenove annos de idade, nascida em mil oitocentos e setenta e
tres, filha legitima de Francisco Meirelles Leite, natural de Portugal e de sua
esposa Francisca Dias Leite, natural deste Estado e residente nesta Cidade,
aonde falleceu o primeiro. E para constar lavrei este termo que com o mesmo
Senhor Juiz o assignamos nubentes e as referidas testemunhas depois de o haver
lido. Eu escrivão privativo do Registro Civil, Pedro Ignacio Fernandes o escre-
vi. João Dias Vianna, João Simões Lopes Netto, Francisca de Paula Meirelles
Leite, Alfredo Augusto Braga, Joaquim Francisco Meirelles Leite."[149]*

Na rala iconografia ligada ao escritor, foi possível encontrar a foto
de meio corpo do casal na época do matrimônio. Simões Lopes, nos seus
vinte e sete anos, faz uma bela figura: veste-se com sóbria elegância, tem
a fronte erguida, ondeados cabelos escuros e uma linha do bigode com
as pontas levemente levantadas. O traço não se desfigura pelo estrabismo acentuado do olho esquerdo, mostrando um olhar ao mesmo tempo
penetrante e suavemente disperso, como se estivesse a contemplar uma
visão de sonho, perdida na distância.

---

149   Livro de 1892, Cartório do Registro Civil da 1a Zona de Pelotas.

Quatro meses depois do casamento, Simões andava às voltas com outro empreendimento. A seis de setembro, em parceria com seu tio Evaristo Simões Lopes, nascido do primeiro casamento do Visconde, e Ramón Trápaga, João Simões Lopes Neto encaminha à Intendência Municipal uma proposta de execução das obras de saneamento, urbanização e canalização do arroio Santa Bárbara e áreas ribeirinhas, em troca de uma série de concessões que iam desde autorização para cobrança de taxas e isenções de impostos à cessão gratuita de imóveis localizados nas áreas contíguas. Um sonho arrojado que convenceu, pelo menos num primeiro momento, os dois homens de negócio que desfrutavam de grande prestígio na praça financeira de Pelotas. Por fim, já cientes de que um empreendimento desse porte não poderia ser realizado unicamente com aportes privados, desistiram do projeto. Ficou do episódio, no entanto, uma série de seis artigos publicados pelo escritor no *Diário Popular*, sob a assinatura de João Simões, a partir de 17 de janeiro de 1893. Reportando-se ao caso, Carlos Reverbel transcreveu toda a saga da tramitação do projeto, na Intendência e no Conselho Municipal, para onde foi o requerimento encaminhado.[150]

No entanto, 1892 seria, também, um ano trágico para o Rio Grande. A discórdia no seio do Partido Republicano conduzia muitos militantes, descontentes e sob o sentimento da injustiça, a engrossar as hostes de nova facção política, formada por chefes liberais e, como se disse, incrementada por republicanos dissidentes.

Fundava-se, dessa forma, o Partido Federalista, na convenção realizada em Bagé, a 31 de março de 1892, sob a liderança de João Nunes da Silva Tavares. Apoiados pelo marechal Floriano Peixoto, que temia o parlamentarismo apregoado por Gaspar Silveira Martins, os republicanos castilhistas retornaram ao governo por meio de um golpe consumado no dia 17 do mês de junho, quando Júlio de Castilhos assumiu a presidência da Província, nomeou vice-presidente Vitorino Ribeiro

---

150   Reverbel, Carlos. Um Capitão da Guarda Nacional, 1981, p.147 a 151.

(1890 – 1892)

Carneiro Monteiro e renunciou em seguida, dando curso ao plano do governo central, cuja pseudoneutralidade no episódio ficaria de pronto desmascarada por meio de provas documentais convincentes. Não tardou a ser de público conhecimento o texto do telegrama que o primeiro mandatário da nação enviou ao novo governador que ajudara a colocar no poder. Transcrevem-se alguns tópicos da mensagem: *"Saúdo V. Exª* *e a todos os bons camaradas e correligionários... Sempre foi meu objetivo a união do Partido Republicano desse Estado... Este governo não pode nem deve prestar apoio moral senão ao Partido Republicano, e, assim, chegada a ocasião estatuída pela constituição federal, prestareis auxílio pronto e eficaz para o restabelecimento da ordem e tranqüilidade da família rio-grandense. Nessa constituição está, como sabeis, notado caso da intervenção das forças federais; tendes, portanto, autorização com plenos poderes para agirdes com aquele critério de que sempre dispusestes."* Depois de transcrever a extensa mensagem quase na íntegra, concluiu reconhecido historiador que essa verdadeira confissão de somente prestar apoio ao Partido Republicano evidenciava o veto ao Partido Federalista para estabelecer as normas de um governo estável e revelava haver sido o próprio marechal Floriano *"a alma da revolução de 17 de junho, o causante de todas as desgraças que nos três anos subsequentes sobrevieram ao Rio Grande do Sul."*[151] Ao ser deposto, o Visconde de Pelotas, inconformado, passou o poder ao general João Nunes da Silva Tavares, que assumiu simbolicamente o governo do Rio Grande em Bagé, apoiado em grande contingente da opinião pública, mas sem elemento bélico além do apoio de quatro mil voluntários mal armados, mas já dispostos à ação de resistência. Dias depois, Silva Tavares deporia suas armas para evitar derramamento de sangue às forças comandadas pelo coronel Artur Oscar, que havia partido com quatrocentos soldados das três armas, da cidade de Pelotas, como emissário das forças federais. Foi como acabou

---

151   Escobar, Wenceslau.Apontamentos para a História da Revolução Rio-Grandense de 1893. Brasília: Editora da Universidade de Brasília, 1983, p.42.

o efêmero governo paralelo de João Nunes da Silva Tavares. Honrando o compromisso assumido no episódio, o coronel Artur Oscar recusou-se a cumprir ordem de prisão de Silva Tavares, emanada do governo estadual, por considerá-la uma verdadeira traição. As vinganças políticas não tardaram. O governo Vitorino Monteiro foi protagonista, em todo o estado, de cruel perseguição aos adversários do partido governista; a cidade natal de Simões Lopes Neto não escapou dos saques e do assassinato de muitas pessoas pelas escoltas do governo comandadas por Carolino de Freitas, que parecia não obedecer limites às suas atrocidades. Atos de vingança como esses não eram reconhecidos nas hostes republicanas. Atribuíam as denúncias à propaganda exagerada dos federalistas, no afã de espalhar o terror entre seus correligionários e fazer engrossar o número dos que, amotinados na banda oriental, se dispunham às hostilidades. E acusavam os inimigos da elaboração de um plano de extermínio de vários líderes republicanos, concebido numa reunião realizada no hotel *Garagorri*, na cidade fronteiriça de Rivera. Desse intento não teria escapado o coronel Evaristo do Amaral, trucidado como um mártir, depois de lutar até a morte contra dezenas de perseguidores.[152] É o outro lado das versões históricas. Contudo, o ambiente político estava propício para a revolução armada; mas seria o ano seguinte que ficaria marcado pela Revolução Federalista. A revolução, que não tardaria, ainda não havia estourado no Rio Grande e o despachante-geral Simões Lopes Neto, na cidade de Pelotas, perseguia as suas metas nos negócios e no jornalismo.

---

152   Varela, Alfredo, ob. cit.,1897, p. 222, 223.

Capítulo 06

(1893 - 1895)

"Existe abaixo de nós outros — que lemos jornais, discutimos política e tratamos de negócios — o mundo sombrio, rodeado de pouco caso, mas que é tratado com respeito, quando alguém carece do seu serviço. O tempo dos bruxedos não passou."

J. Simões Lopes Neto

Com o fechamento do jornal *A Pátria*, ocorrido em 4 de junho de 1891, o acervo fora adquirido pelo *Diário Popular*, órgão do Partido Republicano, fundado no ano anterior, a 27 de agosto, por Theodósio de Menezes. Ano novo, vida nova. Simões passou a colaborar no novo jornal, onde já estava seu amigo Artur Hameister, estreando a primeiro de janeiro de 1893 com o artigo *As nossas indústrias*, onde desenvolve pormenorizada resenha sobre a industrialização do município em seu estágio de desenvolvimento, naquele fim de século, escrevendo sobre as características socioeconômicas e geográficas da região.[153] E logo a seguir apresenta uma série de seis artigos de conteúdo técnico sobre a canalização do arroio Santa Bárbara e melhoramentos anexos, que saíram entre os dias 17 e 22 de janeiro, precedidos de uma chamada feita dois dias antes nas páginas do *Diário*

---

153   Diário Popular, 01.01.1893.

Popular, a qual anunciava, em nota, o que denominou *Publicação impor-tante*, assim redigida: "Está em nosso poder, e começaremos a publicar no próximo número desta folha, uma série de importantes artigos, ver-sando sobre assuntos de interesse local, do nosso talentoso amigo sr. João Simões Lopes Neto".[154] As colaborações ilustraram as edições daquela folha nos dias 17, 18, 19, 20, 21 e 22 de janeiro. Essa série de artigos, formando em seu conjunto uma monografia que se sustenta em dados econômicos, nada mais é do que a reprodução dos argumentos técnicos que haviam sido utilizados pelo escritor na moção enviada ao governo municipal, quando reivindicou a concessão dessa obra de caráter público. Nos seus vinte e sete anos, cabeça impregnada de sonhos e ideais, é fácil imaginar o perfil desse moço recém casado, reconhecido na comunidade por sua inteligência, mas já a demonstrar uma diversidade de metas que em breve lhe encaminhariam ao desassossego da dispersão. Naqueles idos de 1893, Catão Bonifácio, pai do escritor, estava a residir em Uruguaiana, administrando a estância de São Sebastião, que logo integraria o espólio do Visconde. E era também o ano em que a revolução atingiria em cheio o Rio Grande, dividido entre os partidários de Gaspar Silveira Martins, que queriam derrubar a oligarquia instalada no poder, e os republicanos, liderados por Júlio de Castilhos. Realizadas as eleições sob as costumeiras suspeitas de fraude, Júlio de Castilhos venceu o pleito e foi empossado em janeiro de 1893. Estava cumprida a missão de Vitorino Monteiro para colocar Júlio de Castilhos outra vez no poder, mas agora sob o manto de uma aparente, mas contestada, legitimidade. Mais de dez mil brasi-leiros dissidentes, entre eles federalistas, monarquistas e republicanos se refugiaram no Uruguai.[155] Dali partiria a sublevação. E logo em fevereiro cinco mil federalistas rebeldes, mal armados, já lutavam em diferentes pontos do Rio Grande do Sul, adotando o lenço vermelho como símbolo.

---

154   Diário Popular, 15.01.1893.
155   Flores, Moacyr. História do Rio Grande. Porto Alegre: Nova Dimensão, 2a ed., 1988, p.99.

(1893 – 1895)

Eram os maragatos, a contrastar com os pica-paus das tropas legalistas, que usavam lenços brancos. Uruguaiana não estava no centro das operações bélicas, mas mesmo assim muitas das suas estâncias sofreram saques praticados pelas duas facções. Tempos de guerra. João Simões Lopes não aderiu à revolução, mantendo-se fiel ao Partido Republicano. A fidelidade aos antigos ideais republicanos, como parece ter sido o caso de Simões Lopes, não significava estar em apoio às perseguições políticas que porejavam no Rio Grande, a partir da retomada do poder pelos castilhistas, em junho de 1892. Já filiado ao Partido Republicano e nomeado tenente da Guarda Nacional, sem no entanto entrar em combate contra os federalistas revolucionários, Simões Lopes manteria sempre uma postura sóbria, um tanto avessa às campanhas partidárias. Parece oportuna a conjectura feita por Carlos Reverbel ao tratar deste assunto, ao dizer que o tenente Simões passava a impressão de que havia ingressado na política "por injunções mais de ordem familiar do que pessoal" e que tudo quanto fez nesse terreno "foi sempre meio a contra gosto".[156]

O jornalismo de colaboração de João Simões Lopes Neto sofreria interrupção depois do mês de janeiro de 1893, quando concluiu a série de artigos sobre a canalização do Santa Bárbara, que enfeitaram, como se viu em linhas anteriores, as páginas do Diário Popular de 17 a 22 de janeiro, o que encontra justificativa no envolvimento do ocasional jornalista com os projetos de animação industrial a que se entregava. De fato, Simões Lopes andava às voltas com novo empreendimento. Num dos seus primeiros atos como presidente do Estado, Júlio Prates de Castilhos, "concede autorização aos cidadãos João Simões Lopes Neto, João Antonio Pinheiro e Virgílio Lúcio de Matos para organizarem uma companhia ou sociedade anônima com a denominação Companhia de Destilação Pelotense." Era esse o texto da ementa do Decreto no 4, de 6 de junho de 1893, referendado pelo titular da Secretaria de Obras Públicas, João José

---

156   Reverbel, Carlos. Um Capitão da Guarda Nacional, 1981, p.46.

Pereira Parobé, pois somente mediante autorização do governo estadual era permitida a formação de sociedades anônimas. Analisando o fato, Guilhermino Cesar especula que uma autorização desse tipo provavelmente encontraria as maiores dificuldades para os inimigos do governo, e certamente "havia pessoas que prefeririam morrer de fome a ter de pedir alguma coisa aos mandões do largo da Matriz, mesmo que fosse o cumprimento da lei". E prossegue: "Quem quiser ler os Estatutos da empresa pelotense pode achá-los depressa; estão redigidos em bom português e constam da Coleção de Leis, Decretos e Atos do Governo do Estado do Rio Grande do Sul – ano de 1893 (Porto Alegre, Oficinas Gráficas da Casa de Correção, 1913, p. 29-37). Trazem a assinatura dos incorporadores: João Antônio Pinheiro, João Simões Lopes Neto e Virgínio Lúcio de Matos.[157] Na verdade, esse projeto já estava na agenda de João Simões desde o ano anterior, quando terminou se frustrando por desentendimento entre os seus animadores, o que levou o escritor à publicação de uma nota, na seção dos anúncios do *Correio Mercantil*, no final do ano de 1892, tal como se transcreve: "Ao Público: declaro que nesta data me exonero de qualquer responsabilidade relativa à incorporação da Companhia de Destilação e Licores em via de formação nesta cidade. Pelotas, 3 de dezembro de 1892. João Simões Lopes Neto."[158] Porém, no ano seguinte, com a autorização do governo, a incorporação é efetivada em vinte e dois de junho. Comparecem à sessão de instalação quarenta e um acionistas e subscrevem-se mais de dois terços do capital, o que é considerado um êxito. Com quadros diretivos demissionários, pois não iam bem os assuntos da companhia, Simões Lopes Neto entraria no Conselho Fiscal, em 1894. Nada conseguiu para salvar o empreendimento. Operando desde o início com prejuízo, a assembleia realizada em 18 de maio de 1895 deliberou pela dissolução da sociedade. Leiloados os ativos em 10 de junho,

---

157   Cesar, Guilhermino. "Os bons negócios do capitão João Simões". Porto Alegre: Correio do Povo, Caderno de Sábado, 15.06.1974.

158   *Correio Mercantil*, 4.12.1892.

(1893 – 1895)

foram parar nas mãos do mesmo Barão Alves da Conceição, que chegou a reabrir a fábrica, ao final vertida à massa de sua falência decretada em dezembro de 1900.

Mas a atividade jornalística de Simões no ano de 1893 somente seria retomada em 15 de outubro e já nas páginas do *Correio Mercantil,* sob o pseudônimo de Serafim Bemol. Tratava-se de uma novela de folhetim — A Mandinga — escrita em colaboração com Don Salústio e Sátiro Clemente, estendendo-se os quinze capítulos até 14 de dezembro. Nem mesmo a morte do avô paterno, dias depois da publicação do primeiro desses capítulos que Simões escreveu, interromperia o fluxo da novela, pois já em 2 de novembro aparece o quinto capítulo sob a assinatura de Serafim Bemol, o que se repetiria no sétimo, no nono, no décimo primeiro (em nove, dezenove e vinte e seis de novembro) e nos capítulos treze e quinze (de três e quatorze de dezembro). Não seria errado dizer que essa constituiu a primeira experiência do escritor no campo da prosa de ficção, conquanto urbana, urbanissima mesmo, no seu argumento e na sua cena. Estava na moda esse tipo de novela a quatro ou mais de quatro mãos, quando um autor escreve um capítulo e o outro continua, assim progredindo até o capítulo final. Paixões não correspondidas deságuam no terreiro de um preto velho, famoso por suas mandingas. Elesbão Soares, solteirão, apaixona-se por Nham Pombinha ao vê-la na saída da igreja. Infeliz no casamento com o velho Cirilo Pereira, ela quer conquistar o enteado Hilário, que, por sua vez, é o alvo dos amores da vizinha Doricélia. Todos, com exceção de Cirilo, recorrem às poderosas receitas do caboclo, com trágicas consequências. Anotaria o crítico Antônio Hohlfeldt, depois de dizer que o leitor mais informado vai logo recordar as tragédias barrocas, a capacidade dramática do enredo, com "intensa movimentação de entra-e-sai das personagens, muito semelhantes ao teatro em que, justamente neste mesmo ano de 1893, João Simões vai estrear."[159] Foi, portan-

---

159   Hohlfeldt, Antônio. Simões Lopes Neto. Porto Alegre: Tchê,1985, p.35.

to, durante a Revolução Federalista e no entremeio das publicações do folhetim, que se deu, a 25 de outubro daquele ano de 1893, a morte do Visconde da Graça, avô paterno do escritor. Simões, que contraíra casamento no ano anterior, tinha 28 anos de idade e ainda não havia sequer esboçado o seu projeto literário, o que somente aconteceria mais de dez anos depois, já quarentão e em plena maturidade intelectual. Impressionante, a quem quer que leia os autos dos inventários que envolveram o patrimônio do Visconde da Graça, o enorme crescimento da sua fortuna em menos de trinta anos. Basta comparar os bens descritos em março de 1857, no inventário de sua primeira mulher, que havia morrido em 1855, com o acervo arrolado por ocasião da abertura da sucessão do Visconde, em 1893. No primeiro inventário, o patrimônio de João Simões Lopes — que ainda não ostentava título de nobreza — estava composto, quanto a bens de raiz, pela porção de campo que seu pai lhe havia deixado na Estância da Graça, acrescida da parte adquirida de um irmão na mesma fazenda; um estabelecimento de charqueada existente nos campos da estância, com vivenda, galpões, armazéns e mais utensílios; três galpões cobertos de palha e benfeitorias que fazem uma olaria; uma quinta de árvores frutíferas e quatro terrenos urbanos. O espólio se complementava com sessenta e um escravos, mil seiscentas e vinte e oito reses *chucras* e cento e quarenta e duas mansas, oitenta e quatro éguas, quarenta e seis cavalos, onze mulas, trinta e oito bois, um iate denominado Feliz Cecília e outro, em mau estado, nominado Marquês, uma diligência — que naqueles tempos chamavam de ônibus, como descrita está no inventário — e um outro carro; todos os móveis e utensílios da casa e cocheira, compostos por mesas, cadeiras, panelas e louças, tudo em mau estado; três carretas e três carroças de uso, dois mil e seiscentos alqueires de sal e trezentos alqueires para couros, mais uma modesta prataria: jarro e bacia de prata, dois pares de castiçais, duas bandejas e tesouras, dezoito colheres para sopa, dezoito para chá, uma para açúcar, um paliteiro, uma

(1893 – 1895)

colher grande e uma para arroz. Seguem-se as descrições do passivo do espólio, onde se verificam dívidas de vinte e nove contos e oitocentos mil réis, sendo nove contos e oitocentos mil réis a um comerciante de Rio Grande e vinte contos ao irmão Ildefonso Simões Lopes, de quem havia comprado a fração de campo que a este coubera na herança paterna, por onze contos de réis, e que também lhe havia emprestado a quantia de nove contos de réis para suprir o custeio da charqueada.[160] Não era um grande patrimônio. Naqueles idos de 1855, quando ficou viúvo, a fortuna do futuro Visconde da Graça estava apenas começando a se formar. Mesmo com o fracionamento da herança, pois metade foi transmitida aos dez filhos que estavam vivos à época do falecimento de dona Eufrásia — tendo um desses dez quinhões retornado ao viúvo por falecimento da filha Izabel, que morreu pouco depois ao falecimento da mãe —, o certo é que esses ativos patrimoniais, anos depois, quando morreu o Visconde, estariam multiplicados numa imensa e sólida fortuna, como pode ser verificado nos autos do inventário requerido por dona Zeferina Luz, a Viscondessa da Graça, em novembro de 1893.[161] Nesse segundo inventário foram descritos, além de valiosos bens de natureza móvel, nada mais nada menos do que setenta e nove imóveis, entre casas, terrenos, datas de terra e matos, chácaras e estâncias, como resumidamente se passa a relatar, mantendo fidelidade com a ordem das descrições. O arrolamento dos bens inventariados pela Viscondessa da Graça começa pela completa e minuciosa relação, que vai da folha 4 até a folha 15, de todos os bens móveis que guarneciam residências pertencentes à sucessão, incluindo materiais de construção de valor, existentes em diversos imóveis da herança. Segue com descrição de semoventes, arrolados em número de mil e trinta reses, mais cento e quarenta e duas ovelhas, dezesseis cavalos, qua-

---

160   Inventário de Eufrásia Gonçalves Lopes. Arquivo Público do RGS, auto n° 432 (ano 1857), maço 29, estante E-6, 1° Cart. de Órfãos e Provedoria de Pelotas.

161   Inventário do Visconde da Graça. Arquivo Público do RGS, auto n° 1.254 (ano 1893), maço no 69, estante no E-6, 1° Cart. de Órfãos e Provedoria de Pelotas.

João Simões Lopes Neto: uma biografia

tro éguas, quatro mulas, cento e cinquenta animais cavalares de manada, o iate Cecília da Graça, que se achava arrendado, ações de diversas companhias, apólices da dívida pública. Extensa relação de créditos do inventariado (folhas 15 a 18), figurando nessa descrição ativos bancários e dívidas de muitos parentes do extinto. A partir da folha 19 vem arrolada a prataria, seguindo-se pormenorizada descrição das joias e brilhantes, em grande número, como se fosse o balanço de uma joalheria (fls. 22 e 23). Os imóveis passam a ser descritos a partir da folha 24. Nada menos do que vinte e cinco casas de residência (vinte e três na cidade de Pelotas e duas em Rio Grande), quarenta e três terrenos, um estabelecimento de charqueada nas margens do São Gonçalo, um campo aramado com oitocentos e vinte e sete metros de frente norte e fundos de mil e oitocentos metros ao rio São Gonçalo e ao arroio Fragata, cinco datas de terras e matos na Serra de Tapes, parte de uma chácara no município de Rio Grande. Pertenciam ao espólio e foram ainda descritas três estâncias: a Graça, com a área de vinte milhões novecentos e dez mil cento quarenta e oito braças quadradas; a estância Bom Retiro, em São Gabriel, com a área de cinquenta e um milhões cento e dezoito mil, cento e noventa e dois metros quadrados; e a estância São Sebastião, em Uruguaiana, com área de duzentos e vinte e seis milhões duzentos e oitenta e cinco mil e trezentos e cinco metros quadrados. Desse sólido e imenso espólio, mas já fracionado pela meação da viúva e partilha aos descendentes de dois casamentos, Catão Bonifácio herdaria um respeitável patrimônio, que seria anos depois diluído, ao ser vertido para os quatro filhos, entre os quais João Simões Lopes Neto, como será adiante e em pormenor tratado, para que se possa, com segurança, dar por encerrado o mito da grande fortuna que o escritor teria herdado e perdido. Apartada a meação da viúva, a legítima dos herdeiros foi fracionada em quinze quinhões. Herdaram os filhos Catão Bonifácio, Maria Joaquina, Francisco de Salles, Evaristo, José, Eufrásia e a neta Haydé Vinhas Lopes, em representação ao

(1893 – 1895)

pai Vicente Simões Lopes, previamente falecido, todos do primeiro casamento. Do segundo casamento herdaram os filhos Arminda, Antonio, Ismael, Justiniano, Ildefonso, Manuel, João e Augusto. A Catão Bonifácio tocaram os seguintes bens: duas casas na rua Félix da Cunha, sob números 101 e 103, um terreno situado entre o prolongamento das ruas São Joaquim e Independência, com aproximadamente cem metros de frente oeste e fundos ao arroio Santa Bárbara, um terreno com treze metros e dezessete centímetros de frente oeste para a rua General Vitorino e fundos à rua Félix da Cunha, uma parte de campo e mato, sem benfeitorias, na Estância da Graça, tirada no lugar conhecido como Rincão da Mangueira, com a área aproximada de novecentos e dez mil braças quadradas, material de construção, uma carroça, alguns objetos pessoais, entre os quais um cordão de ouro antigo, vinte e cinco reses, vinte e cinco ovelhas, trinta e seis ações da Cia. Rio-Grandense de Iluminação e Gás, trinta ações da Cia. Hidráulica Pelotense, dez títulos da Cia. de Seguros Pelotense, onze contos, quatrocentos e sessenta e dois mil, trezentos e dezessete réis, proveniente de depósitos em três estabelecimentos bancários e, por fim, sua dívida junto ao inventariado no valor de dois contos de réis. Adiante consta uma sobrepartilha, em auto de 07 de março de 1895, referente aos produtos do gado e animais vendidos que apresentaram saldo em conta, cabendo ao herdeiro Catão Bonifácio a quantia de cinco contos duzentos e quarenta e seis mil setecentos e sessenta e dois réis. A maior parte do gado vendido, que gerou a sobrepartilha, sediava-se na Estância de São Sebastião, em Uruguaiana, grandemente povoada: 6.500 reses de cria, no valor de 10.000 réis por cabeça; 1.500 reses de corte, a 36.000 réis cada uma; 800 ovelhas no valor de 2.000 réis a unidade e 100 animais cavalares cotados individualmente a 5.000 réis. Traduzida em dinheiro e conforme a avaliação processada no inventário, a legítima do filho Catão Bonifácio, somando-se partilha e sobrepartilha, chegava à soma de cento e três contos, cento e treze mil e setenta e nove réis. O inventário do avô do escritor, autuado em 8 de novembro de 1893, seria completamente concluído em 8 de março de 1895, conforme sentença proferida nos autos.[162] Foi sem dúvida muito diligente a viúva e inventariante. Em menos de ano e meio conseguiu encerrar o inventário, assinalado pela complexidade das descrições dos bens, entre eles alguns imóveis localizados em diferentes municípios e tudo em meio à Revolução Federalista, além da concorrência de herdeiros menores, o que quase sempre retarda a conclusão da partilha.

O ano de 1893 marcaria, ainda, o início da produção teatral de Simões Lopes. O escritor se envolveu, a partir da estreia de sua primeira peça, numa atividade em que se manteria por muitos anos. Na noite de 13 de setembro, em sua residência e na presença de alguns amigos, do subintendente do município e de representantes da imprensa, faz a leitura da peça *O Boato*[163], escrita em parceria com seu futuro cunhado José Gomes Mendes, de nacionalidade portuguesa e aficionado por carpintaria cênica, pois chegara ao sul do Brasil como integrante de uma companhia teatral, dela vindo a desertar para permanecer na cidade de Pelotas, onde achou trabalho no comércio. Ao ler sua peça à selecionada platéia, Simões Lopes cumpria um ritual que andava na moda em toda a Europa do século XIX, período que foi a idade de ouro da leitura pelos autores. Na Inglaterra, as estrelas foram Charles Dickens e Tennyson. O autor de *David Copperfield*, interessado em teatro amador, "usava o talento histriônico nas leituras das próprias obras" e lia para os amigos "a fim de polir o texto final e avaliar o efeito de sua ficção sobre o público."[164] Tennyson lia Maud, seu mais longo e mais afamado poema, nas salas de visita de Londres, "com a emoção que buscava na platéia, derramando lágrimas e

---

162   A relação dos bens partilhados ao herdeiro Catão Bonifácio, nos autos do inventário do Visconde da Graça, encontra-se a partir da folha 311; a cota na sobrepartilha está na folha 391 verso, e a sentença homologatória da sobrepartilha à folha 400.
163   *Correio Mercantil*, 15.09.1893.
164   Manguel, Alberto. Uma História da Leitura. São Paulo: Companhia das Letras, 2001 (tradução de Pedro Maia Soares, do original A History of Reading, 1966), p.288.

(1893 – 1895)

com tal intensidade de sentimento que segurava em suas poderosas mãos uma grande almofada brocada e, quase inconscientemente, torcia-a sem parar."[165] Sairiam da criatividade dessa dupla de moços — Serafim Bemol e Mouta-Rara, pseudônimos de Simões Lopes e de Gomes Mendes — mais duas peças: *Os Bacharéis e Mixórdia*, ambas, como *O Boato*, encenadas por grupo amador. Saudada na imprensa, antes de sua estreia, como criação muito completa que causaria impressão favorável aos espectadores dos "estreitos limites do nosso centro", a peça *O Boato* foi levada à cena pelo grupo amador Sociedade Dramática Particular Beneficente Thalia, no Teatro 7 de Abril, na noite de 25 de novembro e com amplo sucesso: "duas casas cheias de deitar fora".[166] Houve reprise no dia seguinte e duas outras apresentações, em benefício da Santa Casa de Misericórdia, em 16 e 17 de dezembro, sempre no 7 de Abril. *O Boato* é uma revista musical, com partitura especial composta pelo maestro Manoel Acosta y Olivera, cidadão de fala castelhana, cuja nacionalidade nunca ficou perfeitamente identificada, já que aparecia nos jornais gaúchos algumas vezes como uruguaio, em outras como argentino ou cubano. Profissional competente, Acosta y Olivera, que regia na cidade a orquestra do Clube Beethoven, compôs o fundo musical da encenação — as linhas melódicas do tango *Boato* — e ainda regeu a orquestra nas apresentações da revista. *O Boato* seria, no ano seguinte, publicado na tipografia da Livraria Universal, de Echenique & Irmão, constituindo-se, dessa maneira, na primeira obra literária de Simões Lopes a ser editada em livro.[167] Quando, oitenta e sete

---

165   Id., p.289.

166   *Correio Mercantil*, 28.11.1893.

167   O Boato. Pelotas: Echenique & Irmão, 1894."Revista cômica de alguns pedacinhos notórios – Música de diversos autores – O tango do Boato expressamente composto pelo maestro M. Acostay Olivera; em um prólogo e dois atos divididos em 5 quadros. À S.D.P. Beneficente Thalia oferecem Serafim Bemole Mouta-Rara. Pelotas, 15 de setembro de 1893." Na página 3 consta a seguinte inscrição emoldurada: "Esta Revista foi levada a cena no Teatro 7 de Abril em as noites de 25 e 26 de novembro de 1893 pela sociedade D.P. Beneficente Thalia, de Pelotas, repetida em benefício da Santa Casa de Misericórdia na noite de 16 de dezembro e, a pedido geral, na de 17 do dito mês"(ortografia atualizada da citação).

anos depois da estreia da peça, Cláudio Heemann consegue reunir para publicação, pelo Instituto Estadual do Livro, as peças que compõem o primeiro volume de *O Teatro de Simões Lopes Neto*, esta produção cênica vem classificada ao lado da peça *Mixórdia* como roteiro para teatro de revista, enquanto *Os Bacharéis* recebe o selo de comédia musical, mas as três no primeiro agrupamento, sob o título de *Parcerias*. As duas primeiras seriam roteiros satíricos, anedóticos, destinados a encenações circunstanciais de remota referência nos dias atuais, por trabalharem, na base, com críticas à ineficiência da administração pública, que não sustentam a ausência de enredo.[168] Tipo de leitura que não havia passado em branco na crítica produzida ao tempo da estreia da peça *O Boato*, recebida com a marca de revista de ano, que nada ficava a dever às do mesmo gênero representadas no Rio de Janeiro, sem deixar de salientar alguns defeitos de encenação e falta de certos ensaios de apuro.[169] Contudo, a produção teatral que marcou a estreia de Simões Lopes como autor de teatro estava a revelar não só o talento do jovem escritor, como, e principalmente, a sua permanente imantação com o que de moderno vinha acontecendo nos centros hegemônicos da cultura teatral do país. As encenações das chamadas revistas de ano — gênero no qual Simões, em seu aprendizado humorístico que já revelava o gosto pela pilhéria, movimentava-se com familiaridade — estavam em moda nas ribaltas da capital federal.[170] O pano se abre para o ambiente de uma sala de aula. O professor Boato, que mais tarde seria perseguido pela polícia, ensina aos pequenos discípulos boatinhos a arte da boataria, já lançando no texto uma ideia que, melhor trabalhada, seria muitos anos depois aproveitada, na íntegra, em Casos do Romualdo: "De hoje em diante quem contar um conto há de acrescentar-

---

168   Heemann, Cláudio. O Teatro de Simões Lopes Neto. vol. I. Porto Alegre: IEL, 1990, p.18 e 19.

169   *Correio Mercantil*, 28.11.1893.

170   Sussekind, Flora. As Revistas de Ano e a Invenção do Rio de Janeiro. Rio de Janeiro: Nova Fronteira, Fundação Casa de Rui Barbosa, 1986, citada por Ligia Chiappini, ob. cit., p.36.

-lhe uma máo ou as duas, ou todas quatro".[171] Náo fica *O Boato* somente na crítica à administração pública da cidade. Estende-se ao anedotário da sociedade local, com seus casamentos de conveniência, à apologia da vida de aparências em contraste com o desfile dos credores na porta e inevitáveis falências comerciais, às querelas com a Igreja Católica, numa miscelânea cômico-burlesca que, assim como agradou, deve ter também arrepiado os cabelos de muitos figuróes da cidade. Caçado pelas autoridades policiais, o infeliz Boato arquiteta um casamento com mulher rica, mas no final é derrotado pela descoberta de que o pai da noiva náo passava de um estancieiro falido.

No meio do ano de 1894 a dupla Serafim Bemol e Mouta-Rara está outra vez nos palcos. Desta feita com a comédia opereta Os Bacharéis, numa promissora estreia a 23 de junho. Mais uma vez no Teatro Sete de Abril, emparceirados com o maestro Manoel Acosta y Olivera, com encenação da Sociedade Dramática Particular Beneficente Thalia. Antes da estreia, a peça já era conhecida da crônica jornalística, pois seus representantes já vinham sendo convidados, numa jogada publicitária dos autores, a assistir aos ensaios que se realizavam no salão de concertos do Clube Beethoven. Seria esta a peça teatral mais festejada e mais vezes representada em toda a produção cênica, conjunta ou individual, de Simões Lopes Neto. Nada menos do que oito apresentações entre a estreia e o dia 31 de julho.[172] Seriam repetidas outras quatro apresentações em fevereiro de 1895, nos dias nove, dez, dezesseis e dezessete, e mais cinco em agosto de 1896: aos nove, dezesseis e vinte, no Sete de Abril, e em vinte e nove e trinta na cidade de Rio Grande, sempre encenadas pelo elenco amador da sociedade Thalia. Caiu no gosto do público a melodia composta pelo maestro Acosta y Olivera e isso em muito contribuiu para o êxito da peça. Passados os anos, trechos melódicos continuavam a ser

---

171   Serafim Bemol e Mouta-Rara. O Boato, 1894, p.18.
172   Diário Popular, 24.08.1894.

cantarolados nos salões da cidade, a ponto de ter sido a opereta levada ao palco, por duas vezes, em vinte e sete e vinte e oito de dezembro de 1902, pela companhia teatral de Assis & Peixoto, grupo profissional que se apresentava no Teatro Sete de Abril. O público pelotense, porém, parecia não querer que a opereta cômica caísse no esquecimento, pois em janeiro de 1914 a Companhia Dramática Portuguesa, de Francisco Santos, estava ensaiando a montagem da opereta para encená-la no Teatro Coliseu.[173] E em 25 de setembro daquele mesmo ano, quando já estava chegando ao fim o ciclo teatral de Simões Lopes Neto, a peça ressurgiria em temporada promovida por comissão estudantil, no Coliseu, encenada pela Companhia Cidade de Pelotas, nova denominação do elenco dirigido por Santos.[174] A peça Os Bacharéis tem a forma básica de uma comédia de costumes, com observação crítica, segundo a nota de Cláudio Heemann, que se deteve no original doado em 1989 ao Conselho Estadual de Desenvolvimento Cultural por Maria Isabel Dias Murray.[175] Cita-se o trecho em que Heemann se demora na análise do texto: *"As artimanhas de um bacharel interessado na noiva de outro homem fornecem o elemento chave para a trama. O enredo só não caminha mais rápido devido a atenção dada às indicações de canto, com duetos, estribilhos e coros. Essas travas da ação enfraquecem a continuidade da história e o impulso narrativo. Mas devem ter sido imprescindíveis à partitura. O manuscrito menciona que ela foi composta por Manoel Acostay Olivera e chegou a ser impressa. Porém, deixa de incluírem suas páginas qualquer barra de notação musical. Apesar dos reparos que se possa fazer a Os Bacharéis, é sensível a variedade dos tipos que dão colorido à história. Bem como o veneno dardejado contra a pomposidade das pessoas obcecadas pelo símbolo do 'status' que é o bacharelato. O*

---

173   A Opinião Pública, 13.01.1914.
174   A Opinião Pública, 25.09.1914.
175   Maria Isabel Dias Murray é sobrinha-neta de João Simões Lopes Neto. Sua mãe – Nilnah Lopes Barcellos, irmã da memorialista Ivete Barcellos Massot – era filha de Maria Izabel Lopes Barcellos, irmã do escritor.

(1893 – 1895)

que esta comédia de costumes aspira atingir são os caminhos percorridos pelas burletas fim-de-século de Artur Azevedo. ”[176] Não obstante o decantado êxito de *Os Bacharéis*, o certo é que o sucesso da peça jamais ultrapassou os limites da cidade natal do escritor. Durante o mês de outubro de 1894, o maestro Acosta y Olivera, já residindo na capital da Província, chegava aos limites do desamparo financeiro, o que fez os seus amigos do Grupo Dramático promover, em seu socorro, a encenação de duas peças teatrais. Nessa mesma oportunidade, o maestro executou, numa apresentação pouco feliz, as partituras que havia composto para *Os Bacharéis*, recebidas com indiferença por diminuta assistência porto-alegrense.[177] Foi, portanto, a música de Acosta para Os Bacharéis, sem o texto de Simões Lopes, o único elemento da peça a espraiar-se para fora da Princesa do Sul. A trilogia das comédias musicais criada pela parceria Serafim Bemol e Mouta-Rara chegaria ao seu final dois anos depois da primeira encenação de *Os Bacharéis*.

Corria o ano de 1894 e com ele recrudescia a guerra localizada no Rio Grande. Simões é nomeado tenente da Guarda Nacional, corporação auxiliar das forças armadas oficiais, e logo destacado para servir no 3º Batalhão de Infantaria, sediado em Pelotas, sob o comando do tenente--coronel Anacleto da Costa Barcellos. Aquartelado na cidade de Pelotas e com a missão de guarnecer esta praça, o 3º Batalhão de Infantaria da Guarda Nacional teve como instrutor de tropa o tenente Miguel da Cunha Martins, do exército nacional. O tenente João Simões, designado para as funções de secretário da unidade, não chega a entrar em combate, nem mesmo nas escaramuças travadas em Canguçu e São Lourenço, onde se destacaram o tenente Sebastião Planella[178] e os alferes Viriato Dorneles Vargas, irmão de Getúlio Vargas, e Francisco de Paula Barcellos.

---

176   Heemann, Cláudio, ob. cit., p.19.
177   Damasceno Ferreira, Athos, Palco, Salão e Picadeiro – Em Porto Alegre, no Século XIX. Porto Alegre: Editora Globo, 1956, p.274.
178   A amizade de J. Simões Lopes Neto com Sebastião Planella, o popular Zé da Hora,

Simões, no entanto, consagrado pelo emergente sucesso de suas produções teatrais e entusiasmado com os empreendimentos empresariais que lhe povoavam a mente e que queria colocar em prática, não está nem um pouco animado com a Revolução Federalista. E é com este espírito que o jovem tenente Simões Lopes, da Guarda Nacional, encaminha seu pedido de licença ao comandante da guarda em Pelotas, posto exercido pelo coronel Urbano Garcia. Julgando-se incompetente para conceder a licença, exarou o comandante, em 23 de outubro de 1894, o seguinte despacho: "Requeira ao sr. General Ministro da Guerra." Simões Lopes não era homem de desistir na primeira investida e não se deu por vencido. A família Simões Lopes, nesses primeiros anos da República, não perdera o prestígio que tivera na corte imperial. O tenente João Simões decide viajar ao Rio de Janeiro e resolver diretamente o caso. A viagem, tanto na ida como na volta, é noticiada num jornal da cidade natal do escritor, em notas curtas.[179] Por lá demora-se durante todo o mês de novembro. Consegue a licença. Em 5 de novembro, o comando da Guarda Nacional na cidade de Pelotas, que já recebera a ordem pelo telégrafo, informa, em seu boletim, pela imprensa: "Foi concedida licença de 60 dias, para tratar de negócios de seu interesse, dentro ou fora deste Estado, ao tenente-secretário do 3º Batalhão da Guarda Nacional da comarca de Pelotas, João Simões Lopes Neto."[180] No Rio de Janeiro, visita parentes, revê amigos, e certamente vai ao teatro, mantém-se atento aos negócios, lê os jornais e as revistas da metrópole e retorna ao sul reciclado, com novos sonhos na cabeça. A licença para tratamento de interesses particulares do tenente João Simões seria, ainda, renovada por mais seis meses. Não foram necessárias novas prorrogações, uma vez que naquele ano, com o fim da Revolução Federalista, o 3º Batalhão desmobilizou-se. Os oficiais, como o jovem tenente Simões Lopes, permaneceriam com suas patentes

---

perduraria por muitos anos.
179   Diário Popular, 30.10.1894 e 11.12.1894.
180   Diário Popular, 06.11.1894.

mesmo na vida civil e muitos obteriam promoções. João Simões seria um deles, promovido que foi ao posto de capitão da Guarda Nacional, título do qual muito se orgulhava, por decreto de 26 de junho de 1901.

Chega o ano de 1895 e, já em janeiro, Simões Lopes, com trinta anos ainda incompletos, está a retomar a coluna Balas de Estalo, dessa feita no Diário Popular, no qual vinha até então mantendo colaborações esparsas. Estava Simões, assim, inaugurando uma colaboração efetiva e duradoura, no jornal que era na época porta-voz do Partido Republicano. Essa nova fase da coluna Balas de Estalo, que seria a terceira (as duas primeiras haviam sido publicadas no *A Pátria*), foi mantida no circuito durante o período compreendido entre dezoito de janeiro a vinte e sete de setembro, sempre assinada por Serafim Bemol. Saíram neste período quarenta e três Balas de Estalo, em prosa quase sempre. As duas primeiras balas dessa terceira e última série foram disparadas no velho estilo do triolé, mas a terceira, que é de vinte e três de janeiro, já vem em prosa e assim se mantém quase sempre até a última. Vez que outra, mas muito raramente, o autor reviveu a nostalgia de seus triolés, como aconteceu na edição de 2 de julho, homenageando o marechal Floriano Peixoto, falecido a 29 do mês que havia transcorrido:

"Sempre grande o Marechal até nos braços da morte, que o conduz a outro norte:
    sempre grande o Marechal! Como quando o peito forte opôs às vagas do mal, sempre grande o Marechal:
    até nos braços da morte!"[181]

Porém, o notório sucesso alcançado pelo talentoso jornalista e comediógrafo não lhe pagava as contas, nem lhe supria a subsistência diária. Era preciso tocar para a frente a movimentada atividade de despachante-geral

---

181   Diário Popular, 02.07.1895.

e pensar, também, num trabalho que lhe proporcionasse rendimentos mensais. Curiosa a situação do Simões Lopes daqueles dias de 1895. O pai acabara de herdar apreciável patrimônio na herança do avô, cujo inventário estava a encerrar-se, mas Simões, casado há quase três anos, tido e havido como um moço abastado, não tinha de seu um vintém no bolso para esbanjar e vivia do seu trabalho, certamente como incremento da ajuda paterna. Algumas providências tinham de ser tomadas com urgência. E foram. A primeiro de fevereiro, numa petição de seu próprio punho, Simões Lopes habilita um crédito de um conto e cento e quarenta mil réis na sobrepartilha do Visconde, provavelmente decorrente de serviços de despachante prestados ao espólio. E a 14 de março assume a função de gerente da New York Life Insurence na cidade de Pelotas, acrescentando à coleção de suas atividades a de vendedor de seguros. Durou pouco esse novo cargo, pois permaneceu naquela gerência somente até princípios do mês de julho. Transfere e incrementa o seu escritório de despachante, agora no novo endereço da rua Félix da Cunha no 103. Com a coluna Balas de Estalo chegando ao fim de seu ciclo, nas mesmas páginas do Diário Popular, é que Simões Lopes, ainda sob a assinatura de Serafim Bemol, inaugura uma outra série: *A Semana Passada*, uma espécie de pequena revista da semana, de efêmera duração. Considerada como uma das produções jornalísticas mais originais do escritor, já que redigida sob a forma de esquetes teatrais, A Semana apresentava personagens conhecidas e foi publicada quatro vezes, em dezoito e vinte e cinco de setembro e nas edições dos dias primeiro e dez de outubro. Algumas semanas antes de iniciar essa nova artesania jornalística, precisamente ao final da tarde de uma fria e chuvosa sexta-feira de 23 de agosto, caía sobre a cidade uma neblina, como se fosse neve dissolvida em gotas geladas. Chovia e ventava; o minuano cortava as ruas retas da cidade, sem conseguir conter a curiosidade das gentes agrupadas nas esquinas centrais, nos bares, nos clubes, nos cafés e nas tabernas mais pobres, a comentar o dia histórico

(1893 – 1895)

da pacificação do Estado do Rio Grande, que estava sendo assinada naquele 23 de agosto de 1895, na cidade de Pelotas, pelo general Inocêncio Galvão de Queiroz, representante do governo da República, e João Nunes da Silva Tavares, legendário chefe do exército libertador federalista, que deixaria registradas no histórico documento, em nome dos revoltosos, as seguintes palavras: "Confiantes no patriotismo e lealdade do Chefe do Governo da União, vão depor as armas, para que o fato de se acharem em luta armada não seja empecilho a que se lhes reconheça a justiça da causa pela qual até hoje se bateram; que outra não foi senão a necessidade de repelirem pela força as violências e o arbítrio de um poder inconstitucional e discricionário; que acredita no critério e justiça do Congresso Federal, para o qual vai, em nome dos rebeldes, apelar no momento em que estes se submetam ao regime da lei, o que, no dizer do Governo da República, lhes permite gozarem dos direitos e regalias que o poder público deve assegurar a todos os cidadãos brasileiros; ...que não acredita que o Governo deseje desarmá-los pelo fato de se haverem rebelado contra o Governo do Estado, porquanto seria isso o requinte de má-fé e da impunidade, que tem na lealdade e correção do exército brasileiro os mais significativos penhores para não recusarem depor com hombridade, perante ele, as armas de que lançaram mão, não para combatê-lo, mas para lutarem com adversários políticos do seu Estado; que ele, chefe dos revolucionários, não pode, porém, prescindir para a deposição das armas."[182] O *Diário Popular* divulgava, por seu editorial do dia seguinte, a opinião oficial do Partido Republicano. Sem protestar contra a paz, opôs-se, com dura linguagem, ao rebaixamento moral das forças do governo, na escolta aos rebeldes que haviam erguido a mão sacrílega contra o pavilhão da República, banhando de sangue as campinas do Rio Grande, saqueadas e incendiadas por essas hordas de fanáticos.[183] Na véspera, diante do fato consumado

---

182   Trechos da"Ata de pacificação do Estado do Rio Grande do Sul". Álbum de Pelotas, Centenário da Independência do Brasil. Pelotas: Clodomiro Carriconde, 1922.
183   Diário Popular, 24.08.1895.

da chegada dos chefes maragatos à cidade de Pelotas, editorial da mesma folha não poupara adjetivos para desqualificar as autoridades do governo constituído que haviam introduzido, no recinto de Pelotas, aqueles miseráveis bandidos e degoladores.[184] A posição de João Simões sempre foi muito clara. Filiado ao Partido Republicano, com postura contrária aos revoltosos, de sua pena não saíram, contudo, ofensas como aquelas. Encerra a tarde na redação do Diário Popular, contente com o fim da revolta, porém mais preocupado com os temas das futuras balas de estalo e com a nova seção jornalística que já habitava sua prodigiosa mente: *A Semana Passada.*

---

184   Diário Popular, 23.08.1895.

Capítulo 07

(1896 - 1900)

"... com as suas contradições, trivialidades, utopias, o
jornalismo é, sem dúvida, a expansão mais atraente para o
homem essencialmente humano."
J. Simões Lopes Neto

Ano movimentado para o moço Simões Lopes foi, sem dúvida, o de 1896. Ano da morte de seu tio Ismael Simões Lopes; ano da morte de Catão Bonifácio Lopes; ano em que por primeira — e última vez — lhe é vertido um relativo patrimônio que lhe emprestará, por algum tempo, a segurança econômica de que necessitava; ano de fértil criação nas colaborações jornalísticas e, sobretudo, ano que assinala grande produção teatral do escritor: *Coió Júnior, Mixórdia, A Viúva Pitorra*. Prossegue Simões Lopes nas atividades jornalísticas, inaugurando uma nova seção nas páginas do Diário Popular: *A Semaninha*, que saiu a partir de 18 de abril e se manteve nas colunas do jornal até o final do ano, como uma proposta renovada de passar a limpo, com cores locais, os acontecimentos da semana. As colaborações de Serafim Bemol, no entanto, ficariam limitadas às dez séries que saíram de 18 de abril a 2 de agosto, com uma interrupção entre 14 de junho a 25 do mês seguinte. Outros jornalistas do Diário, entre eles Raul D'Anvers — que já havia substituído Simões Lopes de junho a julho — sustentaram a coluna até o final de 1896.

Pouco depois de João Simões Lopes Neto lançar *A Semaninha*, um novo jornal seria inaugurado na cidade de Pelotas: A Opinião Pública. Theodósio de Menezes, esclarecido jornalista fundador do Diário Popular, desentendeu-se com um dos proprietários do jornal, arrojando--se num renovador projeto na imprensa diária. Tendo Menezes deixado o Diário Popular ao final de março, para fundar outra folha, passado um mês, A Opinião estava sendo gritada pelos vendedores. Jornal que veio para ficar, como mostraria a posteridade. Ali estava Artur Hameister e ali estaria, é claro, o colaborador Simões Lopes Neto, que aportou no número inaugural, de 5 de maio, como convidado para escrever um artigo de fundo, do tipo editorial. É quando entra em cena João do Sul, novo pseudônimo que adota. Executa muito bem a tarefa que lhe é confiada, ao desenvolver, numa linguagem simples, precisa e densa, as ideias que tinha sobre o jornalismo. Conceitos que se fossem publicados hoje, mais de cem anos depois, não teriam perdido sua atualidade e pertinência. Vale a pena transcrever trecho do artigo, reproduzido pelo jornalista Waldemar Coufal, com pequena introdução, nas páginas de um jornal da capital gaúcha: "Palavras de João Simões, no número inaugural de 'A Opinião Pública' sobre o jornalista e sua função, e as quais equivalem por uma verdadeira profissão de fé senão por um autorretrato: [...] É necessário ter uma poderosa armadura: — A finura, o golpe-de-vista, o amor à luta, o respeito a si próprio (que é a melhor das paradas e o que faz a força das respostas), sentimento vivo de humanidade, desconfiança engenhosa dos homens, o dom da emoção, o respeito às opiniões alheias, o desdém aos prejuízos, a fé na vida, tolerância, paciência... Com a sua dispersão de ideias que refaz a provisão delas; suas pequenas violências, que excitam o espírito, e as indulgências, que o repousam: suas injustiças conscientes e a sua crença obstinada na justiça; com as suas contradições, suas faltas, sabedoria, loucuras, trivialidades, utopias — o jornalismo é, sem dúvida, a expansão mais atraente para o homem essencialmente hu-

(1896 – 1900)

mano."[185] Ligia Chiappini, como foi dito na introdução desta biografia, viu no texto da conferência *Educação Cívica*, que Simões Lopes proferiu na Biblioteca Pública Pelotense, o esboço do projeto literário do escritor. Pode-se e deve-se ver na leitura do artigo de Simões Lopes, que inaugura A Opinião Pública, uma amplitude maior do que aparentemente possa ter, para compreendê-lo como um projeto de vida do escritor, do qual ele nunca se afastou. E por isso foi tido como um verdadeiro autorretrato, na acepção do saudoso jornalista que o conheceu pessoalmente e dele foi companheiro de jornal. Porém, naquele ano de 1896, João Simões estava mais perto do teatro do que do jornalismo. Nos primeiros dias de maio convoca os amigos e a imprensa para assistirem, no Clube Caixeiral, a leitura da peça *Coió Júnior*, escrita em parceria com o jornalista Raul D'Anvers.[186] Não há notícias confiáveis de que essa peça tenha saído do ineditismo para os palcos, mesmo porque naqueles dias Simões estava a preparar a estreia de Mixórdia, a última das comédias musicais criadas em colaboração com Mouta-Rara. Classificada por Cláudio Heemann como cena breve, ao lado de *A valsa branca, Sapato de bebê, Jojô e Jajá e não Ioiô e Iaiá*, esta curta composição cênica foi citada na bibliografia teatral simoniana por Galante de Souza como cena solta, do mesmo tipo que *O Bicho e Amores e Facadas*,[187] que apareceriam anos depois. Essa mesma fonte referiu-se ao drama inédito Nossos Filhos. Sem que se tenha comprovado sua encenação, essa peça sairia, incompleta, dos arquivos que pertenceram à viúva para as mãos de Cláudio Heemann, que publicou os dois últimos dos três atos originais.[188] Ao introduzir o livro, Heemann não poupou elogios ao drama. Registrou que a falta do primeiro ato não prejudica a compreensão dos fatos, nem o interesse da

---

185 Diário de Notícias, 07 de julho de 1962.
186 Diário Popular, 03 de maio de 1896.
187 Souza, J. Galante de. O Teatro no Brasil, tomo II. Rio de Janeiro: Min. de Educ. e Cultura-INL, 1960, p.310.
188 Heemann, Cláudio. O Teatro de Simões Lopes Neto, 1990.

narrativa, sustentando ser viável o uso cênico do texto. Se encontrado o ato perdido — disse o crítico — "teremos provavelmente a mais segura e elegante das peças de Simões Lopes. Por enquanto, ela é sua Vênus de Milo. O que falta não prejudica o valor do que existe."[189]

Este equívoco deve ser reparado, para recolocar as coisas nos seus devidos lugares, pois tudo leva a crer que Heemann desconhecia a obra teatral de Florencio Sánchez, há muitas décadas já publicada na íntegra por Dardo Cúneo, em Buenos Aires, pela editorial Claridad, em 1941 (v. bibliografia). Entre as vinte obras compiladas e anotadas, com as críticas que receberam pela imprensa em suas estreias nos palcos, figurava com destaque a peça *Nuestros Hijos*, de Florencio Sánchez. Comparados os textos, chega-se à inevitável conclusão de que o manuscrito *Nossos Filhos*, encontrado entre as peças originais de Simões Lopes Neto, sem ser, sequer, uma adaptação da criação de Florencio Sánches, é na verdade uma simples tradução para o idioma português da peça teatral de igual nome, merecedora de consistentes elogios da crítica especializada. Selecionada por Dardo Cúneo, vale transcrever o que o diário *La Nación* estampou no dia seguinte à primeira apresentação teatral:

> *"El público le consagró el más franco de los éxitos. Hay en esta obra de Sánchez una elevación mental superior. Su contextura se sobrepone a quantas produjera hasta hoy. En 'Nuestros Hijos', se agitan ideas y su choque consigue elevarlas a la categoría de un problema perfectamente definido"* (v. Cúneo, 1941, p.529).

Conhecedor de teatro, Cláudio Heemann soube apreciar o valor dessa obra, resvalando, contudo, na atribuição da autoria do texto: a *Vênus de Milo* — metáfora de que se utilizou, com elegância — tinha sido esculpida por outro autor teatral.

---

189   Id., p.18.

(1896 – 1900)

A trilogia das comédias musicais criada pela parceria Serafim Bemol e Mouta-Rara chegaria ao seu final por ocasião das únicas três apresentações, levadas à cena no mês de maio, da peça *Mixórdia*, ainda pela Sociedade Dramática Particular Beneficente Thalia. Desta feita sem a música de Acosta y Olivera, substituído nessa nova encenação pelo pianista e compositor conhecido como J.C., autor das partituras da nova comédia. Anunciada como uma revista cômico-mágico-burlesca-retrospectiva de 1894-5, em três atos e oito quadros, chegaria já descompassada com a atualidade, por ter sido escrita antes da pacificação da Revolução Federalista, assinada na cidade de Pelotas no ano de 1895. Teria sido escrita, portanto, no ardor da revolução. Simões Lopes Neto, naquele sábado de 23 de maio de 1896, extremamente abalado com o recente e prematuro falecimento de seu tio, amigo e companheiro Ismael Simões Lopes,[190] não comparece à estreia de *Mixórdia*, nem na reprise da noite seguinte. Naquela semana, a coluna que Simões mantinha no Diário Popular — e que se manteria até 10 de agosto do mesmo ano — não foi assinada por Serafim Bemol. O jornalista interino, encarregado de manter a crônica em publicação, não deixou de lembrar Ismael Simões Lopes, ao registrar: "Ah! Se esta noite o Ismael ainda por aqui andasse, ia decerto ao 7 de Abril, de coração à larga, saudar a endiabrada *Mixórdia*". Endiabrada, sim, porque ao tempo dos ensaios que se estenderam até aproximadamente um mês antes da encenação, a peça era apresentada à imprensa com o título de *O Lobisomem*, alterado na última hora por obra e gosto de seus autores. A comédia é anunciada com ação que se passa do Fragata ao Matadouro e da Luz ao Estaleiro,[191] sob original de Serafim Bemol e Mouta-Rara; música escrita pelo aplaudido virtuose Dr. J.C., com regência do maestro Cavalcanti. Desenvolve-se em oito quadros, que levam os seguintes títulos: 1° – A banca do peixe; 2° – A ramada do

---

190   O major Ismael Simões Lopes faleceu em 19 de maio de 1896, deixando viúva dona Adelaide de Freitas.

191   Velhos bairros da cidade.

Guedes; 3º – Um armazém de progressos; 4º –Uma rua; 5º – A sala do júri; 6º – Recordações impressas; 7º – Um casebre; 8º – A festa das inaugurações.

O dia 20 de junho de 1896 foi triste para João Simões: morria Catão Bonifácio Lopes. Foi-se Tandão, antes de completar seus sessenta. O inventário seria requerido quase um mês depois, mas antes, a 2 de julho, o escritor foi eleito conselheiro municipal, sob a presidência de Francisco de Paula Gonçalves Moreira. A apuração dos votos ocorreu em 13 de julho, na sala das sessões do Conselho Municipal, em reunião extraordinária para esse fim, presidida por Alberto Roberto Rosa e secretariada por Guilherme Echenique. Foram eleitos Antero Victoriano Leivas para Intendente e Cypriano Corrêa Barcellos para Vice-Intendente, além de onze conselheiros, entre os quais João Simões Lopes Neto, com quatrocentos e noventa e cinco votos. A sessão foi suspensa por falta de autenticação de duas seções eleitorais — a 10ª e a 11ª — e teve sua continuação poucos dias depois, para o fim de encerrar a apuração com o escrutínio das seções faltantes. João Simões Lopes Neto alcançou, no total das contagens, uma expressiva votação: quinhentos e setenta e três votos.[192] O novo conselho foi instalado aos dois dias de setembro do mesmo ano e a consulta às atas revela que Simões Lopes não compareceu às primeiras sessões ordinárias, que se realizaram a partir de vinte de setembro. Achava-se ausente, em viagem a Porto Alegre, como foi registrado nas justificativas dessas faltas. Permaneceria no exercício do mandato de conselheiro municipal por quatro anos, até a data em que novo conselho se instalou, a dois de setembro de 1900. Com o falecimento do pai, em 20 de junho de 1896, era preciso dar partilha ao patrimônio. No intervalo entre a morte de Catão Bonifácio e o requerimento do inventário, Simões Lopes Neto — o Serafim Bemol — assiste à encenação de sua primeira produção individual para o palco: *A Viúva Pitorra*, nos

---

192   Atas das sessões do Conselho Municipal, realizadas nos dias 13 de julho de 1896 e 18 de julho de 1896.

(1896 – 1900)

salões do Clube Caixeiral e representada por grupo teatral de amadores ligados àquela entidade recreativa e cultural.[193] *A Viúva Pitorra*, comédia versada em ato único, foi apresentada na noite de 10 de julho de 1896 e no dia seguinte saudada pela imprensa, sem poupança de elogios ao autor e aos "endiabrados rapazes-atores, ao impagável Ramão, ao janota Cidreira, ao travesso Tonico e às duas inconsoláveis e ansiosas viúvas". As notas dos jornais, recolhidas por Reverbel, revelaram que o argumento da comédia baseou-se em fato real e que Serafim Bemol — ali, já tratado como um heterônimo — teria assomado por três vezes ao palco, para ser aplaudido junto aos atores e ensaiador do grupo artístico. Seria reapresentada por duas vezes — a 24 de julho e 16 de agosto — pela mesma companhia e no mesmo palco.[194] *A Viúva Pitorra*, editada em 1898 na Livraria Comercial, constitui-se no segundo livro de Simões Lopes Neto publicado em vida. Essa primeira edição ficou sendo, sem a menor dúvida, uma raridade bibliográfica, ausente, até mesmo, das estantes da Biblioteca Pública Pelotense.[195] Depois de publicada, *A Viúva Pitorra* voltaria aos palcos, a 22 de janeiro de 1899, no 7 de Abril, encenada pela Sociedade Dramática Beneficente Thalia. Ao desenvolver, quase um século depois, o projeto de publicação das peças teatrais de Lopes Neto, Cláudio Heemann deparou-se com um problema quando se encontrou com os originais da peça. Chegaram-lhe às mãos duas versões originais da comédia, ambas desenvolvidas em cópias caligrafadas. A peça não se altera, nas duas, quanto aos fatos básicos e personagens, mas há alterações nos diálogos sem modificar as situações ou os incidentes. Em vista disso, Heemann optou pela melhor solução. Pensando nas possibilidades de aproveitamento das diferenças apresentadas nos textos e na faculdade de escolha por futuros encenadores da comédia, publicou ambas as versões,

---

193   O corpo cênico do Caixeiral foi fundado em 3 de janeiro de 1892 e deixou sua marca, com Serafim Bemol, na história do teatro de Pelotas.

194   Reverbel, Carlos. Um Capitão da Guarda Nacional, 1981, p.113.

195   Simões Lopes Neto, João. A Viúva Pitorra. Pelotas: Livraria Comercial, 1898.

na íntegra, sublinhando que "a duplicidade das versões não deixa de estar de acordo com a sinuosidade psicológica da protagonista".[196]

A Viúva Pitorra descreve o reencontro de um casal muito tempo depois do desaparecimento do marido, supostamente morto numa revolução. "Tudo se arma" — é ainda Cláudio Heemann quem diz, na sua linguagem de especialista — "como velho recurso folhetinesco da revelação final de identidades que estavam desconhecidas e encobertas e, inicialmente, impressentidas. E que o desenrolar dos fatos vai conduzir ao esclarecimento. A sensualidade da viúva que passa de um marido para outro sem maiores esperas é divertidamente analisada. O personagem se mostra sob a capa de um recato formal que em nada corresponde ao fogo interior de sua personalidade. Sexo é a verdadeira motivação da figura que aparece enredada num mundo de exterioridades enganadoras dentro da compostura de comportamentos codificados com boas maneiras. Sempre um disfarce para a verdade íntima não aceita pelas convenções."[197]

Com os ouvidos ainda sonorizados pelos aplausos, foi preciso deixar a ribalta para retornar à dura realidade da vida cotidiana e dar curso à tarefa de inventariar os bens deixados pelo pai; sair da pele de Serafim Bemol para o mundo dos negócios e dos cartórios. Em diferentes momentos de sua vida, Catão Bonifácio havia recebido quinhões em duas heranças: herdeiro na sucessão de sua mãe, Eufrásia Gonçalves Lopes, falecida em 1855, e na do Visconde da Graça, morto em 1893, há pouco tempo vertida à viúva e aos descendentes. Quando os filhos de Catão Bonifácio trazem a inventário os bens do falecido pai, o patrimônio não é pequeno. É constituído por sete casas, quatro terrenos — um de grande extensão e afastado da faixa urbanizada, outros três centrais, na rua Quinze de Novembro, contendo contrafeitos, na rua Paysandu e na rua General Victorino —, quantia em dinheiro, na maior parte apurada na venda da

---

196   Heemann, Cláudio.O Teatro de Simões Lopes Neto, p.21.
197   Id., p.21.

(1896 – 1900)

fração de campo, que Catão Bonifácio havia recebido na herança do pai, e vinte ações. Mas chegaria pulverizado a cada uma das quartas partes que caberia, individualmente, aos seus herdeiros. João Simões Lopes Neto investe-se no cargo de inventariante e justificando a atividade de despachante, à qual se dedicava, consegue desembaraçar o inventário em uma semana. Sendo os quatro herdeiros maiores e juridicamente capazes, foi possível instrumentalizar o inventário por meio de partilha amigável, em escritura pública. Autuado o inventário em 21 de julho daquele ano de 1896, cinco dias depois estava sendo homologada a partilha por sentença do juiz da Comarca, doutor Frederico Bastos.[198] Quatro filhos, quatro herdeiros: Eufrásia de Freitas Lopes, solteira;[199] João Simões Lopes Neto, inventariante; Silvana de Freitas Lopes, solteira; e Maria Izabel Lopes Barcellos, casada com Pedro Leão de Almeida Barcellos. Interessa transcrever tudo quanto herdou Simões Lopes Neto na sucessão paterna para desmentir, definitivamente, a propalada grande fortuna que o escritor teria dissipado ao longo do tempo, nos negócios em que se envolveu. A sua legítima[200], avaliada em trinta e cinco contos e quinhentos e noventa mil e cinquenta réis, não passou de um terreno, de extensa metragem, situado em faixa periférica à urbanizada, no prolongamento das antigas ruas São Joaquim e Independência, com cem metros de frente oeste à estrada de ferro Rio Grande-Bagé e fundos para o arroio Santa Bárbara, havido pelo falecido pai na herança do Visconde da Graça e estimado em doze contos de réis; uma casa com seis aberturas de frente oeste na rua Félix da Cunha, sob números 264 e 266 e fundos ao leste, a meia quadra, adquirida por compra pelo inventariado, em vinte e um de novembro de 1895, com avaliação de dez contos de réis; uma casa com duas aberturas

---

198   Inventário de Catão Bonifácio Lopes. Arquivo Público do RGS, auto nº 101 (1896), maço 6, estante 33, 2º Cartório do Cível de Pelotas.

199   Silvana não demoraria a casar com José Gomes Mendes.

200   O pagamento do herdeiro João Simões Lopes Neto está paginado nas folhas 7 e verso dos autos de inventário.

de frente sul, na rua Tiradentes, número 82, construída sobre terreno próprio, recebida na herança de Silvana de Freitas Ramos, no valor de dois contos de réis; cinco ações da Companhia Rio-Grandense de Gás, avaliadas por cinco contos de réis; e seis contos, quinhentos e noventa mil e cinquenta réis em moeda corrente.[201] E foi dessa maneira, através da herança paterna, que João Simões Lopes Neto, com trinta e um anos, encontrou-se com o dinheiro pela primeira e única vez na sua vida. É com este dinheiro que Simões Lopes vai dar partida aos negócios que entreteve, com malogros e dissabores, ao longo de sua vida; mas, é também, com frutos deste capital que, no ano seguinte, comprará uma boa residência central, na rua 7 de Abril.[202]

Aos cinco dias de julho de 1897, Simões Lopes Neto leva a registro, no cartório imobiliário, a escritura de compra e venda da residência que adquiriu do casal Carlos Ferreira Ramos, pelo valor de dezoito contos de réis. No registro de imóveis consta a seguinte descrição: "Uma casa com cinco aberturas de frente sul, inclusive portão, pela rua Sete de Abril, sob número 52, e o respectivo terreno que mede de frente onze metros e noventa centímetros, com fundos de vinte e um metros, dividindo-se a oeste com Silvestre da Fontoura Galvão, a leste com os vendedores, com quem tem meação e ao norte com Maria Lucas da Silva".[203] A configuração definitiva do imóvel, até hoje preservada, seria completada meses depois, e já no ano seguinte, quando Simões adquire dos mesmos vendedores um terreno contíguo, com "quatro metros e quarenta centímetros de frente sul para a rua Sete de Abril, fundos de vinte metros e

---

201   Esta quantia em dinheiro foi tirada de um valor maior que correspondia a vinte e dois contos, trezentos e sessenta mil e duzentos réis. Desse montante, vinte contos haviam sido produzidos, em vida, pela venda da fração de campo recebida na sucessão do Visconde, que tinha a área aproximada de 910.000 braças quadradas.

202   Há indícios de que o escritor aportou capital numa agência de mensageiros de propriedade de seu cunhado, David Meirelles, que funcionou na cidade entre 1910 e 1915. Reverbel, Carlos. Um Capitão da Guarda Nacional, 1981, p.166.

203   Cartório de Registro de Imóveis da 1a Zona de Pelotas, livro 3-B, fl. 48, n° 5.362.

(1896 – 1900)

oitenta e nove centímetros, o qual se divide a oeste com o adquirente, a leste com os transmitentes, com quem tem meação e ao norte com dona Maria Marinho da Silva". A escritura dessa aquisição complementar, ao preço de dois contos e quinhentos mil réis, foi transcrita no registro de imóveis em 22 de abril de 1898.[204] Com a compra dessa pequena fatia de terreno, a residência, ampliada para uma testada de mais de dezesseis metros, adquiriu nova e ampla configuração, sendo possível então abrir uma passagem lateral, pelo lado leste, onde se encontra instalado um portão de ferro. A residência da antiga rua Sete de Abril, número 52 — atualmente rua Dom Pedro II, número 810 —, agora faz parte do patrimônio cultural do Estado, desde que foi sancionado pelo Governador, em 4 de outubro de 1999, o projeto de lei n° 138/99, aprovado alguns dias antes pela Assembleia Legislativa na pauta de oito de setembro. Eis o texto: "Projeto de Lei n° 138/99. Declara bem integrante do patrimônio cultural do Estado a casa, em Pelotas, que pertenceu ao escritor Simões Lopes Neto. Art. 1° – O imóvel, situado em Pelotas, à rua Dom Pedro II n° 810, registrado no Cartório de Registro de Imóveis do 2° Ofício, sob a matrícula n° 5.108, no livro 3-D, folha 250, que pertenceu e serviu de residência ao escritor gaúcho João Simões Lopes Neto, é declarado bem que integra o patrimônio cultural do Estado, nos termos e para os fins dos artigos 221 e 222 da Constituição Estadual. Artigo 2° – Esta lei entra em vigor na data de sua publicação. Assembleia Legislativa, Palácio Farroupilha, em 29 de junho de 1999."[205] Essa residência de João Simões Lopes Neto é, na verdade, uma bela casa assobradada, típica do final do século dezenove, com porão alto, fachada assimétrica em estilo eclético, composta de três módulos ornados por falsas colunas, sendo as do centro dotadas de capitéis. De seus quatro vãos principais, na frente, um é o de entrada e os demais são dotados de peitoris que servem de balcão,

---

204   Cartório de Registro de Imóveis da 1a Zona de Pelotas, livro 3-B, fl. 131, n° 5.759.
205   Lei n° 11.377, Diário Oficial do Estado, 06 de outubro de 1999.

JOÃO SIMÕES LOPES NETO: UMA BIOGRAFIA

todos com gradil de ferro. Sobre as vergas dos vãos encontram-se relevos decorativos e a platibanda, contendo três porções, está centralizada por frontão de forma livre, portando símbolos e data de construção: 1891. Nas porções laterais a platibanda é abrandada pelos cheios e vazios da composição de elementos repetitivos, como é característico no sul do Rio Grande. A casa está implantada no alinhamento da via pública e lateralmente afastada dos imóveis lindeiros. A valorização de seu interior é trazida pela presença de mão-de-obra do imigrante na nossa arquitetura do final do século dezenove, pelo uso das escaiolas nas paredes, sendo o teto de tábua em saia e camisa.[206] Ao transferir residência para o palacete da antiga rua Sete de Abril, a única casa própria que teve na vida, Simões desfez-se apenas do carro do pai, conservando o seu juntamente com os préstimos do boleeiro Valentim, mantido nos serviços domésticos com sua mulher, a cozinheira Tereza, e o indefectível Simeão. Localizada numa nobre e aprazível via pública, há poucos quarteirões da estação ferroviária e quase à esquina da rua principal da cidade, a residência receberia todos os móveis, utensílios e alfaias do jovem casal. Ivete Barcellos Massot, na sua linguagem coloquial, registrou essas e outras memórias da casa comprada pelo padrinho escritor: "Foi nesta segunda residência que, em 1903, comecei a usufruir das coisas belas de meu dindo. Que prazer eu e minhas irmãzinhas sentíamos em ficar descalças para enterrar os pezinhos, até os tornozelos, no tapete oriental que forrava a sala!"[207] Exageros à parte, o certo é que o escritor, naqueles tempos, estava ainda de bem com a vida financeira. Simões tinha pouco mais de trinta anos ao mudar-se para a rua Sete de Abril e dona Francisca estava ainda longe dos trinta. Tendo recebido seu quinhão na herança paterna, era natural que começasse pela compra de uma boa morada, aplicando o que restou na criação e no desenvolvimento de seus próprios negócios, dando assim

---

206 Dados técnicos desta descrição extraídos do Parecer do IPHAE, n° 16/92, de 09 de novembro de 92.
207 Massot, Ivete Barcellos, ob. cit., p.126.

(1896 – 1900)

curso ao entusiasmo que na época revelava para o empreendimento comercial e industrial. Ainda em 1897, Simões é um dos subscritores das ações do Diário Popular, conhecido jornal republicano que, sob a direção de Cassiano do Nascimento e Luís Carlos Massot, desenvolvia alterações na sua estrutura jurídica. Agregava, dessa forma, à sua atividade de colaborador, o perfil de acionista da empresa jornalística.

Havendo dinheiro, como de fato havia, era tempo de começar um negócio próprio, e Simões não perdeu tempo. Naquele mesmo ano de 1897, instalado na nova e ampla casa da rua 7 de Abril, Simões Lopes implementa uma firma comercial, em sociedade com seu cunhado José Gomes Mendes, sob a razão social de João Simões & Mendes, com o objetivo de explorar a venda de café em grão, a varejo e por atacado. Nesses dias de novembro, o Diário Popular trouxe a notícia de uma certa companhia de mineração, organizada na cidade, que estaria prestes a enviar uma expedição ao vale do Itajaí, em busca das lendárias minas de prata do Taió, deixando no anonimato os empresários envolvidos.[208] O jornal não retornaria ao tema e houve rumores na cidade quanto à suposta atuação de João Simões Lopes Neto como mentor do empreendimento, sem que surgisse, no entanto, documento algum para comprovar a vinculação do escritor com as projetadas aventuras nas minas de prata catarinenses. Contudo, ao abordar o tema da frustrada expedição com riqueza de pormenores, Mozart Victor Russomano vincula a saga exploratória ao criador dos *Contos Gauchescos*, descrevendo a maneira como João Simões, enganado por pessoas sem escrúpulo, terminou caindo no ridículo.[209] No imaginário do escritor, é bem possível que a exploração da prata do Taió não passasse de um tema ficcional, a render boa literatura.[210] Ainda em

208   Diário Popular, 11 de novembro de 1897.
209   Russomano, Mozart Victor."Alguns Aspectos de Simões Lopes Neto", Fundamentos da Cultura Rio-Grandense, 1958, p.215-216.
210   Ao prefaciar a 2a edição de Cancioneiro Guasca, em 1917, os editores fazem referência ao texto Prata do Taió (notas de uma comitiva exploradora), do autor, ao lado de alguns outros que nunca foram localizados.

novembro, Lopes Neto se dispersa em outra atividade. É eleito presidente do Clube Ciclista de Pelotas, recém fundado na cidade, para "desenvolver entre os sócios o gosto pelo esporte velocipédico, já promovendo passeios ou corridas, já aconselhando aos sócios medidas higiênicas relativas ao ciclismo", como seria escrito no estatuto social, ratificado no ano seguinte.[211] Entusiasta da bicicleta, João Simões foi o grande divulgador, nos diários em que colaborava, das vantagens do ciclismo com o meio de transporte e ação esportiva. Várias notícias apareceriam nos jornais sobre as atividades do Clube Ciclista, algumas fazendo expressa menção ao seu presidente.[212] Passados mais de dois anos da criação da entidade, Simões cansou-se do Clube Ciclista. E aí seus sucessores na direção não conseguiram manter o clube de pé, pois as notícias vão desaparecendo e já não mais se lê qualquer referência às festas e corridas dos amigos do pedal.

Quanto ao negócio do café, o capital empregado pelos sócios Simões & Mendes tinha idêntica procedência: vertido da herança de Catão Bonifácio, uma vez que José Mendes já havia se casado com Silvana, irmã de João Simões. Nada mais natural do que o cunhado empregar dinheiro do casal na parceria tratada com Simões Lopes. Nascia o Café Cruzeiro, o primeiro negócio comercial próprio, pois até então os lances empresariais do despachante e tenente João Simões haviam sido feitos com dinheiro alheio, na condição de incorporador da fábrica de vidros e da companhia de destilação. O novo empreendimento abriu suas portas ao comércio no dia dezessete de novembro de 1897 e não durou muito, frustrando a expectativa dos seus proprietários. Apesar de não faltar publicidade — João nisto era perito — e trabalho, a empresa chocou-se de frente com a concorrência de comerciantes estabelecidos há mais tempo na praça e nem

---

211   Art. 2° do Estatuto Social, ratificado na assembleia de 31 de julho de 1898 e publicado no mesmo ano pela Livraria Comercial.
212   Diário Popular, 26 de fevereiro de 1898, 21 de abril de 1898; A Opinião Pública, 12 de março de 1900.

(1896 – 1900)

chegou a ultrapassar o ano de 1898, de nada valendo insistir na qualidade do produto. É daquela época a propaganda em verso que se transcreve:

"Do Cruzeiro o bom café / Tem fama que longe vai! / Pois se tão puro ele é, / Do Cruzeiro o bom café / Ó leitor, provai, provai, / E, comigo, após bradai: / Do Cruzeiro o bom café / Tem fama que longe vai."

A casa comercial onde estavam estabelecidos o depósito e o empacotamento do Café Cruzeiro funcionou à rua Marechal Floriano número 26. Tão logo começou a cair no gosto do consumidor, a concorrência desencadeou uma forte reação refletida nos preços de seus produtos. João Simões respondeu de forma contundente, na matéria paga que A Opinião Pública editou, com destaque, já no mês de julho de 1898:

"Será possível vender a arroba de café torrado e moído por 15, 18 ou 20 mil réis, quando o café em grão, cru, vale isso e ainda mais? Será possível tal milagre? A explicação é a fraude: pois, na verdade, comprar um saco (4 arrobas) de milho, cevada, trigo, etc., por 10 ou 12 mil réis, e torrá-lo, moê-lo e vendê-lo como café, cada arroba a 30 mil réis, ou seja, 120 mil réis pelo saco, que custou, quanto muito, 12 mil réis, é mesmo um negócio da China; e aí está porque muitos vendem café moído pelos preços do milagre..."[213]

Nada mais — nem mesmo essas pesadas acusações à concorrência — salvaria o bom café da marca Cruzeiro. Não se passou muito tempo: em dezembro, para não perderem mais dinheiro, os sócios fecharam a empresa e assinaram o distrato da firma comercial. Estava apenas começando a série dos empreendimentos comerciais de Simões Lopes.[214] No artigo em que analisa *Os Bons Negócios do Capitão João Simões*, referindo-

---

213   Transcrição de Carlos Reverbel, Um Capitão da Guarda Nacional, 1981, p.165.
214   Ivete Barcellos Massot relata, sem apoio em documentação, a ocorrência de frustrado negócio de apicultura nos arredores de Pelotas, em chácara arrendada de imigrante lusitano: Simões Lopes Neto na Intimidade, 1974, p.121 a 123.

-se aos dissabores empresariais do escritor, Guilhermino Cesar escreveu: "O múltiplo Simões Lopes Neto, a exemplo de Balzac, viveu a arquitetar excelentes negócios, que nunca deram certo. Nem a tradição do avô, homem empelicado, lhe valeu nas más horas. Aprendeu, sofrendo, que o nome é pouca coisa diante da engrenagem mercantil; mais vale a conta bancária. Pois esse gaúcho das margens do São Gonçalo só teve lucros ao investir matéria cinzenta numa empresa abstrata, não passível de registro nas juntas de comércio. Fora e acima das leis civis é que ele possuía um vasto império, onde mandava à vontade, projetando no papel umas tantas figuras inesquecíveis."[215]

A frustração dessa primeira empresa de Simões Lopes Neto poderia ser debitada à má sorte do momento, quem sabe a uma compreensível sucessão de equívocos de administração, naturais num primeiro negócio de certo porte, mas jamais ao acanhamento do meio empresarial em que se inseriu. A Pelotas do final do século se ombreava, no incremento dos seus negócios de indústria e de comércio, à capital da Província. Nos catálogos comerciais e nos almanaques, nos guias ilustrados, nos tratados descritivos de história e economia, que na época circulavam, Pelotas aparecia como centro comercial e industrial no mesmo plano da praça porto-alegrense, que já colhia as benesses naturais da sede do governo central. É expressiva, para a época, a descrição dos negócios com que o município de Pelotas se apresentava aos investidores nos guias ilustrados que se editavam em Montevidéu.[216]

Simões não se deixou abater pela má sorte. Seguia em seu posto de conselheiro municipal, para o qual fora eleito na lista republicana. Farejava novos negócios comerciais e participava, como se tivesse tempo para tudo, de muitas iniciativas que apontavam para o progresso da sua terra. Foi assim que veio a figurar entre os fundadores da Sociedade

---

215   Correio do Povo, Caderno de Sábado, 15 de junho de 1974.
216   Guias Ilustradas Reboli, Rio Grande do Sul, an° 1998-1999, editado em Montevidéu, p.289 a 312.

(1896 – 1900)

Agrícola Pastoril, criada no dia 12 de outubro de 1898. Logo no ano seguinte, iria integrar a comissão organizadora da primeira Exposição Rural de Pelotas, realizada entre os dias 21 e 23 de abril de 1899. E seus préstimos voltariam a ser solicitados nas duas exposições subsequentes, que a sociedade promoveu em 24 de fevereiro de 1900 e 20 de abril de 1902.

O ano de 1898, marcado por frustrações comerciais, não se encerraria sem que fosse lançada mais uma produção teatral. Dessa feita, *O Bicho*, como escreveu o autor, um despropósito a propósito em um ato e dois quadros, levada ao palco nos salões do Clube Caixeiral, por seu corpo cênico amador, em duas apresentações, a 30 de outubro e 13 de novembro.[217] Mais uma comédia do indefectível Serafim Bemol, destinada, outra vez, ao palco-salão do Clube Caixeiral e seu grupo cênico de amadores. Os especialistas da arte cênica consideram *O Bicho* a melhor comédia do acervo simoniano. Destaca-se a originalidade do enredo e a primazia do argumento, por ser essa a primeira vez em que o jogo do bicho, já popular na época, é o tema de fundo numa peça teatral e foi pela primeira vez publicado na íntegra em 1990, graças à tenacidade de Cláudio Heemann, único crítico a tratar do argumento. É a este leitor tardio e qualificado do texto que se passa, outra vez, a palavra:

"Provavelmente o primeiro e único texto brasileiro a enfocar a paixão popular pelo jogo do bicho é a comédia *O Bicho*. A conhecida loteria ilegal é motivo de um enredo caricaturado e farseado em que a paixão pelo jogo faz os personagens insensíveis a qualquer outra coisa que não seja a jogatina. Só a compulsiva vontade de fazer apostas motiva o comportamento das figuras em cena. Elas são vistas num exagero de indignidades, submetendo tudo à volúpia pelo jogo. Na culminância da história instala-se um moderno humor negro que sacrifica um inocente na obsessão dos palpites zoológicos. *O Bicho* é farsa popular algo grosseira e crua. Mas

---

217   Revista Princesa do Sul, editada por Euclides Franco de Castro: Pelotas, junho de 1951 (8º fascículo); Reverbel, Carlos. Um Capitão da Guarda Nacional, 1981, p.115.

animada por tipos e ambientes desenhados com eficácia e uma inegável movimentação. Existe qualquer parentesco em *O Bicho* com a trama do clássico *As desgraças de uma criança*, de Martins Penna, ao colocar no centro da história uma criança de colo que é vítima da insensibilidade e descuido dos adultos. O absurdo satírico do quadro acentua a derrisão sem preocupar-se com maiores refinamentos de linguagem. A continuidade da ação é sustentada em ritmo vivo pelo deboche insistente à paixão nacional pelo jogo do bicho. Como observação sobre aspecto característico da vida popular brasileira, *O Bicho* tem senso de crítica. Desenha quadro de costumes, casando ação e tipos numa estampa movimentada."[218] Tivesse lido Simões Lopes Neto um texto como esse, certamente pensaria duas vezes antes de perder o interesse pela composição cênica.

Ao apagar das luzes do século, a 10 de setembro de 1899, um grupo de setenta e quatro tradicionalistas reuniu-se na cidade de Pelotas — na sede da Sociedade de Ginástica Alemã — para fundar a União Gaúcha, em assembleia presidida por Vasco Pinto Bandeira. Entre os três nomes apresentados — União Gaúcha, União dos Guascas e Sociedade Crioula — prevaleceu o primeiro, por grossa maioria. Formou-se uma comissão para elaborar o estatuto e registrou-se na ata que a associação teria "a grandiosa tarefa de não deixar cair no esquecimento os hábitos, usos e costumes dos nossos gloriosos antepassados e fazendo-os servir para estímulo e exemplo dos nossos conterrâneos".[219] Foi nos salões da Biblioteca Pública Pelotense que se realizou a segunda assembleia, em 20 de setembro, quando ocorreu a aprovação do estatuto e a eleição da diretoria, recaindo a presidência na pessoa de Justiniano Simões Lopes; eleitos foram, para vice-presidente, Boaventura Leite, para secretário Otávio Peixoto, como tesoureiro Fernando Rohnelt e para orador Cesar Dias. Por emenda estatutária deste, os presentes àquela assembleia, que

---

218   Heemann, Cláudio; ob. cit., p.21, 22.
219   Ata n° 1, de 10 de setembro de 1899.

não haviam comparecido à primeira, também seriam considerados sócios fundadores, o que foi aprovado, reforçando-se o número inicial desses pioneiros, que era de setenta e quatro, para oitenta e oito.[220] João Simões não figura entre os sócios fundadores. Não comparece a nenhuma dessas primeiras assembleias, nem na que deu posse à diretoria, realizada no primeiro dia de outubro do mesmo ano.[221] Na verdade, estava por aqueles dias no Rio de Janeiro com dona Francisca, numa viagem de lazer.

O retorno do casal a Pelotas, em 21 de outubro, mereceu efusiva recepção dos amigos e ficou registrado na imprensa, nas páginas de A Opinião Pública, por meio de pitoresca e adjetivada notícia que vale a pena transcrever na íntegra: "À noite atrasada, foi 'assaltada' a residência do apreciável cidadão tenente João Simões Lopes Neto, pelo distinto grupo das 'Serenatas', composto de senhoras e cavalheiros, e do qual o manifestado é presidente. O 'assalto' teve por motivo o feliz regresso do senhor Simões Neto e sua excelentíssima Senhora de sua viagem ao Rio de Janeiro e foi feito com todas as honras devidas ao estimado 'Serafim Bemol'. As pessoas que constituem o grupo, precedidas por um 'petit' endiabrado, enfiado num enorme ovo de papelão, foram entrando na devida ordem e cantando os trechos mais populares das revistas teatrais e comédias do recém chegado, todas elas — Boato, Bacharéis, Mixórdia, Viúva Pitorra, etc. — mencionadas em grossos caracteres no bojo do aludido ovo, enquanto o 'petit', saindo da casca, representava a 'Fifina', ainda em embrião. Tão espirituosa entrada devia preceder uma alegre e íntima festa — e foi o que aconteceu, multiplicando-se o senhor Simões Neto e sua digna família em gentilezas aos seus amigos."[222] Porém, Fifina só sairia mesmo da casca quase um ano depois, encenada pelo corpo cênico amador do Clube Caixeiral, estreando no palco com outra cena curta, O Palhaço, as duas na mesma noite de 19 de agosto de 1900. Poucos

---

220   Ata n° 2, de 20 de setembro de 1899.
221   Ata da assembleia de posse, 1° de outubro de 1899.
222   A Opinião Pública, 23 de outubro de 1899.

anos estavam a separar esses tempos, de risonhas e ingênuas folias, do duro vis-a-vis com a vida que não tardaría a chegar para os Simões Lopes. Dona Francisca, na sua prolongada viuvez, não cansava de responsabilizar os que fazeres jornalísticos e literários do marido, o amor aos livros e a devoção aos amigos, pela derrocada financeira da família, como se estivesse com nostalgia daqueles velhos tempos de despreocupadas futilidades. Em pouco tempo tudo passaria; já não mais se falaria nos assaltos do grupo das serenatas, no Clube Ciclista, nos triolés, nas operetas cômicas de Serafim Bemol. Estavam por vir, e ela não sabia ainda, tempos sofridos, duros, densos, e de plena criação artística para o marido escritor.

A popularidade de João Simões Lopes Neto, no pico da sua produção teatral, andava em alta naquele final de século. Alberto Rosa está assumindo a presidência da Associação Comercial de Pelotas e João Simões Lopes Neto fará parte da mesa, como diretor, nesse primeiro mandato, comparecendo às reuniões de 3 de abril e 18 de julho daquele ano.[223] Estava no fim o mandato de conselheiro municipal — único voo político que o escritor alçara — e um novo intendente, Francisco de Paula Gonçalves Moreira, governaria a cidade a partir de setembro. [224]Simões, nos seus trinta e cinco, queria inscrever-se na lista séria dos homens de negócio da Princesa do Sul. Não lhe faltavam esforços, prestígio, nem vontade. Logo chegaria à presidência interina, quando secretário, da Associação Comercial e para logo, ainda, empreenderia os negócios mais duráveis de sua vida: a fábrica de cigarros e a industrialização da Tabacina.[225] Não se libertaria, contudo, daquela ambiguidade com que se movimentava e era notado na cidade. O idealista Simões Lopes, homem de tantos talentos, talvez não se desse conta de que Serafim Bemol não

---

223   Atas de 31 de março de 1900 (Livro 1°, fl. 325), 03 de abril de 1900 (Livro 1°, fl. 327) e 18 de julho de 1900 (Livro 1°, fls.332-333).
224   A posse deste intendente, junto com a dos novos conselheiros municipais, ocorreu em 2 de setembro de 1900.
225   Fungicida e inseticida fabricado com alcalóide do tabaco, extraído dos resíduos do fumo.

(1896 – 1900)

afinava com o perfil de seriedade que o provinciano *establishment* pelotense poderia esperar para um neto do Visconde da Graça.

Em agosto, mês de fundação do Clube Caixeiral, o aniversário da entidade era comemorado com saraus artísticos e encenações teatrais. E assim ocorreu a 19 de agosto de 1900, nas dependências do Teatro 7 de Abril. Naquela mesma noite foram apresentadas duas peças de Serafim Bemol, representadas por artistas amadores do clube aniversariante: *O Palhaço*, uma pequena cena dramática, e *Fifina*, comédia em ato único, anotada como inédita no verbete que J. Galante de Sousa dedicou à produção cênica de Simões Lopes Neto, no livro *O Teatro no Brasil*.[226] O argumento de *Fifina* é pobre: um namoro ingênuo entre o professor e sua aluna, que se arrasta sem movimento em cena. Tendo sido leitor atento de *Fifina* na recolta que realizou, Cláudio Heemann disse ser esta a menos interessante das comédias que formam o teatro de Simões Lopes, caindo na vala comum de uma situação romântico-sentimental prejudicada pela falta de mobilidade do enredo e de vivacidade da ação.[227]

Não se conhecem, para além da estreia, outras apresentações dessas duas pequenas cenas. Fora dos palcos, Lopes Neto faz-se presente na reunião que a diretoria da Associação Comercial realizou em quatro de setembro. Integra uma comissão, com João Teixeira de Souza e Francisco de Paula Meira para entender-se com o deputado Nascimento, a fim de reivindicar uma alfândega para a cidade. Nessa reunião, Simões ainda tratou do interesse da entidade em obter, da Telefônica, a instalação de uma linha que ligasse a sede da entidade à barra do Rio São Gonçalo.[228] Antes de terminar o ano, Simões planeja outra viagem ao Rio de Janeiro e encarrega-se, perante seus companheiros de mesa na diretoria da Associação Comercial, de entregar uma carta do deputado Cassiano Nascimento para o deputado Rivadávia, visando a agilizar a criação de uma alfândega

---

226   Souza, J. Galante de, ob. cit., p.310.
227   Heemann, Cláudio, ob. cit., p.20.
228   Ata de 04 de setembro de 1900, Livro 1°, fls. 334-335.

JOÃO SIMÕES LOPES NETO: UMA BIOGRAFIA

na cidade de Pelotas. Foi o que constou na ata da reunião realizada em 11 de outubro, sem a presença do escritor: "Não se achando presente a comissão encarregada de entender-se com o deputado Nascimento sobre a projetada alfândega, o vice-presidente comunicou que o Sr. diretor João Simões Lopes Neto, tendo de ir ao Rio de Janeiro, havia conseguido do Sr. Nascimento uma carta para o Sr. deputado Rivadávia sobre este assunto".[229] O prestimoso Simões, contudo, não implementou essa viagem ao Rio de Janeiro e se a mensagem chegou às mãos do deputado Rivadávia deve ter sido por outros caminhos.

---

229   Ata de 11 de outubro de 1900, Livro 1º, fls.336-338.

Capítulo 08

(1901 - 1903)

"E o minuano assobiava, que não era graça..."
J. Simões Lopes Neto

Em 1901, Simões completou trinta e seis anos no auge de seu prestígio social. O biógrafo retardatário, mais de cem anos depois, já não poderia traçar com segurança a silhueta do Lopes Neto daqueles dias de início do século XX com a mesma desenvoltura com que o faria um contemporâneo do escritor: um certo Faber Júnior, dado a esboçar perfis nas páginas do *Correio Mercantil*, escrevera sobre o moço Simões Lopes, no mês do seu aniversário, este breve texto:

> "Não se pode chamá-lo de bonito, porque ele, que é um rapaz de espírito, não aguenta. Boa prosa, veia inesgotável, com um jeito especial de preparar e desmanchar situações... de apuro. Tem sido tudo, uma espécie de homem de sete instrumentos, conhecida, como é, a sua predileção pela música... proibida. Até 'maluco com juízo'. Agora dedicou-se à indústria, sem deixar, porém, para gáudio do público, que conhece como poucos, de fazer 'boatos', 'bacharéis' e 'viúvas' (salvo seja...). Tem graça para honrar a família."[230]

---

230   *Correio Mercantil*, 20 de março de 1901.

O ano de 1901 marcou o ingresso de Simões Lopes na União Gaúcha, associação a que se ligaria para sempre e que, muitos anos depois, mudaria o nome para *União Gaúcha Simões Lopes Neto*. Fundada em 10 de setembro de 1899 e desde o início ligada por estreitos laços à família Simões Lopes, a União Gaúcha teve no coronel Justiniano Simões Lopes, tio do escritor, seu primeiro presidente, com mandato de 1899 a 1900, quando Vasco Pinto Bandeira passou a comandar a associação, eleito em 6 de outubro de 1900 e empossado a 14 do mesmo mês. Foi nesta segunda diretoria, presidida por Pinto Bandeira, que João Simões Lopes Neto foi proposto e aceito como sócio, numa reunião que aconteceu no dia 10 de julho de 1901, já quase ao final daquela gestão.[231] A partir daí, Simões Lopes e União Gaúcha estabeleceram um elo muito forte, que se perpetuou no tempo e na própria história da associação. Meses depois, sucedendo a Vasco Pinto Bandeira, em assembleia geral realizada em 29 de setembro de 1901 e nas dependências do *Correio Mercantil*, foi eleito presidente Francisco de Paula Amarante, médico e amigo de Simões. Doutor Amarante, como era conhecido na cidade, tomou posse no Parque Pelotense em 6 de outubro do mesmo ano.[232] Não seria ainda nessa gestão que Simões Lopes Neto faria parte da diretoria da União Gaúcha. Essa ascensão somente iria acontecer na segunda das duas administrações seguintes, sob a presidência de Ildefonso Simões Lopes, também seu tio, presidente nos anos de 1902-1903 e 1903-1904. Como sucessor de Francisco de Paula Amarante, que mais uma vez regia os destinos da Gaúcha de 1904 a 1905, João Simões Lopes Neto chegou à presidência da entidade, eleito em assembleia geral de 3 de setembro de 1905. Permaneceria como primeiro mandatário nos anos 1905-1906 e 1906-1907. As atividades por ele desenvolvidas na União Gaúcha serão objeto, nos momentos oportunos, de pormenorizada referência, lastrada

---

231   Ata n° 22, de 10 de julho de 1901, 1° livro, fls. 336 a 338.
232   Atas n° 24, de 29 de setembro de 1901, e n° 25, de 06 de outubro de 1901.

(1901 – 1903)

nas fontes primárias consultadas. No entanto, a essa altura já é possível constatar, com comprovação nas fontes indicadas, o equívoco de afirmações, há muito repetidas e copiadas, que insistem em colocar Simões Lopes Neto no rol dos fundadores da União Gaúcha.

Naquele início de século, contudo, muitas agremiações sociais e culturais mantinham-se em atividade na Princesa do Sul, ao lado de outras recém fundadas, como a União Gaúcha. Era comum que pessoas em evidência na cidade, ou que estivessem em busca de afirmação, aceitassem participar dos quadros associativos ou diretivos. Simões Lopes Neto não fugiria a essa regra. Desde muito moço emprestou seu nome e, muitas vezes, seu desinteressado trabalho, a várias associações civis da sua cidade. Não se pode deixar de considerar a importância exercida por esses veículos de aculturação e agregação na vida de uma pequena cidade, como vetores de talentosos jovens à procura de novas relações e de reconhecimento no seu meio social. Por isso, não seria mesmo de estranhar que, muitas vezes, os mesmos nomes aparecessem nas listas de associados ou nos cargos de diretoria de diferentes entidades ao mesmo tempo. Foi assim com Simões Lopes e com muitos outros moços de seu tempo. No mesmo mês em que se associava à União Gaúcha, já aceitava participar, como membro da comissão de contas, ao lado de Antonio Lopes Rios e Francisco Vieira Villela, na diretoria do *Clube Comercial* eleita em 28 de julho de 1901, sob a presidência de Plotino Amaro Duarte.[233]

Porém, no ano de 1901, que assinalou a entrada de Simões Lopes Neto na recém criada sociedade tradicionalista, o escritor andava à testa de outros empreendimentos comerciais, desta feita na instalação de uma fábrica de cigarros gerida pela sociedade comercial João Simões & Cia., da qual participava. Na mesma ata da reunião de diretoria que aprovou sua proposta para se associar à União Gaúcha, realizada, como se disse, em 10 de julho de 1901, registrou-se a leitura de um ofício, encaminhado

---

233   Álbum dos 50 anos do Clube Comercial (1881-1931).

pela firma João Simões & Cia. Conservou-se, na transcrição que segue, a grafia original: *"Pelo secretario foi feita a leitura da acta da sessão anterior, a qual foi aprovada e de dois officios, um dos Srs.João Simões & Cia., participando terem escolhido a denominação de 'União Gaucha' para uma classe de cigarros finos manufacturados por ditos Srs. E pedindo sua approvação, e outro do Sr. José Joaquim de Freitas, participando retirar-se temporariamente para fora da cidade. Foi resolvido officiar-se aos Srs. João Simões & Cia. Acceitando e agradecendo a distincção."*[234] Começava aí, com a instalação de um negócio de médias proporções, a duradoura relação industrial de Simões Lopes Neto com o fumo. João Simões & Cia. era a razão social de uma sociedade mercantil constituída naquele ano entre Simões e Ildefonso Corrêa, seu sócio e seu amigo. O *Correio Mercantil* de 30 de julho anunciou a abertura da empresa, em matéria de primeira página: *"Um novo e importante estabelecimento fabril de fumo acaba de abrir-se nesta cidade, montado com todos os requisitos necessários e uma instalação de primeira ordem no respectivo gênero. Tratamos da fábrica de cigarros e beneficiação de fumos, marca'Diabo', que os Srs. João Simões & Cia., operosos industrialistas e comerciantes desta praça estabeleceram à rua Independência nº 73, com depósito à rua 7 de Abril nº 52. Todos os artigos concernentes ao comércio para fumantes fazem parte do negócio dos Srs. João Simões & Cia., como verão os leitores de anúncio inserto na competente seção deste jornal e para o qual chamamos a sua atenção. Aos Srs. João Simões & Cia. Desejamos todas as prosperidades no novo ramo de atividade a que se vão dedicar."*

O anúncio, chamado na notícia, foi mesmo publicado naquela edição do dia 30, cheio de pormenores, como se fazia na época e, evidentemente, pela correção e clareza, redigido por Simões Lopes Neto. Ficou-se, então, sabendo que os fumos e cigarros ostentavam a marca do capeta. Eis o texto publicitário, que emoldurou a página dos anúncios do velho jornal pelotense:

---

234   Ata nº 22, de 10 de julho de 1901.

(1901 – 1903)

"Fábrica de Fumos e Cigarros marca Diabo. Comunicamos ao comércio em geral que temos instalada e funcionando a nossa fábrica de fumos e cigarros, charutos, papéis para cigarros e outros artigos concernentes ao mesmo ramo, sob a marca –Diavolus–registrada; e que estando habilitados a atender a pedidos de qualquer quantidade, garantimos a boa qualidade dos nossos produtos, que, rivalizando com o que de melhor se possa apresentar, oferecemos a preços e condições vantajosas, tendo sempre amostras à disposição dos interessados. Trazendo esta comunicação ao comércio e aos nossos comitentes e amigos, esperamos continuar a merecer de todos a sua confiança e proteção, às quais procuraremos corresponder como até aqui: com escrupuloso zelo. Pelotas, 26 de julho de 1901 – João Simões & Cia. Depósito – escritório – rua 7 de Abril n° 52. Fábrica: rua Independência n° 73. Telefone n° 400. Caixa Postal n° 15. Pelotas." [235]

Estavam lançadas as cartas dessa empresa que tantos aborrecimentos e perda de dinheiro causaria aos seus empreendedores. E ainda por cima sob os auspícios do demônio. A história desse negócio é emblemática e merece ser contada. Quatro fábricas similares estavam a pleno funcionamento na cidade: a Santa Bárbara, desde 1879, a Santa Cruz, fundada em 1892, a São Rafael, que havia começado em 1894, e a Manufatura de Fumos Gentilini, fundada no início dos anos noventa. E ainda pesava na concorrência a boa distribuição que fazia, nos mercados do sul, a tradicional fábrica de charutos Pook, de Rio Grande, há alguns anos na praça comercial. E tudo isso sem falar na presença, pelas prateleiras dos armazéns, de fumos e cigarros de outras marcas vindas do exterior e do centro do país. Irreverência ou não, Simões enfrentava o desafio e contrapondo-se à evocação aos santos, presente em três delas, brandia o nome do diabo. Estava criada a fábrica de fumos e cigarros marca *Diavolus*, que por alguns anos abasteceria o mercado gaúcho dos cigarros *União Gaúcha, General Osório, Dr. Berchon, Clube Caixeiral, Coiós* e *Macanudos,*

---

235   *Correio Mercantil*, 30 de julho de 1901.

e de fumos crespos e caporais, em pacotinhos de frisos nos cabeços. Os anúncios da época insistiam: *peçam sempre a marca Diabo*. E indicavam o endereço do depósito central, que na verdade se situava aos fundos da própria residência do escritor, à rua 7 de Abril, n° 52, enquanto o pavilhão industrial se localizara na rua Independência, que depois seria denominada rua Uruguai. Esse fascínio por empreendimentos industriais e projetos inusitados, presente em Simões Lopes durante quase toda a sua vida, não é um fenômeno isolado na literatura. Exemplos existem nas vidas de outros escritores, de muitos artistas, que enveredaram através de insólitos e dispersivos caminhos. Trilhas de fantasias, que os levaram a sonhos impossíveis, empresas arrojadas, quase sempre destinadas ao fracasso. O escritor argentino Roberto Arlt[236] — como Simões, jornalista; como Simões, teatrólogo; como Simões, um mestre do conto; como Simões, colaborador em diversos jornais de sua cidade —, ao mesmo tempo em que disparava as suas populares *Aguasfuertes Porteñas*, semana após semana, nas páginas do jornal *El Mundo*, de Buenos Aires, ocupava-se de curiosas invenções industriais, chegando a patentear e tentar fabricar no ano de sua morte, em 1942, meias femininas gomificadas, que pretendiam ser imunes aos rasgões e às desfiaduras. E assim, os proprietários dos fumos e cigarros marca Diabo passaram a investir pesado na propaganda e ganharam a simpatia popular e a antipatia da Igreja e dos carolas. No fundo, no fundo, Simões também se divertia com a coisa toda; contudo, para tocar a empresa, não estava para brincadeiras. O negócio seria mantido por alguns anos, apesar de certos percalços com o fisco. É exagero afirmar que João Simões foi um empresário fracassado. Tomando como exemplo a fábrica de fumos e cigarros, deu emprego a

---

236   Arlt, Roberto (1900-1942). Autor das novelas *El Juguete Rabioso* (1926); *Los Siete Locos* (1929); *Los Lanzallamas* (1931); *El Amor Brujo* (1932). Em vida publicou dois livros de contos: *El Jorobadito* (1933) e *El Criador de Gorilas* (1941 e publicado no Brasil pela Editora Coragem em 2022), além de várias peças teatrais. Seus contos completos foram reunidos por Ricardo Piglia e Omar Borré: *Cuentos Completos*. Buenos Aires: Seix Barral, 1996.

(1901 – 1903)

muitas pessoas, a muitas mulheres, o que não era comum na época, dando curso ao cumprimento de sua missão de empreendedor. Os cigarros e os fumos da marca Diabo receberiam medalha de prata na exposição internacional de Saint Louis, nos Estados Unidos da América, em 1904. Naquele mesmo evento, os afamados charutos Pook, de Rio Grande, ficaram com o primeiro prêmio. Ivete Barcellos Massot, reproduzindo as descrições que ouvia das tias, sempre carregadas nas tintas, atribuiu o malogro da empresa à guerra subterrânea da Igreja Católica, inconformada com a invocação pública do demônio. Teria certa vez dito Simões a uma senhora da sociedade: *"Nunca pensei que o mulherio religioso de Pelotas vivesse tão intimamente com o diabo, a ponto de conhecê-lo pelo rabo!"* [237]

Enquanto isso, Serafim Bemol não parava. Viria uma nova peça, *Jojô e Jajá e não Ioiô e Iaiá*, e ainda outra, mais para o final do ano, *Amores e Facadas ou Querubim Trovão*. Encenada no palco do *7 de Abril*, em 18 de agosto de 1901, Jojô e Jajá fora escrita por Simões Lopes, sob a assinatura do incansável Serafim Bemol, para um dos tradicionais saraus artísticos de aniversário de fundação do Clube Caixeiral, reaparecendo J.C., o mesmo parceiro lírico de *Mixórdia*, no arranjo musical, e Zé da Hora como primeiro ator.[238] Peça de um único ato e para dois atores. Seu argumento envolve um diálogo entre um desesperado casal que projeta um suicídio, mas que não consegue executá-lo. Seria publicada noventa anos depois, com outras peças de Simões Lopes, na recolta de Cláudio Heemann e classificada como cena breve. Dele mereceria o seguinte comentário: *"Jojô e Jajá e não Ioiô e Iaiá, com andamento cantante e clima onírico, é daqueles diálogos típicos do antigo teatro de revista onde as falas criam pretexto entre jocoso e surreal para encaminhar o esquete ao número de canto."* Viu nesta cena uma credencial muito peculiar, pois ela poderia ser usada *"como peça curta e simbólica à maneira do que hoje se convencionou classificar,*

---

237   Massot, Ivete Simões Lopes Barcellos, ob. cit., p.128.

238   Tratava-se de Sebastião Planella, comerciante, jornalista, ator e grande amigo de Simões.

segundo o rótulo criado por Martin Esslin, de teatro do absurdo. Retirando da composição as rubricas que chamamos números musicais, o texto ganha a condição de pequena peça simbólica. Evidentemente o autor preferiu deixá-lo como anotação para sequência de teatro de revista, o que era sua destinação. Entretanto ela possui definidas possibilidades como pequena metáfora do beco sem saída da existência. Seus dois personagens estão sem perspectiva de vida. Estagnados e sem futuro. Uma situação sem horizonte. Um homem e uma mulher que, sem dúvida, podem representar a humanidade. O teor da metáfora é detectável. Lembrando as visões de Samuel Beckett sobre a falta de sentido da existência." [239]

Em 18 de outubro, Simões comparece à reunião de diretoria da Associação Comercial e assina a ata. Pouco ativa naquele ano, quando a mesa diretora se reuniu apenas duas vezes para sessões de rotina[240], a entidade seria muito laboriosa no ano seguinte, ainda sob a presidência de Alberto Rosa, que repetiria o mandato até o final de 1904.

Novembro de 1901: João Simões Lopes Neto entrega-se aos encargos de tesoureiro, na comissão organizadora das festas comemorativas ao "Jubileu da Imprensa de Pelotas". O *Correio Mercantil* de sete daquele mês publicou, na íntegra, toda a programação que se estenderia por uma semana. Na agenda de sábado, dia nove, constava a realização de um espetáculo *"no Teatro Sete de Abril, organizado pelo distinto Clube Caixeiral, em honra ao jubileu da imprensa e oferecido à comissão central promotora das festas"*.[241] Entre as atrações da noite, figurou a comédia *Querubim Trovão*, escrita às pressas por Simões e especialmente para as solenidades do jubileu sob o pseudônimo Serafim Bemol, que habitualmente usava para suas composições de teatro. Mais quase um heterônimo do que pseudônimo, Serafim Bemol parecia ter personalidade própria; tratado como verdadeiro duplo virtual na crítica jornalística, como se pode constatar por este

239 Heemann, Cláudio, ob. cit., p.19-20
240 Atas de 13 de junho de 1901 (fls. 340-341) e 18 de outubro de 1901 (fls. 342-343).
241 *Correio Mercantil*, 07 de novembro de 1901.

(1901 – 1903)

curioso texto da notícia publicada pelo *Correio Mercantil*, que vale a pena transcrever: *"Foram representadas as desopilantes comédias 'Amor de velhos não se corresponde', de Carlos Cantallupi, e 'Querubim Trovão', de Serafim Bemol. A produção deste festejado humorista, já um nome consignado no nosso meio literário, é uma facécia magnífica, abundante em boas situações, e que nem que não queira faz a platéia rir desenfreadamente. Os dois tipos dominantes, o Querubim Trovão e o poeta nebuloso Aristeu, sobretudo este, apanhado com uma fidelidade surpreendente, tratado com uma precisão inexcedível, no seu incorrigível nefelibatismo só esquecido para enterrar o nariz nos cálices de licor, são duas criações bem feitas e bem desenvolvidas, dando real merecimento à comédia que Bemol, com a felicidade de seu talento, compôs às pressas para as solenidades do jubileu. O público fez-lhe a justiça a que tinha direito, aclamando em cena, onde o obrigou a vir, e aos que da representação se encarregaram, com uma correção digna de todos os elogios, num conjunto invejável."* [242] Adjetivos à parte, o excêntrico disso tudo é ser o autor tratado como se fosse outra pessoa, que vinha ao palco para agradecer os aplausos. A peça *Amores e Facadas*, ou *Querubim Trovão*, como a denominou o autor, é considerada a criação mais inspirada do universo cômico de Serafim Bemol, o Simões Lopes Neto dramaturgo. O tema aborda a maneira como um pai prepara a educação da filha para afastá-la da nefasta influência dos homens, sem nada conseguir. A peça não foi omitida na resenha de Galante de Souza, no tomo em que aborda os *"subsídios para uma bibliografia do teatro no Brasil"*. [243] Quase noventa anos depois de sua estreia, quando publicada pela primeira vez sob a organização de Cláudio Heemann, o crítico viria a qualificá-la assim: *"Vivacidade, teatralidade, ritmo, tipologia, movimento, graça, acionam o mecanismo desta farsa com plena noção de rentabilidade cênica"*. [244]

---

242   *Correio Mercantil*, 12 de novembro de 1901.
243   Souza, J. Galante de, ob. cit., p.310.
244   Heemann, Cláudio, ob.cit. p.22.

João Simões Lopes Neto: uma biografia

A dedicação exclusiva aos negócios preencheria a vida de João Simões no próximo biênio. O coronel Alberto Rosa é reconduzido à presidência da Associação Comercial. Sua posse foi registrada na ata de 3 de fevereiro de 1902.[245] Simões será o primeiro secretário e ocupará, interinamente, o lugar do presidente por alguns meses. Em março, com a presença do secretário Simões Lopes Neto, a mesa delibera por solicitar ao governo do Estado providências para o início dos trabalhos de dragagem da seitia, pois o retardamento dessa obra estaria a comprometer a recente desobstrução do rio São Gonçalo.[246] A resposta de Borges de Medeiros foi rápida, expedindo telegrama dirigido ao presidente Alberto Rosa e ao secretário João Simões, no qual comunicava que os trabalhos de dragagem seriam iniciados. Na mesma reunião em que foi transcrita a mensagem do presidente do Estado, Alberto Rosa comunicou que por motivos de viagem ao exterior passaria a presidência ao seu vice-presidente.[247] Há pouco mais de um mês, contudo, a Sociedade Agrícola Pastoril realizava a III Exposição Rural de Pelotas, inaugurada em 21 de abril. Na relação dos produtos industriais expostos, figurou a Tabacina. Era um remédio antiparasitário destinado à cura de plantas e animais, lançado por João Simões & Cia., que não teve, de imediato, a acolhida esperada pelos seus fabricantes, recebida, como foi, com reservas entre os jurados da feira agrícola. Os resultados, no dia da experiência e perante os técnicos da agropecuária, teriam sido insuficientes. Persistente, o capitão continuou acreditando nos efeitos benéficos dessa fórmula de sua criação, tendo recebido, graças à obstinada divulgação do produto, mantido no mercado, boa resposta do público consumidor a que se destinava. A 14 de junho, por impedimento do vice-presidente, Simões assume interinamente as funções de presidente da Associação Comercial, em reunião que ele mes-

---

245   Ata de 03 de fevereiro de 1902 (p.344).
246   Ata de 12 de março de 1902 (p.345-346).
247   Ata de 30 de maio de 1902 (p.346).

(1901 – 1903)

mo dirige.[248] Mórbida coincidência, pois 14 de junho seria o dia e mês da sua morte, quatorze anos depois. A interinidade do cargo ficaria assinalada pelo empenho de seu ocupante e perduraria até o final de outubro. Nesses quatro meses e meio de trabalho à frente da entidade, João Simões entregou-se, como era de seu costume, a dificultosas tarefas burocráticas nas quais se empenhou com toda a força de seu temperamento. A leitura das atas das reuniões desse período é sugestiva. Preside reuniões, redige as atas e empenha-se no andamento das tarefas que a mesa lhe outorga. Em 16 de julho dirige uma sessão de rotina, mas em 18 de agosto já se abraça com a tentativa de aperfeiçoar as funções da Mesa de Rendas da cidade, visando a facilitar despachos dos manifestos de mercadorias com destino a Pelotas.[249] Em 28 de agosto, recebe ofício da Intendência Municipal, dirigido à presidência da Associação Comercial, sobre a construção de um ramal ferroviário até o porto do São Gonçalo. No comunicado, Simões é convidado a participar de uma comissão para agilizar a obra, juntamente com os presidentes do Clube Comercial e do Comércio. Simões declarou na reunião que aceitara o convite e pediu ratificação da mesa diretora, o que foi aprovado sem discussão.[250] A interinidade de Simões na presidência encerrou-se no final de outubro. No dia 30, a reunião de diretoria já é presidida por Alberto Rosa e Simões Lopes não estava presente.[251]

Das atas da Associação Comercial às notas teatrais d'*A Opinião Pública*, o nome de Simões Lopes Neto circulava com naturalidade. Anunciava-se que a companhia Assis & Peixoto, em temporada na cidade, decidira montar a peça Os Bacharéis, até então apresentada unicamente por artistas amadores. Dois espetáculos estavam programados e foram mesmo encenados em 27 e 28 de dezembro de 1902 por aquele elenco de primeira ordem, que apresentava, entre o peso pesado da troupe, a

---

248   Ata de 14 de junho de 1902 (p.347).
249   Atas de 16 de julho de 1902 (p.348) e 18 de agosto de 1902 (p.351).
250   Ata de 19 de setembro de 1902 (p.353-354).
251   Ata de 30 de outubro de 1902 (p.355).

estrelinha Abigail Maia, quando, aos quinze anos, estava começando sua carreira artística, num de seus primeiros assomos ao palco, a interpretar personagem criada pelo versátil Serafim Bemol. Se aos olhos da crítica a peça não entusiasmou na primeira apresentação, reabilitou-se na segunda, quando voltou a ser consagrada.[252]

Simões Lopes, no ano que chegava, permaneceria envolvido com as suas atividades mercantis e representativas. Na reunião da Associação Comercial de 30 de março de 1903, a primeira do novo ano, Simões retorna às funções de secretário e lavra a ata.[253] Em primeiro de junho, comparece à reunião da mesa e redige a mais longa ata das reuniões de diretoria. São tratados relevantes assuntos, do interesse da indústria da região. Registrou-se, entre outras considerações concernentes ao expediente, a elaboração de um ofício que a Associação remeteu ao Jornal do Comércio do Rio de Janeiro, sobre revisão de tarifas aduaneiras. O ofício destinava-se a rebater referências desabonatórias à indústria do charque no Rio Grande do Sul. Reporta-se o ofício à importância da indústria charqueadora. Mesmo sem o trabalho escravo e com menor número de estabelecimentos, diz o ofício, estava a abater, anualmente, entre quatrocentas a quinhentas mil cabeças de gado, assinalando a grande transformação ocorrida nessa atividade. Várias considerações são feitas sobre o sal e sobre o imposto de consumo. Simões pronuncia-se, referindo-se aos favores do Governo da União a indústrias e lavouras de outros Estados, *"com redução de impostos, já pela de fretes nas estradas de ferro, já por empréstimos diretos, sendo que nunca o Estado do Rio Grande foi contemplado em nenhuma das concessões"*. E apresentou à mesa diretora um extenso memorial que havia elaborado sobre esse tema, no que respeita à indústria do charque. A ata reproduz, na íntegra, o memorial de Simões, que seria apresentado ao Congresso Nacional e à Comissão Especial Revisora

---

252   A Opinião Pública, 29 de dezembro de 1902.
253   Ata de 30 de março de 1903 (p.356/357).

(1901 – 1903)

das Tarifas Aduaneiras, em nome dos charqueadores da praça de Pelotas, Rio Grande do Sul, e pela Associação Comercial da mesma cidade. O memorial vem acompanhado de um projeto de lei, em complemento à proposta de 13 de novembro de 1902, do Dr. Paula Ramos e mais signatários. Eis o projeto: *"Art. 1°: São considerados produtos agrícolas e fabris de fácil deterioração, para gozarem do favor de que trata o n° 4, do art. 4°, da Lei n° 123, de 11 de novembro de 1892, os seguintes: açúcar, farinha, charque ,fumo, arroz, feijão, milho, manteiga, banha, produtos suínos, sal, frutas e legumes. Art.2°: Revogam-se as disposições em contrário."* A diretoria aprovou o ofício de Simões Lopes.[254] A inserção do fumo — a bola da vez da atividade industrial do capitão Simões naqueles tempos — não deixa de ser notável. Contudo, seria oficialmente reconhecido o seu empenho pelos figurões da entidade empresarial. Em reunião presidida por Alberto Rosa, aprovou-se por unanimidade um voto de louvor ao secretário João Simões Lopes Neto pela confecção valiosa do memorial que a associação tornou seu.[255] Muito envolvido com os negócios industriais, Simões Lopes teria de brigar com a fiscalização do imposto de consumo, por conta da apreensão de uma partida de fumos em pacotes de sua fabricação, na cidade de Rio Grande. João Simões & Cia. foi multada, em agosto de 1903, em três contos de réis. Simões não se conformou e ingressou com recurso administrativo, que veio a ser provido, sustentando que o cálculo do imposto de consumo teria de incidir unicamente sobre o valor do fumo e não sobre os valores agregados das embalagens e da mão-de-obra.

Outros interesses passariam a preencher as horas vagas do inquieto João Simões. No dia 27 de setembro de 1903 estava sendo eleita, em assembleia geral, a diretoria da União Gaúcha que iria reger a entidade tradicionalista de 1903 a 1904. Ildefonso Simões Lopes é reeleito presidente, com quarenta e nove votos. João Simões Lopes Neto é conduzido

---

254   Ata de 01 de junho de 1903 (p.358 a 368).
255   Ata de 21 de junho de 1903 (p.369-370).

pela primeira vez à diretoria da agremiação. Foi eleito, com trinta votos, juntamente com mais onze diretores.[256] Daí em diante, o escritor não mais se desligaria dos cargos diretivos da associação. Para logo seria presidente e, como seu tio Ildefonso, reeleito quando primeiro mandatário.

Não terminaria o ano sem que o irreverente Serafim Bemol voltasse à ribalta, dessa vez com a peça *O Maior Credor*, comédia que receberia, também, outro título — *Por Causa das Bichas* —, inspirado num dos temas centrais da peça: a aplicação das sanguessugas. A comédia em três atos foi encenada no Teatro 7 de Abril pelos atores do corpo cênico do Clube Caixeiral. Os jornais da época cobririam a comédia de elogios superficiais, em notas que nada esclarecem sobre o enredo, não deixando uma delas de apontar o autor como um predestinado para fazer rir as plateias.[257] Quando divulgado o primeiro volume das peças teatrais de Simões Lopes Neto, o crítico Cláudio Heemann confirmou que o texto manuscrito dessa composição, publicada na coletânea, deveria ser o tratamento primitivo, ainda tosco, de *O Maior Credor*, em versão publicada por Carlos Paiva. Lamentou que apenas tenham sido salvas, no acervo que lhe chegou às mãos, oito páginas do que seria o trato definitivo. O enredo envolve *"complicações que quase levam um casal ao divórcio e outro à ruptura de uma reconciliação"*, criando o autor tipos **"de base realista, movidos por obsessões e ocupações engraçadas e bem imaginadas"**. Considerada, por Heemann, como bastante ingênua, e desandando *"num final mal construído"*, a peça perde, por falta de organização do texto, *"impacto humorístico e a segurança da ação na parte final"*.[258] Entre os tipos caricaturais, desfilam uma solteirona histérica, que não pode passar sem a aplicação das sanguessugas, motivadoras do título da peça, um massagista adamado, um ricaço surdo, um comendador trêfego, um rábula e uma criada.

---

256   Ata n° 34, de 27 de setembro de 1903.
257   Diário Popular,10 de novembro de 1903.
258   Heemann, Cláudio, ob. cit., p.22-23.

(1901 – 1903)

Em 3 de dezembro de 1903, Simões Lopes está secretariando a última reunião da diretoria presidida pelo coronel Alberto Rosa. A ata é longa, pois ainda domina a pauta o tema do alfandegamento da Mesa de Rendas.[259] Extenso relatório das atividades da diretoria eleita em 1902, que encerrava o mandato na Associação Comercial, aparece no livro das atas e tem o dedo de Simões Lopes Neto.[260] No próximo mês de fevereiro, Urbano Garcia, com renovada diretoria, tomaria posse como presidente da Associação Comercial.[261] Simões Lopes Neto não mais figuraria como diretor. Seu nome somente voltaria a aparecer num registro póstumo, quando foi lançado na ata um voto de profundo pesar pelo seu passamento.[262]

---

259   Ata de 03 de dezembro de 1903 (p.371 a 373).
260   Livro de Atas, p.374/377.
261   Ata de 13 de fevereiro de 1904, p.378.
262   Ata de 28 de junho de 1916 (2° Livro).

Capítulo 09

(1904)

"Aparecem as andorinhas, as mensageiras da primavera...
Começam a soprar os ventos do quadrante norte, os ventos
do calor, e os macegais queimados pelas geadas reverdecem."
J. Simões Lopes Neto

O ano de 1904 ficaria marcado, na agenda de Simões Lopes Neto, como de muito trabalho. Sem desligar-se de suas atividades no comércio, Simões assume a chefia do 2° tabelionato de sua cidade natal. Ingressa como notário interino e lavra sua primeira escritura no dia 3 de maio de 1904. Tratava-se de uma escritura de confissão de dívida da quantia de três contos e quinhentos e setenta mil réis, outorgada por Francisco Lopes & Cia. em favor de Joaquim Kraemer.[263] Daí em diante, no livro cartorial onde foi lançada a mencionada escritura, e em vários livros subsequentes, todos os atos oficiais registram a redação, a caligrafia e o autógrafo do notário Simões Lopes Neto. A interinidade do cargo para logo desapareceria. A partir de uma escritura de compra e venda lavrada no dia 18 de julho daquele mesmo ano, Simões já figura como notário.[264] Os livros oficiais do 2° tabelionato consignam centenas de escrituras lavradas com

---

263   Livro 69, fl. 143, 2° Cartório de Notas de Pelotas.
264   Livro 71, fls. 14 a 15 (compra e venda feita pelo casal de Guilherme Moreira dos Santos para Antonio Moreira dos Santos).

a caligrafia *lopesneto*. Aparecem procurações, vendas de imóveis, contratos de sociedade, dissoluções, confissões de dívida, testamentos, revelando que, também no conteúdo das formulações cartoriais e seu jargão característico, o escritor não fazia feio. Simões permaneceria tabelião, como mostram os livros do cartório, durante todo o ano de 1904. Somente deixaria o cargo ao seu ajudante Demócrito Rodrigues da Silva no final do ano seguinte, como será contado.

Naquele ano de 1904, antes de concluir seu mandato na União Gaúcha, Ildefonso Simões Lopes já presidia a Biblioteca Pública Pelotense. Por deliberação da sua diretoria, a entidade decide publicar os registros da casa, com o objetivo de divulgar conferências, trabalhos de pesquisa histórica, relatórios presidenciais, resenha dos livros adquiridos e dos objetos oferecidos ao museu. O volume primeiro, que correspondia aos acontecimentos do ano findo, saiu no dia 1° de setembro de 1905, trazendo o texto completo de uma conferência realizada por João Simões Lopes Neto, numa noite de domingo do mês de julho de 1904, mais precisamente no dia 17, rotulada de *Educação Cívica – Terra Gaúcha (apresentação de um livro)*. Nessa conferência, Simões preconiza o triunfo do escritor brasileiro, que, vencendo o dificultoso problema de fazer um livro de leitura primária — à maneira de *O Coração*, de D'Amicis — bem reescrito e patriótico, lograsse adaptar a ideia ao nosso meio, sem as infiltrações dos hábitos e das paisagens que não temos. Chamando a si essa tarefa de escritor e educador, externou sua aspiração pessoal de fazer, ele mesmo, "um livro simples, saudável, cantante, de alegria e caricioso, que os homens, rindo da sua singeleza o estimassem; que fosse amado pelas crianças, que nele, com a sua ingênua avidez, fossem bebendo as gotas que se transformassem mais tarde em torrente alterosa de civismo"; livro que "pudesse condensar o coração meigo, valente e virtuoso da mãe brasileira; a serenidade dos nossos heróis, a independência e a firmeza dos nossos maiores, a probidade dos nossos estadistas"; um livro vibrante,

(1904)

que pudesse "ressaltar a terra, o povo, a pátria"; livro "das pelejas nunca perdidas", assinalado por muitos traços de generosidade. "Era um livro assim" — diria João Simões — "em que se concretizasse a tradição, a história, o ensinamento cívico e as aspirações pátrias, que eu dedicaria, mais vibrante hausto da minha pobre vida, à terra rio-grandense, mãe de raça forte, túmulo de ossadas venerandas, berço de incomedido patriotismo. Um livro que vivesse nos ranchos das margens do Uruguai e no palácio das plagas do oceano; e que das suas páginas simples e sinceras fulgisse nítida e vivaz, amorosa, exemplificadora e saudosa, a plaga dos pampas, o berço dos Farrapos, a Terra Gaúcha...!"[265]

TERRA GAÚCHA

Este livro não é, definitivamente, o de publicação póstuma e de igual título, que trata da história do Rio Grande do Sul. A obra apresentada na conferência é de feitio didático, a ser adotada nos colégios e destinada às primeiras leituras das crianças no ensino fundamental, inspirada na *Educação Nacional*, de José Veríssimo e nas páginas de *Porque me ufano do meu país*, de Afonso Celso Júnior. A duplicação dos títulos gerou alguma confusão e intrincadas especulações, tornando complexo um tema que poderia ter sido tratado com simplicidade, bastando atentar para o que deixou escrito, nas linhas e nas entrelinhas, o próprio Simões Lopes Neto. A quatro de outubro o *Correio Mercantil* reproduz o inteiro teor de uma circular aberta aos leitores, remetida pelo escritor a jornais gaúchos e de outros centros do Brasil. Pedia que lhe mandassem gravuras, vistas de cidades, fotografias, estampas, ou reproduções de quadros que retratassem episódios históricos, monumentos e placas comemorativas para ilustrar o seu "livro escolar Terra Gaúcha, em preparo final, sendo

---

265   Lopes Neto, João Simões, Educação Cívica,"Terra Gaúcha"(apresentação de um livro). Annaes da Biblioteca Pública Pelotense – 1904. Pelotas: Livraria Comercial,1905, vol. I, p.58-59.

esse livro feito com intuito fundamentalmente brasileiro, pelo assunto, pelos autores trasladados, pelas obras de arte, que apontam para ensino e incentivo". Esclarece não ser, como poderia sugerir o título, "um trabalho com mira única sobre o Rio Grande do Sul, mas, sim, sobre todos os Estados brasileiros", e promete fazer *escrupulosa devolução* dos originais que lhe chegarem às mãos, firmando com a autoridade e a fé que lhe concedia o seu título de notário, transcrito ao pé da assinatura que encerra a nota.[266] Dias depois, em 14 de outubro de 1904, reúne-se a diretoria da União Gaúcha, então presidida por Francisco de Paula Amarante. Foi lido um ofício enviado pelo escritor, que era também um dos diretores da entidade tradicionalista, "pedindo licença para, em nome da União Gaúcha, fazer apresentação de um livro denominado Terra Gaúcha; igual pedido foi feito às nossas congêneres; o livro é de sua lavra; foi concedido e respondido em ofício".[267] João Simões dava andamento ao seu livro e ao seu plano. Vinte e quatro de novembro: nova circular na imprensa. O escritor reafirma o compromisso de que o livro *Terra Gaúcha* seria destinado aos pequenos leitores, para neles "incutir o conhecimento e a notícia" dos homens e fatos do Brasil, até então "arredados do diário convívio da juventude escolar". A mesma nota lança bilhetes de subscrições ao público para custear a impressão desse livro ilustrado e muito caro, fora do alcance financeiro do escritor. E indica a comissão patrocinadora do livro, formada pelo *Centro Gaúcho*, de Bagé, *Grêmio Gaúcho*, de Porto Alegre, e *União Gaúcha*, da cidade natal do escritor.[268]

Aparentemente esquecido, esse projeto nunca foi abandonado pelo escritor. Parecia, então, ser possível relatar a essência dessa história, ou pelo menos articular uma versão simples e plausível, em vez de lançar novas confusões sobre o tema. O escritor havia deixado pistas que estavam bem ali, ao alcance dos pesquisadores. Ao iniciar o ano de 1909, quando

---

266   *Correio Mercantil*, 4 de outubro de 1904.
267   Ata nº 1 do 2º livro, fl.1, 14 de outubro de 1904.
268   *Correio Mercantil*, 24 de novembro de 1904.

(1904)

publicou a lenda, até então inédita, *A M'boi-tatá*, nas páginas do *Correio Mercantil*, referiu-a como sendo "do livro Terra Gaúcha". E em 1911, ao divulgar o relato *A Recolhida*, no número 7 da Revista da Academia de Letras do Rio Grande do Sul, registrou haver sido extraído "do livro escolar Terra Gaúcha". Estavam à mão, portanto, indicações do próprio escritor: a conferência de julho de 1904, quando apresentou os contornos do seu livro de leitura primária que seria chamado *Terra Gaúcha* e as referências à inédita fonte, igual para as duas, das publicações de *A M'boi-tatá* (1909) e *A Recolhida* (1911). Ao prefaciar a obra póstuma de igual título, de feição histórica, em 1955, Manoelito de Ornellas lançou uma luz sobre o tema: "João Simões Lopes Neto sacrificou um longo período de sua vida à feitura deste livro. 'Terra Gaúcha' constituía, para ele, assim como um complemento da obra também inédita que dedicara à juventude rio-grandense, com o título de 'Eu, no Colégio' e que fora, na época, recusada pela Direção do Ensino Público do Estado, sob a alegação de uma desconformidade ortográfica... No trabalho de feição elementar, que foi o do pequeno manual de iniciação na História, nos hábitos, costumes e tradições gauchescas, João Simões Lopes deixou muito daquela simplicidade humana que ele soube comunicar às páginas vivas dos 'Contos Gauchescos'. 'Eu, no Colégio', lembra, em vários aspectos, o 'Cuore' de Amicis. E é possível que o autor de' Lendas do Sul' houvesse pensado no imenso benefício que representaria à formação moral e espiritual das novas gerações do Rio Grande, esse pequeno livro de leitura que lhes falaria dos fatos históricos nacionais na linguagem acessível e própria da terra."[269]

Se, por um lado, tais considerações de Ornellas esclarecem muita coisa, por outro, estavam equivocadas ao afirmar que o livro de feição didática, destinado aos pequenos leitores, mencionado na conferência que Simões pronunciou em 17 de julho de 1904, teria sido recusado pela

---

269   Ornellas, Manoelito de."Prefácio", in Simões Lopes Neto, João, Terra Gaúcha. Porto Alegre: Sulina, 1955.

Direção do Ensino Público do Estado, sob a alegação de uma desconformidade ortográfica. Este equívoco, no entanto, revelou-se somente em 2008, com a descoberta do texto da *Artinha*, na verdade uma cartilha de alfabetização que Simões não conseguiu aprovar no Conselho Estadual de Instrução Pública e que deu origem à elaboração de uma *Ligeira Contradita* redigida para ser enviada, como resposta, às autoridades estaduais de ensino.

Manoelito de Ornellas falava com conhecimento de causa, pois foi um dos primeiros a ter acesso ao conjunto de documentos que permaneciam na posse da viúva do escritor. Dela, numa expressão de reconhecimento e amizade, receberia de presente a caneta que Simões Lopes "usou até os últimos dias de vida".[270] Além dos manuscritos originais — de próprio punho do autor — da obra de síntese histórica que viria a ser publicada como a primeira parte de *Terra Gaúcha*, a viúva confiou a Ornellas uma minuciosa relação de todos os trabalhos inéditos do finado marido: peças teatrais, conferências, discursos, *"recordações da infância"* e a contestação que Simões Lopes apresentou à decisão dos gestores do ensino público estadual, sobre o livro que o autor havia submetido à apreciação daquelas autoridades, sob o título de *Ligeira Contradita a uma decisão do Conselho de Instrução Pública.*[271]

Não seria nada difícil concluir, portanto, que Simões Lopes Neto, antes de dedicar-se à obra de história do Rio Grande, de igual título e de incompleta publicação póstuma, pois dela se conhece apenas a primeira parte, havia composto, como disse na conferência de julho de 1904, um livrinho de feição didática para os pequenos leitores. Chamou-o, na épo-

---

270   Bilhete de dona Francisca a Manoelito de Ornellas: "Prezado amigo. Tenho grande prazer de vos oferecer a caneta que meu saudoso esposo João Simões Lopes Neto usou até os últimos dias de vida. Com expressões da minha particular estima e sincero reconhecimento, da amiga muito grata, F." Álbum de recortes: acervo da Biblioteca Pública Pelotense.

271   Carta de dona Francisca a Ornellas, 30 de novembro de 1945: álbum de recortes, acervo da Biblioteca Pública Pelotense; Manoelito de Ornellas:"Um Pouco de Simões Lopes Neto": Correio do Povo, 16 de março de 1948.

(1904)

ca, *Terra Gaúcha*, e nele aspirava condensar, como textualmente afirmou, a tradição, a história e o ensinamento cívico. Daí resulta ser coerente, em vez de contraditório, seguindo a hipótese flagrada por Ligia Chiappini, figurar nesse projetado livro a descrição literária de uma lenda incorporada à tradição oral rio-grandense — *A M'boi-tatá* — ao lado de relatos sobre os costumes gaúchos: *A Recolhida*. Havia, portanto, grandes possibilidades de que apenas parte desse projetado livro didático estivesse composta pelo texto manuscrito, ainda inédito na sua maior parte, chamado *Recordações da Infância*. Esse manuscrito, de próprio punho de João Simões, esteve em poder de Carlos Reverbel, que disse haver recebido como presente de dona Francisca. Os originais encontram-se, nos dias atuais, na biblioteca do Instituto Histórico e Geográfico do Rio Grande do Sul, finalmente à disposição dos pesquisadores. Estes, até então, dele sabiam unicamente pelas referências feitas por seu antigo possuidor, que tinha passado cópias a alguns professores universitários de suas relações pessoais e que também publicara certos tópicos do conjunto nas páginas do *Correio do Povo*.[272] O conteúdo desse manuscrito de vinte e sete páginas, no entanto, era muito mais vasto e harmonioso na sua composição. São relatos de um menino em férias, na fazenda dos pais, falando de costumes, domas, rodeios, desafios, recolhidas da gadaria, das lidas diárias dos campeiros, desde o romper da aurora, com os animais e com a faina da estância e do vozerio dos galpões à beira do fogo. Narrados em primeira pessoa, encadeados no mesmo cenário e permeados pela movimentação das mesmas personagens, esses racontos integram-se em monolítica unidade, conquanto possam ser lidos individualmente sem prejuízo de entendimento. Pelas pequenas histórias vão desfilando as personagens: Roberto, guri da mesma idade do narrador, filho do seu Marcos, que, por sua vez, passava uma temporada na estância para comprar tropa de gado; o capataz Juca;

---

272   Reverbel, Carlos. Um Capitão da Guarda Nacional: 1981, p.13; Correio do Povo, Caderno de Sábado, 12 de junho de 1971 (Madrugada e Rodeio).

o menino Tinuca, filho de empregados da fazenda, rengo de uma perna estropiada numa rodada com a montaria; os cãezinhos Violão e Cavaco. Enfim, são dez títulos: *Madrugada*; *A Mágoa de um Piá*; *Campeiro Asseado*; *O Rodeio*; *O Desafio*; *Redomão*; *Pastoreio*; *Uma Rodada*; *A Alta Escola*; *Dez Copos d'Água*. Poderíamos acrescentar, sem perda da unidade, o texto *A recolhida*, publicado por Simões na Revista da Academia de Letras do Rio Grande do Sul, porque nesse relato, ambientado no mesmo cenário de férias do menino narrador, também aparece o capataz Juca, com quem o guri conversa.

Lembra-se do colégio, do professor e da festa das bandeiras. O conto termina com o seguinte diálogo: " – Ah! seu Juca! disse. Que bom que eu fosse peão da estância... campeiro, domador!... Só assim não iria mais para o colégio... Não é? O velho capataz deu dois últimos chupões à bomba, com esta revirou a erva na cuia e, vagarosamente, enquanto cevava um outro amargo, respondeu-me baixinho, porém mui sério: – Amiguito! Não diga barbaridades!..." Nunca tivemos dúvida de que *A Recolhida* fazia parte do conjunto e deveria estar situada na abertura dos relatos, como se os episódios que descreve tivessem acontecido antes de Roberto hospedar-se na estância. Isso porque, ao final de um desses contos, *A Alta Escola*, dialogando com o amigo sobre as maneiras de encilhar e montar e a importância do estudo, o narrador recorda-se da conversa que teve com o capataz: "Roberto falava sério; fiquei pensando nas palavras dele e lembrando do amigo Juca naquele dia em que eu disse que preferia ser peão da estância..." Por isso, não hesitamos em dizer que os episódios de *A Recolhida*, nos quais Roberto ainda não era mencionado, passaram-se antes dos demais relatos. Seria, assim, um dos episódios de abertura e, seguramente, entre os melhores, muito bem trabalhado pelo autor, tanto que foi selecionado para publicação na revista oficial da Academia.

Lidos no seu conjunto, fica-se com a impressão de que essas narrativas são parte de um livro maior. E mesmo que tal livro completo jamais fosse

(1904)

encontrado, não descartaríamos a hipótese, para nós quase uma certeza, de que fariam parte do livro escolar outrora denominado *Terra Gaúcha*, depois resumido e transformado — talvez unicamente com os textos de recordações da infância, ou com estes e mais alguns dos quais ainda nada se sabia — em *Eu no Colégio*, parente próximo do *Cuore*, de Edmondo de Amicis, enviado — segundo Manoelito de Ornellas, somente em 1908 ao Conselho de Instrução Pública (em linhas anteriores deste capítulo, esclarecemos que, neste passo, Ornellas equivocou-se, pois não foi este o texto que Simões Lopes remeteu ao dito Conselho). Um jornal da época informava que ao requerimento de Simões Lopes Neto, pedindo para ser submetido a estudo e julgamento do conselho escolar um livro didático de sua autoria, o presidente do Estado, como naquele tempo era chamado, proferira o seguinte despacho: "sim, em tempo".[273] Seguiu-se a recusa do conselho, o que deu causa à *ligeira contradita* enviada por Simões.

Toda essa saga, no entanto, relaciona-se com a *Artinha de Leitura*, o que somente ficou comprovado e esclarecido em 2008, com a descoberta do original da cartilha. Ivete Barcellos Massot, menina de dez anos em 1908, afilhada e sobrinha do escritor, diria sessenta anos depois que o tio, desiludido, entregou a ela a cópia do exemplar rejeitado pelas autoridades de ensino para recortar as figurinhas que o ilustravam. "Graças a Deus, Velha", disse Simões à esposa, "este livro teve o poder de dar alegria a uma criança."[274]

Vinte anos mais tarde, a Associação Brasileira de Educação, composta por Mabel Lacombe, Venâncio Filho e Delgado Carvalho, em agosto de 1928, expediria parecer favorável a uma proposta parecida, recomendando o livrinho *História da Minha Terra*, do bageense Jorge Salis Goulart, como um guia eficaz para orientar os professores no ensino primário da história do Brasil.[275]

---

273   Diário Popular, 11 de março de 1908.
274   Massot, Ivete Barcellos, ob. cit., p.133.
275   Goulart, J.Salis.História da Minha Terra. Pelotas:Livraria do Globo,1929 (2ª ed.).

Essa história, contudo, não terminaria assim, na virtualidade. Havia um entrecho final, que ainda não tinha sido explorado. *Eu no Colégio* (que, chegou-se a pensar, na época, poderia ser a *Artinha de Leitura*) — o nome não importa muito — não se resumia, nos cadernos originais, às 27 páginas que estiveram por muitos anos em poder de Carlos Reverbel e que hoje repousam nos arquivos do Instituto Histórico e Geográfico do Rio Grande do Sul. Em novembro de 1949, o escritor Manoelito de Ornellas escreveu um denso artigo no *Correio do Povo*, na costumeira Prosa das Terças. Deu-lhe o título de *Um livro inédito de Simões Lopes Neto*. Relata que havia lido originais de um livro ainda inédito de autoria do escritor pelotense, composto de duas partes. A primeira sobre a vida no campo e na segunda parte Simões Lopes "descreve a vida no colégio, com resumos magníficos da nossa história". Detém-se numa nota, integrada nessa parte, sobre a origem da palavra gaúcho, e exulta ao perceber que, como ele, o regionalista formula a hipótese de procedência árabe; viria de *chaouch*, cujo significado é tropeiro, e que a palavra seria apropriada e alterada pelos espanhóis, assim chegando, com leve mudança de acentuação, no Rio Grande. "Todos os segredos das lides", diz Manoelito de Ornellas, "estão aqui, nas páginas deste livro, que há de ser um breviário da mocidade estudiosa do Rio Grande do Sul..."[276]

A partir do encontro com esse texto de Ornellas, o que era apenas uma hipótese bem fundamentada passaria a ser, nem mais nem menos, uma insofismável afirmação. Simões Lopes havia escrito o livro escolar *Terra Gaúcha*. Carlos Reverbel, o primeiro a estudar a vida do rapsodo bárbaro, não tocou nesse tema, o que não deixava de ser uma surpresa, pois dona Velha, em 1945, tinha franqueado as chaves do baú dos manuscritos e documentos ao jornalista. Porém, a resposta estava no início do artigo de Manoelito de Ornellas, quando relatou, em 1949, que o texto completo do livro didático de Simões Lopes tinha sido recupe-

---

276   Correio do Povo, 15 de novembro de 1949.

(1904)

rado pela viúva. Explicou Ornellas, referindo-se à viúva do escritor: "... manifestou-me a ilustre senhora a vontade de que eu examinasse alguns novos papéis que lhe haviam chegado às mãos [...]. No dia seguinte, pela manhã, estive na residência de dona Francisca. Interrogada por mim, sobre a forma pela qual lhe teriam chegado às mãos os ignorados originais, disse-me que era coisa estranha, quase inexplicável. Num pacote lacrado, chegaram-lhe, do Rio, aqueles cadernos, com a carta de um remetente que não conhecia [...]". Manoelito de Ornellas comparou a letra dos cadernos com a caligrafia de Simões Lopes e verificou "sem vacilações, a autenticidade daqueles". Reverbel não tinha falado no assunto porque provavelmente, em 1945, os cadernos do livro didático não estavam nos pacotes que examinou. Parecia, então, encerrado o episódio do livro escolar. Faltaria, no entanto, o epílogo dessa história. A viúva do escritor confiou a Ornellas os cadernos manuscritos. Este tentou ceder os direitos autorais pertencentes à viúva, ao Governo do Estado, para publicação, mas nada conseguiu. Escreveu um cartão a dona Francisca, em 14 de maio de 1952, prestando contas do fracasso de sua missão: "Minhas tentativas junto ao Governo, para a aquisição dos direitos autorais — como eu desejava — foram sempre infrutíferas. No Brasil ainda não se acredita muito nas coisas do espírito. Mas Simões Lopes Neto, a cada dia que passa, se agiganta em nossos corações." Na mesma mensagem, Manoelito de Ornellas informa à viúva que, naquele mesmo dia, estaria entregando os originais *"ao destinatário"* por ela indicado.[277] Eram concretas as possibilidades de localizar os originais do livro escolar, em poder de Mozart Victor Russomano, o depositário, como ele mesmo certa feita disse, dos arquivos do escritor. E saíram, mesmo, das entranhas daquele mágico baú, intactos como as onças de ouro da guaiaca do velho Blau, os dois grossos cadernos de capa preta, contendo as duas partes do livro escolar *Terra Gaúcha*, concluído entre 1904 e 1905. Sim, *Terra Gaúcha* era o título, como dito na

---

277   Álbum de recortes, acervo da Biblioteca Pública Pelotense.

conferência de Simões em julho de 1904. Num caderno estava a primeira parte, como dissera Ornellas: *As Férias, na estância*, contendo cinquenta e duas histórias que ocupam cento e setenta e cinco páginas manuscritas, algumas preenchidas, também, no verso de certas folhas; noutro, a segunda, que o autor denominou *O Estudo, no Colégio*, estendendo-se por mais de duzentas folhas manuscritas sem numeração. A letra era de Simões! Os cadernos eram autênticos! O manuscrito *Recordações Gaúchas*, nas suas magras 27 folhas, não passava de um fragmento, reescrito, do livro inédito. Lá estava, como tínhamos certeza, *A Recolhida*, num dos primeiros episódios da primeira parte, depois da chegada do narrador menino, Mayo, à estância paterna, onde se desenvolvem os relatos, ditos na primeira pessoa, como se fossem memórias da infância. Lá estava o capataz Juca Polvadeira, precursor de Blau Nunes, o pai, a mãe, as irmãs e Roberto, filho do seu Marcos. Também Sia Mariana, a velha contadora de histórias; e por ela contadas as primeiras versões de Boi-Tatá e do Negrinho do Pastoreio. E no segundo caderno, sem numeração de folhas, quarenta e sete narrativas escolares, distribuídas por mais de duzentas páginas manuscritas:

Terra Gaúcha I Parte – As férias, na estancia (folhas numeradas)		Terra Gaúcha II Parte – O estudo, no colégio
O colegio municipal	p. 1 a 4	Amanhã!
Uma estrada de mil léguas	p. 4 a 5	Primeiro dia
Um mestrinho falando	p. 6 a 7	Segundo dia
Um malcriado inocente	p. 7 a 8	Terceiro dia
Tu verás, canarinho!	p. 8 a 11	Domingo
É o que eu sei	p. 11 a 12	Agora sim
A festa	p. 13 a 16	Corda, trapézio, barra, etc.
Na campanha	p. 16 a 19	Enterro pobre
Minha mãe	p. 19 a 22	Os Estados
Todas as mães	p. 23 a 24	Srs. Estados

(1904)

Terra Gaúcha I Parte – As férias, na estancia (folhas numeradas)		Terra Gaúcha II Parte – O estudo, no colégio
Meu pai	p. 25 a 28	Na minha terra, Sr.!
A sesmaria	p. 29 a 32	Não sabem?...
Os tapumes	p. 33 a 34	Uma patuscada
O primeiro rancho	p. 34 a 38	Arrependidos
A tapera	p. 38 a 40	Sabatina
A estância	p. 40 a 47	A lição do tico-tico
O "monarca"	p. 47 a 50	Conta do tempo
Canto do "monarca"	(faltam p.51 a 53)	As palhas de arroz
O capataz	p. 55 a 59	Bracinhos e perninhas
A recolhida	p. 59 a 69	A mão canhota
Bom dia, papai!	p. 69 a 72	Brava gente brasileira
Uma agregada	p. 72 a 75	O hino da "Independência"
Minha irmã	p. 76 a 78	Um tabefe
O rancho da sia Mariana	p. 79 a 84	Coração de mãe
Plano de serviços	p. 84 a 86	Aviso
Até os cuscos?!...	p. 87 a 88	As coleções
Lavado e penteado	p. 89 a 92	Na minha terra!...
Na mangueira	p. 92 a 96	Os passarinhos
O pealo	p. 96 a 100	O carioca, em lágrimas
Qual, domador de tigras!...	p. 100 a 102	Historinha de Portugal (1)
A velha que tinha...	p. 102	Atenção
O ajutório	p. 103 a 105	As moedas
Primeiro galope	p. 106 a 113	O que nós queremos ser
Um guri sem luxos	p. 113 a 117	Tudo doutor, tudo coronel!
Tu e tu!	p.117 a 119	Historinha de Portugal (2)
Más companhias	p. 119 a 123	O bêbado
Antes só	p. 123 a 127	Historinha de Portugal (3)
O outro tempo	p. 128 a 131	Dia de chuva

Terra Gaúcha I Parte – As férias, na estancia (folhas numeradas)		Terra Gaúcha II Parte – O estudo, no colégio
Madrugada	p. 131 a 138	Quatro cabeças juntas
Campeiro asseado	p. 138 a 141	Aula cívica
O rodeio	p. 141 a 146	Data nacional – 1º de janeiro
A tocata no galpão	p. 146 a 152v	A tribuna do carioca
O redomão	p. 153 a 153v	Lembranças, saudades...
Pastoreio	p. 153v a 155	Fundação da cidade do Rio de Janeiro
Uma rodada	p. 155 a 156v	Linguagem de capadócios
A alta escola	p. 156v a 158v	Nomes de gente
Dez copos d'água	p. 159 a 164	22 de janeiro, no Mato Grosso
Histórias, histórias..	p. 164 a 165	
O negrinho do pastoreio	p. 166 a 169	
O boi-tatá	p. 169v a 172	
Alguidar em cacos	p. 172v a 174	
Fui um brutinho...	p. 174 a 175v	

Manoelito de Ornellas foi um bom leitor desses inéditos cadernos que muito poucos leram. Chegou a dizer que não conhecia "painel mais exato da nossa vida campeira" e que não havia jamais encontrado um contingente maior de poesia em ficção infantil. Longe de ser um rascunho, o final da segunda parte carecia, contudo, do acabamento que o autor, certamente desiludido do projeto, desinteressou-se de fazer. Na primeira edição deste livro, não mostramos entusiasmo quanto à utilidade, nos dias atuais, da publicação desses inéditos na íntegra, mas uma seleção, uma antologia dos melhores textos dos dois cadernos não seria um desserviço à memória e à glória de Simões Lopes, como certamente não o foi, apesar dos protestos de Augusto Meyer, a póstuma divulgação do livro histórico do mesmo nome, no ano de 1955. No entanto, estávamos

(1904)

equivocados. A publicação completa dos cadernos do livro escolar *Terra Gaúcha* veio à estampa em 2013, numa publicação de luxo, com edição do texto e revisão de Luís Augusto Fischer, autor de competente e longo ensaio que fecha o volume. Tivemos o privilégio de colaborar, no livro, com a inserção de breve estudo. Justiça seja feita: nada teria sido editado, não fosse a determinação e esforço de Fausto José Leitão Domingues, atual possuidor e depositário dos cadernos manuscritos e que também contribuiu, na edição, com esclarecedor artigo sobre o arquivo de Simões Lopes Neto. O livro recebeu o título de *Terra Gaúcha. Histórias de infância* (Simões Lopes Neto, João. Belas Letras, Caxias do Sul, 1913).

Como na primeira edição, repetimos a transcrição de um pequeno trecho de uma dessas narrativas inéditas: *Meu Pai*. Nessa passagem, sem dúvida, já habita o escritor Simões Lopes, nos idos de 1904, de corpo inteiro:

"Eu conto. O ano passado, quando viemos à estância, pelo São João, encontramos na estrada um caboclo velho, entanguido de frio em cima do seu cavalito, que era um baio rabão e que estava na espinha. Pois meu pai tirou o casacão, um casacão forrado de flanela de quadrinhos e com gola de veludo e fez o velho vesti--lo; depois deu dois relhaços no matungo do caboclo e tocamos todos a galope, meu pai em mangas de camisa, cantarolando a — Tirana... —, o caboclo, confortado, se mirando todo, eu com pena do papai e contente pelo chiru e o seu Juca Polvadeira com o chapeu bem de banda, em cima da orelha, puxando o cavanha-que e rindo-se para mim, com um ar de quem dizia: – aprenda, menino, que fazer o bem até dá calor no coração!... E o minuano assobiava, que não era graça... Que lindo que, quando eu for moço, homem, como ele, eu seja como meu pai ! Assim, sim, é que é um guasca: forte com os atrevidos, compassivo com os fracos. Não há cavalo que, corcoveando, o derrube; não há arroio que ele não passe, nadando; Não há boi, por mais xucro, que ele não lace, não há égua matreira que ele não boleie! E quando vem para a cidade, veste a sobrecasaca, sabe dançar fazendo mesuras às senhoras, canta trechos de óperas, sabe versos, lê jornais... Só não gosto quando papai dá-lhe para falar em política; a gente nunca entende nada. Até me dá sono."[278]

Materializava-se, portanto, a hipótese levantada por Ligia Chiappini, quando vislumbrou, no texto da conferência de 1904, o projeto "explícito e da própria ficção" do escritor: contar a história do Rio Grande, num livro no início "pensado como um só, constituído de fragmentos vibrantes de patriotismo"; e que tal sonhado livro, ao mesmo tempo em que fracassou, "deu cria, fragmentando-se em toda a obra de Simões"; e foi no correr dos anos se desmembrando no Cancioneiro Guasca, nos Contos Gauchescos, nas Lendas do Sul, nos Casos do Romualdo... ficando pela estrada "fragmentos mais diretamente memorialísticos, porque, a esta altura, já achara outro fio, para relembrar o passado gaúcho, talvez com maior verossimilhança: a fala e o gesto do narrador popular".[279]

E assim, como se fosse magia propiciatória, de tanto assuntar, meditar, sonhar e escrever sobre esse fascinante tema, os escaninhos do destino nos colocaram frente a frente com a certidão de nascimento da obra literária de Simões Lopes Neto.

Durante esses vinte anos de intervalo entre a publicação da primeira edição e esta segunda, muitas descobertas, decorrentes de feliz acaso ou da constante pesquisa em torno da vida e da obra de Simões Lopes Neto, conduziram ao imperioso dever de atualizar esta biografia. Uma delas, provavelmente a mais importante, foi a aparição do texto completo da *Artinha de Leitura*, descortinando-se a peça do quebra-cabeça que faltava para decifrar o projeto educador de Simões Lopes Neto e corrigir dúvidas e equívocos dos analistas sobre o seu conteúdo. A publicização desse extraordinário evento aconteceu no jornal *Zero Hora*, de Porto Alegre, em 29 de novembro de 2008. Foi ali que os leitores se encontraram com a realidade da *Artinha* — cartilha de alfabetização — seu conteúdo,

---

278 No primeiro caderno manuscrito do livro infantil Terra Gaúcha, p.27 e 28.
279 Chiappini, Ligia, ob. cit., p.108.

(1904)

revelado num primeiro momento pela professora Beatriz Ana Loner, da Universidade Federal de Pelotas, que figura no jornal ostentando o pequeno manuscrito encadernado. No frontispício aparece claramente a data de 1907, o nome de seu autor e o título *Artinha de Leitura*, com a frase: *Dedicada às escolas urbanas e rurais*. E mais abaixo, antes da data, as seguintes informações: *A seguir: II – Eu, na escola. III – Terra Gaúcha. IV – Hinos e Glórias do Brasil*. O que deixa claro que esses quatro livros fazem parte do projeto pedagógico e cívico de Simões Lopes Neto. Ainda na capa, e com clareza, o carimbo ovalado "Estado do Rio Grande do Sul – Secretaria do Interior".

A notícia igualmente se reporta à manifestação da doutora em história da alfabetização Eliane Peres, também da UFPEL, primeira a deitar o olho no original ainda inédito e a exaltar o método de vanguarda adotado por Simões, ao defender o ensino concomitante da escrita e da leitura e apresentar um método que funde silabação e palavração. Menciona que o educador português João de Deus, autor da *Cartilha maternal*, o livro didático mais popular no Rio Grande do Sul até 1930, e Hilário Ribeiro são citados na *Artinha de Leitura*, como referências para o desenvolvimento do livro, que não foi adotado pelo Conselho de Instrução Pública do Estado. Adiante, trataremos dos pormenores do achado desta cartilha de alfabetização, o resumo de seu conteúdo e sua importância.

De início já podemos dizer que a *Artinha* é uma cartilha de alfabetização, fundada em métodos modernos de ensino, nada tendo a ver com os dois cadernos escolares *As férias na estância* e *O estudo no colégio*, partes I e II de *Terra Gaúcha*. E com esta revelação já se resolvia a primeira dúvida, lançada por especulações antigas a partir das manifestações de Manoelito de Ornellas.

As informações que trazemos a seguir foram extraídas dos estudos de Beatriz Ana Loner (*Simões Lopes Neto e a Artinha*), Luís Augusto Fischer (*Uma pequena história do texto*), e de Pedro de Moraes Garcez (*Da Artinha de leitura de Simões Lopes Neto*), que integraram a publicação da *Artinha de Leitura*, editada em dupla com *Terra Gaúcha – Histórias de Infância*, no pacote de dois livros, como não poderia deixar de ser, pois faziam parte de um mesmo projeto escolar do seu autor (Belas Letras, 2013).

Durante o ano de 2008, a professora Helga Landgraf Piccolo, aposentada do magistério de História na UFRGS, revelou que havia encontrado ocasionalmente, em sua biblioteca de milhares de volumes, a *Artinha de Leitura*, confeccionada por Simões Lopes Neto. A professora Helga não se lembrava exatamente das circunstâncias que a levaram a garimpar este original num sebo de Porto Alegre. O certo é que ficou por muitos anos esquecido nos escaninhos de sua densa biblioteca e por obra do acaso achada. Ciente de sua importância, lembrou-se de que sua antiga aluna Beatriz Ana Loner, do curso de história da UFRGS, que residia em Pelotas, atuava em acervos e documentação, como professora na UFPEL, e com ela fez contato por telefone. A professora Helga falou de um livreto manuscrito, que havia recentemente descoberto entre seus livros, identificada como cartilha de alfabetização, de autoria de Simões Lopes Neto: a *Artinha de leitura*. E perguntou se havia interesse da Universidade em recebê-la como doação. Conhecedora da obra de Lopes Neto, mas nada sabendo sobre tal cartilha de alfabetização, a professora Beatriz Loner aceitou a oferta, em nome da Universidade, por via de seu núcleo de documentação histórica (NDH), e tratou de consultar especialistas da área literária para avaliar a autenticidade do livreto. Recebeu o livro pelo correio no mês de outubro de 2008 e providenciou na digitalização e armazenamento de seu conteúdo completo nos computadores do NDH, para acesso aos pesquisadores. Focado na documentação de relações de trabalho, sindicatos e história da região sul, o núcleo que a professora Loner coordenava não era o melhor espaço de visualização para a *Artinha*, o que a conduziu a iniciar tratativas com o Instituto João Simões Lopes Neto, sediado em Pelotas. Foi, então, transferida, sob custódia, a guarda

(1904)

do valioso documento original àquela instituição, em solenidade marcada por atividades culturais relacionadas ao evento, incluindo palestra da professora Helga, doadora da Artinha à UFPEL.

Marcada pelo interesse de Simões Lopes Neto em intervir no campo da educação, a história da *Artinha*, segundo Fischer, desdobra-se em quatro momentos: apresentação do requerimento ao Conselho Estadual de Instrução Pública, em 4 de janeiro de 1908, visando autorização para publicação como livro de alfabetização a ser adotado nas escolas; despacho de 3 de março, do Presidente do Estado, remetendo-o ao órgão competente; deliberação do mencionado conselho, em 25 de julho, sustentando que "não podendo o Estado impor a ortografia seguida pelo autor, deve ser reparado o trabalho por estar em desacordo com o regulamento e não obedecer ao critério do ensino"; e por fim, Simões Lopes Neto, em 30 de outubro de 1908, redige uma resposta, *Ligeira Contradita a uma decisão do Conselho de Instrução Pública*, sem pedir a revisão do parecer. Sequer há prova de que a contradita tenha sido enviada. Em suma, por ter o autor seguido, com boa razão, a ortografia adotada pela Academia Brasileira de Letras, contrariando grande parte dos intelectuais gaúchos, sua cartilha de alfabetização deixou de ser aceita pelas autoridades estaduais de ensino.

Especialista na área educacional, Pedro de Moraes Garcez fortalece a impressão de que a *Artinha* foi um projeto avançado de Simões Lopes Neto, não destinado unicamente a ensinar a ler e escrever, mas também a formar leitores. Uma das suas excepcionais qualidades foi a de articular, num só pequeno volume, o emprego de palavras, frases, textos completos e ilustrações, em vez de apenas letras e sílabas. Preconizando o ensino focado na aprendizagem, sem autoritarismo nem condescendência, a cartilha de Simões está organizada em cinco partes: I – vogais e ditongos; II – consoantes e dígrafos; III – sílabas inversas — formadas por vogal e consoante —, complexas — com mais de duas letras — e sinais ortográficos; IV – contos morais, com convite ao leitor para reagir ao texto; V – bateria de exercícios e manual do professor. A *Artinha*, para Garcez, na sua ordem de apresentação das letras, aproveita e melhora a do clássico método João de Deus, aproximando-a das concepções contemporâneas de organização de grafia em língua portuguesa pela progressão por critério de mais fácil ao mais complexo, em função da natureza da relação entre unidade sonora e representação gráfica (*Artinha*, 2013, p.165).

A atividade de João Simões & Cia., com os fumos e cigarros já em liquidação, perdeu força em primeiro de agosto de 1904, conforme comunicado publicado na edição do Diário Popular de 28 do mesmo mês, em que se revela a transferência da seção da fábrica de fumos ao comerciante Letterio Bonarrigo, novo proprietário do empreendimento e que deu continuidade ao negócio, conforme os dados apresentados por Fausto José Leitão Domingues, no artigo de sua autoria, publicado no *Diário da Manhã, de Pelotas*, em 24 de dezembro de 2021: *Cláudia Antunes, o Diabo e São Pedro*"".

Transcreve-se o comunicado apresentado ao público pelos envolvidos na transação com a ortografia e sinais gráficos originais:

> "Pelotas, 1º de agosto de 1904. Ilmo. Sr. -Tendo adquirido por compra aos srs. João Simões & Cia, proprietarios da antiga e conhecida -marca Diavolus, registrada- a sua bem montada secção –Fabrica de Fumos- cumpro o agradavel dever de comunicar a v. s. que, iniciando o commercio de fumos, sob a denominação Fabrica S. Pedro, aguardo as boas ordens de v. s. para qualquer fornecimento do artigo, tanto em fumos crespos como caporaes, ordens que atenderei com todo o esmero e pontualidade.
>
> Esperando ser honrado com a sua preferência, peço-lhe tomar nota da minha assignatura e me subscrevo com toda a consideração. De v. s. amgº, crdº, atto. e obr. – Letterio Bonarrigo.

(1904)

Ilmo. Sr. –Tendo trespassado ao sr. Letterio Bonarrigo a nossa secção de Fabrica de Fumos, comunicamos a v. s. que continuamos com a inteira propriedade da nossa antiga marca Diavolus registrada, usando-a, porém, somente para Tabacina e para o nosso Caporal desnicotinado, unicos productos que continuamos a fabricar, annexo ao nosso ramo de commissões geraes e agencias diversas.

Solicitando para os artigos do nosso successor a sua boa preferencia, que tanta vez nos foi dispensada, pedimol-a outrossim para os productos que continuamos a manter e nos firmamos, repetindo-nos com toda consideração – De v. s. attos, crds, obdos. – João Simões & C., em liquidação."

Não podendo usar a mesma marca *Diavolus*, o comprador do negócio optou pela marca São Pedro, numa curiosa refutação, que opõe o nome de São Pedro ao Diabo. É possível que o novo dono, assustado com a repercussão negativa com que muitos fiéis da igreja católica recepcionaram a marca no início do século, tenha decidido dessa forma. E por fim, é mais que provável que ambas as notas publicadas tenham sido redigidas por Simões Lopes Neto, que nelas deixou várias pistas de seu estilo. É peculiar, para Simões, o uso dos travessões no lugar das aspas, para destacar vocábulos, sem falar na redação escorreita, clara, comedida e elegante, sempre presente nos textos jornalísticos do biografado.

No último semestre do ano de 1904, como se infere das breves referências deste capítulo, no qual narrou-se a trajetória do livro escolar *Terra Gaúcha*, a partir da conferência proferida na Biblioteca Pública, as preocupações de Simões Lopes Neto giraram em torno desse projeto, conforme ilustram as notas 265 (17 de julho de 1904: sobre a conferência *Educação Cívica, Terra Gaúcha, apresentação de um livro*); 266 (04 de outubro de 1904: notícia de jornal sobre a evolução do livro em preparo anunciado na conferência), 267 (14 de outubro de 1904: ata da diretoria da União Gaúcha) e 268 (24 de novembro de 1904: circular na imprensa reafirmando o compromisso com a conclusão do livro e anunciando subscrições públicas e a comissão patrocinadora da publicação). E tudo isso sem descuidar da chefia do 2º Tabelionato, do andamento da liquidação da firma João Simões & Cia., da continuidade da fabricação do fungicida e antiparasitário *Tabacina*, do fumo *Caporal desnicotinado*, e do ramo das comissões gerais e agências diversas. Como se viu, um ano cheio para o incansável e sempre requisitado João Simões, ainda a residir no casarão da rua 7 de Abril nº 52 (atual D. Pedro II, 810).

Capítulo 10

(1905 - 1906)

" – Eu tive campos, vendi-os; frequentei academia, não me
formei; mas, sem terras e sem diploma, continuo a ser...
capitão da Guarda Nacional!"
J. Simões Lopes Neto

Na vida de Simões Lopes Neto, 1905 seria um ano de rupturas intelectuais. Um sério Simões Lopes parece querer ocupar, definitivamente, o lugar do galhofeiro Serafim Bemol, que vai sumindo aos poucos.
Permanece o escritor no posto de tabelião, no segundo cartório de sua
cidade, enredado na rotina do ofício. Os livros do cartório não mentem.
Notário efetivo desde o mês de julho do ano antecedente, Simões Lopes
seguia escrevendo, de próprio punho, as escrituras lavradas no seu tabelionato e outorgando fé pública com seu autógrafo. E assim ficariam as
coisas quase até o final do ano de 1905, quando, sem razões plausíveis, o
nome do escritor deixa de figurar, nas escrituras, como notário. O último
ato assinado por João Simões Lopes Neto, no livro de escrituras de compra e venda, seria uma ratificação, datada de 30 de novembro, já lavrada
por Demócrito Rodrigues da Silva, que vinha redigindo as escrituras,

há pouco mais de um mês, como ajudante do notário.[280] E no livro de escrituras de diversa espécie, o último ato sob a fé de João Simões é uma escritura de confissão de dívida, feita em 21 de novembro, com a letra e redação do seu ajudante Demócrito, que já estava a lavrar os atos cartoriais desde 19 de outubro do mesmo ano.[281] Fora dos documentos do cartório, onde a curta passagem do capitão João Simões foi rastreada nos depósitos dos velhos livros oficiais, o episódio não ficaria bem narrado sem a alusão ao que contaram os familiares do escritor. "Apesar da nossa pouca idade", diria a sobrinha do escritor ao falar sobre 1905, "cansamos de ouvir João Simões dizer à esposa, todas as manhãs, antes de sair: – Se precisares de alguma coisa, Velha, liga o telefone para o cartório. Mas um dia ele não saiu e nunca mais ouvimos falar em cartório." E tenta encontrar uma justificativa: "Com o correr do tempo fui compreendendo o 'porquê' da desistência do cartório; João Simões não gostava de ser mandado ou estar trabalhando num cargo em que não havia jeito de expandir sua inteligência. Sentia-se mais à vontade, mais independente, mandando em si." E segue conjeturando. "É provável, também, que não quisesse perder tempo, pois começara a se dedicar de corpo e alma ao problema da educação infantil..."[282] Há registros na imprensa sobre essa atividade do escritor, a coincidir com o período em que se desenvolveu. Nas datas do seu natalício, tanto em 1905, quando estava na ativa, quanto em 1906, quando já não mais exercia o cargo, protocolares cumprimentos de jornal parabenizam o aniversariante João Simões Lopes Neto, "segundo notário deste foro".[283] Porém, Simões Lopes não resistiria nem dois anos nessa burocrática tarefa. O desfecho, contudo, não foi suficientemente esclarecido, tendo sempre prevalecido a conjetura dos poucos biógrafos do escritor, que preferem atribuir ao seu desassossego a exoneração de um

---

280   Livro 72, aberto em 6 de janeiro de 1905, fls. 76 a 77.
281   Livro 72-A, aberto em 29 de abril de 1905, fls. 35 a 36v.
282   Massot, Ivete Barcellos, ob. cit., p.132.
283   *A Opinião Pública*, 09 de março de 1905 e 09 de março de 1906.

(1905 – 1906)

posto por tantos cobiçado. Simões, diria Reverbel, era homem de jogar fora até cartório.

A memorialista Ivete Barcellos Massot assinala como sendo por volta de 1905 a chegada da menininha Firmina de Oliveira na residência dos Simões Lopes. Sem filhos e casados há mais de dez anos, decidiram trazer para casa, como filha, uma criança que lhes fora oferecida por uma família pobre da periferia da cidade. Como era comum naqueles tempos, Firmina passou a ser a filha de criação do casal Simões Lopes. Mesmo sem ter-se oficializado a adoção, Firmina usaria, para sempre, o nome Oliveira Lopes. Muito tempo depois é que dona Francisca, viúva há mais de trinta anos, adotaria Firmina. É muito provável que Firmina tenha sido recebida por João Simões e dona Velha antes de 1905, dois ou três anos depois da virada do século, pois havia nascido em 1896 e existem documentos oficiais, lavrados a pedido da viúva do escritor, informando que a menina vivia como filha, na casa do casal Simões Lopes, "desde tenra idade". Em 1927, no testamento público de Francisca Meirelles Simões Lopes, ao instituir Firmina como única herdeira dos bens que deixasse por ocasião da morte, a testadora declarou que a beneficiária vinha "sendo por ela criada e mantida desde tenra idade e à qual" consagrava "o mais arraigado afeto".[284] O nascimento de Firmina, que ocorreu em 20 de novembro de 1896, foi assentado pelo escrivão José Osimod' Aquino e encontra-se documentado, assim como se transcreve, no registro civil:

"Aos vinte e um dias do mês de novembro do ano de mil oitocentos e noventa e seis, nesta cidade de Pelotas, Estado do Rio Grande do Sul, em meu cartório compareceu Firmino Thomaz de Oliveira, trabalhador, casado com Maria da Conceição de Oliveira, residente à rua Gonçalves Chaves, número dezessete; declarou que sua esposa, ontem, às sete horas da noite, deu à luz a uma criança do sexo feminino, a qual chama-se

---

284   Testamento lavrado n° 1° Notariado de Pelotas, por escritura pública, em 22 de março de 1927, no livro de registros diversos, sob n° 89, folhas 200 e verso.

Firmina de Oliveira. São seus avós paternos: o finado Firmino Thomaz de Oliveira, natural de Santa Catarina e Maria da Glória de Oliveira, deste Estado, e maternos: João Fernandes de Lima, natural de Portugal e Maria Magdalena de Lima, deste Estado. E para constar, lavrei este termo que assina a rogo do declarante, por não saber escrever, Epaminondas Pelotense Gomes, casado, serventuário público e as testemunhas Henrique Lavater, oficial de justiça e Clementino Leal Pereira, comércio, ambos solteiros, os três residentes nesta cidade."[285] Somente a 24 de setembro de 1945, com setenta e dois anos de idade, é que Francisca Meirelles Simões Lopes iria oficializar a adoção de Firmina, que estava para completar quarenta e nove anos. Na escritura, lavrada nas notas do Segundo Tabelionato de Pelotas, fez a adotante consignar que reconhecia por sua filha adotiva a outorgada Firmina de Oliveira Lopes, "a quem consagra amor maternal", por tê-la "criado desde tenra idade". Ao fim da escritura, a adotada declarou-se "muito grata à outorgante", aceitando a adoção.[286] Dessa forma, tardiamente, a viúva do escritor terminou oficializando um ato que começara muito longe no tempo e que seu extinto marido tantas vezes havia protelado, como fizera com muitos projetos de sua vida pessoal, conquanto houvesse dado muitas provas de amor paternal à Firmina, a quem efetivamente considerava como verdadeira filha. Se Ivete Massot se equivocou na data em que o casal Simões Lopes recebeu a menina, acertou, contudo, quando disse que Firmina, sua companheirinha de brincadeiras infantis na casa dos tios João e Francisca, era apenas um ano mais velha do que ela.[287] Diria Ivete, no seu livro de reminiscências, falando da entrega da menina aos tios:

---

285   Cartório do Registro Civil do 1º Distrito de Pelotas, Registro nº 1.040, folhas 178 e verso, do livro de assentos de nascimento, nº 25, em 21 de novembro de 1896.

286   2º Cartório de Notas da Comarca de Pelotas, Livro nº 100, folhas 166 e verso, sob nº 526, em 24 de setembro de 1945.

287   A escritora Ivete Simões Lopes Barcellos Massot nasceu em 05 de setembro de 1897.

(1905 – 1906)

"O bondoso pai, com lágrimas nos olhos, confiou à minha madrinha a caçula, Firmina, um ano mais velhinha do que eu e que tinha o nome do pai." E mais adiante, no seu relato, arremataria: "...quando chegamos em casa peguei a mão de Firmina e me senti tão feliz, como se estivesse conduzindo pela mão um raio de sol. Pus de lado os meus insípidos livrinhos de figuras e passei a ter com quem conversar, rir e fazer roupas de boneca. E quando, à tarde, eu ia para casa, era uma festa! Todos gostavam de ver Firmina brincar, correr e pular como uma cabrinha."[288] Firmina revelaria, ao longo da sua vida, pouca progressão nas atividades escolares e muitas dificuldades no seu desenvolvimento intelectual. Para os que a conheceram, parecia ter estacionado seu progresso mental na infância.[289] Idolatrava a figura do pai de criação, que morreu quando ela ainda não completara vinte anos, e não se pode duvidar dos mimos e demonstrações de carinho que recebia de Simões Lopes. Essas boas recordações infantis viriam à tona numa mensagem que ela, com suas poucas luzes, escreveria em 1939, sob o título Relembrando o Passado, a pretexto de uma homenagem ao escritor, por iniciativa de Faria Corrêa, da Academia de Letras do Rio Grande do Sul. Referindo-se a Simões Lopes Neto, Firmina recordaria, entre outras lembranças, que este seu verdadeiro pai de coração — o de sangue não chegara a conhecer, pois dele separou-se quando era ainda bem pequenina — chamava-a de Amor, chegava em casa sempre trazendo alguma gulodice e brincava de esconder com ela e com o cachorrinho da casa. Certa vez, tendo levado a pequena ao cabeleireiro, ficou desapontado quando viu os cachinhos esparramados no chão. E Firmina costumava, em casa, levar-lhe sempre o cafezinho de todos os dias, pois Simões gostava que ela, e mais ninguém, cumprisse essa tarefa.[290]

---

288   Massot, Ivete Barcellos, ob. cit., p.131-132.
289   Carlos Reverbel, que frequentou a casa de dona Francisca, na rua General Argolo n° 158, referiu-se a Firmina como "uma criaturinha boa e delicada, mas limitada de nascença por falta de luzes mentais" (no prefácio a Casos do Romualdo, Porto Alegre: Martins Livreiro, 1992, p.9).
290   Álbum de recortes: acervo da Biblioteca Pública Pelotense.

Nesse 1905 é que João Simões publica, no volume II dos Anais da Biblioteca Pública, já presidida por Nunes de Souza, uma importante colaboração histórica: *A Cidade de Pelotas* — apontamentos para alguma monografia para o seu centenário, não sendo de descartar a hipótese de que este tenha sido o primeiro texto sistematizado, em letra de forma, sobre a história da cidade. É o mesmo texto que o autor apresentaria, anos depois, em fascículos, com algumas ilustrações, pequena supressão e deslocamento de alguns trechos, na Revista do 1° Centenário, por ele dirigida e confeccionada, para comemorar os primeiros cem anos da cidade de Pelotas. A importância desse texto historiográfico, criado nos idos de 1905, reside numa simples constatação que parece não ter sido ainda grifada por todos quantos esquadrinharam a vida e a obra de Simões Lopes Neto. Seria esse o primeiro traçado histórico sistemático que se conhece, em publicação, sobre a sua cidade natal. De certa forma, uma preparação precursora do livro que viria depois, já em 1922, escrito por Fernando Osório[291], que em diversas e densas passagens se reporta ao que já fora escrito por Simões. Na mesma publicação do volume II dos *Annaes da Bibliotheca Publica Pelotense*, constou uma interessante anotação, inserida no relatório de 1905, no item correspondente ao Gabinete de Leitura, quando arrola os volumes que a biblioteca recebeu por doação para seu acervo. Entre os 1.275 recebidos, o relatório reporta-se a 23 volumes, em sua maioria de real valor, doados por João Simões Lopes Neto (p.157). Mesmo não tendo sido especificados os títulos, essa informação é relevante por duas razões: demonstra que Simões começava a se aproximar, com maior frequência, àquela instituição cultural, além de confirmar a aventada hipótese de que o escritor realmente possuía uma biblioteca pessoal, como era costume entre os intelectuais da sua época.

Durante o ano de 1905, cai nas mãos de Simões Lopes Neto um pequeno livro de autoria de um desconhecido escritor regionalista, edi-

---

291   A Cidade de Pelotas. Pelotas: Tip. Diário Popular, 1922.

(1905 – 1906)

tado pela Livraria Universal, de Echenique Irmãos & Cia. Estamos nos referindo a *Recordações Gaúchas*, de Luiz Araújo Filho.[292] Simões ficou impressionado e há fortes indícios de que a leitura daquele livrinho, que o autor dedicou aos seus patrícios campeiros, simples e encantador ao descrever sem exageros a campanha e seus tipos, suas tradições e seus costumes, é que seria a matriz de muitos temas para o projeto literário que pouco depois o autor das *Lendas do Sul* começaria a desenvolver. Fonte de episódios vertidos nos *Contos Gauchescos*, como no caso do gaúcho que aposta a mulher no jogo do osso, na busca do passado lendário e heroico e na própria estrutura da narração, onde muitos relatos vão se soltando pela voz do vaqueano Chico Pedro, antecessor de Blau Nunes, essa edição de 1905, dita segunda, do livro *Recordações Gaúchas*, de Luiz Araújo Filho, é hoje considerada rara e povoa o mundo virtual dos objetos de desejo de muitos simonianos, ávidos para possuir o original que teria sido a matriz inspiradora de parte da obra do rapsodo bárbaro.

Dividido entre as atividades do dia-a-dia de seus negócios, que nesse ano já iam de mal a pior, Simões não repudiava os chamados das entidades que queriam contar com ele. Foi assim que ocorreu no dia 3 de setembro desse mesmo 1905, quando se realizou, a uma hora da tarde, a assembleia geral da União Gaúcha, naquele dia com a finalidade de eleger a diretoria da sociedade até o mês de setembro do ano subsequente. O prestígio do capitão João Simões, candidato a primeiro mandatário, ficava escancarado com a expressiva presença de votantes. Nada menos do que setenta e seis associados estiveram presentes. A sessão foi presidida por Francisco de Paula Amarante e secretariada por Joaquim Luís Osório.

Simões foi eleito com setenta e cinco votos! Tudo estava a indicar que só ele mesmo não tivesse sufragado seu nome. Porém, essa unanimidade

---

292   Luiz Araújo Filho, pseudônimo LAF, advogado, jornalista e escritor. Nasceu e morreu em Alegrete (1845–1918). Esta raríssima edição de 1905 seria a segunda, como consta na capa; a primeira teria sido publicada em 1898, pela Gazeta de Alegrete (Villas-Boas, Pedro, Notas de Bibliografia Sul-Rio-Grandense. Porto Alegre: A Nação-IEL, 1974, p.33).

não ocorreria no escrutínio da vice-presidência. Joaquim Leivas e Antônio Ferreira Soares ficaram empatados com trinta e oito votos cada um, tendo o primeiro vencido por sorteio. Para orador da agremiação, sempre um cargo muito prestigiado, Manuel Luís Osório suplantou Joaquim Luís Osório por um voto. A sessão estendeu-se por toda a tarde e a ata, no jargão peculiar, registra que às 8 horas da noite houve "brilhante manifestação do presidente eleito" e que a saudação ao novo presidente, em nome da União Gaúcha, foi feita pelo associado Joaquim Luís Osório.[293]

A posse de João Simões Lopes Neto na presidência da União Gaúcha e de todos os seus companheiros de diretoria aconteceu uma semana depois, na tarde de domingo do dia 10 de setembro, também na sede da associação.[294] Levando muito a sério o encargo que assumia, Simões Lopes Neto iniciaria um longo período de dedicação à entidade tradicionalista e já na segunda-feira seguinte, a 11 de setembro, faria a primeira reunião de diretoria.[295] Dessa data em diante, Simões é visto com frequência quase diária na sede da União Gaúcha e, atento a todas as questões da agremiação, realiza mais seis reuniões de diretoria, sempre em dias úteis, à noite, até seu licenciamento, a 11 de dezembro. Na reunião que se realizou naquela noite de segunda-feira, 11 de dezembro, Simões Lopes Neto comunicou aos seus pares, como ficou registrado em ata, que teria de retirar-se por alguns meses para fora da cidade e passar o comando da associação ao seu vice, Joaquim Leivas.[296] A licença duraria seis meses. Simões Lopes estava tomado por um indisfarçável entusiasmo de civismo, ao modo de Bilac, e partia em pregação patriótica por municípios rio-grandenses. Na reunião de diretoria da União Gaúcha, que se realizou na noite de uma sexta-feira, a 16 de fevereiro de 1906, Simões Lopes, já licenciado, compareceu para relatar que na viagem que

---

293   Ata n° 8, de 03 de setembro de 1905.
294   Ata n° 9, de 10 de setembro de 1905.
295   Atas números 11 (de 04 de outubro de 1905) a 16 (de 11 de dezembro de 1905).
296   Ata n° 16, de 11 de dezembro de 1905.

(1905 – 1906)

fez pelo estado, a atender assuntos particulares, foi recebido de maneira cativante — a expressão é da ata — pelas sociedades Gaúchas de Bagé e Porto Alegre, e também por outras entidades, como o Clube Caixeiral de São Gabriel e os de igual nome de Santa Maria e Porto Alegre, solicitando à União Gaúcha "que chamasse a si estas distinções que lhe foram feitas em caráter oficial, agradecendo a essas associações".[297] Essa viagem do presidente licenciado, em cruzada cívica, foi confirmada na imprensa. Nota d'A Opinião Pública informava, antes do final do ano de 1905, que João Simões Lopes Neto havia pronunciado, em Bagé, a conferência Educação Cívica, e que uma comissão do Centro Gaúcho, daquela cidade, acompanhou o conferencista ao hotel, onde houve troca de brindes.[298] O retorno de Simões Lopes a Pelotas, encerrando seu ciclo de palestras, seria documentado no mesmo vespertino, em 11 de janeiro de 1906, ao noticiar que João Simões Lopes Neto deveria regressar no dia seguinte da capital gaúcha, depois de pronunciar conferências sobre educação cívica nas cidades de Bagé, São Gabriel e Porto Alegre.[299] Contudo, sua licença da presidência da Gaúcha se estenderia até dezenove de junho de 1906, quando retomou seu cargo de primeiro mandatário e justificou que se havia "demorado na sua viagem para o Rio de Janeiro". Nessa mesma reunião, já presidida por Simões, é lido um ofício, entre outros do expediente, enviado pelo doutor Augusto Simões Lopes, comunicando que havia assumido, em 11 de maio, a direção e a propriedade do *Correio Mercantil*, e oferecendo seus préstimos à União Gaúcha.[300] Esses dois episódios que as atas da sociedade registraram — a referência à viagem ao Rio de Janeiro e a assunção de Augusto Simões Lopes no *Correio Mercantil* —, são mais relevantes do que poderiam parecer, à primeira vista, na biografia do escritor. O primeiro porque marca, oficialmente, a data dessa

---

297   Ata n° 19, de 16 de fevereiro de 1906.
298   A Opinião Pública, 20 de dezembro de 1905.
299   A Opinião Pública, 11 de janeiro de 1906.
300   Ata n° 23, livro 2, de 19 de junho de 1906.

nova viagem ao Rio de Janeiro, que muitas notas insistiram em colocar como tendo ocorrido no ano anterior, e o segundo porque daria a Simões Lopes o ensejo de divulgar, nas páginas daquele jornal, com antecedência de anos à primeira publicação em livro, aquela que seria considerada por muitos como a sua obra-prima: a lenda do Negrinho do Pastoreio. Na viagem ao Rio de Janeiro, realizada no primeiro semestre, João Simões Lopes Neto encontra uma capital da República com outra fisionomia urbana. As demolições e as obras do prefeito Pereira Passos, iniciadas em 1903, apelidadas pelos cariocas de bota-abaixo, já tinham colocado a Capital Federal no século XX, tendo como símbolo do progresso as largas avenidas que se abriram. Comparada à administração de Haussmann, que remodelou o centro urbano de Paris, a prefeitura de Pereira Passos atacou os bacalhoeiros da Rua do Mercado, os tamanqueiros do Beco do Fisco, os mestres-de-obras que construíam casas sem ventilação e alcovas sem janelas, desapropriando prédios velhos, ninhos de lacraias e de ratos, alargando ruas, como a Uruguaiana, inaugurando praças arborizadas e proibindo a atuação dos vendedores de frituras e seus pregões históricos, não se curvando aos interesses dos poderosos.[301] Simões depara-se com uma cidade saneada, sem os males tropicais exterminados por Oswaldo Cruz, alegre e iluminada. A Capital vivia, como disse Pedro Calmon, a transição da cidade malsã para a cidade maravilhosa. A partir de junho, portanto, quando retornou do Rio com alma nova, Simões Lopes cumpriria seu mandato na União Gaúcha sem outras licenças, acumulando com essa ocupação, que lhe tomava precioso tempo, todos os seus afazeres do dia-a-dia: as atividades profissionais, a presença em diretorias de outras entidades, as conferências, as colaborações jornalísticas e a criação literária, cujo projeto, naqueles tempos, apenas estava começando a se esboçar na sua extraordinária mente. Quando reassume a presidência

---

301   Trigo, Luciano. O Viajante Imóvel. Machado de Assis e o Rio de janeiro de seu Tempo. Rio de Janeiro: Record, 2001, p.293-294.

(1905 – 1906)

da União Gaúcha, no retorno do Rio de Janeiro, o capitão João Simões intensifica seus planos e sacode a entidade com a ideia da criação de uma linha do Tiro Brasileiro, vinculada à agremiação que preside. A partir daí e até o final desse mandato, que se encerrará no mês de setembro, Simões Lopes Neto empenha-se em dar novo rumo à entidade, propondo fusão com outras agremiações, para aumentar sua força de ação e com isso proporcionar a criação da linha de tiro. Promove reuniões no Clube Caixeiral com os representantes de vários grêmios locais, convoca assembleias gerais e são enviadas mensagens à representação rio-grandense no Congresso Nacional, especialmente aos deputados e senadores da região, pedindo apoio para a rápida aprovação da lei correspondente à criação do Tiro. A União Gaúcha arrenda um grande terreno à avenida 20 de Setembro, para sediar a linha de tiro. Vai ao devaneio de fazer chegar mensagem ao Presidente da República, que estava por visitar Pelotas, para convidá-lo a presidir a sessão solene de instalação da linha de tiro militar. A visita efetivamente ocorreu, mas o projeto inicial da sessão solene ficou frustrado. Transformou-se numa grande recepção tradicionalista, organizada pela União Gaúcha, aos presidentes Affonso Penna, da República, e Borges de Medeiros, do Rio Grande do Sul. Nos festejos de recepção, a já tradicional agremiação se fez representar, montada e uniformizada, com animalada cedida pelo associado e estancieiro Joaquim Araújo. Todos esses acontecimentos, suas marchas e contramarchas, foram registrados nas atas da União Gaúcha.[302] E tanto fez o presidente, que acabou sendo eleito para um segundo mandato, supõe-se que meio a contragosto, em assembleia geral do dia dois de setembro de 1906.

E foi, ainda, no ano de 1906 que se conheceu a segunda versão da conferência *Educação Cívica*, publicada sob o patrocínio das sociedades União Gaúcha, de Pelotas, Centro Gaúcho, de Bagé, e Grêmio Gaúcho,

---

302   Atas de números 24 a 29, datadas de 01 de julho de 1906, 04 de julho de 1906, 14 de julho de 1906, 23 de julho de 1906, 10 de agosto de 1906 e 21 de agosto de 1906.

de Porto Alegre, para distribuição gratuita.[303] É a reprodução da conferência itinerante que Simões proferiu em Pelotas e depois na peregrinação patriótica pelos municípios de Bagé, Porto Alegre, Santa Maria, São Gabriel e Rio Grande. O texto está agora renovado e modifica o que foi lido na palestra de 17 de julho de 1904, pois o autor introduz, entre outras inserções, o longo trecho que anos depois seria usado na apresentação de Blau Nunes, no livro *Contos Gauchescos*. Contudo, as alterações e melhorias dessa nova versão merecem maior aprofundamento. Entre a conferência de 1904 e a preparação do texto para publicação, Simões encontrou-se com o surpreendente livro recém publicado de Manoel Bomfim: *América latina, males de origem* (1905). Esse encontro, a empatia intelectual que se produziu e os efeitos colhidos pelo escritor gaúcho para a nova versão da conferência estão demoradamente narrados por Fischer, no ensaio sobre o contexto histórico e alguns aspectos literários de *Terra Gaúcha: Histórias de Infância* (1913). Num período da nossa história em que predominava um ponto de vista conveniente às elites dominantes, no sentido de depreciar os negros, a população indígena e, sobremaneira, os mestiços, a eles atribuindo a razão de todas as mazelas latino-americanas, Bomfim (sergipano, médico e educador) refuta essas ideias com precisão e coragem, construindo tese diametralmente oposta. Selecionamos o seguinte texto da análise de L. A. Fischer:

"Bem: este livro de Bomfim, após uma análise crítica da ação da elite sul-americana, em particular a brasileira ('ontem parasita do escravo, hoje parasita da Estado' diz ele, em síntese sensacional), após defender o homem comum do subcontinente, tanto os índios e os negros quanto os mestiços (como o gaúcho e o caboclo), que ele afirma terem capacidade igual à de qualquer outra gente, desde que alimentada e educada, enfim depois de argumentar longamente em favor da educação, do investimen-

---

303   Simões Lopes Neto, João. Educação Cívica. Conferência realizada na Biblioteca Pública de Pelotas e repetida, a convite, em outras cidades. Sociedade União Gaúcha, de Pelotas, Centro Gaúcho, de Bagé, e Grêmio Gaúcho, de Porto Alegre. Pelotas: 1906.

(1905 – 1906)

to na preparação das massas para a vida intelectual, para o trabalho e a ciência, único caminho para romper o circuito da exploração sobre o continente americano pelos europeus, chamados com todas as letras de parasitas (e pelos novos dominadores, os Estados Unidos, como agudamente Bomfim percebe na Doutrina Monroe)". A seguir, como se extrai da citação de Fischer, o autor faz o elogio da utopia, deixando sua condenação e desprezo para as gentes conservadoras. Identificado com o autor sergipano, que conseguia articular de maneira clara e precisa o que ele há muito pensava, Simões arrumou um jeito de colocá-lo na nova versão da *Educação Cívica*, encaixando, quase na íntegra, os dois grandes parágrafos que encerram o livro de Bomfim na parte final da nova versão da conferência que publicou. Caçado sem muito sucesso pelos bibliófilos, esse opúsculo de vinte páginas e de reduzidíssima tiragem é hoje uma raridade que pode ser vista no arquivo histórico da Biblioteca Pública Pelotense, no acervo da União Gaúcha Simões Lopes Neto, ou na biblioteca do Instituto João Simões Lopes Neto.

Estava por encerrar-se o primeiro mandato de Simões Lopes Neto na presidência da União Gaúcha. João Simões não queria ser reeleito. Seu candidato era o médico Edmundo Berchon des Essarts. Na chapa que a diretoria sugeriu, encabeçada pelo Doutor Berchon, Simões ficaria com a vice-presidência.[304] Porém, a dois de setembro, na assembleia geral convocada para a votação, surgiu o impasse. O candidato de Simões Lopes enviou carta, abrindo mão da indicação e alegando que os deveres de sua clínica e na provedoria da Santa Casa de Misericórdia o impediam de atender às exigências do cargo. Na mesma assembleia, com presença de cinquenta e dois sócios, Simões, em breve relatório das atividades de sua diretoria e abusando dos adjetivos, afirma que "foi grande o número de sócios novos; a sociedade melhorou e aumentou o seu patrimônio; conseguiu encerrar o ano financeiro com um valioso saldo em dinheiro;

---

304   Ata n° 29, de 21 de agosto de 1906.

teve a satisfação de ver coroadas do mais brilhante êxito as festas em que a União Gaúcha empenhou-se; por último, sente-se desvanecido por ver o geral apoio em torno da aspiração social que agitou, da criação da linha do Tiro Brasileiro." Seguiu-se a eleição, sem apresentação de candidatos, e Simões Lopes Neto acabou sendo reeleito com 51 votos para presidir a União Gaúcha nos anos 1906/1907. Berchon, no escrutínio, aparece com um voto, provavelmente o voto simbólico do próprio Simões Lopes Neto. Joaquim Luís Osório ficou com a vice-presidência e Augusto Simões Lopes foi eleito orador.[305] A posse somente ocorreria aos 23 dias de setembro. E por tal razão pode-se considerar, ainda, como um dos últimos atos do primeiro mandatário da diretoria que encerrava sua gestão, a postagem de telegramas ao senador Pinheiro Machado e ao deputado Ildefonso Simões Lopes, congratulando-se com a aprovação do projeto Federação do Tiro Brasileiro. A mensagem ao senador vem vazada em termos burocráticos, mas a enviada ao deputado, tio e confrade do presidente, tem as tintas e o vezo da entidade, com o dedo do escritor Simões Lopes, já testando o linguajar e o floreio do velho Blau: "Gauchada abichornada demora, hoje sacode o poncho, abre o peito contente, votação Federação Tiro. Patrício, toque! – União Gaúcha." A resposta do deputado veio rápida e afinada: "Longe pagos, acolherado mesmos desejos guapos companheiros, respondo: toquem! – Simões".[306] Estava dado o sinal verde para que no seio da União Gaúcha fosse criada uma sociedade do Tiro Brasileiro. Mas tal não aconteceria sob o mandato do incansável Simões Lopes Neto. Sucessivas protelações, motivadas pela necessidade de mudança da sede social da agremiação e por suas crescentes dificuldades financeiras, impediram a criação da sociedade do Tiro na gestão de Simões Lopes. O assunto somente seria retomado pela diretoria subsequente, sob a presidência de Antero Anselmo da Cunha,

---

305   Ata n° 30, de 02 de setembro de 1906.
306   Ata n° 31, de 04 de setembro de 1906.

(1905 – 1906)

por intervenção do diretor Manoel Gonçalves Lopes, lembrando que a União Gaúcha assumira, há tempos, o compromisso de fundar uma sociedade do Tiro Brasileiro, razão pela qual, depois de tanto trabalho feito, não se deveria desperdiçá-lo, com o que se prestaria "grande serviço aos associados que se acham compreendidos no sorteio militar, aproveitando eles os favores que a lei garante aos que frequentarem os respectivos exercícios, provando habilitação".[307] Presente à reunião, Simões fez moção de apoio, o que lhe valeu participar da comissão para tal fim formada. Mas nada abalava o atarefado Simões Lopes Neto, que não poupou trabalho, juntamente com os demais componentes da já reduzida comissão, para conseguir criar a sociedade Tiro Brasileiro, em 12 de outubro do mesmo ano, no salão da Gaúcha.[308] Coincidência ou não, o exame das atas revela que depois da era Lopes Neto a sociedade vai aos poucos perdendo prestígio na comunidade. Nas três eleições do coronel Antero Anselmo da Cunha, que foi presidente de 1907 a 1910, a afluência às assembleias foi sempre muito pequena (vinte e um votantes em 1907, vinte em 1908 e dezessete em 1909). Já com o título de presidente honorário, concedido na assembleia realizada em 8 de setembro de 1907, mas permanecendo nessas três diretorias, primeiro como diretor e nos anos seguintes como orador, o capitão Simões nunca deixou de servir à entidade.

A primeira série da Coleção Brasiliana[309], organizada por João Simões Lopes Neto, apareceu em outubro de 1906, portanto, no mês seguinte àquele em que se iniciou o segundo mandato do escritor na presidência da União Gaúcha. O lançamento foi documentado na imprensa. Em nota publicitária publicada n'*A Opinião Pública*, a Livraria Americana anunciava os cartões postais para venda em seu estabelecimento, como "novidade sensacional", informando que "o assunto da Coleção Brasiliana

---

307   Ata n° 52, 27 de janeiro de 1908.
308   Ata n° 63, de 31 de dezembro de 1908.
309   Coleção "Brasiliana" de Vulgarização dos Fastos da História Nacional – em 12 séries de 25 ilustrações, organizada por J.Simões Lopes Neto. Pelotas: Estabelecimento Gráfico Chapon, s/d.

é todo ele nacional, e portanto patriótico. Cada coleção consta de 25 cartões finamente ilustrados e destinados a um lugar de honra nos álbuns dos amadores de bom gosto", ao preço de cinco mil réis cada conjunto. No seu plano inicial, Simões Lopes pretendia imprimir doze séries de vinte e cinco cartões, mas o projeto, como quase tudo o que empreendeu, não chegou ao fim. Foram publicadas unicamente as duas primeiras séries planejadas. E entre essas duas, não há dúvida quanto à melhor qualidade e riqueza gráfica da primeira série, toda ela editada por Eduardo Chapon, mestre na arte da gravação pela litografia, cujo nome ficou definitivamente ligado ao comércio de Pelotas na aprimorada confecção de rótulos, cartazes e etiquetas. Com a Coleção Brasiliana, Simões pretendia atingir dois objetivos. O primeiro e mais importante era didático, porque visava difundir, numa divulgação notadamente popular, episódios que ele denominava fastos da história nacional. O outro, sem dúvida alguma, era empresarial, almejando o autor obter resultado econômico com a venda do repertório. Toda grafada a cores, esta primeira série de 25 cartões apresentava as bandeiras que foram usadas no país, brasões, insígnias, selos postais, timbres, toques militares, dados geográficos e históricos, armas oficiais e o primeiro monumento à República. O cartão inaugural traz a bandeira de Portugal nos seus domínios ultramarinos; é a primeira que foi usada no Brasil, de 1500 até 1649. O segundo cartão exibe, pela ordem, a segunda bandeira que se desfraldava no Brasil de 1649 até 1807, quando a família real chegou ao Rio de Janeiro; o terceiro bilhete postal estampa a bandeira que panejou no Brasil de 1807 a 1816, acrescentando o texto a seguinte advertência: "Antes, durante o domínio espanhol em Portugal (1580-1640), tinha uma silva verde em torno do escudo". O cartão de número quatro mostra a bandeira do Brasil de 1816 à data da Independência, quando "desfeito o reino unido de Portugal, Brasil e Algarves". No quinto cartão dessa série desenha-se a primeira bandeira do Brasil independente, já nas cores amarelo e verde: a 1ª bandeira nacional

(1905 – 1906)

na monarquia (5ª em ordem numérica), que vigorou de 1822 a 1889. E, por fim, o sexto cartão postal mostra o pavilhão nacional republicano, que até hoje se mantém na sua primitiva configuração, trazendo a inscrição "Ordem e progresso". O sétimo porta a flama da Inconfidência Mineira, o oitavo a bandeira azul celeste da "Confederação do Equador", proclamada em Pernambuco, a 2 de julho de 1824, com as inscrições "independência, liberdade, união e religião", circundando a roda que reproduz um céu estrelado, tendo no centro uma cruz vermelha. Seguem as bandeiras da República Rio-Grandense (1836-1845), na seguinte ordem: a que foi adotada inicialmente, e, seguindo-a, a que foi usada nos últimos tempos. Ambas nas cores verde, vermelho e amarelo, sendo a mais recente com o brasão oficial que se tornou amplamente divulgado, contendo as inscrições "liberdade, igualdade, humanidade". Os dois números seguintes, de bela composição, trazem as armas do Brasil, instituídas por decreto de 19 de novembro de 1889 (décimo primeiro) e aquele que foi o primitivo brasão de armas da República Rio-Grandense, de 20 de setembro de 1835 (décimo segundo). O décimo terceiro cartão postal vem enfeitado com quatro espécimes de cédulas (papel moeda) do Brasil e o décimo quarto com moedas (1847-1889), estampando o décimo quinto, alguns exemplares de selos postais e estampilhas pátrias. O décimo sexto mostra a "insígnia de voluntário da pátria" que se usou na Guerra do Paraguai e a "cruz honorífica de valor militar, fabricada do bronze dos canhões" tomados naquela mesma guerra; o décimo sétimo exibe topes nacionais (1822 e 1831) e o décimo oitavo, a condecoração da Ordem do Cruzeiro, a primeira instituída no Brasil e conservada no governo republicano. Timbres do Brasil (selo das armas do Império e sinete oficial da República) estão no décimo nono cartão dessa primeira série, trazendo os dois seguintes toques de ordenança militar. No vigésimo segundo cartão, o autor da Brasiliana homenageia a coluna comemorativa de Domingos José de Almeida, "primeiro monumento no Brasil, publicamente consagrado ao ideal republicano, durante o regime monárquico", erguida na cidade natal de Simões Lopes no ano de 1885. O vigésimo terceiro cartão contempla uma pequena lição de geografia e civismo: apresenta um quadro comparativo da superfície do Brasil com as áreas dos cinco continentes e de países sul-americanos; entre o rio Amazonas e as águas da superfície do globo. Alinha dados sobre o Rio de Janeiro, traça paralelos demográficos e sintetiza dados sobre exportação, frota da marinha mercante, movimento marítimo e postal, estradas de ferro e linhas de telégrafo, imigração, dívida pública e pequenas mensagens sobre educação cívica. O vigésimo quarto exemplar mostra espadas de oficiais, do primeiro reinado até o início da fase republicana, enquanto que o último cartão postal vem ilustrado com a espada de Bento Gonçalves. Essa primeira série não se limitou às vinte e cinco ilustrações anunciadas pelo editor. Apesar da numeração grafada em todas, de um a vinte e cinco, descobriu-se tempos depois que a série se completou com a edição de um cartão extra, sob número vinte, que expõe o "brasão do duque de Caxias". Há, portanto, dois cartões de número vinte: o que reproduz toques de corneta da ordenança militar e o que retrata a homenagem ao patrono do Exército Brasileiro. E assim é que se completou, com a estampa extra, a primeira série dessas ilustrações. Os bilhetes postais lançados em outubro de 1906, foram sendo, aos poucos, adquiridos pelos interessados durante todo o correr do ano de 1907, que é o referido pela sobrinha do escritor. Ela relata que Simões utilizou modelos fornecidos por sua irmã Maria Izabel, que os havia recebido da sogra, dona Abrilina Almeida Barcellos, filha de Domingos José de Almeida. Entre as relíquias postas à disposição de Simões Lopes encontravam-se a espada de Bento Gonçalves, a bandeira histórica erguida no palácio do governo, em Piratini, condecorações e outros importantes documentos relacionados com a Revolução Farroupilha. E é também desses dias de 1907, quando Simões seguia organizando os moldes que seriam utilizados nas séries da coleção, as quais, segundo ele, "não teriam fim", justamente porque "a história de um país não acaba", que se deu um curioso diálogo entre o escritor e seu primo médico Francisco Simões. Este, vendo João Simões muito atento, debruçado sobre a mesa de trabalho, a segurar um selo com uma pinça, perguntou:

"— O que estás fazendo, colega, de bisturi em punho? Ele ergueu-se, com o selo preso na tenaz, e respondeu:

— A anatomia da Pátria!"[310]

Tão logo lançada a Brasiliana, Simões Lopes já pensava em outros projetos. Sua cabeça de sonhador estava, agora, voltada para uma empresa ambiciosa, nas costas de São José do Norte – a salga do peixe. Entre os múltiplos documentos que restaram no espólio do escritor, conservados por Mozart Victor Russomano, encontra-se a prova de que Simões Lopes Neto dedicou muito tempo ao preparo desse novo negócio. Ali encontramos livretos, mapas, planos e correspondência sobre o assunto. A indústria seria desenvolvida em Bujuru, no município de São José do Norte, onde estava estabelecido o comerciante Antonio José Pereira, escolhido por João Simões como o seu braço direito na montagem do negócio. Em carta de 8 de outubro de 1906, o comerciante convida Simões, chamando-o de major, para visitar Bujuru e deliberar sobre os trabalhos. Eis o início da carta: "Bujuru, 8 de outubro de 1906. Amigo e senhor Major João Simões Lopes Neto. Saudações cordiais. Acuso o recebimento de seu estimado favor de 30 de setembro próximo passado, ficando ciente em seus dizeres. Conforme suas expressões, vejo que o amigo não teve a culpa de eu ter lhe esperado em vão, e sim o correio, pois eu não recebi seu postal. Se o recebesse eu teria atendido ao convite para uns festejos em Mostardas." Mais adiante, entra direto no assunto: "Se aceitar meu convite para novembro próximo, peço-lhe sair de Pelotas a 6, e ficar no Norte no dia 7, que é para sair com o estafeta no dia 8, ficar em nossa

---

310   Massot, Ivete Barcellos, ob. cit., p.134-135.

casa no dia 9 e sairmos para Mostardas a 10. Lá nós havemos de deliberar os nossos trabalhos como melhor nos convier." E arremata: "No Norte procure o senhor Alberto Sá, e este lhe mostrará ou apresentará o meu companheiro de viagem, o senhor Aureliano Bernardino de Araújo, que é para este lhe emprestar os arreios, conforme lhe prometeu, e mesmo para o mais que precise." Na segunda carta, entra-se em mais minúcias sobre o empreendimento, dando-se já uma ideia de preços da matéria-prima. E fica-se, também, sabendo que Simões não viajou no dia sugerido. Estava ganhando tempo, enquanto esperava algum sinal do Rio de Janeiro. Vai a transcrição completa: "Bujuru, 4 de dezembro de 1906. Ilmo. Sr. Major João Simões Lopes Neto – Pelotas. Em meu poder vosso estimado favor de 5 do mês próximo passado, ficando ciente em vossos dizeres. De conformidade ao mesmo, cumpre-me declarar-vos que me acho à vossa disposição até o fim do corrente mês, ou de 15 de janeiro próximo em diante, pois tenciono ir até o Rio Grande até dez do mesmo mês. Peixe em Mostardas tem tido com grande abundância, e agora vai principiar a pesca do camarão. Consta-me que o nosso correligionário, José Mariano, está embarrilando tainhas, pagando pelas mesmas, frescas, dez mil réis e salgadas, dezesseis mil réis, cada cento. Achava melhor o amigo vir no lanchão Uru, que vem desembarcar no Capão do Meio, próximo à residência do nosso amigo Virgílio Xavier. Os senhores Xavier e Irmãos lhe informarão as viagens do dito lanchão Uru. Também recebi a encomenda que lhe foi entregue pelo amigo Quincas Ferreira, bem como os postais e os folhetos para eu distribuir com os amigos; cumpre-me declarar-vos que assim eu procedi, e de agradecer-vos a lembrança para com minha pessoa. Com atenção li os dizeres constantes nos ditos folhetos, e tive ocasião de apreciar a vossa conferência, que achei sublime.[311] Os postais também os achei sublimes, principalmente pela recordação dos fastos da História

---

311   Refere-se à conferência Educação Cívica, publicada em folheto naquele mesmo ano.

(1905 – 1906)

Nacional."[312] Entre uma e outra carta de Antonio José Pereira, chega do Rio a que Simões esperava: do deputado Ildefonso Simões Lopes, um dos tios contemporâneos do escritor, mas as notícias não são muito animadoras. A carta é de 17 de novembro e sua transcrição é imperdível, pois mostra que o escritor, aproveitando o ensejo para divulgar a Brasiliana, empenhara-se em obter junto ao Governo, com a ajuda do parente político, autorização para iniciar a empresa. Escreveu o deputado: "Meu caro Joca: Tenho à vista tua carta acompanhada de uma bela e original coleção de postais[313], fora do comum e destinada a levarem às mais remotas paragens algo de interessante, que recorda as diversas fases da vida nacional – tão ignorada geralmente por quase todas as classes. Entreguei ao Pinheiro o seu quinhão que ele passou logo à D. Nhanhã[...] Antes, pelo José Lyra fui procurado para auxiliá-lo nas pesquisas sobre as tuas pescarias projetadas. No Ministério, informou-me o Dr. Soares Júnior, a quem está afeta essa seção, que o Ministro tem resolvido não conceder tais privilégios por entender que não lhe competem e sim ao Legislativo a quem deve ser requerido. Se cá vieres, mais fácil se tornará a exumação de antigas disposições que a gente não sabe onde encontrar e que dependem de buscas em anais, etc., etc. O que eu puder colher sobre o assunto te comunicarei depois. Porém, irei à Biblioteca registrar a coleção de postais que criaste, o que ainda não pude fazer, cheio de atribuições e de visitas aos nossos ministros e autoridades[...]" Os acontecimentos do ano que estava por chegar revelaram que Simões Lopes Neto demorou algum tempo para atender aos conselhos de Ildefonso. Faria, é bem verdade, nova investida no Rio de Janeiro, mas não naquele ano que logo chegaria. O negócio, contudo, nunca saiu dos alentados planos. E terminaram girando no vazio os dias e noites de trabalho que roubaram Simões do convívio dos amigos, da família e dos projetos literários, os únicos que

---

312   Os postais são os da 1a série da Coleção Brasiliana, ainda com cheiro de tinta.
313   Ver nota 312.

realmente lhe dariam a glória nunca concedida em vida. Das pescarias e da salga do peixe só restaria o projeto redigido por Simões Lopes, versando sobre os viveiros naturais de peixes existentes nas costas oceânicas do extremo sul e processos aplicáveis para sua exploração industrial.

Contudo, os ardores cívicos de Simões Lopes levam-no a retomar seu ímpeto de pregador. Desloca-se a Jaguarão para pronunciar conferência. E é de lá, daquela cidade fronteiriça com o Uruguai, que escreve um cartão postal a dona Francisca: "Vibrando ainda, escrevo-te este, após uma conferência em que tive a fortuna de ser aplaudido. Beijo-te as mãos amigas. João. 18 de novembro de 1906."[314] Pronunciada no Teatro Esperança, às oito da noite daquele 18 de novembro, Educação e Caridade foi transcrita na primeira página do jornal que se publicava em Jaguarão.[315] Educação e Caridade reproduz vários trechos de *Educação Cívica*, como a referência às "três palavras que nos retratam: coronelato, diploma e latifúndio... Todos queremos ter muita terra, todos queremos ser bacharéis, todos queremos farda com muitos galões, e no entanto sabemos de fazendeiros que vivem na pobreza, de homens formados que se anulam pela sua incompetência e de comandantes superiores que não sabem se é à esquerda ou à direita que devem de pendurar a espada!" E não faltaria, também em Jaguarão, o conhecido arremate: "Eu tive campos, vendi-os; frequentei academia, não me formei; mas, sem terras e sem diploma, continuo a ser... capitão da Guarda Nacional!" Simões Lopes, de certa forma, reproduzia no Rio Grande o modelo de orador cívico *Belle Époque*, que levava Coelho Neto, e mais tarde levaria Bilac, a pregar o civismo pelo Brasil. A cidade de Pelotas não ficaria de fora desses roteiros cívicos. Ao final do ano de 1906, o escritor maranhense Coelho Neto estava de visita ao Rio Grande do Sul e chegaria a Pelotas logo depois do Natal, para participar de atividades cívicas e culturais, pronunciar conferências e permanecer até o dia 2 de

---

314   Ornellas, Manoelito de. "Um pouco de Simões Lopes Neto". Correio do Povo, 16 de março de 1948.

315   O Commercio, 20 de novembro de 1906.

(1905 – 1906)

janeiro de 1907. Integrando-se à recepção ao autor de *Fogo Fátuo*, a União Gaúcha iria programar uma festa campestre em homenagem ao visitante. É exatamente o que ficou registrado na ata da reunião de diretoria realizada na noite de 15 de dezembro de 1906. João Simões Lopes Neto, primeiro mandatário da entidade naqueles tempos, chegou mais tarde àquela reunião, que iniciou sob a presidência do seu vice, Joaquim Luís Osório. Este comunica aos presentes que Coelho Neto desejava assistir a uma festa campestre patrocinada pela União Gaúcha. Atendendo ao apelo do presidente, a diretoria deliberou que a comemoração do mês se realizaria por ocasião da estada do escritor na cidade e nomeou comissão para organizar o evento.[316] Essa prometida visita do prosador nordestino ao sul do Rio Grande agitava os intelectuais da cidade. Na sessão que elegeu os diretores da Biblioteca Pública Pelotense para o ano de 1907, entre os quais figurava João Simões Lopes Neto, registrou-se entre os informes da ata a chegada próxima de Coelho Neto, "para a qual devia a Biblioteca voltar sua atenção carinhosa".[317]

Coelho Neto, conforme as notícias de 26 dezembro, chegaria no dia seguinte a bordo do Mercedes, procedente de Porto Alegre, e ficaria hospedado no Hotel Aliança.[318] No seu primeiro dia na cidade de Pelotas, ainda sem sair do hotel, Coelho Neto lê o *Correio Mercantil* da véspera e descobre numa das páginas *O Negrinho do Pastoreio*, com dedicatória do escritor João Simões Lopes Neto. Era a estreia literária de Simões Lopes, o arranque, por assim dizer, de seu projeto, na edição do *Correio Mercantil* daquela quarta-feira, 26 de dezembro de 1906. Impressionado com o texto, alguns dias depois envia carta de agradecimento ao amigo.

Para muitos, teria sido esse o melhor momento criador de Simões Lopes Neto. Há muito tempo a lenda andava, de boca em boca, espar-

---

316   Ata n° 38, livro 2, de 15 de dezembro de 1906.
317   Ata de 20 de dezembro de 1907 (livro de atas da Biblioteca Pública Pelotense, catalogado sob n° 138, no arquivo histórico da entidade).
318   *A Opinião Pública*, 26 de dezembro de 1906.

ramando seus encantos e suas variantes contadas à beira dos fogões pelo vasto território do pampa, das províncias de Buenos Aires, Entre Rios, Corrientes, passando pela Banda Oriental, até as planícies do Rio Grande. Foram rastreados sinais do negrinho no noroeste da Argentina, Santiago del Estero e Catamarca, onde o mártir recebe o nome de *quemadito*. O poder demiúrgico do pequeno herói negro, símbolo dos escravos maltratados nas estâncias do imenso Pampa, é o mesmo no Rio Grande. Não foi o escritor pelotense o primeiro a colocar essa lenda no papel, mas foi Simões Lopes, sem dúvida nenhuma, o criador da versão literária que se incorporou no nosso folclore regional e espalhou-se pelo Brasil, fixando-se para sempre no sentimento do povo com peculiar sopro de magia e poder evocativo. No Brasil, o mais antigo texto de feição literária da lenda do negrinho remonta a 1875, através da inspiração de Apolinário Porto Alegre. Deu-lhe o nome de *O Crioulo do Pastoreio* e foi editada sob a forma de tradição romanceada na capital do Rio Grande do Sul.[319]

Três anos antes, porém, o pelotense Alberto Coelho da Cunha — o Vítor Valpírio do Partenon Literário — já se referira à lenda, ao escrever uma introdução aos seus *Contos Rio-Grandenses*, em 1872, nos entrechos do texto que se transcreve. Como se percebe, não se trata de uma versão da lenda, mas mera referência à crença, reinante nas campinas sul-rio-grandenses, sobre a intercessão do negrinho mártir na procura de coisas perdidas:

"Entranhai-vos pelas campinas do Rio Grande, ide aos nossos pampas, e tomai pouso entre os generosos gaúchos. Convivei com eles algum tempo, o preciso para estudar-lhes a feição do caráter, costumes e índole: aprendei as suas frases pitorescas, as suas tradições — crenças e religiões. Velo-eis, por exemplo, ao mesmo tempo que fazem uma promessa ao milagroso Santo Antônio, irem mais confiadamente acender uma vela de

---

319   Porto Alegre, Apolinário. *O Crioulo do Pastoreio*. Porto Alegre: Biblioteca Riograndense, 1875. Registrou Augusto Meyer que dessa novela só havia notícia de um exemplar pertencente a Walter Spalding. Tivemos oportunidade de compulsar outro, na coleção do bibliófilo gaúcho Fausto Domingues.

(1905 – 1906)

sebo no fundo da canhada ao negrinho do pastoreio, para que lhes traga a égua madrinha que se extraviou da manada. Velo-eis crédulos como bons católicos apostólicos, etc., no poder de Roma e na tinhosidade do diabo, recuarem pálidos, espavoridos à repentina aparição do boi-tatá no alto da coxilha fronteira, ou arrepiarem-se todos com a ideia de que em alguma noite em que dormissem descuidados, aproveitando-se das trevas, lhes viesse o traiçoeiro caipora lhes chupar o sangue. Neles acham-se até consorciadas as crenças católicas às superstições selváticas, bem como são de raça — mais americanos do que caucasianos. Não podemos, pois, na confecção de nossa literatura repelir o indígena, nem suas lendas, que nos foram contadas na doce toada do adormecer nessas longas noites de inverno, quando a chuva abundante gemendo cai na calçada e o vento sacode raivoso as árvores do quintal..." [320]

Na versão precursora de Apolinário, que não chega a ser folclórica, o seu criador introduziu um elemento desconhecido nas outras que lhe sucederam, que é o da "sinhá moça", essa meiga criatura, filha do estancieiro perverso, que atenuava as faltas do moleque, influenciando o ânimo do pai. No final, é para a "sinhá moça" — símbolo, para Apolinário, dos sentimentos de piedade dos brancos nos lamúrios das senzalas — que o negrinho apareceu, "resplandescente, saudando-a risonho, entre brancas nuvens que foram se erguendo... se erguendo, até desaparecerem na profundidade dos céus. Ainda bem longe no espaço ela viu-lhe a mãozinha negra saudando-a num gesto." Mas essas meninas moças, de doze, treze ou quatorze anos, esses "anjos louros", essas "santas imaculadas" — que desde o dia da primeira comunhão, fez-nos imaginar Gilberto Freyre, "Deixavam de ser crianças: tornavam-se sinhá-moças. [...] Vestido comprido todo de cassa guarnecido de folhos e pregas. O corpete franzido. A faixa de fita azul caindo para trás, em pontas largas, sobre o vestido bran-

---

320   Valpírio, Vítor."Introdução a Contos Rio-Grandenses". Revista do Parthenon Literário. Porto Alegre: 1872, n° 6.

co [...]. O véu de filó. A capela de flor de laranja. Os sapatinhos de cetim. As luvas de pelica. O livrinho de missa encadernado em madrepérola. O terço, de cordãozinho de ouro [...]"[321] —, essas Marias do Céu para logo assimilariam, no sistema econômico que dividia a casa grande (a sede da estância) da senzala, muito da crueldade do regime escravocrata. Freyre ressaltou a tendência sadista dessas mulheres amordaçadas desde mocinhas pelos maridos, pois casavam cedo, meninas ainda, "sem contatos com o mundo que modificassem nelas, como nos rapazes, o senso pervertido de relações humanas; sem outra perspectiva que a da senzala vista da varanda da casa-grande, conservavam muitas vezes [...] o mesmo domínio malvado sobre as mucamas que na infância sobre as negrinhas, suas companheiras de brinquedo".[322] A lenda do negrinho, como disse Alcides Maya, "originou-se, por piedade e como desafronta e castigo, nos sofrimentos da escravidão"[323], e seria difícil não lembrar, na saga dos martírios do negrinho, a referência de Saint-Hilaire, quando foi hóspede de Gonçalves Chaves na freguesia de São Francisco de Paula, em 1820, nas margens do Arroio das Pelotas, onde os "negros das charqueadas são tratados com muito rigor. Ele e sua mulher só falam com os escravos com extrema severidade, e estes tremem diante dos senhores. Há sempre na sala um negrinho de dez a doze anos que permanece de pé, pronto a ir chamar os outros escravos, a trazer um copo d'água e a fazer todos os pequenos recados necessários ao serviço interior da casa. Não conheço criatura mais desgraçada que esta criança. Não se assenta, nunca ninguém lhe sorri, nunca se diverte, passa a vida tristemente apoiado à parede e é muitas vezes martirizado pelos filhos de seu senhor."[324] Completa fosse a

---

321   Freyre, Gilberto. *Casa-Grande & Senzala*. Rio de Janeiro: Record, 2001 (42ª ed.), p.399.

322   Freyre, Gilberto, ob. cit., p.392.

323   Maya, Alcides. "Crítica". *Diário de Notícias*, 24 de setembro de 1925.

324   Saint-Hilaire, Auguste. *Voyage à Rio-Grande do Sul*: Orléans: H.Herluison, 1887, p.102, trecho traduzido por Alfredo Ferreira Rodrigues, in Dreys, Nicolau, Nota preliminar à Notícia Descriptiva da Província do Rio Grande de S. Pedro do Sul. Rio Grande: Biblioteca Rio Grandense, 1927, p. 10.

(1905 – 1906)

citação, na parte omitida por Ferreira Rodrigues, que acusou ser exagerada e mal-agradecida a taxa de Saint-Hilaire, teria de vir acrescida da descrição do requinte maior da malvadeza que arremata o texto, desta feita na transcrição de trecho original do naturalista francês: *"Quand la nuit vient, le sommeil le gagne, et quand il n'y a persone dans la salle, el se met à genoux, pour pouvoir dormir"*.[325] Conquanto amenas as visões históricas sobre o trato dado aos escravos no sul, menos rigoroso do que o dos engenhos do norte, sempre se abriram exceções para os centros de fabricação do charque, onde a natureza dessa indústria exigia numerosa escravaria, ao peso dos mais árduos trabalhos.[326] Sem modificar o ambiente pastoril e escravocrata em que a lenda transcorre, ressurge, em 1897, a versão, já mais próxima do argumento simoniano, na pena do historiador Alfredo Varela, que disse ser assim a lenda que corria: "Informado um estancieiro de que desaparecera um petiço, confiado à guarda de um escravo de pouca idade, enfureceu-se, ordenando ao pretinho que lhe procurasse o animal até encontrar, sob pena de sofrer castigo severo. Nisto ocupou-se todo o dia o infeliz e desolado rapaz, e ainda continuou na faina, pela noite adentro, servindo-se, para alumiar-se, de um coto de vela; mas, de balde. Voltou à estância, sem haver achado o que procurava. O senhor, então, fê-lo matar sob o açoite; para esconder o nefando crime, ordenou que o enterrassem, sendo escolhido um lugar em que seria difícil de descobrir o cadáver: um desses grandes formigueiros existentes no país, no fundo do qual foi escondido o mísero descendente da raça sacrificada. No dia seguinte, pela manhã, quando o fazendeiro passava nas proximidades de casa e não longe da cova da vítima, estacou espantado, avistando o negrinho a quem encarregava de pastorear seus animais, o qual, de pé, à boca da passageira sepultura, sacudia de si as formigas e a terra de que o tinham coberto, feito o que, saltando sobre o petiço perdido e que no

---

325   Saint-Hilaire, Auguste, ob. cit., p.102.
326   Goulart, Jorge Salis, A Formação do Rio Grande do Sul. Porto Alegre: Globo, 1927, p. 260.

momento ali se achava, desapareceu para sempre. Foi sobre esta tradição que se fundou o culto original do *Negrinho do Pastoreio*. O povo dos campos, quando queria encontrar um objeto perdido, tinha o cuidado de votar-lhe, em qualquer canto, um naco de fumo e um coto de vela aceso, — em lembrança dos seus sofrimentos, na noite que precedera o martírio."[327] No entre meio dessas duas variantes gaúchas, o *Almanaque Peuser*, de Buenos Aires, para o ano de 1890, publicou a versão uruguaia da lenda, assinada pelo oriental Javier Freyre: *El Negrito del Pastoreo (Tradición)*, provavelmente a versão folclórica mais antiga, antecedendo em sete anos à de Varela. Augusto Meyer, o escritor que melhor abordou a lenda e a versão *lopesneto*, reproduziu o texto castelhano por inteiro no seu *Guia do Folclore Gaúcho*. Começa assim:

> *"Allá por los años 1784, residía en el departamento de Paisandú un rico estanciero portugués. Entre los numerosos esclavos de que era dueño y señor, poseía un negrillo de unos doce à trece años, y que tenía el cargo de cuidarle una majada de ovejas. Sucedió, pues, que en una tarde de verano, cuando el sol enviaba sobre la tierra sus más ardientes rayos, y el calor era en extremo sufocante, el pobre morenito se tendió en el suelo à la sombra de un corpulento ombú, donde no tardó en quedarse completamente dormido, descuidando por completo el rebaño..."*

Perdido o rebanho, quando encontrado, num pasto adiante, deu-se falta de um cordeiro. Furioso, o cruel estancieiro português desnudou o negrinho, amarrando-o com cordas nas estacas que cravou: braços e pernas separados, em forma de cruz, em cima de um formigueiro. O corpo mutilado do menino mártir foi encontrado três dias depois por tropeiros que

---

327   Varela, Alfredo. Riogrande do Sul. Descripção Physica, Historica e Economica, 1897, p.377, 378. Varela apresentaria uma segunda versão do mito, melhor estilizada, no sexto volume da História da Grande Revolução. Seria, muitos anos depois, repetido o duplo elemento votivo, por Darcy Azambuja: A Vela para sua Madrinha, que é Nossa Senhora" (e aí já introduzindo essa inserção inventada por Simões Lopes – a da madrinha) "e o fumo para ele, que é pitador" (Contos Rio-Grandenses – Leituras escolares). Porto Alegre: Globo, 1928, p.154.

(1905 – 1906)

por aquele lugar passavam. Deram-lhe sepultura e cravaram uma tosca cruz. *"Por eso"* — completa Javier Freyre, referindo-se ao amuleto do negrinho — *"cuando una tempestad de grande duración, prendemos una luz à esta imagen, y le rogamos que interceda con Diós, para que nos libre de los furores de la tormenta. Cuando las epidemias diezman nuestras haciendas, le hacemos también iguales rogativas, y muchas veces no son inútiles nuestras súplicas..."*[328] Estava preparado o terreno para a criação de Simões Lopes Neto, que aparece ao final do ano de 1906. E vem com toda a força: fiel à essência da lenda, mas acentuando o caráter religioso do relato, fez de Nossa Senhora a madrinha do negrinho escravo, por ser a madrinha "dos que não a têm", e introduziu o episódio da carreira em cancha reta, dando-lhe, assim, como sintetizou Augusto Meyer, aquele que melhor aborda essa criação simoniana entre os nossos críticos, "uma luz mais viva, completando-lhe a harmonia de forma e de fundo. Será esse um dos raros casos em que o estilizador conseguiu transplantar uma linda criação anônima sem lhe deturpar a magia inimitável. Talvez porque em todos os escritos do regionalista pelotense reponta uma graça despretensiosa, uma força de humildade que não se encontram facilmente na feira literária. Está sobrando no seu tema, por conhecer como ninguém a fatalidade dos seus limites. Porém, dentro deles, que recursos de intensidade e imprevisto!"[329] Sem enclausurar-se nas fronteiras do Rio Grande, a lenda seria contada, modificada, revigorada, em outros pagos e em outras regiões do Brasil. No sul, porém, à beira dos fogões das estâncias, nos lares das cidades, nas escolas, a lenda que ficou para ser contada às gerações que se sucederam, e que muitos recitam como poesia, é a que segue, à risca, o transplante singelo, mágico e intenso de Simões Lopes. E o Negrinho ficou sendo o símbolo do martiriológio escravocrata, o intercessor da Virgem na procura das coisas perdidas:

---

328   Trechos da transcrição de Javier Freyre, no livro de Augusto Meyer: Guia do Folclore Gaúcho. Rio de Janeiro: Aurora, 1951, p.123 e 125.
329   Meyer, Augusto. Prosa dos Pagos, 1943, p.50.

"Desde então e ainda hoje, conduzindo o seu pastoreio, o Negrinho, sarado e risonho, cruza os campos, corta os macegais, bandeia as restingas, desponta os banhados, vara os arroios, sobe as coxilhas e desce às canhadas.

O Negrinho anda sempre à procura dos objetos perdidos, pondo-os de jeito a serem achados pelos seus donos, quando estes acendem um coto de vela, cuja luz ele leva para o altar da Virgem Nossa Senhora, madrinha dos que não a têm.

Quem perder suas prendas no campo, guarde esperança: junto de algum moirão ou sob os ramos das árvores, acenda uma vela para o Negrinho do pastoreio e vá lhe dizendo — Foi por aí que eu perdi... Foi por aí que eu perdi... Foi por aí que eu perdi!...

Se ele não achar... ninguém mais."[330]

---

330   Simões Lopes Neto, João. Lendas do Sul. Pelotas: Echenique, 1913, p.68-69.

Capítulo 11

(1907 - 1909)

"É um fogo amarelo e azulado, que não queima a macega
seca nem aquenta a água dos manantiais; e rola, gira, corre,
corcoveia e se despenca e arrebenta-se, apagado... e quando
um menos espera, aparece, outra vez, do mesmo jeito!"
J. Simões Lopes Neto

No primeiro dia do ano, Simões recebe uma carta de Coelho Neto, que
se encontrava na cidade de Pelotas. O texto seria reproduzido pelo escritor gaúcho na primeira edição de *Lendas do Sul*. A transcrição torna-se
necessária, não só pelo registro do fato, mas por ser a primeira apreciação
crítica, ainda na tinta fresca do jornal, da criação que marcou o nascimento da obra literária de Simões Lopes Neto. Eis o texto, com pontuação e
ortografia originais da reprodução:

"Pelotas – 1 de janeiro de 1907

Meu caro patrício Sr. J. Simões Lopes Netto.

Venho agradecer-lhe a dedicatória da lenda "O negrinho do pastoreio" publicada no '*Correio Mercantil*' de 26 de Dezembro. Já conver-
samos sobre a necessidade que, todos quantos nos interessamos pela
tradição, temos de colligir as trovas e narrativas do velho tempo. Ellas
representam o sonho dos que passaram, são a bem-dizer, o rastro das
almas. Entendem muitos escriptores que devem corrigir a afabulação e a

forma de taes reliquias tirando-lhe o caracter ingenuo, o sabor suave que ellas trazem de origem. O meu amigo não incorreu em tal culpa – procede o como o file celta que, chamado para referir aos da 'clan' as historias d'antanho, dizia-as repetindo, com respeitosa observancia da tradição, tal como as ouvira dos maiores. E o que, sobretudo encanta no lindo raconto que me offereceu, no qual transparece bem a alma do povo pastoral, é a simplicidade. – Lendo-a tive a impressão de a estar ouvindo contada, em tom lento, por uma dessas velhinhas que são as conservadoras de muito primor da Poesia popular, tão rica em nossa patria e tão desestimada.

Reiterando os meus agradecimentos peço-lhe que continue a respigar em tão rica seara trazendo-nos outros presentes como o que me offereceu com tanta generosidade.

Muito seu agradecido Coelho Netto."[331]

A visita de Coelho Neto à cidade de Pelotas seria, ainda, alvo de registros nas reuniões de diretoria da União Gaúcha. Sob a presidência de Simões, duas reuniões daquele grêmio foram realizadas em janeiro, nos dias quatro e dezesseis. Na primeira, assinalou-se a festa campestre do dia 30 do mês findo, que recebeu a presença do "distinto patrício Coelho Neto"[332], havendo também referência à visita do escritor maranhense à sede da Gaúcha, a quem foi oferecido "um copo de cerveja", sendo saudado pelo orador Augusto Simões Lopes.[333] E na sessão seguinte, consignou-se em ata esse pronunciamento de Simões Lopes Neto: "O senhor Presidente comunica ter sido a nossa sociedade honrada com a visita do ilustre escritor Coelho Neto em agradecimento à nossa festa, que aliás com justo merecimento a ele oferecemos, tendo nessa ocasião nos distinguido com a gentileza de um retrato".[334] Sobre a festa campestre da União Gaúcha, restou um registro fotográfico de Coelho Neto, "à gaú-

---

331   Id., Lendas do Sul, 1913, p.59.
332   Ata n° 39 de 04 de janeiro de 1907.
333   Id. Ata n° 39.
334   Ata n° 40, de 16 de janeiro de 1907.

(1907 – 1909)

cha", no primeiro volume da seleção de suas obras, editada por Aguilar em 1958.[335] Simões ainda presidiria, naquele ano, duas outras sessões de diretoria da União Gaúcha, em 19 de fevereiro e 24 de agosto. Em meio a essas duas, a reunião realizada em 13 de junho não foi dirigida por Simões Lopes.[336] E finalmente, em 8 de setembro, ainda sob a presidência do escritor, ocorreria a assembleia geral de eleição da nova diretoria. Eleito para o cargo o coronel Antero Cunha, por grande maioria entre os votantes, encerraria Simões Lopes Neto o seu ciclo de dois mandatos na presidência da União Gaúcha, por ocasião da posse acontecida em 22 do mesmo mês, em assembleia que também presidiu e na qual foi empossado como diretor, sem despedir-se por completo dos seus encargos na associação.[337]

Durante o correr do ano de 1907 surgiram muitos indícios de que se agravava a má situação financeira de João Simões Lopes Neto: vendeu a casa da rua 7 de Abril, onde residiu por dez anos, a Hugo Piratinino de Almeida. A escritura foi lavrada em 19 de junho de 1907, pelo notário Luiz Carlos Massot. Simões recebe onze contos de réis pela venda.[338] Passa a residir numa modesta casa alugada, à rua 15 de Novembro, nas proximidades do quartel dos bombeiros. Na dispersão de suas inúmeras atividades, o prestimoso Simões Lopes, agora, divide seus fins de tarde entre a União Gaúcha — que já não mais presidia — e a Biblioteca Pública, à qual se integrara, como um de seus diretores. Estava livre para trilhar a rota de escritor: "Era preciso antes perder todo o dinheiro, para encontrar novamente seu outro: o seu lado Simeão".[339] Já não se ouve mais falar nas atividades industriais e o único negócio que parece ter restado é a explo-

---

335   Reportagem Iconográfica, in Coelho Netto, Obra Seleta. Rio de Janeiro: José Aguilar, 1958, vol. I.

336   Atas números 41, 42 e 43.

337   Atas números 44 e 45.

338   Registro no Livro 3-E, fl. 184, n° 9.153, do Cartório do Registro de Imóveis da 1a Zona de Pelotas.

339   Ver nota 9, na Introdução.

ração da fórmula do produto agrícola Tabacina. Nesse ano de 1907, o agrônomo Manoel Serafim Gomes de Freitas redigiu a seguinte nota para a Revista Agrícola do Rio Grande do Sul, a propósito do projeto desenvolvido industrialmente por Simões Lopes: "O autor da fórmula, que nasceu sob o influxo benéfico de uma observação perfeitamente orientada, é o sr. Capitão João Simões Lopes Neto, membro da firma João Simões & Cia., desta cidade [...]. A denominação dada a este excelente inseticida e fungicida é muito cabida, pois na sua composição entra o alcalóide do tabaco, extraído dos resíduos, dos restos, do imprestável das fábricas de fumo".[340] Explicações como essa levariam muitos à errônea convicção de que a Tabacina tinha sido criada como alternativa de aproveitamento de matéria-prima que teria restado do malogrado empreendimento com a fábrica de cigarros. Ainda sobre a Tabacina e a propósito de um registro de J. F. Assis Brasil, no seu diário em 27 de setembro de 1911, quando se referiu à pulverização de caldo de tabaco nas árvores frutíferas, Carlos Reverbel anotou que o fumo era tão empregado na agricultura que o escritor pelotense Simões Lopes Neto criou uma fórmula, colocada no comércio.[341] Vez ou outra, durante o ano de 1907, nas reuniões de diretoria da Biblioteca Pública, que assiduamente frequentava, João Simões é citado nas atas: membro de comissões, proponente de aquisição de obra histórica e, por fim, presidente interino a dirigir reunião executiva.[342] Reconduzido no quadro de diretores da Biblioteca para a gestão de 1908, outra vez presidida por Adeodato Fialho, teria Simões Lopes reduzida intervenção na entidade durante todo aquele ano.

Em julho de 1908, Simões Lopes viaja ao Rio de Janeiro, dessa vez para visitar a Exposição Nacional. Os jornais noticiaram a viagem e seus

---

340   Revista Agrícola do Rio Grande do Sul. Pelotas: Ano IX, n° 2, abril de 1907.
341   Reverbel, Carlos. Pedras Altas. A Vida no Campo Segundo Assis Brasil. Porto Alegre: L&PM, 1984, p.69.
342   Livro de atas da Biblioteca Pública Pelotense, sessões de 06 abril de 1907, 31 de agosto de 1907 e 05 de outubro de 1907.

(1907 – 1909)

objetivos: "Para o Rio de Janeiro seguiu o distinto literato Sr. capitão João Simões Lopes Neto, a fim de assistir à inauguração da Exposição Nacional".[343] Simões chegou à Capital Federal com muita antecedência, já que a exposição teria sua abertura oficial, para visitação pública, somente no dia 11 de agosto de 1908, na Praia Vermelha, comemorando o centenário da abertura dos portos às nações amigas. Com a meta de atrair libras e dólares para o Brasil, o governo vinha trabalhando há vários meses nos prédios especialmente construídos para abrigar os *stands* da mostra. Foram montados restaurantes, teatro, cervejarias, cafés e até uma pequena linha de trem, para locomoção do público. O presidente Afonso Pena queria que a exposição de 1908 constituísse, aos olhos do mundo, o símbolo da modernização do Brasil. Visitantes ilustres, como o Secretário de Estado norte-americano e embaixadores de diversas nações puderam ver a capital modernizada e examinar as mostras dos produtos agrícolas e industriais brasileiros, alguns, "como a castanha do pará, bem exóticos para os olhos europeus". Tiveram contato com a florescente indústria da madeira, com os melhores exemplares de criação do rebanho nacional e com a indústria nacional, onde se salientava a exposição da Fábrica de Tecidos Bangu.[344] Muitos produtos rio-grandenses seriam exibidos nos pavilhões da Exposição Nacional. De Pelotas partiram duzentos e sessenta e seis volumes, representando mais de sessenta expositores. Entre eles, João Simões & Cia., com as latas do fungicida Tabacina.[345]

Nos meios literários, 1908 ficou conhecido como o ano da morte de Machado de Assis. Numa carta endereçada a Magalhães de Azeredo em primeiro de agosto, Machado comenta a exposição que se inaugurava, dizendo, mesmo sem ter visto as construções, que dela estava a ouvir dizer "coisas maravilhosas". E arremata: "O nosso Rio mudou muito, até de costumes. Aquele cajuí que nós tomávamos numa casa da Rua

343   A Opinião Pública, 21 de julho de 1908.
344   Dados extraídos de Nosso Século. São Paulo: Abril, 1985, vol. 1, 1900-1910 (I), p.67.
345   Diário Popular, 13 de agosto de 1908.

JOÃO SIMÕES LOPES NETO: UMA BIOGRAFIA

do Ouvidor agora provavelmente toma-se na rua, plena calçada, entre as pessoas que passam de um lado para outro. Há mais senhoras a passeio. Há um corso em Botafogo, às quartas-feiras."[346] Menos de dois meses depois estaria morto. Simões encontra-se, naquele agosto de 1908, com o apogeu carioca da *Belle Époque*. No teatro da Exposição Nacional encenou-se, a doze de agosto, a comédia *Não Consultes Médico*, de Machado. A Companhia Dramática Brasileira encenava o drama *História de uma Moça Rica*, de Pinheiro Guimarães, e no Teatro Palace, apresentava-se a atriz italiana Lidia Gauthier. O Apolo exibia *Manon Lescaut*, enquanto *Sherlock Holmes* estava em cena no Teatro Recreio. Nos teatros da Avenida Central e na Praça da Constituição, o cinema dava seus primeiros passos, atraindo espectadores de todas as idades.[347] Do Rio, lembrando-se da pequena Firmina e do cachorrinho de estimação, companheiro da brincadeira de esconde-esconde, envia um postal para casa, com a imagem de um cão vestido como se fosse uma criança, dirigido à garotinha: "Amor, este é o retrato de um menino de um colégio daqui e mando-lhe para ver se v. pode ensinar um tal que nós temos aí. Beijos para a mãesinha e você, que manda com muitas saudades o paisinho".[348] Foi esta a derradeira viagem de João Simões Lopes Neto ao Rio de Janeiro. Na verdade, a quarta desde que se dera seu primeiro retorno, em 1894, à Capital do país, onde havia encerrado seus estudos muitos anos antes.

No dia 20 de setembro, data maior da sociedade União Gaúcha, o escritor já havia retornado do Rio, pois se fez presente à assembleia comemorativa da agremiação tradicionalista. Simões Lopes costumava escrever seus discursos, deixando o improviso unicamente para intervenções menores. Se assim não fosse, não teriam sido fielmente transcritos, nos livros

---

346   Trigo, Luciano. *O Viajante Imóvel*. Machado de Assis e o Rio de Janeiro de seu Tempo, 2001, p. 96.
347   Id., p.96-97.
348   Reproduzido por Manoelito de Ornellas: "Um pouco de Simões Lopes Neto", Correio do Povo, 16 de março de 1948.

(1907 – 1909)

da União Gaúcha, trechos da oração que fez, no dia 20 de setembro de 1908, quando, com boa oratória, homenageou um gaúcho assassinado no Acre a serviço da Nação: "Eu não o conheci... mas sei que, um dia, lá longe, onde no fundo das águas límpidas a Oyara feiticeira atrai e mata os homens enamorados, lá, onde, nos tempos de outrora, os aventureiros audazes procuravam o esplendente — El Dorado — só ouro, só pedrarias, no delírio formidável da ambição das riquezas, eu sei que, um dia, um gaúcho desempenado, guasca distorcido, belo corte de moço, sereno e risonho, intrépido, havia tropeçado em rastros de estrangeiros invasores. Era lá, no fundo sertão dos grandes rios, era lá, no recanto brasílico que sente ainda a frescura das sombras da cordilheira andina, era na solidão do alto Acre, onde o destino conduzira o neto dos farrapos, para confiar-lhe o perigoso posto, a honra de sentinela e guerrilheiro, de vedeta e defensor do solo pátrio... Para que continuar, meus senhores? A façanha é de ontem... todos o conheceis. O moço herói é Plácido de Castro[349], agora miseravelmente assassinado à traição, em uma infame emboscada!... E, quando, no Congresso Federal, essa ilustre assembleia lançou na ata dos seus trabalhos um voto de pesar pela prematura perda desse patrício, quando, no grave Senado Brasileiro, foi dito e consignado que esse cidadão bem merecera da Pátria, não podemos nós ser taxados de suspeitos, prestando-lhe nós também uma simples, mas calorosa homenagem fúnebre da nossa admiração, respeito e fraterna saudade. Não lágrimas, que só choram os fracos; não missas, que só rezamos desconsolados; não condolências banais, que nada dizem, mas, que neste dia 20 de Setembro, em que relembramos os nossos gloriosos antepassados, roguemos-lhe que, como digno filho, recebam no seu augusto conclave o valoroso rio-grandense recém morto. E para isto, meus senhores, para

---

349   José Plácido de Oliveira Castro (São Gabriel, RS, 09 de dezembro de 1873 – Benfica, Acre, 11 de agosto de 1908). Lutou nas forças rebeldes durante a Revolução Federalista (1893-95). Nomeado governador do Acre Meridional (1904) e prefeito do Alto Acre (1906). Foi assassinado a mando de adversários políticos.

isto, minhas senhoras, eu peço, eu suplico, eu imploro, que todos, que esta assistência toda, de pé, aclame simpaticamente, de envolta com a memória de Plácido de Castro, a nossa abençoada terra gaúcha, o nosso amado Rio Grande do Sul, que tais filhos gera e sabe cultuar!... De pé, meus senhores, e, vibrantemente: Viva o Rio Grande do Sul!"[350]

O capitão Simões marcaria presença, com intensa movimentação e labor, no Primeiro Congresso Agrícola do Rio Grande do Sul, promovido na cidade de Pelotas pela Sociedade Agrícola Pastoril, que ajudara a fundar, entre os dias 10 e 21 de outubro de 1908. Sua participação no conclave não se restringiu a apresentar trabalho de sua autoria — "Protecionismo, problema dos transportes e a questão das tarifas". Atuou, no congresso, como primeiro secretário na comissão de economia rural, da qual foi o porta-voz das proposições, sustentando-as perante o plenário. Foi quando apareceu a proposta da criação das festas das árvores. [351]Ao contrário do que poderia parecer, a proposição que Simões ofereceu desbordava de meras intenções festivas. Lidas nos dias de hoje, as anotações do congresso aparecem mais com a notável antecipação do despertar de consciência ecológica. A questão florestal foi pautada no congresso, quando discutido o trabalho do cônego Maximiliano von Lassberg: "Meios de harmonizar os interesses do Estado com os dos particulares na exploração das florestas". Simões certamente havia lido, dez anos atrás, a referência de grande repercussão, de autoria do agrônomo Guilherme Minssen, sobre o desmatamento da região, publicada na Revista Agrícola do Rio Grande do Sul, que se editava em Pelotas. Essas ideias habitavam a mente do escritor e atiçavam sua vocação de educador nas campanhas em prol da natureza, tão curiosas como suas pregações cívicas.[352] Afinado com a filosofia do congresso, apresentaria, ainda, duas proposições de cunho

---

350   Ata n° 61, de 20 de setembro de 1908.
351   Anais do I Congresso Agrícola do Rio Grande do Sul. Pelotas: Sociedade Agrícola Pastoril, 1908.
352   Russomano, Mozart Victor: "Como se fosse um prefácio". Novos Textos Simonianos,1991.

(1907 – 1909)

ecológico: "Proteção pública para os pássaros úteis" e moção para enviar ofício ao Governo Federal sobre a conveniência de melhor análise dos produtos veterinários importados e proibição daqueles que contenham bases venenosas ou cáusticas não permitidas nos países de origem. Carlos Reverbel, atento à atuação do escritor no congresso agrícola, anotou que "o capitão estava enxergando longe", adiante de seu tempo. E ainda disse haver encontrado, entre os papéis da sociedade rural pelotense, um bilhete de Simões Lopes Neto ao secretário-geral do congresso, pedindo retificação no texto de uma de suas proposições ao plenário, porque teria aplicado, na primeira versão, "uns trompaços na gramática".[353]

Em 1908, os cartões postais da segunda série da Coleção Brasiliana, inaugurada ao final de 1906, apareceriam à venda. Foram igualmente projetados e lançados vinte e cinco exemplares, a exemplo do primeiro conjunto. Na composição final dessa segunda e derradeira série da Brasiliana, o escritor enfrentou muitos problemas gráficos. Não dispunha de capital para bancar uma sequência de cartões que mantivesse a mesma categoria editorial. Então, os cartões dessa série, todos monocromáticos, retratam a pobreza das suas edições, já sem o selo da Gráfica Chapon. E o seu organizador continuava prometendo que seriam editadas doze séries de vinte e cinco ilustrações.[354] Sem a beleza das ilustrações inauguradas em 1906, esses bilhetes postais da segunda série da Brasiliana ficaram raríssimos, provavelmente pela sua pequena tiragem, e poucos colecionadores possuem a sequência completa.[355] Esta série de cartões estampava quadros históricos, monumentos públicos e uma imagem sacra. O exemplar número um exibe o *Juramento da Princesa Imperial Regente* (quadro de Victor Meirelles), com a seguinte legenda: "Quando,

---

353   Reverbel, Carlos. Um Capitão da Guarda Nacional, 1981, p.187.
354   Os 25 bilhetes postais da 2ª série da Coleção Brasiliana, de vulgarização dos fastos da história nacional, organizada por J. Simões Lopes Neto, não registram nome de editora.
355   As duas séries completas foram, em fac-simile, reeditadas pela UFPEL, em novembro de 1996.

em 1871, D. Pedro II realizou sua primeira viagem à Europa, a princesa D. Izabel perante as câmaras reunidas prestou o juramento constitucional de regente do Império". O segundo cartão traz *O Último Tamoyo* (quadro de Rodolfo Amoedo), ao lado de um ligeiro histórico sobre o chefe dos guerreiros confederados que enfrentaram os portugueses em 1567. O terceiro vem ilustrado com a imagem de Pedro Alvares Cabral e legenda alusiva ao descobrimento do Brasil; o quarto bilhete postal apresenta *A Elevação da Cruz em Porto Seguro* (quadro de Pinto Peres), com breve registro sobre o 22 de abril; o quinto número estampa o *Aprisionamento da Corveta Argentina "General Dorrego" pela Corveta Brasileira "Bertioga"* (quadro de F. Martino), num combate de 24 de agosto de 1828; no sexto, um episódio da Guerra do Paraguai: A Rendição de Uruguaiana, segundo litografia da época, acima de síntese histórica sobre o acontecimento ocorrido em 18 de setembro de 1865; no número sete, a estátua do Duque de Caxias, do escultor Bernardelli, inaugurada no Rio de Janeiro em 15 de agosto de 1899; no oitavo, "a leitura da sentença aos réus da Inconfidência Mineira", como resumo do fato; no nono, o quadro *Paz e Concórdia*, de Pedro Américo (1899); no décimo, o quadro sobre a Ocupação de Curuzu, de Victor Meirelles, com breve relato sobre esse acontecimento da Guerra do Paraguai, em 3 de setembro de 1866. O décimo primeiro cartão mostra *A Proclamação da República* (quadro de Bernardelli), trazendo o décimo segundo a nota sobre O Passo da Pátria (desembarque de soldados brasileiros em território inimigo acima da foz do rio Paraguai, em 16 de abril de 1866), com quadro ilustrativo do episódio, sem referência de autor. Por erro gráfico aparecem dois cartões sob o número 13: quadro de Pedro Américo retratando A Batalha de Campo Grande, indicada no postal como a última batalha da luta do Paraguai (16 de agosto de 1869); no outro, a estátua de José Bonifácio, do escultor L. Rochet, inaugurada no Rio de Janeiro, em 7 de setembro de 1872. No décimo quinto aparece o *Combate da Corveta Maceió com a Esquadrilha Argentina* (quadro de F. de Martino, sobre o episódio da Guerra Cisplatina, em 18 de janeiro de 1827); no décimo sexto, *O Juramento da Constituição Republicana* (quadro de Aurélio de Figueiredo) e o resumo histórico do fato, desde a convocação da constituinte; no décimo sétimo, a estátua de D. Pedro I, inaugurada no Rio de Janeiro, em 30 de março de 1862 (trabalho de autoria de L. Rochet, sobre desenho do artista brasileiro Maximiano Mafra). Nos dois cartões subsequentes, com legendas explicativas, figuram quadros de Pedro Américo: *A Batalha de Avahy* (de 11 de dezembro de 1868), no décimo oitavo, e *O Grito do Ypiranga*, no décimo nono. No vigésimo cartão está ilustrada a estátua do general Osório, de R. Bernardelli, esculpida com bronze de canhões tomados em combate na Guerra do Paraguai e inaugurada em 12 de novembro de 1894, no Rio de Janeiro. No vigésimo primeiro cartão aparece a reprodução de uma pintura de Debret: *O Juramento de Fidelidade ao Imperador Pedro I*, com nota explicativa; no vigésimo segundo, a estátua de José de Alencar, também do escultor Bernardelli, inaugurada no Rio, em 1897. Nos dois números seguintes estampam-se dois quadros de Victor Meirelles: *A Batalha do Riachuelo*, no vigésimo terceiro, e *A Primeira Batalha dos Guararapes*, no vigésimo quarto, ambos com legendas ilustrativas. E por fim, no último cartão da série, sob o número vinte e cinco, retrata-se a imagem de São Francisco de Paula: a relíquia histórica que restou da arrasada Colônia do Sacramento, levada por fim à cidade de Pelotas, onde se encontra até hoje no altar-mor da catedral. Encontrou, assim, Simões Lopes Neto, na sua Brasiliana, uma maneira de homenagear sua cidade natal nas duas séries de cartões. Na primeira, com o obelisco republicano; na segunda, com a imagem do padroeiro da Princesa do Sul.

Simões, na composição das séries da Brasiliana, aproveitou parte do material utilizado no projeto do livro didático que estava indo por água abaixo. O esperado sucesso comercial não aconteceu, pois muitos anos depois do lançamento dos cartões, em 1914 e 1915, as duas séries ainda eram anunciadas nos catálogos da Livraria Americana, num evidente sinal de encalhe do material gráfico, o que em nada desmerece a iniciativa do escritor, seu civismo e a qualidade, excepcional para a época, do trabalho de gravação das estampas. Eis o texto:

"COLEÇÃO BRASILIANA –
Cartões postais, finamente ilustrados — organizada por J. Simões Lopes Neto. O assunto da 'Coleção Brasiliana' é todo ele nacional, e, portanto, patriótico; as ilustrações dão cópia fiel dos emblemas da soberania nacional, de todos os monumentos públicos, estaduais,etc., e reprodução de quadros célebres de combates e atos solenes, retratos de todos os governantes e de brasileiros notáveis, desde a época colonial até os nossos dias, túmulos, grandes invenções, obras de arte, objetos, lugares, documentos, cenas históricas, tudo explicado em notícia concisa e clara. Nenhuma coleção neste gênero existe no país, nos próprios livros de instrução pública não se encontram as preciosas ilustrações da Coleção Brasiliana, algumas das quais são absolutamente inéditas e todas documentadas.

Quem manusear esta coleção verá e aprenderá coisas que desconhecia, e outras de que formava ideia errônea e terá uma verdadeira lição de educação cívica. É o melhor prêmio, o melhor presente, o brinde mais significativo que se pode oferecer. Um colecionador de bom gosto só permutará com os seus correspondentes oferecendo-lhes destes cartões, destinados a terem lugar de honra nos álbuns. Uma série ou 25 cartões, 4$000."[356]

Até chegar aos quarenta anos, e isso ao redor de 1905, quando começa a esboçar o seu projeto de escritor, Simões Lopes Neto foi o moço idealista, desassossegado, capaz de abraçar mil atividades ao mesmo tempo,

---

356   Almanak Literário e Estatístico do Rio Grande do Sul, de Alfredo Ferreira Rodrigues: Rio Grande: Pinto & Cia., 1914.

(1907 – 1909)

sonhando com o progresso de sua cidade, que na sua paixão enxergava como se fosse um centro maior do que realmente era. Escreveu peças teatrais, dissimulando-se por detrás de Serafim Bemol, e adquiriu grande popularidade, ficando conhecido como um moço inteligente e irreverente. Queria ser respeitado como um grande industrial e para isso percorreu todas as etapas, como se estivesse a seguir um plano preestabelecido. Casou-se, foi conselheiro municipal, cultivou suas relações com os políticos mais influentes da região, colaborou na imprensa, publicando matérias de caráter geral, histórico e político em todos os grandes jornais de Pelotas; filiou-se ao Partido Republicano e do governo desse partido receberia patentes de tenente e, depois, de capitão da guarda nacional; associou-se à União Gaúcha e à Associação Comercial da sua terra, e fundou diversos negócios que não deram certo, dissipando o razoável capital que teve nas mãos quando morreu o pai.

Nos últimos anos de vida, contudo, Simões foi outro Simões, que sobreviveu ao galhofeiro Serafim Bemol e ao sério industrialista, neto do Visconde da Graça. Cansado de dar murros na parede e nada mais tendo a perder, pois já andava desacreditado no mundo dos negócios e no seio da família Simões Lopes, aferrou-se ao seu projeto literário; sobreviveu dando aulas na academia de comércio e trabalhando como jornalista profissional. A literatura passou a ser o seu novo sonho e o seu permanente projeto em construção. Nesse intercurso é que iria surgir o grande Simões Lopes, criador dos *Contos Gauchescos* e das *Lendas do Sul*.

Se alguém na época imaginou que o desassossegado Simões Lopes Neto para logo se cansaria do projeto de recriação das lendas populares, e que essa chama se apagaria quando se gastasse a vela luminosa que acendera ao Negrinho do Pastoreio, estava redondamente equivocado. Simões seguira o pedido de seu amigo Coelho Neto e continuava a respigar na rica seara desses racontos do povo. Começa o ano de 1909 como encerrara o de 1906, trazendo ao público em edição do jornal *Correio Mercantil*, já a 6 de janeiro, a lenda *A M'boi-tatá*, agora dedicada a Andrade Neves Neto.[357]

Se a lenda do Negrinho é de origem lusitana, a M'boi-tatá remonta aos mitos indígenas, com forte influência ibérica. Tal sincretismo seria, anos depois, salientado por Simões Lopes, em nota introdutória às *Lendas do Sul*, quando disse que o argumento "vem da Ibéria, a topar-se com a ingênua e confusa tradição guaranítica". Ao mergulhar no tema da M'boi-tatá, o escritor de pronto deparou-se com a magnitude e a antiguidade que a envolviam, o que justifica a linguagem bíblica e os boleios iniciais das frases, como se estivesse a sondar a narrativa, antes de mergulhar por completo na essência do relato. "Num tempo muito antigo, muito, houve uma noite tão comprida que pareceu que nunca mais haveria luz do dia. Noite escura como breu, sem lume no céu, sem vento, sem serenada, e sem rumores, sem cheiro dos pastos maduros nem das flores da mataria". E na descrição dessa "noite apocalíptica", como disse Mozart Pereira Soares, quando "o terror das trevas avassala os seres e as coisas", é que se revelou "o pulso do narrador" e o seu "poderoso sensório", que abrigava "todos os recursos do fabulário ancestral da espécie, o inconsciente fetíchico da humanidade. Era, por isso, da compleição artística dos onipotentes, para cujo poderio expressional poderiam faltar motivos, mas nunca o fabuloso artesanato."[358] Para chegar à descrição final da luz que se desprendeu do corpo sem vida da boitatá, era necessário que Simões fizesse aquela noite desprovida dos estímulos que atingem os sentidos. Noite sem ventos, sem cheiros, sem luzes e sem sons. Só um pássaro, o quero-quero, usado como contraponto às trevas absolutas, cantava de vez em quando do fundo da escuridão, vigiando sempre, esperando a volta

---

357   Utiliza-se, como fonte, a informação de Carlos Reverbel: Um Capitão da Guarda Nacional, 1981, p.66. Não foi localizado o jornal de 6 de janeiro de 1909 na coleção do *Correio Mercantil*.

358   Soares, Mozart Pereira."O elemento sensorial nas Lendas do Sul", in Simões Lopes Neto, João, Lendas do Sul, edição especial ilustrada: Porto Alegre: Aplub e Ed.Globo, 1974, p.VII-VIII.

(1907 – 1909)

do sol, que devia vir e que tardava tanto.[359] E ainda hoje, a luz da boitatá, nascida dos olhos dos tantos bichos que comeu, "anda sempre arisca e só, nos lugares onde quanta mais carniça houve, mais se infesta. E no inverno, de entanguida, não aparece e dorme, talvez entocada. Mas de verão, depois da quentura dos mormaços, começa então o seu fadário. A boitatá, toda enroscada, como uma bola — tatá, de fogo! — empeça a correr o campo, coxilha abaixo, lomba acima, até que horas da noite!... É um fogo amarelo e azulado, que não queima a macega seca nem aquenta a água dos mananciais; e rola, gira, corre, corcoveia e se despenca e arrebenta-se, apagado... e quando um menos espera, aparece, outra vez, do mesmo jeito!" O Simões escritor estava amadurecido; conseguia fazer excelente literatura a partir de original versão — crioula, no seu invento — de um mito contado de norte a sul no vasto território de sua pátria. Não foi outra coisa que lhe disse Coelho Neto, na carta que lhe enviou em 20 de novembro daquele 1909, aqui transcrita na ortografia original da primeira edição de *Lendas do Sul*:

> "Meu caro Simões L. Netto. Agradeço não me haveres esquecido com a tua amizade e com o teu talento. A lenda da 'Boi-tatá', também conhecida dos nossos sertanejos, com variantes que muito a differençam da que escreveste, deve figurar no 'folk-lore' gaúcho, onde já scintilla, accesa por ti, a velinha do 'Negrinho do Pastoreio', à cuja claridade puzeste o meu nome. Prossegue, porque fazes trabalho de valor e muito me alegro por haver insistido com a tua modestia para que continuasses a colher, aqui, ali, essas flores eternas da Poesia do povo, fazendo com ellas o ramo que será um encanto para todas as almas e glória para o teu nome. Abraço-te
> teu
> Coelho Netto. Rio, 20-XI-09."

---

359   Id. p.VIII.

No dia oito do mês de agosto daquele 1909, por iniciativa da Sociedade Agrícola e dando curso à proposta aprovada no Congresso Agrícola do Rio Grande do Sul de 1908, realizou-se a primeira Festa das Árvores nas dependências do Esporte Clube Pelotas. A festa visava divulgar a arborização e foi escolhido o estádio desse clube futebolístico para a prática do plantio. Durante a solenidade houve distribuição pública e gratuita de um folheto — Festa das Árvores — contendo Hino às Árvores, de autoria de Zeferino Brasil, e Prece à Árvore, de João Simões Lopes Neto.[360] Dois meses depois, desloca-se à cidade de Bagé, onde iria lançar, na exposição rural que lá se realizava, a 14 de outubro, o produto antiparasitário Tabacina, de sua fabricação, na palestra que lá realizou sobre "moléstias infecciosas e parasitárias que atacam os animais de criação".[361]

Nesse mesmo ano de 1909, o Clube Caixeiral mantinha uma academia de comércio, com recursos da própria entidade e contribuições dos alunos. Para reforçar o caixa, organizavam-se quermesses para angariar fundos. E lá estava João Simões Lopes Neto a pronunciar, em 14 de novembro, alentado discurso na inauguração da exposição-quermesse do Caixeiral, em benefício da Academia do Comércio, que fez sucesso e chegou a ser publicado, num opúsculo de 22 folhas.[362] Foi assim que nasceu A Exposição, um pequeno folhetim, anunciado como "órgão dos interesses da exposição 'Kermesse', em benefício da Academia de Comércio mantida pelo Clube Caixeiral", que tinha como redator Carlos Leopoldo Casanovas, anos mais tarde companheiro de Simões Lopes no jornalismo profissional. Como repórter, Zé da Hora, cognome do popular Sebastião Planella, homem de variadas ocupações e grande companheiro do escritor. João Simões Lopes Neto, professor da Academia de Comércio, escrevia crônicas para A Exposição. Num dos números, publicou a crônica As Ficadas do Ozébio, assinando como Serafim Bemol.

---

360   *Correio Mercantil*, 09 de agosto de 1909.
361   Reverbel, Carlos. Um Capitão da Guarda Nacional, 1981, p.160.
362   Simões Lopes Neto, João. Discurso. Pelotas: Tip. *Correio Mercantil*, 1909.

(1907 – 1909)

Uma crônica muito bem escrita na sua linguagem modernista, porém circunstancial, ambientada na própria quermesse, com alusões intimistas e não inteligíveis fora do círculo muito restrito das pessoas que conheciam essa personagem. O Ozébio tinha formas esquisitas de ficar. "Logo que se falou em organizar a quermesse, o Ozébio ficou... mudo. Iniciaram-se os trabalhos, martelou-se dia e noite, grudou-se, pintou-se: O Ozébio ficou... de fora." Sucedem-se, por várias linhas da crônica, as "ficadas", até que, no final, "cercado, murado, prisioneiro de uma escolta de gentis vendedoras", o Ozébio "ficou... estarrecido. Ficou nervoso; ficou danado, ficou frio. As meninas estendiam-lhe bilhetes da tômbola. Houve um momento de silêncio pavoroso; circunstantes miraram frementes: passou pela cara do Ozébio toda a gama das cores: branco, azul, verde, vermelho, roxo. Foi um pânico. O Ozébio ficou... ficou... O Ozébio ficou... cor de buraco. Mas resistiu! E retirou-se da quermesse 'ileso'!..."[363] Fundada em 11 de outubro de 1906, a Academia do Comércio funcionou por muitos anos e formou muitos alunos. Foi notícia, dias depois da fundação, o término dos trabalhos da comissão de lentes designada para elaborar o regulamento da escola, esclarecendo a nota que, depois de revisto, seria apresentado e discutido em assembleia dos professores. E anunciava a instalação da Academia de Comércio para o próximo dia 15 de novembro.[364] Começaria a funcionar, contudo, somente em 1º de abril de 1907. Inicialmente com seis anos de duração, o curso da academia reduziu-se, em 1910, para cinco anos, em obediência à legislação em vigor. O escritor João Simões Lopes Neto figurava oficialmente na relação dos docentes da primeira turma de acadêmicos formandos, que colou grau em 19 de fevereiro de 1913.[365] O ano de 1909 estava no fim e Simões, abraçando outra tarefa social, aceita o encargo de segundo secretário da Biblioteca Pública Pelotense, ao lado de Manoel Serafim Gomes de Freitas, futuro

---

363   A Exposição, ano I, nº 9, 21 de novembro de 1909.
364   A Opinião Pública, 17 de outubro de 1906.
365   Osório, Fernando. A Cidade de Pelotas, 1922, p.183-184.

confrade na Academia de Letras, que seria o primeiro secretário.[366] E daí em diante nasceria uma ligação duradoura e edificante do escritor com aquela entidade cultural da Princesa do Sul, espelhada nos registros das atas que se sucederam, ao correr dos anos, até o final de 1915.

---

366   Ata de 29 de dezembro de 1909.

Capítulo 12

(1910 - 1911)

*"Por coxilhas e canhadas, na beira dos lagoões, nos paradei-
ros e nas restingas, por onde o Negrinho ia passando, a vela
benta ia pingando cera no chão: e de cada pingo nascia
uma nova luz, e já eram tantas que clareavam tudo."*

J. Simões Lopes Neto

Com a chegada de 1910, Simões concentra-se na preparação de uma
conferência, a convite do Congresso Português. Escolhe um título e um
tema: *Pedras*, que veio a ser lida pelo escritor, diante de razoável platéia,
na sede do clube lusitano.[367] Extratos dessa mesma conferência foram
publicados no exemplar número 2, da Revista da Academia de Letras
do Rio Grande do Sul. Na íntegra, havia sido divulgada nas páginas do
Correio Mercantil, numa série de seis publicações.[368] Lendo Simões, nas
linhas e nas entrelinhas, a melhor crítica sustentou que a conferência é
"exemplo de humor e virtuosismo linguístico" e que "o texto percorre um
longo caminho", até chegar à "pedra preciosa", que remete o leitor à personagem representada pela mulher cobiçosa e avarenta, já esboçada pelo
autor num pequeno e enigmático conto urbano escrito no início daquele
século: Sinhá Jana. Assim, a conferência *Pedras* seria o complemento da

---

367   Diário Popular, 13 de janeiro de 1910.
368   *Correio Mercantil*, 17 a 22 de janeiro de 1910.

obsessão do escritor pelo caráter encantatório das pedras preciosas, pois Sinhá Jana, na metamorfose da narrativa, "funciona para o seu amante como a própria pedra preciosa, caminho da transmutação entre o opaco e o translúcido".[369] *Pedras* revela o inegável charme de Lopes Neto para lidar com as platéias. Começa com uma tirada de humor e bom gosto: "O tema desta palestra justifica-se pela forma porque ela se preparou. Quando o meu cruel amigo, o digno presidente do Congresso procurou-me exigindo-me uma conferência, ficamos como duas pedras: ele, duro no querer, e eu, duro no escusar-me. Mas como os maiores pesos deslizam bem sobre rolos... que fez ele? Pôs entre nós a velha camaradagem, e eu... tive de deslizar... e aqui está porque têm Vossas Excelências diante de si este conversador que vem palestrar sobre pedras. Tende benevolência para com ele." E termina, sempre martelando sobre a sentença "só a pedra não mente", como argumento da verdade das pedras, opondo-se à mentira dos homens. "O próprio Cristo mente", ele diz, "prometeu o reinado da paz, do amor, da concórdia, da caridade, do perdão, da igualdade, da justiça, da alegria... e mentiu, pois nunca, como hoje, o mundo foi tão trabalhado pela descrença e a desesperança!" Linhas adiante: "E mais que todos e sobre todos o homem mente, pois foi pela complicação e a tortuosidade da mentira que ele se proclamou o rei da criação. Ele jacta-se de ser forte e é fraco; de valente e é covarde; de casto e é dissoluto, conformado e é invejoso, senhor e é possuído... [...] Só a pedra não mente. [...] Lascada, partida, ou esborcinada apenas, assim fica e permanece; é como a virgindade e a honra: poder algum mais a torna inteiriça, integral, intacta. O homem é que a injuria, vestindo-a de mentiras; pode talhá-la como estátua de um miserável a que dá o nome de herói; insculpir-lhe louvores, quando devera gravar maldições... A figura, o emblema, o lavor, a inscrição pode mentir, não a pedra em que ela foi talhada; não é o material, é o feitio, que mente, não é a pedra, que mente, sim a mão do

---

369   Chiappini, Ligia. No Entretanto dos Tempos, 1988, p.241.

(1910 – 1911)

homem que a esculpiu; ela apenas aprisionou sobre si a mentira e imóvel, tranquila, sobranceira, espera. Espera e o tempo chega." E por fim, o trecho de encerramento, que é o mais conhecido: "O tempo, o grande justiceiro, chega e julga. E repara os erros, emudece a lisonja, espanca o medo, abate o orgulho, repele o vício, esmaga a torpeza — e sobre esse tábido ossuário faz resplandecer o sol, uno e trino, do bem, do belo e da verdade! Tudo morre, tudo passa, tudo se transforma: só as pedras ficam; só a pedra responde!... Só a pedra é imortal!"

No dia de 9 de abril realizou-se uma histórica sessão na Biblioteca Pública Pelotense. Foi aprovada pela mesa diretora, com a presença de Simões Lopes Neto, a deliberação para que a casa tomasse a iniciativa de comemorar o primeiro centenário da Princesa do Sul, que aconteceria dentro de dois anos, a 7 de julho de 1912. A ideia frutificou e no ano seguinte a entidade começaria a discutir o programa das atividades oficiais da data que se aproximava.[370] A partir daí é que Simões Lopes Neto realizaria o projeto e a execução da Revista do 1º Centenário, que começou a circular no ano subsequente.

Mas 1910 seria, contudo, o ano do *Cancioneiro Guasca*: o primeiro da conhecida trilogia editada em vida pelos irmãos Echenique, que seria completada poucos anos depois com *Contos Gauchescos* e *Lendas do Sul*. Não foi o Cancioneiro, no entanto, a primeira obra de Simões Lopes Neto a ser editada pelos proprietários da Livraria Universal. Das mesmas prensas já havia saído a peça teatral *O Boato*, em 1898. Entre os livros que seu editor publicou, aquele a cair no gosto do público foi mesmo *Cancioneiro Guasca* e justamente aquele que Simões Lopes em grande parte não escreveu. É obra de compilação, sem tirar o mérito de ser, no Rio Grande, a primeira e a mais volumosa, nesse gênero, publicada em livro e referida por Augusto Meyer como trabalho de amor e paciência,

---

370   Atas de reuniões da diretoria da Biblioteca Pública Pelotense de 06 de abril de 1911 e 09 de agosto de 1911; Revista do 1º Centenário, nº 1, 15 de outubro de 1911.

digno do grande regionalista que o compilou. Incorporou-se em definitivo no folclore rio-grandense e no gosto popular. Sobrevivendo por décadas ao autor, o *Cancioneiro* esteve sempre presente, mesmo entre o público erudito, na carreira póstuma[371] do criador das *Lendas do Sul*, como se vê em Câmara Cascudo, na apresentação ao *Dom Quixote de La Mancha*, obra publicada em cinco volumes pela editora José Olympio e traduzida por Almir de Andrade e Milton Amado, em duas referências dignas de nota. Abordando usos e costumes, no capítulo V, da primeira parte da obra de Cervantes, observou o introdutor: "*Conociendo la querencia*. Na região gaúcha do Rio Grande do Sul popularizou-se o vocábulo com a influência castelhana. É o lugar habitual da pastagem ou da criação do gado. Corresponde à 'malhada' no nordeste brasileiro, onde o gado malha, vive, sesteia. Querência sinonimiza a terra natal para o gaúcho. 'Ai vida longe dos pagos, / Vida tirana, por Deus! / Quem não gosta da querência, / Da terra que é dos seus? (*Cancioneiro Guasca*, J. Simões Lopes Neto, 126, Pelotas, 1917)".[372] É da mesma forma no Cancioneiro que Câmara Cascudo vai encontrar comparações ao modelo poético de que se utiliza Cervantes no Capítulo XXVII, 1a parte, de El Ingenioso Hidalgo Don Quijote de la Mancha, quando o genial escritor de Alcalá de Henares "sublima as queixas amorosas com uns versos de não comum disposição estrófica:

'Quién menoscaba mis bienes?
Desdenes.
Y quién aumenta mis duelos?
Los celos.
Y quién prueba mi paciencia?
Ausencia.

---

371   Expressão criada por Moysés Vellinho.
372   Câmara Cascudo, Luís da."Com Dom Quixote no folclore do Brasil", in Dom Quixote de La Mancha, vol. 1, Rio de Janeiro: José Olympio, 1958, p.45.

(1910 – 1911)

De ese modo, en mi dolencia
ningún remedio se alcanza,
pues me matan la esperanza
desdenes, celos y ausencia.'

O modelo popularizou-se no Brasil como versão política ou satírica. Não conheço os tipos líricos. No Rio Grande do Sul, durante a Guerra dos Farrapos, e em consequência da admiração aos generais farroupilhas, apareceram várias produções na espécie (J. Simões Lopes Neto, Cancioneiro Guasca):

'Oh! do inferno instrumento,
— Bento;
Modelo dos tiranos, da traição painel,
— Manuel;
No inferno te aguardam, qual primeiro
— Ribeiro;
Como um montão de chamas num braseiro,
— Bento Manuel Ribeiro!

Quem virtuoso mostra,
Sem o vício d'ambição?
— João;
Quem é que sem descanso
Persegue o caramuru-demônio?...
— Antônio;
Qual a melhor espada
Da nossa melhor fileira?
— Silveira;
Erija-se um templo agora,
A essa espada primeira:

Imite, quem quer ser grande,
— João Antônio da Silveira."[373]

A escolha de Echenique & Cia. – Livraria Universal, como editora não só do primeiro livro, mas também dos outros — com exceção da peça teatral A Viúva Pitorra — que foram em vida do autor publicados, tem muitas explicações. Guilherme Echenique era contemporâneo e ligado — não por parentesco direto, mas por afinidade — a João Simões Lopes Neto. Guilherme tinha quase a mesma idade de Simões Lopes e era casado com uma filha de dona Silvana, segunda mulher de Felisberto Ignácio da Cunha, o Barão de Correntes, irmã de Thereza, mãe do escritor. Guilherme Echenique era, portanto, casado com uma prima de Simões Lopes, que também chamava-o de primo, ou de Joca. Naqueles idos de 1910, porém, a editora dos irmãos Echenique — fundada em 7 de dezembro de 1887 — já havia experimentado modificação na sua estrutura física e social. Transferindo-se para um prédio novo, moderno, construído especialmente para sediar a livraria e editora, no melhor ponto da cidade — na confluência das ruas 7 de Setembro com 15 de Novembro —, o empreendimento estava em expansão, também em Porto Alegre. Lá havia uma próspera filial, situada na Rua dos Andradas, números 489 e 491, que recentemente se transformara num negócio independente, pois os irmãos, desde 1908, tinham separado a sociedade, ficando Carlos Echenique com o acervo da casa de Porto Alegre, que passara a funcionar sob sua firma individual, e Guilherme com a casa de Pelotas, que estava a girar sob a razão social de Echenique & Cia., em sociedade com outro irmão: Martim Echenique. Anos depois, quando o mundo literário canonizara Simões Lopes Neto, um dos filhos de Guilherme, de nome Sylvio da Cunha Echenique, prestaria, em duas oportunidades, minucio-

---

373   Id., p.51-52. Versos da revolução de 1835, extraídos do Cancioneiro Guasca (Pelotas: Echenique, 1917, 2a ed., p.183-184), na recolta intitulada Poesias Históricas (cap. VI): um contra Bento Manoel Ribeiro e outro enaltecendo João Antônio da Silveira.

(1910 – 1911)

sos depoimentos sobre o escritor que conhecera pessoalmente: num livro de contos que escreveu e depois num artigo publicado em jornal. Os dois registros são quase idênticos. Num deles, mais extenso, disse: "Desde os cueiros conheci-o no convívio das nossas famílias. E segui-o nos tempos em que eu comprava puxa-puxa de rapadura, duas por vintém, sempre havendo uma de inhapa, feitas pela sua cunhada dona Cazuza. E, mais tarde, já taludo e bisbilhoteiro, meio de lado, pescava chistes que brotavam da tertúlia diariamente formada na livraria Universal, fundada por meu pai, Guilherme Echenique, a qual João Simões frequentava assiduamente. Lembro-me, entre mais casos, de um trocadilho relacionado com seu pseudônimo, Serafim Bemol, e de outro a respeito do seu cigarro palheiro, que retovava com papel 'Duc', francês, para que não lhe irritasse os lábios o contato da palha. Ele, alvejado pelos amigos, empertigava ainda mais o seu corpo franzino e retrucava pronto, gesticulando com a sua mão encardida pelo fumo, tal como o seu bigode, em contraste com a sua gravata de piquê branco, imaculada. Mas João Simões não era levado muito a sério pelos seus íntimos e conterrâneos. Havia tentado diversas ocupações e fracassara. Esse homem dos sete instrumentos é volúvel como um catavento na busca de soluções para os problemas da vida rotineira, não obstante, sobreviveria à morte adquirindo merecida fama a sua produção literária, graças a uma circunstância fortuita. É que meu pai gostava de escrever e era grande apreciador da literatura gauchesca, muito embora fosse citadino de nascimento e de costumes, ainda que estancieiro. E era amigo do seu Joca, que a ele confiava manuscritos originais, desordenados de lhe arrepiar os cabelos de homem escravo da ordem e do método. Existindo, pois, entre ambos, essa afinidade, a do culto do regionalismo, um possuindo a bossa de escritor e o outro a tipografia, meu pai fez esta funcionar, sem miras de lucro, para preservar e divulgar os escritos de João Simões."[374] O trocadilho a que se reportou Sylvio Echenique foi

---

374   Echenique, Sylvio da Cunha. *Fagulhas do meu Isqueiro*, Pelotas: Editora Hugo, 1963, p. 9-10.

referido pelo escritor, num artigo em que convocava os estudantes para instituir a semana centenária, para comemorar, ano a ano, o aniversário da cidade, quando disse: "Hoje, porém, o Serafim, em vez de Bemol, é Bemole".[375] E, noutro depoimento, deixaria Sylvio Echenique registrado: "A livraria era o ponto de reunião de um seleto grupo de cidadãos, entre eles o 'seu' Joca, assíduo frequentador da tertúlia. Possuía boa estatura, enxuto de carnes, birolho, de bigodes encardidos pela fumaça do seu palheiro, curiosamente retovado de papel de cigarro 'Duc', porque lhe arrepiava o contato da palha com o lábio. Usava gravata de piquê, branca, e trajava sem esmero. Muito ágil mentalmente, dominava os seus pares nos entreveros das conversas. Meu pai se propôs a editar as suas produções sem visar lucros, encarregando-se ele próprio de organizar e revisar as provas, o que fez com prazer, já que apreciava os dotes intelectuais do amigo e gostava bastante dos assuntos regionais."[376] Ivete Barcellos Massot apresentaria uma variante, ao relatar que, ao conhecer o texto dos contos, um dos parentes de Simões sugeriu levar a obra ao Rio de Janeiro para mandar editá-la sem despesas, com o que não concordou o escritor, que teria dito: "Ainda tenho alguma coisa do que apurei com a venda da casa e posso arcar com a despesa". No dia seguinte, encaminhou-se à Livraria Universal para ajustar os detalhes da publicação.[377] Mas Ivete, nesta passagem, referiu-se aos *Contos Gauchescos*, não sendo, portanto, de descartar o custeio da publicação do *Cancioneiro* pela própria editora, sem visar lucros. Seja como for, o certo é que Simões cedeu os direitos autorais ao seu editor. Contou-se, na época, que o autor teria recebido do seu editor menos do que dois contos de réis pela cessão dos direitos autorais dos seus três livros: *Cancioneiro Guasca*, *Contos Gauchescos* e *Lendas do Sul*. Não fosse assim, a editora não teria anos depois cedido com ônus,

---

375   A Opinião Pública, 07 de julho de 1913.

376   Echenique, Sylvio da Cunha."Recrutando sinuelo para a tropa das nossas tradições", Porto Alegre: Correio do Povo, Página Rural, 12 de março de 1965.

377   Massot, Ivete Barcellos, ob. cit. p.140.

(1910 – 1911)

ainda que por muito pouco dinheiro, esses mesmos direitos à Editora Globo: seis mil cruzeiros foi a cifra mencionada por Russomano, no artigo, mais de uma vez citado, que publicou em *Fundamentos da Cultura Rio-Grandense: Alguns aspectos de Simões Lopes Neto*. Diante do cotejo desses fatos, a versão mais coerente parece ser a do filho de Guilherme Echenique, pois não é concebível que Simões, tendo pago os custos da edição, ainda tivesse cedido seus direitos autorais aos proprietários da Livraria Universal.

A primeira edição do livro *Cancioneiro Guasca* reúne *O Negrinho do Pastoreio, Boitatá* — a cobra de fogo —, *O Generoso, Outros Mitos: O Lobisomem, O Jurupari, O Caapora, O Saci-perê, A Oiara*.[378] As edições que se seguiram — 1917 e 1928, ainda de Echenique & Cia., 1954, da Globo, e 1999, da Sulina — excluíram as lendas, pois estas, já complementadas com *A Salamanca do Jarau*, foram aproveitadas num outro livro: *Lendas do Sul*, cuja primeira edição é de 1913. *O Negrinho do Pastoreio* e a lenda *Boitatá* não eram inéditas quando foram publicadas pela primeira vez em livro: ambas emergiram das páginas do *Correio Mercantil*, nas edições de 26 de dezembro de 1906, com dedicatória a Coelho Neto, e 6 de janeiro de 1909, oferecida a Andrade Neves Neto. Na recolta sistemática da poesia popular do Rio Grande do Sul, Simões Lopes não foi o primeiro a executar a tarefa. Carlos Von Koseritz havia publicado, de 23 de janeiro a 12 de março de 1880, na Gazeta de Porto Alegre, o material que conseguiu reunir, o qual foi reproduzido por Sílvio Romero no segundo volume de *Cantos Populares do Brasil*, sob o título *Silva de quadrinhas coligidas no Rio Grande do Sul*, com o crédito do autor da primeira coletânea. Em 1883, João Cezimbra Jacques apresentou nova contribuição à poesia popular gaúcha, no seu *Ensaio Sobre os Costumes do Rio Grande do Sul*. E a partir de 1886, o *Anuário da Província do Rio*

---

378   Simões Lopes Neto, João. Cancioneiro Guasca. Pelotas: Echenique & Cia., 1910, p.11 a 34.

Grande do Sul, de Graciano Azambuja[379], inicia sua divulgação da poesia popular rio-grandense, mantida até o ano de 1905 e que muito contribuiu na coleta de Simões Lopes para o seu *Cancioneiro*. Sobre o dito *Cancioneiro*, no mesmo verbete em que figuram as observações que foram citadas, a respeito dos precursores da coletânea de Simões Lopes, comentou Augusto Meyer: "O *Cancioneiro Guasca* é mais que uma obra útil e só poderia ter sido elaborado com grande esforço; o admirável regionalista, colecionando e transcrevendo, foi o primeiro a reunir com método o material que andava esparso e salvou muita coisa, fixando em letra de forma boa parte da tradição oral ameaçada de esquecimento. Classificou a matéria colhida em dez capítulos, Antigas Danças, Quadras (descantes e desafios), Poemetos, Poesias, Trovas cantadas ao som do Hino Farrapo, Poesias históricas, Desafios, Dizeres, Diversas, Modernas."[380] Quando Simões divulgou o *Cancioneiro*, em 1910, não lhe passava pela cabeça outra coisa que não fosse, unicamente, o pequeno mérito de entregar ao público um trabalho útil, nada além de singelo, um esforço de conservação de pelo menos parte das tradições rio-grandenses; e não foi por nada que escreveu, no preâmbulo, sob o título *Pró-memória*, este texto que aparece em todas as quatro edições:

> "Como uma velha joia, pesada e tosca, que a moda repulsa e entende arcaica, assim a antiga estirpe camponesa que libertou o território e fundou o trabalho social no Rio Grande do Sul, assim essa — velha joia pesada e tosca — acadinhada pelo progresso, transmutou-se.
> Usos e costumes, asperezas, impulsos, e, logo, aspirações, tão outras que as primevas e incompassíveis, formam agora diferente maneira de ser dos descendentes dos continentistas.

---

379   O Anuário de Graciano Azambuja era publicado em Porto Alegre, por Gundlach & Cia. A exemplo do Almanak Literário e Estatístico do Rio Grande do Sul, de Alfredo Ferreira Rodrigues, que era editado em Rio Grande, foi um grande sucesso editorial.

380   Meyer, Augusto.Guia do Folclore Gaúcho. Rio de Janeiro: Aurora, 1951 (verbete Poesia Popular Rio-Grandense), p.140.

(1910 – 1911)

Nada impede porém que, carinhosa, a filial piedade procure construir um escrínio onde fulgir possa o metal — duro e puro — que é herança sua.
Seja este livrinho o escrínio pobre; mas, que dentro dele resplandeça a ingênua alma forte dos guerrilheiros, campesinos, amantes, lavradores; dos mortos e, para sempre, abençoados Guascas!"

A segunda edição do *Cancioneiro*, sendo de 1917, já é póstuma: vem bastante ampliada, depurada dos mitos e das lendas — aproveitados em outro livro, *Lendas do Sul* — e indicando que o autor teve, ainda, tempo de trabalhar nesta publicação, a qual apresentou como definitiva, em nota final: "Tendo tido este Cancioneiro o melhor acolhimento por parte do público, apresentamos uma segunda edição definitiva, dando à publicidade grande número de produções de cunho rio-grandense, de origem popular, que não conseguíramos incluir na primeira. É enorme — e por aí anda esparso — o curioso acervo poético ora ingênuo, ora engenhoso, ora altivo, ora planejante — mas sempre característico — que os avós nos legaram; fora pena que se perdessem os elementos do, talvez, mais rico contingente do cancioneiro popular do Brasil." Noutro trecho da mesma nota, reproduzindo o que registrou na primeira edição, o autor escreveu: "Ao capítulo III, dirão os competentes sobre as quadras que conviria eliminar, por serem alheias a nossa maneira; conservamo-las, por achá-las incorporadas nos descantes locais em geral."[381] A nota revela a falta de rigidez do método de seleção, o que conduz Augusto Meyer a observar que o critério empregado por João Simões esteve mais atento à mão cheia do que à escolha meticulosa, aduzindo que o *Cancioneiro* não se detève na "classificação do contingente português, quase incontaminado", como também não fez o cotejo com a contribuição de outras regiões do Brasil, "superior em número e variedade característica".[382] Nada, no entanto,

---

381   Simões Lopes Neto, João. Cancioneiro Guasca. Pelotas: Echenique & Cia., 2a ed.,1917.
382   Meyer, Augusto. Cancioneiro Gaúcho. Porto Alegre, Globo, 1952, p. 4.

JOÃO SIMÕES LOPES NETO: UMA BIOGRAFIA

que tire o mérito de Simões Lopes e seu esforço pioneiro. Numa outra passagem da nota, tanto na primeira como na segunda edição, aparece a indicação específica das fontes das pesquisas:

"De muitas fontes temo-nos socorrido para organizar este trabalho; como principais o 'Anuário do Rio Grande do Sul' (Graciano A. Azambuja), 'Almanak Literário e Estatístico do Rio Grande do Sul' (Alfredo Ferreira Rodrigues), 'Almanak Popular Brasileiro' (editores Echenique Irmãos & Cia.); e além de matéria colhida em vários escritores, tivemos o concurso espontâneo de numerosas pessoas respeitáveis que se prestaram gentilmente a rebuscar na memória adormecida o saudoso recordar que a muitas fez pararem meio à recitação... a muitas fez umedecer os olhos... ou já sorrir!..."[383]

Destacado autor, entre os vários escritores a que se refere essa nota, a fornecer manancial ao livro, foi Luiz Araújo Filho: os versos denominados *Trovas dos foliões*, que tratam das visitas do Divino, e os que introduzem o segundo capítulo do Cancioneiro, saíram do livro do escritor alegretense.[384] Nada melhor, para epigrafar o capítulo destinado às quadras, descantes e desafios, do que a transcrição da trova que as personagens de Araújo Filho, na sua jornada, ouviram cantar, à meia noite de certa véspera de carreiras, por Chico Pedro e seu desafiante. Dela reproduzimos apenas uma parte, que lembra o desafio entre Martín Fierro e El Moreno:

"— Ah! Velho, se és tão ladino
e te julgas bom cantor,
respondendo a esta pergunta,
te declaro vencedor:
quero que digas, de pronto,

---

383   Simões Lopes Neto, João. Cancioneiro Guasca. Pelotas, 1910 (1a ed.) e 1917 (2a ed.).
384   Araújo Filho, Luiz. Recordações Gaúchas. Pelotas: Echenique Irmãos & Cia., 2a ed., 1905, p.76 –79 e 25-27.

ligeiro, sem titubear,
se sabes quantas estrelas
estão no céu a brilhar?...

— Ninguém abuse dos outros
por mais que seja pimpão,
pois sucede ver-se um cuera
a pé, de freio na mão.
E pois, te digo, as estrelas,
no céu imenso espalhadas,
são a metade e outro tanto
e, se imaginas que minto
na quantidade que dei,
te desafio a contá-las...
para ver se não errei!"[385]

Não pode ser afastada, mesmo porque o autor fez referência à fonte no capítulo Antigas danças, a influência direta da coleta de Cezimbra Jacques.[386] No portal do primeiro capítulo do Cancioneiro, tal como figura em todas as edições, Simões Lopes registrou, logo abaixo do título:

> "(Resumido de J. Cezimbra Jacques). Os antigos habitantes deste território usavam de danças próprias ou para melhor dizer, *sui generis*, que pelos seus traços parecem haver resultado de uma combinação das danças dos primitivos paulistas, mineiros e lagunenses, com as danças dos açoristas e dos indígenas, mais a 'meia-canha' e o 'pericón', danças que se usavam nas repúblicas do Prata, especialmente em Corrientes, Entre-Rios e Estado Oriental."

---

385   Id., p.26.
386   Cezimbra Jacques, João. Ensaio Sobre os Costumes do Rio Grande do Sul. Porto Alegre: Gundlach, 1883.

Tão logo a edição do *Cancioeiro* saiu das prensas para as vitrines da Livraria Universal, Simões apressou-se em remeter um exemplar ao casal Gomes Mendes.[387] O livro é recebido em Portugal, em Mouta-Rara, a aldeia natal de José Gomes Mendes e seu nome artístico nas composições e representações teatrais, com dedicatória: "Aos irmãos José e Silvia, lembrança do Joca". Na página da dedicatória, uma anotação: "Recebido em Mouta-Rara em agosto de 1910". Tratando o cunhado como irmão, na dedicatória, Simões Lopes na verdade exprimia, em palavras, um fraterno sentimento, maior até que a amizade que mantiveram por toda a vida, quando juntos carregaram, desde muito moços, sucessos e fracassos.

1910 é também o ano de fundação, em Porto Alegre, da Academia de Letras do Rio Grande do Sul.[388] E é ainda o ano em que começou a circular a revista da instituição.[389] Seu primeiro número, sem registro do mês de edição, estampa os estatutos da entidade, aprovados em 17 de abril de 1910, que é a data da fundação. Na noite de 11 de junho de 1910 — um sábado — Simões Lopes está em Porto Alegre, para participar, como fundador, da sessão solene de instalação da academia, no salão de festas do Clube do Comércio. Artur Pinto da Rocha foi o orador oficial do ato. Simões Lopes Neto escolheu Álvaro Gonçalves Chaves como patrono de sua cadeira, em mais uma homenagem à memória do grande conterrâneo republicano, prematuramente falecido. Os companheiros do sodalício, também fundadores, são figuras da maior expressão das letras gaúchas. Lá estavam muitos remanescentes da antiga e desativada

---

387   José Gomes Mendes, cunhado e parceiro do escritor, era casado com Silvana, que João (o Joca) chamava de Silvia, ou Silvinha.

388   A Academia de Letras do Rio Grande do Sul não pode ser considerada sucessora, na acepção jurídica, da Academia Rio-Grandense de Letras, fundada em 1º de dezembro de 1901. Estava desativada há vários anos e teve vida efêmera, pois muitos de seus fundadores haviam falecido ou transferido residência (seu instituidor e primeiro presidente, Olinto de Oliveira, já não residia em Porto Alegre). Assim, essa nova entidade foi fundada sobre o vazio que deixou a antiga, que nunca chegou a ser oficialmente extinta.

389   Circularam doze números nesta primeira fase da revista, editados em Porto Alegre, na Gráfica da Livraria Americana.

(1910 – 1911)

Academia Rio-Grandense de Letras, de 1901: João Maia, Aquiles Porto Alegre, Zeferino Brazil, Mário d'Artagão, Alfredo Ferreira Rodrigues, Andrade Neves Neto. Ari Martins, ao traçar a história das academias literárias gaúchas, divulgou a relação do quadro efetivo da Academia de Letras do Rio Grande do Sul, durante os seus quatorze anos de atividade (1910-1924). Eis a nominata dos integrantes das vinte e seis cadeiras, com os respectivos patronos:

Academia de Letras do Rio Grande do Sul (1910)		
Cadeiras	Patronos	Acadêmicos
1.	Alarico Ribeiro	Fanfa Ribas
2.	Alberto C. Leite	Mário d'Artagão
3.	Álvaro Chaves	Simões Lopes Neto, sucedido por Tancredo F. Mello
4.	Apolinário Porto Alegre	José de Assis Brasil
5.	Araújo Porto Alegre	Aquiles Porto Alegre
6.	Artur Oliveira	César de Castro, sucedido por Ezequiel Ubatuba
7.	Artur Rocha	João Maia
8.	Bernardo Taveira Jr	Alfredo Ferreira Rodrigues
9.	Bibiano de Almeida	Mariano da Rocha
10.	Damasceno Vieira	Zeferino Brasil
11.	Eduardo de Araújo	Pinto da Rocha
12.	Ernesto Alves	Andrade Neves Neto
13.	Eudoro Berlink	Dantas Barreto
14.	Félix da Cunha	Lindolfo Collor
15.	Fernando Gomes	José Paulo Ribeiro
16.	Joaquim Alves Torres	Miguel Ferreira
17.	Joaquim Caetano	Irineu Trajano
18.	José Carlos Rodrigues	João Pinto da Silva
19.	José de Souza Lobo	Oswaldo Vergara

Academia de Letras do Rio Grande do Sul (1910)		
Cadeiras	Patronos	Acadêmicos
20.	Leopoldo Chaves	Ulisses Cabral
21.	Leopoldino J. de Freitas	Leopoldo de Freitas
22.	Lobo da Costa	Manuel do Carmo
23.	José Gomes de Freitas	Manoel Serafim Gomes de Freitas
24.	Marcelo Gama	Augusto de Carvalho
25.	Pardal Mallet	Alcides Maia
26.	Timóteo de Faria Correia	M. Faria Correia

Também foram acadêmicos, sem escolha de patronos, Coelho da Costa, Otávio A. de Faria, Barbosa Neto, Eduardo Guimaraens, Bernardino Bormann, Ribeiro Taques, Raul Villeroy, Ramiz Galvão, Teófilo Borges de Barros, Vieira Pires, Carlos Ferreira e Cezimbra Jacques. Participaria João Simões da segunda diretoria, empossada em 11 de junho de 1913, destinada a reger a Academia no triênio 1913-1916.

Todavia, em 1910, saindo do isolamento cultural em que se encontrava, Simões Lopes investiu-se, pela primeira vez, nos quadros de um sodalício voltado inteiramente para a literatura. E já no segundo número da revista, que é de setembro, apareceriam publicados trechos de uma conferência que pronunciara.[390] A partir daí, o acadêmico João Simões Lopes Neto passaria a ser um colaborador assíduo do periódico, tendo publicado cinco trabalhos nessa primeira fase de doze números da revista. Foram divulgados, na revista da academia, trechos da conferência Pedras no número 2 (páginas 18 a 23); *O Gringo das Linguiças* — do livro inédito *Casos do Romualdo*, no número 6 (páginas 146 a 152); *A Recolhida* — do livro escolar *Terra Gaúcha*, referido como se estivesse no prelo, no número 7 (páginas 184 a 187); o Discurso proferido na sessão

---

390 Trata-se da conferência Pedras, com trechos publicados na Revista da Academia de Letras do Rio Grande do Sul. Porto Alegre: Of. Gráficas da Livraria Americana, Vol. II, setembro, 1910, p.18 a 23.

(1910 – 1911)

de aniversário da Academia de Letras do Rio Grande do Sul, em 11 de junho de 1911, como orador oficial da solenidade, no número 8 (páginas 213 a 232); e finalmente *O Negro Bonifácio* — de *Contos Gauchescos*, no número 9 (páginas 255 a 262).

O ano não terminaria sem que chegasse, para as atividades industriais do escritor, o reconhecimento oficial do produto antiparasitário, que sua firma fabricava e distribuía entre os ruralistas. *Tabacina*, como era divulgado, receberia o primeiro prêmio de sua classe na *VI Exposição Rural de Pelotas*, aberta em 13 de novembro de 1910. A premiação não deixou de ser registrada na imprensa, pois a crônica do certame, ao referendar as propriedades curativas da *Tabacina* contra os animais parasitários que atacam o gado, disse que sua aplicação vinha merecendo a confiança dos fazendeiros.[391] E no último dia de 1910, na Biblioteca Pública, Simões Lopes Neto estava sendo conduzido à função de primeiro secretário da instituição, numa concorrida sessão de assembleia que elegeu presidente o médico Edmundo Berchon des Essarts. Nos anos vindouros, dias de muito trabalho na diretoria da Biblioteca iriam preencher o escasso tempo do prestante escritor. João Simões permaneceria primeiro secretário e passaria a redigir as atas das reuniões diretivas por cinco anos consecutivos, que se estenderam desde o início de 1911 ao final de 1915. Estaria por vir a comemoração do centenário da cidade, a reforma do prédio da instituição e muito mais. A par dos interessantes registros históricos, as atas da Biblioteca Pública, das primeiras de 1911 às últimas de 1913, contêm a qualidade da fluente redação do compositor das *Lendas do Sul* e revelam, além de tudo, a todos aqueles que, professando o culto Lopes Neto, tiveram a paciência de correr os olhos sobre aquelas páginas manuscritas, a letra inconfundível e os autógrafos do seu redator. O escritor consumiu boa parte de seu tempo dedicando-se à Biblioteca Pública de sua cidade, consciente, em mais esta voluntária tarefa, de que

---

391   *A Opinião Pública*, 26 de novembro de 1910.

estava cumprindo mais outra missão comunitária e sócio-cultural, para a qual estivera sempre pronto e vocacionado. Préstimos relevantes, que se estenderam e deixaram marcas durante nada menos do que nove anos, de 1907, quando começou a participar como um dos diretores da casa, ao final de 1915, ano em que completou cinco gestões consecutivas como primeiro secretário.

Participação de J. Simões Lopes Neto na diretoria da Biblioteca Pública Pelotense		
Ano	Cargo	Ata
1907	Diretor	20 de dezembro de 1906
1908	Diretor	
1909	Diretor	
1910	2° Secretário	29 de dezembro de 1909 (liv.138, p.13v.)
1911	1° Secretário	31 de dezembro de 1910 (liv.138, p.16v.)
1912	1° Secretário	20 de dezembro de 1911 (liv.138, p.21v.)
1913	1° Secretário	22 de dezembro de 1912 (liv.138, p.30v.)
1914	1° Secretário	14 de dezembro de 1913 (liv.138)
1915	1° Secretário	27 de dezembro de 1914 (liv.138, p.33v.)

Chegava o ano de 1911 e Simões Lopes, integrado na recém fundada Academia de Letras do Rio Grande do Sul, já trabalhava em dois projetos paralelos. Estava a esboçar *Casos do Romualdo* e *Contos Gauchescos*. No número 6 da Revista da Academia de Letras do Rio Grande do Sul, disparava *O Gringo das Linguiças*. Ao lado do nome que deu ao conto, para comprovar que o escritor já tinha escolhido o título do livro que pretendia publicar, consta a seguinte referência: "do livro Casos do Romualdo – inédito".[392] Repartia-se, como podia, em prestimosas atividades culturais e sociais, pois no início de 1911 atarefava-se Simões nos encargos de primeiro secretário da Biblioteca Pública Pelotense. Durante

---

392   Revista da Academia de Letras do Rio Grande do Sul, ed. cit., vol. VI, janeiro/maio, 1911.

(1910 – 1911)

todo o correr daquele ano, o escritor compareceria às reuniões, redigiria atas e encarregar-se-ia de capitanear a organização, que a casa tomara para si, das festas do centenário da cidade, a transcorrer no ano vindouro. De fato, em 1911, há o registro de nove atas, todas elas redigidas e autografadas por Simões, que se estendem, no livro daquele ano, de 8 de fevereiro a 30 de dezembro, data em que o escritor foi reconduzido, na secretaria, para a gestão do ano seguinte.[393]

Como se não bastasse, ainda aceitaria a presidência da recém criada Sociedade Rio-Grandense Protetora dos Animais, fundada na sede da União Gaúcha, em 25 de maio. Muita retórica e pouca ação foram marca da Protetora. Sobre as atividades de seu primeiro presidente, apenas registram-se uma visita ao Intendente do Município de Pelotas, apresentando memorial, em comissão, com pleito de novas normas para o Código de Posturas, e a campanha que seria deflagrada pelo escritor, nas páginas da Revista Centenária, mediante inserção de pequena propaganda institucional. Apareceria, assim, a partir do segundo número da revista, abaixo do logotipo da Sociedade Rio-Grandense Protetora dos Animais, a seguinte sentença: "Srs. Auxiliai a propaganda contra a crueldade: sem justiça para os animais o civilizado nivela-se ao selvagem".[394] Tal como acontecera no Clube do Ciclista, o capitão não demorou muito para perder o interesse pela Protetora. Logo passaria adiante o comando, mas, ao que parece, seus sucessores nada mais fizeram de produtivo. Ele mesmo, anos mais tarde, registraria na imprensa que a Protetora ainda não havia saído do choco.[395] Em 11 de junho de 1911, o atarefado João Simões Lopes Neto está outra vez em Porto Alegre, desta feita para proferir o discurso oficial da sessão de aniversário da Academia de Letras do Rio Grande do

---

393   Atas de 08 de fevereiro de 1911, 06 de abril de 1911, 23 de maio de 1911, 09 de agosto de 1911, 22 de setembro de 1911, 29 de setembro de 1911, 06 de outubro de 1911, 22 de dezembro de 1911 e 30 de dezembro de 1911 – Livro nº 138 do Arquivo Histórico da Biblioteca Pública Pelotense.
394   Revista do 1º Centenário de Pelotas (Publicação auxiliar para a comemoração projetada pela Biblioteca Pública Pelotense). Pelotas: 1911-1912.
395   Na coluna "Inquéritos em contraste". A Opinião Pública, 19 de junho de 1913.

Sul, numa demonstração inequívoca de apreço e reconhecimento de seu talento. A oração seria publicada, na íntegra, no volume VIII da revista oficial da entidade.[396] Após a solenidade, os acadêmicos deslocam-se à sala Castro Alves do Café Colombo — de saudosa memória na capital dos gaúchos, para comemorar, em festa íntima, o primeiro aniversário da academia.[397] No volume IX da mesma revista, usando ainda a técnica de colocar junto ao título do conto o título do livro em que pretendia inseri-lo, Simões Lopes divulga *O Negro Bonifácio* (de *Contos Gauchescos*).[398] Não há dúvida alguma quanto ao ano em que foi enviado o conto ao periódico da Academia (1911), mesmo que se admitisse que a revista tenha circulado em 1912, visto que no número anterior, que é de 1911, houve referência expressa a mais essa criação do escritor pelotense:

Revista da Academia de Letras do Rio Grande do Sul	
Relação das publicações do acadêmico J. Simões Lopes Neto e das referências feitas ao escritor	
Número – página	Título
n. 2 (p.18-23)	Pedras – trechos de uma conferência.
n. 6 (p.146-152)	O Gringo das Linguiças (do livro Casos do Romualdo – inédito).
n. 7 (p.183)	O Aeroplano – poema de Irineo Trajano dedicado a J. S. Lopes Neto.
(p.184-187)	A Recolhida (do livro escolar Terra Gaúcha – no prelo).
n. 8 (p.213-232)	Discurso proferido na sessão de aniversário como orador oficial da solenidade (em 11 de junho de 1911).

---

396   Revista da Academia de Letras do Rio Grande do Sul, ed. cit., vol. VIII, setembro/novembro, 1911, p.213 a 232.

397   Revista da Academia de Letras do Rio Grande do Sul, ed. cit., vol. VIII, setembro/novembro, 1911, p.252.

398   Revista da Academia de Letras do Rio Grande do Sul, ed. cit., vol. IX, dezembro/1911 – abril/1912, p.255 a 262.

(1910 – 1911)

Revista da Academia de Letras do Rio Grande do Sul	
Relação das publicações do acadêmico J. Simões Lopes Neto e das referências feitas ao escritor	
Número – página	Título
(p.253)	Colaboração para a Revista – Temos em nosso poder, para o próximo número da revista, opulenta colaboração dos poetas M. De Faria Correa e Zeferino Brazil e do prosador J.Simões Lopes Neto, todos da Academia de Letras do Rio Grande do Sul.
n. 9 (p.255-262)	O Negro Bonifácio (de ContosGauchescos) – João Simões Lopes Neto.
n. 12 (p.402)	Fastos da Academia – nominata da diretoria eleita em 13 de abril para reger os destinos da Academia no triênio1913-1916, empossada em 11 de junho de 1913. Presidente: João Maia (reeleito); Vice-Presidente: Achylles Porto Alegre; Secretário Bibliotecário: Januário Coelho da Costa; Tesoureiro: M. de Faria Correa; Comissão de História: João Simões Lopes Neto, Manoel Serafim Gomes de Freitas, Fanfa Ribas; Comissão de Publicismo e Crítica: João Maia (reeleito), M. Faria Correa e Januário Coelho da Costa.

"Temos em nosso poder, para o próximo número da Revista, opulenta colaboração dos poetas M. de Faria Correa e Zeferino Brazil, e do prosador J. Simões Lopes Neto, todos da Academia de Letras do Rio Grande do Sul."[399]

A coleção dos doze números dessa primeira fase da revista, publicados entre os anos de 1910 e 1913, foi divulgada em 1989, nas páginas da Revista da Academia Rio-Grandense de Letras, sodalício que sucedeu à velha Academia de Letras do Rio Grande do Sul, no seu volume IX. Eis a relação: "Revista da Academia de Letras do Rio Grande do Sul (1910-1913) – Anno I (1910), sem número e sem o mês; Anno II – Setembro,

---

[399] Revista da Academia de Letras do Rio Grande do Sul, ed. cit., vol. VIII, setembro/novembro, 1911, p.253.

1910; Anno III – Outubro, 1910; Anno IV – Novembro, 1910; Anno V – Dezembro, 1910; Anno VI – Janeiro/ Maio, 1911; Anno VII – Junho/ Agosto, 1911; Anno VIII – Setembro/Novembro, 1911; Anno IX – Dezembro, 1911/Abril-1912; Anno X – Junho, 1912; Anno XI – Julho, 1912/abril-1913; Anno XII – Maio/Novembro, 1913."

Tendo a revista da Academia deixado de circular em 1913, fechou-se para o escritor a única oportunidade que teve, em vida, de publicar suas criações num magazine literário de prestígio. Esse acontecimento, sem dúvida alguma, privou seus leitores da divulgação seriada e trabalhada de vários relatos de grande interesse, quase esquecidos nos cadernos, que relatavam as experiências de um menino na vida do campo e nas classes do colégio. Havia muita matéria-prima de qualidade, pronta para aparecer em letra de forma, a julgar pelo texto de *A Recolhida*, que as páginas do periódico da Academia estamparam em seu exemplar de volume VII, tirada daqueles cadernos e recebendo mais apurado trato literário.

Simões Lopes Neto, em 1911, trabalhava duro na composição dos Contos. Enquanto isso, numa reunião de diretoria da Biblioteca Pública transcorrida a 9 de agosto de 1911, o escritor apresentou aos seus pares, com precavida antecipação, um extenso projeto que elaborou para comemorar a semana do centenário da cidade, a ser cumprido de 6 a 15 de junho de 1912.[400] E logo chegaria setembro. O escritor escolhe uma data histórica — 20 de setembro — para apresentar um dos contos, do livro que projetava, nas colunas do Diário Popular: elegeu *Duelo de Farrapos*, cujo argumento se ajustava à data maior dos gaúchos, por assinalar a epopeia farroupilha.[401] O coronel Onofre Pires e o general Bento Gonçalves eram personagens do conto, como protagonistas do duelo que entre os dois se travou, segundo a ficção simoniana, nas pontas do Sarandi e "já pertinho de Santana", por volta de 1844. Era a edição de quarta-feira,

---

400   Ata de reunião de diretoria, 09 de agosto de 1911, no livro catalogado sob n° 138.

401   Vinte de setembro de 1835 é a data em que Gomes Jardim e Onofre Pires ocuparam Porto Alegre, sem resistência, preparando terreno para a entrada triunfal de Bento Gonçalves, no dia seguinte.

(1910 – 1911)

dia 20 de setembro, do Diário Popular, com suas oito colunas da primeira página enfeitadas, no rodapé, com o *Duelo de Farrapos*. O autor não usa pseudônimo, como anos depois faria quando publicou, no *Correio Mercantil*, os *Casos do Romualdo*. Com a assinatura do escritor, a referência complementar: de *Contos Gauchescos*.

Mais adiante, daria curso ao seu projeto de fazer chegar ao público os contos que vinha compondo, como se fosse um teste, antes da edição do livro. Voltaria a publicar, mas aí com datas periódicas e ao modo de folhetins de rodapé, muitos outros contos, sempre às quintas e aos domingos, nas mesmas primeiras páginas do *Diário Popular*. Ficou, dessa forma, o velho órgão republicano marcado mais uma vez pela história, por ter sido o primeiro veículo de publicação sistemática de grande parte da coletânea dos *Contos Gauchescos*, como adiante será relatado.

O ano de 1911 foi, também, o que desencadeou o primeiro projeto de jornalismo profissional de Simões Lopes Neto. Tratava-se da Revista Centenária, concebida como um periódico lançado para comemorar, em números mensais, o primeiro centenário de Pelotas. Simões foi tudo nessa revista: encarregou-se da redação, da publicidade que sustentou o custo do periódico e de todos os detalhes. Foi nas páginas da Centenária, editada a partir de outubro de 1911, que Simões publicou o texto sobre a história de Pelotas. Saíram sete publicações, sendo a última, que acoplava os números 7 e 8, correspondente aos meses de abril e maio de 1912. Nesse número final, que saiu depois da comemoração, João Simões Lopes Neto justifica o atraso das publicações, por ter sido acometido de "moléstia grave e de demorada convalescença". Simões estava mesmo doente e poucos anos de vida lhe restavam.

O adoentado escritor ainda encontrava tempo para escrever e ditar conferências sobre os mais variados assuntos. Vamos encontrá-lo num certo dia 11 de novembro de 1911, um sábado, na vila de São Lourenço — hoje cidade de São Lourenço do Sul —, para onde se deslocou na companhia do jornalista Póvoas Júnior, convidado para proferir uma palestra. A notícia saiu na primeira página do Diário Popular da quarta-feira seguinte, sob o título *Conferência Literária*: "O nosso distinto amigo capitão João Simões Lopes Neto, membro da Academia de Letras Rio-Grandense, realizou sábado último, na vila de São Lourenço, uma esplêndida conferência literária sobre 'As Joias'".[402] A mesma notícia, que é longa, a comprovar o prestígio de Simões Lopes e o carinho de seus patrícios de Pelotas e arredores, informa que o conferencista agradeceu as manifestações públicas de apreço de uma das janelas do Hotel do Comércio, e que depois da conferência foi, ainda, homenageado com um coquetel.

Antes de encerrar o ano, o escritor entrega os originais do conto *O Negro Bonifácio* à Revista da Academia de Letras do Rio Grande do Sul, que seria publicado no volume IX daquele periódico cultural porto-alegrense.

---

402   Diário Popular, 15 de novembro de 1911. A denominação correta do sodalício a que Simões pertencia era Academia de Letras do Rio Grande do Sul, que permaneceu em atividade por quatorze anos.

Capítulo 13

(1912)

"– Ah, patrício! Deus existe!... No refilão daquele tormento,
olhei para diante e vi... as Três-Marias luzindo na água..."
J. Simões Lopes Neto

Foi, contudo, nos anos de 1912 e 1913 que luziu a estrela do escritor, com a publicação das duas obras maiores de toda a sua criação literária: *Contos Gauchescos*, em 1912, e *Lendas do Sul*, em 1913. Na sua modéstia, certamente jamais havia sonhado que esses dois pequenos livros, concebidos em sequência, elevariam seu nome, com inteira justiça, ao título de "patriarca das letras gaúchas" e o "exemplo mais feliz da prosa regionalista no Brasil, antes do modernismo".[403] Cabem algumas digressões, para melhor situar o criador dos *Contos Gauchescos* no sistema social da Princesa do Sul, naqueles idos de 1912, quando já passa a ser tratado na imprensa não apenas como o capitão João Simões, como o prestimoso João Simões, sempre disposto a doar-se às causas sociais e aos empreendimentos culturais da sua cidade natal. Mudam os adjetivos. No dia do seu aniversário, a nove de março, é lembrado na coluna dos natalícios como "talentoso literato" e membro da academia de letras que interagia em Porto Alegre.[404]

---

403   Bosi, Alfredo. História Concisa da Literatura Brasileira. São Paulo: Cultrix, 1972, 2a ed., p.238, 240.
404   Diário Popular, 09 de março de 1912.

A partir de 31 de março de 1912 e até 5 de maio do mesmo ano, o *Diário Popular* passaria a publicar, com rigorosa periodicidade e sob a assinatura J. Simões Lopes Neto, em rodapés de primeira página, aos domingos e às quintas-feiras, contos do livro, em preparo, *Contos Gauchescos*.[405] Todos estampados na página de capa do jornal e alguns, mais extensos, com continuação, também em rodapé, na página seguinte. Em todos, a indefectível referência ao livro em projeto: de *Contos Gauchescos*. Segue-se o elenco, pela ordem em que se apresentam os contos:

Contos Gauchescos publicados no Diário Popular	
Domingo, 31 de março de 1912	No Manantial
Quinta-feira, 04 de abril de 1912	Trezentas Onças
Domingo, 07 de abril de 1912	O Boi Velho
Quinta-feira: 11 de abril de 1912	Correr Eguada
Domingo, 14 de abril de 1912	Melancia-Coco Verde
Quinta-feira: 18 de abril de 1912	O Anjo da Vitória
Domingo: 21 de abril de 1912	Os Cabelos da China
Quinta-feira: 25 de abril de 1912	O Mate de João Cardoso
Domingo: 28 de abril de 1912	Chasque do Imperador
Quarta-feira: 1º de maio de 1912	Jogo do Osso
Domingo: 05 de maio de 1912	Penar de Velhos

O lançamento do livro, contudo, seria retardado por quatro meses e nesse interregno não se falou mais no assunto. A bola da vez, na cidade, era a comemoração do centenário de Pelotas. Ao tema convergiam as notícias e as reuniões das entidades que interagiam com as festividades. Entre elas, é claro, a Biblioteca Pública, que tinha nos seus quadros diretivos a operosidade do seu secretário. E assim é que Simões se integra na comissão

---

405   Darcy Azambuja reportou-se ao assunto com relação ao conto Trezentas Onças, publicado no Diário Popular (v. Azambuja, Darcy: "Contos Gauchescos", Correio do Povo, 29 de agosto de 1926).

(1912)

executiva da efeméride, sugere alterações no programa, promove reuniões, redige longas atas e termina por ser agraciado, passada a comemoração, na galeria dos sócios honorários da instituição.[406] A entrega do título de sócio honorário da Biblioteca a Simões Lopes Neto, concedida por aclamação em reunião da diretoria, não deixou de ser notícia na imprensa.[407]

E eis que, passadas as festividades e queimados todos os fogos, na edição do dia primeiro de setembro de 1912 aparece com certo destaque uma pequena notícia de dezenove linhas, na primeira página do Diário Popular, anunciando o novo livro de Simões Lopes, que estava por ser lançado: "Contos Gauchescos – É o título da interessante coletânea de contos da lavra do nosso amigo João Simões Lopes Neto e dos quais alguns já foram publicados pelo Diário. Acha-se ela prestes a sair à luz, editada pela Livraria Universal, dos nossos amigos srs. Echenique & Cia., que se vêm mantendo no patriótico e louvável propósito de dar publicidade às produções descritivas de nossos antigos costumes, zelando assim pelo valioso arquivo histórico do Rio Grande. Enviamos os nossos parabéns ao primoroso burilador dos 'Contos Gauchescos' e aos esforçados editores, certos de que estes alcançarão franco sucesso de livraria."

O livro *Contos Gauchescos* foi efetivamente lançado na primeira quinzena do mês de setembro de 1912, saído das prensas da mesma casa editora do *Cancioneiro Guasca*. A data do lançamento foi documentada na imprensa. À venda estava o novo livro "Contos Gauchescos, editado pelos srs. Echenique & Cia., proprietários da Livraria Universal, que acabava de escrever o talentoso conterrâneo João Simões Lopes Neto, da Academia Rio-Grandense de Letras".[408] Já a notícia do *Diário Popular* vem mais completa, sob o título Literatura Rio-Grandense, seguindo-se o subtítulo *Contos Gauchescos*, em tipos menores. Após a introdução da

---

406   Ata de reunião de diretoria de 02 de agosto de 1912, livro catalogado sob n° 138.
407   *Diário Popular*, 04 de agosto de 1912.
408   *A Opinião Pública*, 13 de setembro de 1912.

nota, que fala sobre o período de florescimento da literatura rio-grandense, fazendo menção a *Ruínas Vivas* e *Tapera*, diz:

"Preocupado sempre com esses assuntos, consagrando a eles o melhor da sua inteligência e do seu coração, João Simões, vencendo as relutâncias do meio, superando dificuldades de toda a ordem, consegue de vez em vez apresentar-nos nesse particular um atestado de laboriosidade. Agora ele publicou os 'Contos Gauchescos', coletânea de dezenove contos, muitos dos quais o Diário Popular já estampou em suas colunas. São esboços essencialmente rio-grandenses no tema, na linguagem, nas figuras, nos cenários, conservando, ou antes reproduzindo com intensa fidelidade, todas as minudências do meio que os fez nascer. O autor logrou promover com eles uma perfeita e cabal ressurreição das almas e das coisas anciãs do Rio Grande. É por isso um livro que deve ocupar um lugar reservado nas estantes das pessoas de bom gosto. A impressão da obra, feita na Livraria Universal, dos srs. Echenique & C., que são os editores, muito recomenda as oficinas daquele estabelecimento."[409] As notícias do lançamento dos *Contos* ficaram à sombra de um grande acontecimento que ocupou muitas páginas do *Diário Popular*: a morte do senador Cassiano do Nascimento, ocorrida em 9 de setembro daquele 1912, no Rio de Janeiro. Transportado o féretro para Pelotas, as notícias preencheram várias páginas do jornal por muitos dias, escurecendo, de certa forma, a repercussão da criação ficcional de Lopes Neto. Mas o destino reservaria a ele mesmo o elogio fúnebre do político, pronunciado na Biblioteca Pública Pelotense e publicado no *Correio Mercantil* de 24 de setembro de 1912.[410] Revelaria o seu amigo Francisco de Paula Cardoso, muitos anos

---

409   Diário Popular, 11 de setembro de 1912, p.2, notícia de meia coluna na segunda página. Ao referir-se a dezenove contos, presume-se que o redator tenha considerado a apresentação de Blau Nunes como uma narrativa independente. Porém, no rigor, são dezoito contos e uma introdução.

410   Na reunião de diretoria da Biblioteca Pública Pelotense, realizada em 12 de setembro de 1912, o presidente da entidade convidou Simões, na época primeiro secretário, para orador oficial da solenidade (ata de 12 de setembro de 1912, no livro catalogado sob n° 138, no arquivo histórico da mesma instituição).

(1912)

depois, que Simões Lopes foi acometido de "uma terrível cólica hepática" durante a preparação do discurso fúnebre do senador. Impedido de escrever, João Simões teve de ditá-lo a dona Francisca, a quem teria dito: "Escreve, Velha, ajuda-me a dar fim a esta colcha de retalhos em que eu vou enrolar o pobre do Cassiano".[411]

Ficaria nas entrelinhas da nota jornalística de 11 de setembro de 1912, no entanto, o registro da superação de dificuldades "de toda a ordem", até mesmo as decorrentes de "relutâncias do meio" em que vivia o escritor. Tocou, aqui, o autor da notícia — certamente um jornalista que conhecia muito bem todos os entrechos da vida do capitão João Simões — no ponto nodal da questão. Quando se referiu às "dificuldades de toda a ordem", reportava-se às agruras financeiras do escritor, decorrentes de seus fracassos na praça do comércio e ao estado de saúde, já debilitado, em que se encontrava. Disso todos já sabiam. Mas quando se reportou às "relutâncias do meio", obrigou o leitor a refletir sobre um tema ainda pouco explorado: a recepção da obra simoniana. No início do século vinte, a intelectualidade gaúcha, especialmente, da cidade natal do escritor, ainda não estava preparada para ler Simões Lopes corretamente. Estava voltada para a cultura europeia, nos costumes e nas leituras. Não foi por obra do acaso que o jornalista Januário Coelho da Costa, pouco depois do lançamento dos *Contos*, falou na censura que se fazia ao escritor pela escolha dos assuntos em torno dos quais giravam seus trabalhos literários, acrescentando não ver razão para tal reproche, afigurando-se, antes, "digna de louvor e incitamento a predileção do acadêmico rio-grandense". E arrematava: "Reviver o nosso passado histórico, fixar na literatura o tipo inolvidável do gaúcho, donde derivamos todos, é para mim obra de incontestável valor e meritória de aplausos".[412] Ligia Chiappini não tangenciou o assunto: "A inteligência da época, portanto, não ignorou

411   "Em memória de João Simões no aniversário da cidade". Depoimento de Francisco de Paula Cardoso, publicado no Diário Popular, sob pseudônimo P.C., em 7 de julho de 1957.
412   Coelho da Costa, Januário. Diário Popular, 2 de novembro de 1912.

JOÃO SIMÕES LOPES NETO: UMA BIOGRAFIA

completamente Simões Lopes. Não chegamos, contudo, a afirmar, como Carlos Reverbel, que tenha reconhecido seu talento. Mesmo os escritores acima citados[413] não parecem perceber a importância da sua obra, comprometidos que estavam com o gosto 'belle époque' da literatura produzida e divulgada no Rio de Janeiro."[414] Esse mesmo sentimento refletia-se nos leitores comuns, para os quais aquela prosa de *poncho y facón*, sem afetações, já precursora do modernismo, que descrevia cenários rústicos e homens rudes, bárbaros anti-heróis pobres e anônimos, mulheres mal vestidas que despertavam violentas paixões, tinha um certo cheiro de subliteratura. Como estavam enganados! Feito um Quixote, na persistência e na aparência física, desafiou corajosamente esses preconceitos literários, divulgando com inovadora linguagem suas histórias telúricas de paixão e sangue. Estava escrito que a compreensão da obra de Simões Lopes Neto teria de vir muitos anos mais tarde. Quando João Pinto da Silva publicou *Fisionomia dos Novos*, em 1922, referiu-se a J. Simões Lopes Neto como o mais fiel e o mais popular entre os regionalistas rio-grandenses, atribuindo-lhe o título de *"conteur amado da nossa gente dolorosa e rude da campanha"*.[415] Ligia Chiappini contestaria, décadas depois, diante do nome já consagrado de Simões Lopes Neto, essa popularidade do escritor, na época de lançamento dos *Contos*, entre a gente humilde dos campos. Dissertou sobre a difusão dos *Contos Gauchescos* no seio das "classes médias das cidades" próximas às regiões de criação pecuária do Rio Grande do Sul, concluindo que "entre esse público estavam aqueles fundadores dos Centros Gaúchos, já adaptados à cidade, onde passaram a maior parte da vida, mas nostálgicos da infância vivida nas fazendas. Esse, certamente, o público imediato de Simões Lopes, e não tanto os analfabetos dos campos, para quem os contos teriam sido lidos em voz alta, como

---

413   Referia-se a Alcides Maya, Coelho Neto, Olavo Bilac e Pinto da Rocha.

414   Chiappini, Ligia. No Entretanto dos Tempos, p.58.

415   Pinto da Silva, João. Physionomias de 'Novos'. São Paulo: Monteiro Lobato, 1922, p.146.

(1912)

querem alguns que lêem nessa linha as referências de João Pinto da Silva à popularidade do escritor."[416] Fosse como fosse, o certo é que a prosa de Lopes Neto demoraria, ainda, a decolar após a edição da Globo de 1926, cuja tiragem não excedeu a 2.000 volumes. É mesmo na década de quarenta, quando o grande Augusto Meyer lança *Prosa dos Pagos*[417], que Simões Lopes Neto extrapola, de verdade, os estreitos limites sulistas para se consagrar, definitivamente, nos centros hegemônicos da inteligência pátria, como o maior escritor regionalista brasileiro.

Voltemos ao livro de contos de Simões Lopes, que acabava de ser lançado. Após a apresentação de Blau Nunes, que ocupa três páginas e dezesseis linhas do pequeno volume, figuram dezoito contos na primeira edição. De reduzidas dimensões[418], seria descrito muitos anos depois, pelo entusiasmado leitor que foi Augusto Meyer, como um "voluminho desajeitado! Dois grampos enormes, cheios de ferrugem. O frontispício, uma obra-prima de mau gosto. O título, composto num arremedo de gótico. E um tímido subtítulo: 'Folk-lore regional'. Era a edição Echenique, de 1912, feita em Pelotas, e que ainda me acompanha, com a marca familiar dos livros lidos e relidos."[419] Com o passar dos anos, essa primeira edição iria adquirir a mística daqueles livros emblemáticos, desejados por muitos e que poucos conseguem ter nas mãos. Dela também falaria Carlos Reverbel, seu mais apaixonado leitor, que manteve por meio século o fôlego e o entusiasmo de sua dedicação a Simões Lopes Neto:

"Em um daqueles dias, o velho Bertaso mandou me chamar no seu escritório, avisando que tinha uma lembrancinha para me dar. A 'lembrancinha' era um exemplar da primeira edição de Contos Gauchescos, uma pequena raridade bibliográfica que eu não havia conseguido encontrar durante a minha estada em Pelotas. Em formato menor do que

---

416   Chiappini, Ligia. *No Entretanto dos Tempos*, p.62.
417   Meyer, Augusto. *Prosa dos Pagos*. São Paulo: Martins, 1943.
418   16,5 x 11 cm, 214 páginas.
419   Meyer, Augusto. Ob. cit., p.9-10.

um livro de bolso, aquela primeira edição de *Contos Gauchescos* havia praticamente desaparecido a partir do momento em que Simões Lopes Neto passou a ser valorizado literariamente. Alguns anos depois de ter ganho esse exemplar do velho Bertaso, o meu amigo José Monteiro, do sebo Nossa Senhora Aparecida, me telefonou dizendo que tinha comprado um lote de livros da biblioteca de Manoelito de Ornellas, e que dentro desse lote havia outro exemplar da primeira edição de *Contos Gauchescos*. Manoelito de Ornellas havia falecido há pouco tempo e deixara uma bela biblioteca — conservada com o seu capricho característico e repleta de encadernações feitas pelos melhores especialistas do país. Comprei imediatamente o livro, que logo se tornaria um dos mais queridos da minha biblioteca, e tratei de passar para um amigo o exemplar presenteado pelo velho Bertaso. Além de ter pertencido a Manoelito de Ornellas, meu grande amigo e padrinho de casamento, aquele livro guardava outras características muito especiais. A começar pela capa, uma encadernação feita em couro de nonato, que lhe dava um aspecto curioso e muito bonito. Dentro do livro, havia ainda um autógrafo de Dona Velha, obtido por Manoelito em uma de suas viagens a Pelotas. E ao lado do autógrafo de Dona Velha e do ex-libris do Manoelito, havia também o carimbo do proprietário anterior do livro: Nestor Veríssimo. Irmão do pai de Érico, Nestor Veríssimo foi o principal inspirador do conhecido Capitão Rodrigo. O personagem de Érico Veríssimo tinha traços de mais de uma pessoa, mas basicamente foi calcado na figura de Nestor Veríssimo, que entre outras façanhas aventureiras foi veterano da Coluna Prestes. Por todos esses motivos, aquele exemplar de *Contos Gauchescos* era, sem dúvida nenhuma, o mais estimado dos tantos livros da minha biblioteca."[420] Seguindo-se ao artigo de Coelho da Costa, que é de novembro de 1912, aparece na imprensa um ensaio crítico, agora mais

---

420   Reverbel, Carlos. "No rastro do capitão João Simões", Arca de Blau, 1993, p.127-128.

(1912)

consistente, sobre os *Contos Gauchescos*. Na verdade, o único de maior relevância editado em vida do escritor. É o pequeno artigo de Antonio de Mariz, publicado na imprensa porto-alegrense em 7 de novembro de 1913, nas páginas do Correio do Povo. Dez dias depois seria reproduzido na folha A Opinião Pública, de Pelotas. Antonio de Mariz é pseudônimo de José Paulo Ribeiro, confrade de Simões na Academia de Letras e um dos fundadores do Instituto Histórico e Geográfico do Rio Grande do Sul. Esse leitor enxergaria nos Contos de Lopes Neto "um livro genuinamente rio-grandense", destinado a salvar "as tradições históricas e poéticas da terra gaúcha do indiferentismo e do esquecimento que lhes devota o presente". Profético, viu na obra ao mesmo tempo literária e histórica de Simões Lopes a naturalidade e o caráter de uma época recuada que subsiste, mesmo que degenerada, entre algumas populações regionais. Percebeu a engenhosa descrição da vida e do "tipo identificado com a natureza", do "homem simples, mas que sabe expor o que sente, o que vê, o que lhe impressiona". José Paulo Ribeiro, autor de pequeno número de textos, tem pouca participação no percurso da crítica gaúcha. Coube a ele, no entanto, a primazia de produzir um ensaio verdadeiramente crítico sobre o texto de Simões Lopes, num tempo em que o autor dos *Contos Gauchescos*, a despeito de ser hoje dos mais estudados e valorizados autores rio-grandenses, não havia ainda chamado a atenção dos críticos, "ocupados que estavam eles com a prosa regionalista de Alcides Maya, então considerada exemplar."[421] Sendo essa edição, de 1912, a única dos Contos publicada em vida do escritor, seria reproduzida, num volume acoplado às lendas, em 1926, pela Globo, na época pertencente à Barcellos, Bertaso & Cia.[422] Somente em 1949, depois do escritor já estar consagrado, é que apareceria a edição crítica de *Contos Gauchescos*

---

421   Baumgarten, Carlos Alexandre. A Crítica Literária no Rio Grande do Sul: Do Romantismo ao Modernismo. Porto Alegre: IEL/Edipucrs, 1997.
422   Simões Lopes Neto, João. Contos Gauchescos e Lendas do Sul. Porto Alegre: Globo, 1926, 319 páginas.

e *Lendas do Sul,* também publicada pela Editora Globo, trazendo em apêndice um outro conto — *O Menininho do Presépio* — que faria parte da projetada realização de uma 2ª série de *Contos Gauchescos,* não levada adiante pelo escritor.[423] A partir daí, essa narrativa passaria a integrar quase todas as edições posteriores dos Contos, mesmo depois de a obra ter caído em domínio público.

O livro começa com a apresentação de Blau Nunes. Nela, o autor dirige-se ao leitor diretamente, chamando-o de patrício. É ao leitor, evidentemente, que Simões Lopes apresenta o tapejara Blau Nunes, que será a pessoa que irá contar, nas páginas seguintes, as suas histórias, os seus casos, percorrendo uma "estrada semeada de recordações". Tudo o que está escrito nas três páginas introdutórias é dito pelo autor-apresentador. Ele é quem fala, numa linguagem propositadamente culta. Nas páginas seguintes, ao começar os contos, no momento em que o autor passa a palavra ao velho Blau, o leitor sente que está para acontecer, como disse Augusto Meyer, uma transubstanciação literária. Dá-se, então, uma troca do foco narrativo. A prosa erudita do apresentador cede passagem à linguagem autêntica do velho, digno e saudoso vaqueano, que vai contando as histórias "como quem estende ao sol, para arejar, roupas guardadas no fundo de uma arca". Blau, na concepção de José Aderaldo Castelo, "é uma espécie de herói-popular-andarilho, versátil e onipresente", um narrador-oral que é ouvido pelo narrador-escritor. Este, por sua vez, é o retransmissor, por meio da"fixação escrita de um discurso oral". E, arrematando a glosa, não deixou de reconhecer "o quanto Simões Lopes Neto antecipa processos narrativos de Grande Sertão: Veredas."[424]

Sobre o primeiro conto, que vem na sequência à apresentação de Blau, desenvolveu Augusto Meyer:

---

423   Simões Lopes Neto, João. Contos Gauchescos e Lendas do Sul. Porto Alegre: Globo, 1949, p.251 a 257.
424   Castelo, José Aderaldo. A Literatura Brasileira. Origem e Unidade. São Paulo, Edusp, 1999, vol. II, p.35.

(1912)

"O conto que abre o volume, Trezentas Onças, apresenta um drama de consciência, contando a história de uma vertigem moral; todo o interesse reflui para a vida interior da personagem, enquanto o efeito dramático é atingido através de episódios banais, cenas simples da vida campeira. Um pobre tropeiro perde a guaiaca onde trazia a dinheirama que lhe confiara o patrão, sujeito de contas limpas. Volta ao lugar da sesteada e já não encontra o cinto com as moedas. Domina-o, então, uma grande covardia, o terror de arrostar com a suspeita infamante dos outros — o remédio, pensa, era matar-se."[425]

Mas o tropeiro olha para a frente e vê as Três Marias refletidas nas águas do riacho onde se refrescara depois da sesta. O cachorrinho lambia-lhe a mão, o cavalo zaino relinchava em cima do barranco, um grilo cantava ali perto. "Era luz de Deus por todos os lados!..." e o coração daquele homem rude estava "como um espinilho ao sol". "Deus falou ao campeiro" — registraria Moysés Vellinho — "pela voz humilde e poderosa das coisas e de suas criaturas, reacendeu o lume na escuridão repentina de seu espírito, restituiu-lhe o que ele tinha perdido: o seu sossego de homem, que é como quem diz a ingênua alegria de continuar vivendo."[426] Desiste do suicídio e volta para casa, fazendo as contas do prejuízo, para encontrar a guaiaca, que sequer tinha levado, em cima da mesa, ao lado da chaleira, "enroscada, como uma jararaca na ressolana".[427]

O Negro Bonifácio, uma bela história de paixão e sangue, apareceria, na ordem do livro anunciado, logo após o conto Trezentas Onças. É o segundo conto, na sequência fixada pelo escritor. Aldyr Garcia Schlee apresenta a síntese da narrativa, nas páginas de sua edição crítica dos *Contos*:

---

425   Meyer, Augusto. Prosa dos Pagos, 1943, p.22.

426   Vellinho, Moysés. "Apresentação", in Simões Lopes Neto – Contos e Lendas. Rio de Janeiro: 1957, p.13-14.

427   Na primeira divulgação desse conto, no Diário Popular de 04 de abril de 1912, o autor usou ressoleira, em vez de ressolana.

"O negro Bonifácio, farrista e provocador, aparece numas carreiras campeiras e, sob pretexto de uma aposta, mete-se com a Tudinha — 'chinoca lindaça como o sol e fresca como uma rosa' — que tinha ali outros quatro pretendentes. No pagamento da aposta, Tudinha é desfeiteada pelo negro, descobrindo-se que entre ele e ela havia qualquer coisa. A desfeita provoca uma sucessão de agressões que culminam em conflito generalizado. Bonifácio mata Nadico, um dos namorados de Tudinha; fere outros, é ferido; e, no meio da briga, depois de atingido por Sia Fermina, mãe da moça, atravessa-a com seu facão, sendo finalmente derrubado por um golpe de boleadeiras. Tudinha, desatinada, salta sobre o negro, vaza-lhe os olhos, retalha-lhe a cara e, como quem quer destruir uma coisa 'que foi querida e na hora é odiada', estraçalha-lhe os órgãos genitais."[428]

Simões trabalhou muito nesse conto, nos meses que se sucederam à primeira publicação, quando saiu do ineditismo, no volume IX da Revista da Academia de Letras do Rio Grande do Sul. No livro saído do prelo, em setembro de 1912, *O Negro Bonifácio* surge melhor acabado, com diversas alterações na pontuação, em cortes, em acréscimos, na troca de palavras e de expressões. Trataremos unicamente de alguns exemplos, apenas para ilustrar o texto. Na versão original, Simões utiliza o pouco sugestivo pé-de-amigo, que seria substituído pelo muito melhor vocábulo rebenqueador.

No original: "Mas o pé-de-amigo, o pé-de-amigo... eram os olhos... Os olhos da Tudinha eram assim a modo olhos de veado virá, assustado: pretos, grandes, luminosos e ao mesmo tempo haraganos...; pareciam olhos que estavam sempre ouvindo mais que vendo!..."

No texto trabalhado para a publicação do livro: "Mas o rebenqueador, o rebenqueador..., eram os olhos!... Os olhos da Tudinha eram assim a modo olhos de veado virá, assustado: pretos, grandes, com luz dentro,

---

428   Schlee, Aldyr Garcia, in Simões Lopes Neto, João. *Contos Gauchescos*. Edição paradidática. Estabelecimento de texto e comentários de Aldyr Garcia Schlee. Porto Alegre: Novo Século, 2000, p.30.

(1912)

tímidos e ao mesmo tempo haraganos... pareciam olhos que estavam sempre ouvindo... ouvindo mais, que vendo..."

No manantial, o terceiro, é mais extenso. Sílvio Júlio, depois de considerá-lo magistral e arrebatador, e de elevá-lo aos melhores da literatura nacional, assim falou sobre esse conto: "Gira em torno de terrível enredo sul-rio-grandense, que ao mesmo tempo tem as cores locais e o fulcro humano. As personagens vestem-se, falam, pensam à maneira gaúcha. Contudo, em seus sentimentos extremos, são irmãs das de Ramón del Valle-Inclán em *Jardim Umbrio*, das de Tomás Carrasquilha em *Cuentos de Tejas Arriba*, das de Gorki em *Na prisão*, das de Pirandello em *Novelle per un Anno*. Roupagem de aspectos regionais. Alma eterna e universal. Simões Lopes Neto pinta-nos ao vivo a perseguição feroz e animalesca do Chicão à chinoca que amava o furiel André, a louca fúria carnal do bandido que assassina a avó para poder, depois, estuprar a inocente netinha. Tudo prepara o drama do afogamento da infeliz e do perverso na lama do tremedal."[429]

O quarto conto intitula-se *O Mate de João Cardoso*. Simões apropria-se de um raconto de pura tradição popular, que vinha sendo narrado, a perder-se nos tempos, nas estâncias sulinas e nas fronteiras platinas. A matriz da história estava muito mais próxima do escritor do que imaginou Aurélio Buarque de Hollanda, que buscou similitude numa anedota enxertada no romance *O Missionário*, de Inglês de Souza. Há uma passagem de Luiz Araújo Filho, nas *Recordações Gaúchas*, que pode ter sido a direta inspiradora do conto simoniano. Mas também Araújo Filho evocava uma tradição pampiana, há muito conhecida entre as histórias dos mateadores. A argentina Margarita Barretto, como exemplo, confirma essa hipótese de que o argumento andava de boca em boca, na seguinte passagem de *El Mate*:

---

429   Júlio, Sílvio. Estudos Gauchescos de Literatura e Folclore. Clube Internacional de Folclore, Natal, 1953, p.173.

"Cuenta la tradición que la familia Morales, que vivía en el camino de San Isidro, tenía la costumbre de ofrecer a los viajantes que paraban en su casa para descansar, agua y un matecito. El agua normalmente llegaba, pero el mate demoraba tanto, que el huésped decidía seguir su camino sin esperarlo."

E, na sequência, não deixa por menos: "Este cuento tiene su equivalente en Brasil y surge de la pluma de J. Simões Lopes Neto."

Daí em diante, a autora apresenta sua tradução para a língua espanhola do conto do escritor pelotense.[430] *O Mate de João Cardoso* é um dos mais populares contos de Simões Lopes Neto e dos que mais caiu no agrado do leitor. João Cardoso atraía os viajantes que passavam por seu rancho, convidando a tomar um mate, para ficar inteirado das novidades. O mate nunca chega, apesar das promessas do velho Cardoso, que parece querer prolongar indefinidamente a prosa com o passante, até que este, já cansado de esperar, desiste e vai embora. *Deve um Queijo!* é o conto que figura, no livro, logo a seguir. Narra uma bravata do velho Lessa, um gaúcho nanico e retaco, passada numa venda situada no Passo do Centurião, na fronteira com o Uruguai. Um castelhano provocador e debochado exigia que o velho Lessa pagasse um queijo que seria oferecido de graça para quem quisesse comer. Como não era de levar desaforo para casa, o velho encomendou um queijo, partiu-o com paciência em fatias, sacou o facão e enfrentou o castelhano a pranchaços, fazendo-o engolir, um a um, todos os pedaços servidos na ponta do ferro. E depois, calmamente, pergunta ao vendeiro se já estava pronto o almoço que tinha encomendado: "Os ovos... a linguiça... o café?..."

A seguir, na ordem estabelecida na primeira edição, aparece *O Boi Velho*. O escritor aborda a maldade dos homens, narrando o destino de dois bois que formavam uma junta e pertenciam aos Silva, gente muito

---

430   Barretto, Margarita. El Mate. Su Historia y Cultura. Buenos Aires: Ediciones del Sol, 2a ed., 2000, p.106 a 108.

(1912)

ligada à política e aos enredos das eleições. Durante anos puxaram a carreta nos transportes internos da fazenda e conduziam as crianças para o arroio. O Dourado morreu picado por uma cobra, mas tempos depois o Cabiúna, já velho e emagrecido, termina sendo sangrado pela faca de um peão a mando dos patrões, para salvar o couro, antes que morresse atolado no fundo de alguma sanga. E Blau Nunes comenta, ao final da história: "... tão ricos... e por um mixe couro do boi velho!... Cuê-pucha!... É mesmo bicho mau, o homem!" Considerou Regina Zilberman que neste conto Blau indica como pode ocorrer "a violação dos ideais gauchescos", elegendo o sacrifício do animal como símbolo dessa ruptura, por cortar os liames que prendem o homem ao meio natural.

E prossegue: "Fazê-lo por dinheiro significa interpolar nesta relação um valor materialista que deveria inexistir, para que não se perdesse a harmonia tanto social, quanto física, como espaço geográfico. Enfim, este rompimento é procedido por pessoas que não apenas pertencem à classe dominante, mas que estão vinculadas à política e, portanto, à autoridade que se estabelece por intermédio de maquinações e jogos partidários, evidenciando o repúdio de Blau a estas instituições e atitudes. *O Boi Velho* introduz elementos até então sonegados nos contos: a autoridade (e os meios através dos quais assume o poder, independentes da aventura guerreira) e a influência econômica. E sua intervenção anula a harmonia própria à sociedade gaúcha, cuja força era tanta, que podia absorver — e mesmo louvar — a violência que a tornava bárbara e indisciplinada." Arremata afirmando que o desequilíbrio revelado na narrativa *O Boi Velho* — ao contrário dos sanguinários finais de contos como *O Negro Bonifácio* — provém dos novos elementos disciplinadores da sociedade, o que se lhe afigura intolerável para o pensamento mítico do gaúcho, anulando um relacionamento amistoso com o animal, que não é um mero objeto de consumo, como querem os Silvas, mas o grande companheiro de todas as jornadas.[431]

Vem, logo após, Correr Eguada, que o narrador situa num tempo que veio pouco depois da Guerra de Oribe, um dos episódios de intervenção brasileira no Prata ocorrido entre 1851-1852, quando Blau Nunes era muito moço. Um tempo igual àquele que serviu de fundo à lenda do *Negrinho do Pastoreio*, quando os campos eram abertos e não havia cercas divisórias entre as estâncias, pois "as divisas de cada uma estavam escritas nos papéis das sesmarias". Aqui, o episódio narrado por Simões Lopes não é, propriamente, um conto. Simões, pela voz de Blau Nunes, narra com finura de pormenores um bárbaro costume. Prática que, mesmo cruel e indisciplinada, não se desarmoniza com o espaço temporal e geográfico em que se situa. Passa-se "para os meios de Quaraim", em terras de um certo major Jordão, onde havia em torno de dez mil cavalares entre éguas e potros. Tudo solto, xucro e sem dono, deslocando-se nos pastos. Decidiu o major Jordão fazer uma limpa naquela cavalhada alçada, reunindo mais de oitenta homens bem montados, como protagonistas do violento rodeio. Milhares de animais são chacinados, tocados sobre sangas fundas e sumidouros, na limpeza. Muitos são capturados, como presa e recompensa, pelos destemidos guascas. "E cada gaúcho, na despedida, foi tocando por diante sua tropilhita nova". Blau Nunes relembra: "... mas ainda não há nada, como antigamente, tomar mate e correr eguada".

Chasque do Imperador é o conto que vem a seguir. Blau Nunes, que figura como narrador e personagem, relata episódios de 1865, ano do nascimento do escritor e do começo da Guerra do Paraguai, quando o Imperador D. Pedro II veio ao Rio Grande, por ocasião do cerco de Uruguaiana, com Caxias e o alto comando. Envolvido na comitiva, desde que foi convocado para ordenança de D. Pedro, o cabo Blau Nunes

---

431   Zilberman, Regina. A Literatura no Rio Grande do Sul. Porto Alegre: Mercado Aberto, 1980, p.44-45.

(1912)

recorda diálogos entretidos com Caxias e com o Imperador e algumas anedotas que vai tirando da memória. O Imperador, aos olhos de Blau, é visto como "um homem de carne e osso, igual aos outros... e um jeito ao mesmo tempo tão sereno e tão mandador, que deixava qualquer um de rédea no chão!"

Analisando o conto, Aldyr Garcia Schlee observa, nos episódios da narrativa, a revelação da mentalidade campeira: "Ingenuidade, rusticidade, franqueza, fatalismo, idealização são as marcas com que Simões Lopes, pela palavra de Blau, assinala a maneira de ser e de ver de homens e mulheres que dialogam com D.Pedro II."[432] Nesse conto, da mesma maneira que em Correr Eguada, Juca Guerra e Mate do João Cardoso, o escritor aproveita a forma literária para fixar, como ressaltou Augusto Meyer, certos "usos, costumes, perfis e ambientes característicos", ao modo de "intermédios folclóricos".[433] Não há a menor dúvida que episódios dessa natureza são os que o autor, na sua modéstia, mais valorizava, e não foi à toa que complementou o título do livro, como constou na primeira edição, com a expressão Folclore Regional. Mas o que Simões nunca imaginou foi o transbordamento de sua obra para além do circunstancial, ultrapassando seus modestos propósitos.

No conto Os Cabelos da China, Simões Lopes Neto cria, pela voz saudosa de Blau Nunes, o Juca Picumã, um "Chiru já maduraço" dos tempos da Guerra dos Farrapos. Trançador de mãos de anjo, arte em que ninguém o superava, Juca vivia e trabalhava por sua filha Rosa, "linda como os amores!", e "era homem de passar uma noite inteira comendo carne e mateando", acocorado em cima dos tições, "curtindo-se na fumaça quente". Blau Nunes, narrador e protagonista, relata como ajudou Juca Picumã a cumprir uma ordem de um certo capitão do exército dos farroupilhas, louco de ciúmes, porque sua companheira tinha fugido

---

432 Schlee, Aldyr Garcia, in Simões Lopes Neto, João. Contos Gauchescos. Edição paradidática. Estabelecimento de texto e comentários de Aldyr Garcia Schlee, ob. e ed. cit, p.80.

433 Prosa dos Pagos, ob. e ed. cit., p.30.

com um comandante ruivo das forças inimigas que andavam por perto. Instruídos para se fazerem de desertores, conseguem entrar no acampamento. Logo desata-se um combate entre o grupo de farrapos do capitão enciumado e os legalistas acampados. Na confusão, o ruivo foge da emboscada e a mulher tenta segui-lo na fuga. Juca Picumã se dá conta de que a traidora do capitão era sua filha Rosa. Quando o oficial, cego de paixão e ciúmes, agarra-se na enorme trança de Rosa e tenta degolá-la, o Juca Picumã enfia a ponta do ferro no coração do agressor, que se agarrara à cabeleira da mulher. Juca, para desvencilhar a filha das mãos do capitão, corta a trança "entre a mão do morto e a cabeça da viva". Tempos depois, Juca Picumã, ferido de morte, dá um presente a Blau Nunes. Um buçalete com cabresto, feito dos cabelos de Rosa.

"O Juca Picumã" — demora-se Sílvio Júlio — "ignorava que sua própria filha fosse a concubina disputada pelo seu chefe e pelo capitão governista. Ao ver, porém, que a ia degolar o apaixonado traído, de repente o mata, porque um grito profundo e misterioso lhe lembrou que o sangue da vítima era o seu sangue. Afinal, a explicação do título: o capitão revirou os olhos e deu um suspiro rouco... depois respirou forte, espirrou uma espumarada de sangue e afrouxou os joelhos... e logo caiu, pesado, com uma mão apertada, sem largar a faca, com a outra mão apertada, sem largar a trança. E a china, assim presa, rodou por cima dele, lambuzando-se na sangueira que golfava pelo rasgão do talho, que bufava na respiração do morrente..."[434]

Quem quer que leia o conto *Os Cabelos da China* vai encontrar o autor na sua plena maturidade criativa, a demonstrar amplo domínio sobre a arte das histórias curtas. Não é por bajulação que Sílvio Júlio, crítico causticante de certos exageros estilísticos de Simões Lopes Neto e da excessiva carga que usou dos termos locais, disse que *Os Cabelos da China* é um conto formidável. "Causa arrepios. Assusta". Não deixou de

---

434   Júlio, Sílvio. Estudos Gauchescos de Literatura e Folclore, 1953, p.180.

(1912)

sublinhar que o escritor estica, desnecessariamente, nas suas narrativas, situações acessórias, abusando de conversar fiado. Elogia a inspiração telúrica, primitiva, a brutalidade do sangue e da morte, de "vocação realista à francesa".[435] Não se omitiu de dizer, destarte, que bastariam dois contos de "violência zolaniana" — *No Manantial* e *Os Cabelos da China* — para garantir "a fama de Simões Lopes Neto no Brasil e nas Américas". Na narrativa *El Desafío*, Jorge Luis Borges conta um episódio vivido por um certo Wenceslao Suárez, um homem maduro, trançador e solitário como Juca Picumã, que perdeu a mão num duelo de facões e matou o seu desafeto com um certeiro golpe no ventre. Não há indício algum de que Borges tenha, algum dia, lido o conto de Simões Lopes, ou que o trançador Juca tivesse inspirado Borges a desenhar o trançador Wenceslao. Não faltou quem se dispusesse a detectar, no entanto, um misterioso parentesco entre os dois escritores das planuras da América do Sul. Veríssimo de Mello ousou captar a identidade no clima de algumas histórias, na dramaticidade e em certas personagens, na apropriação de semelhante material folclórico. E questionaria: "O contista e poeta argentino Jorge Luis Borges conheceria a obra de Simões Lopes Neto? — Seria Porto Alegre tão distante de Buenos Aires para que este fato jamais pudesse ter ocorrido? — Como se explicaria tanta semelhança no clima campeiro e gauchesco de tantas narrações de ambos os autores? — Semelhanças na dramaticidade, em certos personagens, no extenso vocabulário pampiano?" O argumento, em si, não é muito convincente, porém o mais intrigante é o teor da carta que o articulista, no mesmo dia de divulgação da matéria no Jornal do Brasil, a 21 de novembro de 1976, recebeu da leitora Maria Livia Meyer, filha do escritor Augusto Meyer: "Há cerca de 20 anos, o prof. Alexandre Eulálio, nosso amigo pessoal e então colaborador de meu pai no Instituto Nacional do Livro, fez uma viagem a Buenos Aires, no curso da qual teve a oportunidade de avistar-se com Jorge Luis

---

435   Id., p.174, 175.

Borges, com ele mantendo longa conversação. Ao narrar-nos esta entrevista, contou-nos de sua surpresa pelo conhecimento demonstrado por Borges de coisas, fatos e autores gaúchos brasileiros, inclusive sendo-lhe conhecido o nome de meu pai. De qualquer forma, pareceu-me oportuno ou talvez apenas meramente curioso, transmitir-lhe esta informação." Artigo e carta foram reproduzidos em jornal de Porto Alegre, no ano de 1982.[436] *Melancia... Coco-Verde* é o décimo conto. O narrador conta a história do cadete Costinha e do índio Reduzo, seu ordenança, que se apresentaram para servir nas armas, numa invasão dos castelhanos. O cadete estava apaixonado por Talipa — filha do fazendeiro Severo — e ela por ele. O pai não fazia gosto e queria o casamento da filha com um sobrinho comerciante, um galego "comedor de verduras". Na noite da despedida os enamorados combinaram que, para recados ou cartas, ela seria Melancia e ele Coco-Verde. Passam-se os meses e, com a notícia de que os combatentes muito longe andavam, Severo começa a preparar o casamento da filha com o pretendente. A moça definhava, mas as bodas já tinham dia marcado para acontecer. Foi quando Reduzo, a mando do cadete Costinha, chega a tempo na festa, ainda antes do casamento, e introduz, numa quadra que canta em honra da noiva, a mensagem cifrada:

"Na polvadeira da estrada
O teu amor vem da guerra:...
Melancia desbotada!...
Coco-Verde está na terra!..."

A noiva fica estarrecida, grita. O noivo acusa Reduzo e instala-se a confusão. O conto não termina em tragédia. O cadete Costinha regressa e recebe a permissão do fazendeiro para casar com a filha. "Pra não afrontar o velho Severo, o Reduzo teve de andar escondido. Tempos depois do Costinha já casado, então o chiru tomou conta dum posto;

---

436   Veríssimo de Melo, "Simões e Borges – talvez mais que vizinhança". Letras e Livros, Correio do Povo, ano I, n° 24, de 30 de janeiro de 1982.

(1912)

depois passou a capataz. Era o confiança da casa." E o contador de histórias Blau conclui, para o mudo interlocutor: "Veja vancê que artes de namorados: Melancia... Coco-Verde!..." Aurélio Buarque de Hollanda, abordando as fontes inspiradoras de Simões, diz que os elementos básicos desse conto encontram-se em *Melancia... Coco-Mole*, que Sílvio Romero garimpou em Sergipe e inseriu nos *Contos Populares do Brasil* (1885). [437]Hollanda reproduz, na íntegra, a pequena versão de Sílvio Romero.[438] O escritor gaúcho, trazendo a narrativa para o ambiente da campanha sulina, apropriou-se dessa história que andava na boca de muita gente, alterou episódios, criou situações e personagens e imprimiu seu estilo. Se Simões Lopes não leu os *Contos Populares*, alguém lhe contou muito bem a história, pela semelhança da quadrinha cantada pelo caboclo:

> "Eu venho lá de tão longe,
> Corrido de tanta guerra,
> Melancia, Coco-Mole
> É chegado nesta terra."

Na ordem do livro, o conto seguinte é uma narrativa colhida na batalha que se travou no Passo do Rosário, entre o exército imperial e as forças orientais de Artigas: *O Anjo da Vitória*. De muito rigor histórico, se lido unicamente como uma narrativa militar, já que a versão apresentada por Simões Lopes Neto enquadra-se, à perfeição, com os fatos. Aqui, Blau Nunes conta uma tragédia de campanha guerreira, ocasionada pela indisciplina e desorganização do exército imperial, que atribui à incompetência tática do general Barbacena, "um presilha, que por andar um dia a cavalo já tinha que tomar banhos de salmoura e esfregar as assaduras". Blau Nunes era um menino de dez anos que seguia seu padrinho, um

---

437   Buarque de Hollanda, Aurélio."Notas. Fontes de alguns dos Contos Gauchescos", in Simões Lopes Neto, João. Contos Gauchescos e Lendas do Sul. Edição crítica. Porto Alegre: Globo, 1949, p.245.
438   Id., p.245-246.

velho capitão forjado nas guerras missioneiras, e o ordenança Hilarião, marchando os três, inseparáveis, nos campos de batalha. Quando o general José de Abreu — apelidado *O Anjo da Vitória* — ataca os castelhanos com a cavalaria, os inimigos incendeiam os matos, e a fumaça, com o vento, tira a visão dos brasileiros e do campo das escaramuças. Na confusão que se estabelece, por uma ordem infeliz do comando, a infantaria termina atacando a cavalaria aliada, que "se enrodilhou toda, fazendo uma enrascada de mil diabos..." Muitas mortes. Morre o lendário general Abreu; morrem o ordenança Hilarião e o padrinho de Blau.

Flávio Loureiro Chaves é o melhor leitor desse conto. Ele vê, nessa formidável peça simoniana, o desvio do foco aparentemente linear da narrativa épica, que poderia enganar o leitor no primeiro momento, para assestar suas luzes numa só personagem: Blau Nunes.[439] Ao contar a história para seu interlocutor mudo, o velho Blau consegue encontrar, nos sulcos mais longínquos da memória, o fio inicial de sua biografia, quando se viu perdido e solitário no mundo, com dez anos, após a tragédia, no campo silencioso:

"Sem querer fiquei vendo as forças que iam-se movendo e se distanciando... e num tirão, quando ia montar de novo, sem saber pra quê... foi que vi que estava sozinho, gaudério e gaúcho, sem ninguém pra me cuidar."

Loureiro Chaves associa as recordações de Blau Nunes, nesse conto, à ruptura com a ingenuidade da infância: "A experiência narrada n'*O Anjo da Vitória* se compreende exatamente na perda da inocência para adquirir a condição de homem só; e é isto que o Blau velho finalmente alcança explicitar em seu discurso, conferindo à recuperação do passado o sentido do autoreconhecimento. Toda a matéria dos *Contos Gauchescos* é recordação e lembrança do tempo translato, mas talvez em nenhuma outra passagem a função da memória tenha tanta importância como aqui, pois revela o instante preciso em que se deu o desmantelamento da inocência,

---

439   Chaves, Flávio Loureiro, ob. cit., p.129-130.

(1912)

acarretando a perda da noção de unidade e, assim, situando a personagem num mundo essencialmente problemático."[440]

Na ótica certeira desse mesmo leitor, ao abordar o forte processo criativo de Simões Lopes, é que vamos encontrar o escudo onde se aferra o herói desarmado: seu poncho de lã grossa, de listras brancas e pretas — o bichará —, a que o tapejara contador de histórias se refere todo o tempo, para "não deixar escapar o fio da meada no encadeamento complexo desse relato onde se entrecruzam os flagrantes do episódio histórico, o auto-reconhecimento do velho que busca verbalizar a experiência do passado". Mas esse esforço de Blau para recuperar o remoto passado, no plano da memória já escurecida pelo tempo, só poderá ser obtido numa lembrança sensorial, visual no caso: o bichará que se enchia de vento, "e voava, batia aberto, que nem uma bandeira cinzenta...".[441] Típica construção proustiana, onde o narrador só pode chegar ao passado e descortinar instantes antigos, e já apagados, pelo processo da memória involuntária, por meio do estímulo de algum sentido que o transporta a um tempo aparentemente esquecido.

O que vem depois é *Contrabandista*, um dos mais conhecidos da ficção simoniana. Entre os que frequentemente têm aparecido nas antologias literárias, desde *As Obras Primas do Conto Brasileiro* nos anos quarenta[442], esse conto vem de ser encartado, em recente seleção organizada por Ítalo Moriconi, na lista dos cem melhores contos do século vinte.[443] Cabe aqui uma digressão. Na segunda edição do *Cancioneiro Guasca*, que saiu no ano seguinte à morte do autor, o editor anunciava como inédito, entre outras peças que estariam no prelo, o romance *Jango Jorge*, que nunca apareceu e ninguém sabe dele, havendo até mesmo fundadas opiniões

---

440   Id., p.132.
441   Id., p.200.
442   As Obras Primas do Conto Brasileiro, seleção, introdução e notas de Almiro Rolmes Barbosa e Edgard Cavalheiro. São Paulo: Martins Editora, 1943, p.319-328.
443   Moriconi, Ítalo. Os Cem Melhores Contos Brasileiros do Século. Rio de Janeiro, Objetiva, 2000, p.72- 77.

no sentido de que jamais tivesse sido escrito. Arriscaram-se especulações em torno de *Jango Jorge*, pois aquele "gaúcho desabotinado", que "nunca errou vau" nem "perdeu atalho" e já "batia nos noventa", quando no seu rancho Blau Nunes pousou nas vésperas do casamento da filha, era a personagem principal do conto *Contrabandista*, não se podendo descartar a hipótese de que o escritor vinha trabalhando num esboço, ainda sem acabamento, do romance anunciado. Teria abandonado o projeto inicial, aproveitado o que já estava pronto, e adaptado o tema sob a feição de um conto.[444] A hipótese cresce quando se constata que *Contrabandista* foi um dos seis contos que Simões Lopes não divulgou antes do aparecimento do livro *Contos Gauchescos*, editado em setembro de 1912. Teria sido, portanto, um dos últimos que foram concluídos, juntamente com os cinco restantes: *Penar de Velhos, Juca Guerra, Artigos de Fé* e *Batendo Orelha!...* Os dois últimos são pequenas composições, um ao modo de aforismos gauchescos e o outro "um texto alegórico, construído de forma esquemática pela justaposição de trechos, através dos quais se desenvolve a história das vidas coincidentes de um homem e um cavalo".[445]

Seja como for, no *Contrabandista*, Simões Lopes, pela voz de Blau Nunes, conta uma história trágica, por ele presenciada quando pousou no rancho de Jango Jorge, contrabandista que fazia "cancha nos banhados do Ibirocai". Jango vinha de guerras de outro tempo, como o legendário general José de Abreu, "e sempre que falava no Anjo da Vitória ainda tirava o chapéu, numa braçada larga, como se cumprimentasse alguém de muito respeito, numa distância muito longe". Na véspera do casamento da filha, Jango Jorge saiu para buscar o vestido de casamento. Chegou a hora da cerimônia e o pai da noiva não aparecia com o vestido, os sapatos, as flores de laranjeira. Entardeceu. Alguém avisa que se aproximava a caravana, mas a alegria durou pouco, porque o corpo morto e crivado de balas

---

444 Sica Diniz, Carlos F. "Simões Lopes Neto: os inéditos e as novas edições". Simões Lopes Neto, Cadernos Porto & Vírgula, n° 17. Porto Alegre: U.E., 1999, p.88-91.
445 Schlee, Aldyr Garcia, ob. cit., p.166.

(1912)

de Jango Jorge, que se havia batido com a guarda para salvar a vestimenta do casamento da filha, é transportado para dentro da casa. Quando a mãe da noiva levanta o poncho do morto, encontra o embrulho manchado de vermelho, mas dentro "o vestido branco da filha, os sapatos brancos, o véu branco, as flores de laranjeira. Tudo numa plastada de sangue..." A festa vira velório. O conto é considerado, por Augusto Meyer, um modelo no gênero, digno para figurar nas antologias, pela sobriedade no efeito pungente e no modo singelo de contar, ao mesmo tempo em que se acha nele embutido "o melhor documento para a interpretação do contrabando sulino". Seu maior defeito estaria na sombra que derramou sobre os demais, de tanto ser gabado e citado, "injustamente, cremos, quando relemos a obra", ficando mesmo difícil escolher o melhor, entre os que compõem o cerne dos *Contos Gauchescos*. "No registro da tonalidade trágica" — prossegue o autor de *Prosa dos Pagos* — "poderíamos citar com toda a confiança *O Negro Bonifácio, No Manantial, Os Cabelos da China, Contrabandista, Jogo do Osso, O Anjo da Vitória*. São todos contos de sangue e paixão, contados em poucas palavras, ao modo vivo de Blau Nunes. São principalmente histórias da vida bárbara dos gaúchos, por vezes de uma violência brutal, mas respeitando sempre a lógica das paixões desencadeadas."[446] Ainda que a prosa simoniana seja enxuta e concisa, a observação de Augusto Meyer sobre a "economia das palavras" não encontra eco na crítica de Sílvio Júlio, quando este escritor sublinhou o abuso de conversa fiada e de situações acessórias, que tirariam a força de alguns contos magistrais, como o *Contrabandista*.

No *Jogo do Osso*, o escritor apropria-se de um raconto que andava de boca em boca, em diversificadas variantes, na cultura popular. E o leitor encontrará sua matriz num episódio narrado por Luiz Araújo Filho, no já citado *Recordações Gaúchas*, que Simões Lopes leu em 1905. O conto

---

446   Meyer, Augusto. "Prefácio", in Simões Lopes Neto, João. Contos Gauchescos e Lendas do Sul. Porto Alegre: Globo (edição crítica), 1949, p.18.

tem como núcleo a trama do gaúcho que, viciado no jogo do osso, numa tarde perdedora em que já nada mais tinha para apostar, joga a própria mulher numa última partida. E perde! É mais um exemplo, em Simões Lopes Neto, do desandar da tragédia, atribuída à ambivalência feminina, pois a mulher, nessa prosa bárbara, tanto pode ser a inocente heroína capaz de despertar ternura naqueles homens de raia, sempre prontos para o confronto, como pode virar a serpente malévola, causadora de violento desequilíbrio.

Ligia Chiappini fez a seguinte leitura:

"A mulher de Jogo do Osso também desencadeia a violência fatal, mas só depois de que ela foi desencadeada pela prepotência do machismo. Tratada como o cavalo, no jogo, a mulher se rebela e contra-ataca com a sua única arma: entrega seu corpo a outro. O cenário também é próprio à expansão das paixões: o jogo, a música, a bebida. Só que aí essas paixões são manipuladas por uma personagem que as faz instrumentos do seu lucro (embora às vezes lhe venham também, como é o caso, alguns prejuízos): o dono do boteco, sempre associado à corrupção e ao dinheiro: era um boliche mui arrebentado, e o dono era um sujeito alafariço, cá pra mim, desertor, meio espanhol, meio gringo, mas mui jeitoso para qualquer arreglo que cheirasse à plata...

A cena da violência, explodindo em meio à dança, com a Lalica se oferecendo para o novo dono, vai num crescendo, que começa com a descrição da tensa atmosfera do jogo, prossegue nas palavras ásperas trocadas entre Lalica e Chico Ruivo, para explodir no par de dançarinos, macabramente atravessados no facão do perdedor. A violência aparece maior ainda quando constatada a indiferença do dono do boteco, unicamente preocupado com o prejuízo, como se fosse natural e cotidiano esse tipo de cena.

Na calma do comerciante e na barbárie de Chico, Lalica e Osoro, se estampa mais uma vez a contradição de um Rio Grande que se civiliza

(1912)

pela força do dinheiro, abafando (na falsa ordenação do caos primordial) forças que, entretanto, obscuras, voltam a atuar; ruínas, ainda não definitivamente soterradas, que, na ânsia de se expressar, acabam por destruir os seus próprios representantes, na explosão irrefreável.

O machismo é, novamente aí, desafiado pelo gesto, mas também pela palavra da mulher. Ambos atingem em cheio o macho prepotente. Lalica chama Chico de 'guampudo, por gosto!' e, quando ameaçada, aceitando aparentemente o jogo de 'prenda' submissa. diz: 'Ixe! Este, agora, é que me encilha, retalhado!' A castração aparece agora na palavra, antes de configurar-se no gesto de entrega ao novo senhor:

'Quando quiseres, meu negro... Eu vou na tua garupa.'

Essas frases preparam a cena do beijo que deslancha a reação final de Chico, a 'cegueira da raiva', vinda da sexualidade cutucada pelo ciúme e a suspeita de impotência com que lhe acenara a mulher."[447]

Em *Duelo de Farrapos*, que é o décimo quarto conto, Blau Nunes se recorda de um duelo, verídico, que se travou entre o coronel Onofre Pires e o general Bento Gonçalves por volta de 1844, nas pontas do Sarandi e "já pertinho de Santana". Na recriação simoniana desse episódio, a causa do duelo teria sido uma desavença, entre os dois oficiais farroupilhas, motivada por "uma senhora-dona viúva", que chegou ao acampamento militar portando um ofício que se reportava aos prejuízos resultantes de saques de gado, como emissária de um caudilho castelhano. O caso não fica bem explicado, porque o narrador Blau não conhecia os segredos por dentro; mas nas entrelinhas percebe-se haver sido depois dessa visita, e do que dela teria resultado, que as relações entre os dois desafiantes começou a ficar estremecida. Este "caso de capa e espada nas coxilhas", como o chamou Wilson Afonso, num artigo publicado no Caderno de Sábado do jornal Correio do Povo, de Porto Alegre, recebeu pormenorizada análise de Antônio Hohlfeldt:

---

447   Chiappini, Ligia, No Entretanto dos Tempos, p.315-316.

"Lembra Wilson Afonso que Onofre e Bento eram primos, embora muito diferentes no caráter. Onofre era gordo e impulsivo, Bento mais magro e recatado. Ambos, ao que parece, contudo, mulherengos. E mais: localiza Wilson Afonso o cabo de ordem que acompanhou Bento até próximo ao local do duelo, e a quem teria sido devolvido Onofre, já ferido, para ser encaminhado à sua barraca, onde viria a falecer: o ferimento, aparentemente sem maiores consequências, pois fora pequeno, na verdade atingira uma veia, tornando-se mortal. Foi, pois, a partir desse episódio real, mencionado ora por Tristão Araripe, ora por Joaquim Gonçalves, ora pelo 'Almanach de Santa Maria' que, em 1899, trouxe artigo assinado por S.M.L., lembrando inclusive o furriel de Bento, J. P. de A., na época já octogenário, capitão, médico residente em Rosário, depois de ter participado de inúmeras outras campanhas internas e mesmo dos embates contra o argentino Rosas e o paraguaio Solano Lopes, que o conto foi escrito. O artigo é elucidativo e vale a pena ser lido, sobretudo porque, à falta de dados sobre as leituras de João Simões, graças à perda de sua biblioteca, permite-nos imaginar o processo pelo qual o escritor transformava a sua matéria-prima em literatura."[448]

Penar de Velhos, que vem logo depois, é um conto muito triste. Trata da fuga de um menino de doze anos, filho único e temporão de um casal que, em circunstâncias normais, já não teria idade para ter descendência. O menino tinha feito uma grande travessura, que motivou a morte de um cavalo que o pai recém havia comprado. Orgulhoso, para não apanhar do severo pai que já ameaçava com uma sova, o menino foge de casa. Aí o conto descamba para um desfecho inesperado pelo leitor. O menino não volta, passam-se os dias e ninguém sabe dele. O desgosto dos velhos pais chega aos extremos da depressão; a fazenda fica como que abandonada à própria sorte e a mãe vive chorando. Foram definhando e terminam

---

448   Hohlfeldt, Antônio. Simões Lopes Neto, ob. cit., p.65-66.

(1912)

morrendo: "A velhita finou-se primeiro, e de pura pena foi, por certo".
Alguns meses depois, "o velho seguiu o mesmo caminho".

Juca Guerra trata de um episódio ocorrido na Estância do Pavão,
onde aconteceu um aparte de touros. Nesse dia, o moço Tandão, que era
um ginete forjado nessas lides campesinas, "fechou as chilenas e meneou
o rebenque, de chapéu do lado, numa pabulagem temerária, de guasca
que só a Deus respeita!" O cavalo caiu ao solo quando se enredou no laço.
Tandão ficou ali também caído e preso pela perna. O peão Juca Guerra
salvou-o da arremetida do touro, jogando contra o animal a sua própria
montaria, seguindo-se uma arrojada manobra do Tandão. Pulou para o
touro, "ainda meio azonzado do trompaço, manoteou-lhe nas aspas e
torceu-lhe a cabeça, que cravou no chão, num pronto!" O episódio teria
acontecido de verdade e as personagens citadas por Blau Nunes foram
inspiradas em modelos vivos. Juca Guerra, que se saiu como herói nesse
episódio, seria o moço José Cunha, peão na Estância da Graça. "Quando
isso aconteceu" — teria dito Simões — "papai e vovô encheram Juca de
presentes..."[449] Juca Guerra, ícone do gaúcho fronteiriço: *Hijo de algún
confín de la llanura / Abierta, elemental, casi secreta, / Tiraba el firme lazo
que sujeta / Al firme toro de cerviz oscura".*[450]

Artigos de Fé do Gaúcho não é um conto, mas uma coletânea de
vinte e um aforismos gauchescos, inserida na narrativa de Blau, que assim
introduz a relação dos ditados:

"Muita gente anda no mundo sem saber pra quê: vivem, porque
vêem os outros viverem.

Alguns aprendem à sua custa, quase sempre já tarde pra um pro-
veito melhor.

Eu sou desses.

---

449   As referências a Juca Guerra, grifadas no texto, foram colhidas de Massot, Ivete Barcellos
S. Lopes, ob. cit., p.109 e 111.
450   Borges, Jorge Luis. Trechos do poema El gaucho, do livro El Oro de los Tigres. Buenos
Aires: Emecé, 1972.

Pra não suceder assim a vancê, eu vou ensinar-lhe o que os douto-
res nunca hão de ensinar-lhe por mais que queimem as pestanas
deletreando nos seus livrões. Vancê note na sua livreta:"[451]

Seguem-se os vinte e um adágios, que o escritor chamou de *artigos de fé
do gaúcho*. Ao final, Blau retoma o diálogo com seu mudo interlocutor,
para dizer:

"Que foi?...
Ah! Quebrou-se a ponta do lápis?
Amanhã vancê escreve o resto: olhe que dá para encher um par de
tarcas!..."[452]

Sem grande repercussão na crítica, esse conto sempre foi considerado
uma narrativa menor, inserida meio às pressas: era preciso acabar o livro,
que tinha data certa para sair do prelo. Porém, nessa récita de Blau, nesse
diálogo entre as duas personagens — uma falante, que é Blau, outra muda
e ouvinte, que é o escritor — é que aparece pela primeira vez, na narrativa
completa dos contos, a sugestão para que o interlocutor emudecido anote
os adágios na sua livreta. E no final, Blau observa que a ponta do lápis
do anotado restava quebrada, sugerindo que as anotações fossem escritas
no dia seguinte, pois daria "para encher um par de tarcas!..." Como não
pensar em Riobaldo, de Guimarães Rosa, no Grande Sertão: Veredas? Ali,
na prosa que se estabelece entre o homem de campo e de raia, e o ouvinte
letrado da cidade, que somente ouve e não fala, este também faz anotações na caderneta, que trazia presa ao pescoço. Luís Augusto Fischer,
seguindo na trilha aberta pelos precursores dessa observação, anotou o
seguinte: "O leitor de literatura brasileira deverá imediatamente ter estabelecido uma relação entre tal estratégia narrativa, presente no livro

---

451   Simões Lopes Neto, João. Contos Gauchescos. Pelotas: Echenique & C., 1912, p.205,
com atualização da ortografia.
452   Simões Lopes Neto, João. O texto é a reprodução fiel da 1a edição citada, com a única
atualização ortográfica cabível: o acento na palavra lápis, não acentuada no original de 1912.

(1912)

de Simões Lopes Neto (editado em 1912 e reeditado várias vezes, com maior qualidade, em uma editora de âmbito nacional, a Globo, em 1926, 1948, 1950 e mais vezes), e o arranjo básico de um monumento da literatura brasileira unanimemente reconhecido, Grande Sertão: Veredas, de Guimarães Rosa, editado pela primeira vez em 1956. Também aqui tem a palavra um interiorano velho e experimentado, Riobaldo, que discorre sobre sua vida e sobre os mistérios da existência para um interlocutor que não é dali, que parece ser da cidade. Ao contrário da situação de Blau e seu ouvinte, que se movem pela geografia ficcional, Riobaldo e o doutor ficam no mesmo lugar enquanto a narração vai-se construindo. Fora esta diferença, o procedimento é não apenas semelhante, mas o mesmo."[453]

Encerrando o livro, *Batendo Orelha!...* figura como último conto na primeira edição. Trata-se de prosa moderna, onde se verifica um processo narrativo inovador, através do qual as duas personagens — um homem e um cavalo — espelham-se uma na outra. A narrativa mostra o desencontro e o reencontro de ambos, que nascem juntos, num tempo de felicidade: um potrilho "lindo e gordo, filho de égua boa leiteira, crioula de campo de lei"; o outro era um "guri mimoso, dormindo em cama limpa e comendo em mesa farta". Depois vem a ruptura, primeiro para o bicho, depois para o gurizote: o potrilho é marcado em brasa crioula; o menino vai para a escola, onde lhe sentam a palmatória. Quando o potro se interessou pelas éguas e "foi-se enfeitando para repontar, o pastor velho meteu-lhe os cascos e mais, adente, botou-o campo fora"; e o gurizote, porque "quis passar-se demais com uma prima", termina levando uma surra do tio. Caparam o potro e botaram o rapaz no quartel. Reencontraram-se e sofreram juntos na guerra. Passados os anos, enquanto o soldado deu baixa todo estropiado, "com cinco patacas de resto do soldo, e sem o capote", o animal era vendido como lixo a um carroceiro,

---

453   Fischer, Luís Augusto. "Uma edição nova e inovadora", in Simões Lopes Neto, João. *Contos Gauchescos*. Introdução e notas de Luís Augusto Fischer. Porto Alegre: Artes e Ofícios, 1998, p.15-16.

"por patacão e meio, com as ferraduras". O cavalo termina chacinado pelo carroceiro, que "um dia, furioso, meteu o cabo do relho entre as orelhas do empacador e... matou-o". O homem, espancado pela polícia, "foi para o hospital, golfando sangue; e esticou o molambo". O conto termina com a sentença final de Blau Nunes: "O engraçado é que há gente que se julga muito superior aos reiúnos; e sabe lá quanto reiúno inveja a sorte da gente..."[454]

Nesse conto, que se dirige mais para o final do século dezenove, pode-se fazer a mesma leitura que Regina Zilberman fez sobre *O Boi Velho*, quando apontou a introdução da influência econômica, trazendo, com ela, o desequilíbrio do passado legendário, pela ocorrência da "violação dos ideais gauchescos". O boi velho, que já não prestava para nada, é sacrificado para que o dono da estância pudesse vender o couro. O cavalo doente é vendido por um patacão e meio, para puxar carroça, como objeto inservível do exército. Também muito pouco referida pela crítica, essa narração cerra-fila obteve sua valorização por Ligia Chiappini, sem dúvida alguma a sua melhor e mais erudita leitora, que se mostrou, depois, surpresa por não ter sido compreendida por outros críticos quando se demorou no comentário e na valorização de *Batendo Orelha!*... Na análise estrutural de *Batendo Orelha*, a escritora, examinando as duas fábulas dentro do conto e o paralelismo entre elas existente, assim se pronunciou sobre o momento em que o homem e o potro, já metamorfoseados pela sociedade, se encontram:

"Então, uma frase seca e curta destaca-se visualmente, no meio da página, e os 'dois parecidos' se encontram por apofonia também nos nomes: 'Foi o reiúno que caiu pro recruta'. Essa frase encerra a quinta sequência, composta pela venda do potro ao exército, a preparação e o aparelhamento do soldado para a guerra e o encontro propriamente dito

---

454   1º edição citada de Contos Gauchescos, com as únicas atualizações ortográficas cabíveis: acentos nas palavras há, reiúnos e reiúno, não acentuadas no original de 1912.

(1912)

entre os dois. Na sequência seguinte permanece o cruzamento das duas fábulas. Então, numa síntese magistral, numa linguagem seca, mas inventiva, digna de um Guimarães Rosa, Simões Lopes consegue aperfeiçoar o processo de espelhamento de um personagem no outro, mostrando que as diferenças entre ambos são acidentais, na medida em que suportam o mesmo tipo de necessidades e de sofrimentos. Homem e potro aí se unem pelas seguintes carências, danos e desconfortos, que por contraste com os bens perdidos, remetem à infância: fome, sede, frio, cansaço, maus cheiros, barulhos, sujeira (respingos de sangue) e doenças." E mais adiante, depois de demorada análise de todas as sequências do conto e das mortes dos heróis, discorrendo sobre a amplitude social dessa narrativa, Ligia finaliza: "Como se vê, estamos longe dos limites estreitos do herói degradado pelas transformações do Rio Grande moderno. O significado social do conto é mais largo. O homem é aqui um representante das classes oprimidas por elites privilegiadas numa sociedade burguesa, em que se frustra toda a busca dos 'valores autênticos'."[455]

Ao aproximar-se o final do ano, são distribuídos os dois últimos números, num mesmo exemplar, da Revista Centenária, que o escritor vinha editando há mais de ano. Com atraso, mas ainda dentro do ano, porque o centenário da cidade havia transcorrido em julho. A falta das entregas nas datas aprazadas teria sido um dos fatores que contribuíram para aumentar o descrédito do autor entre seus conterrâneos, no que se daria, então, crédito à advertência de Sylvio da Cunha Echenique, quando disse que Simões Lopes Neto não era levado muito a sério, referindo-se, com certeza, àqueles últimos anos de vida do escritor, quando já não lhe sobrava nenhum dos empreendimentos industriais a que se dedicara. Mais uma vez prometera e não cumprira, decepcionando os assinantes da Centenária, como já havia anunciado, anos antes, doze séries da Coleção

---

455   Chiappini Moraes Leite, Ligia. Regionalismo e Modernismo. São Paulo: Ática, 1978, p.224 e 227.

Brasiliana, que não ultrapassaram as duas primeiras. Contudo, a imprensa registraria o lançamento dos últimos números da revista, recomendando as matérias editadas, e não deixaria de gabar a "tenacidade de seu infatigável autor".[456]

Reconduzido na função de primeiro secretário da diretoria da Biblioteca Pública Pelotense, em sessão de 22 de dezembro[457], o ano não se encerraria sem que Simões voltasse a figurar, nas páginas do vespertino *A Opinião Pública*, com duas extensas matérias jornalísticas de primeira página, dissimulando-se atrás do pseudônimo que andava usando naquele ano: João do Sul. Numa delas, que se publicou a 28 de dezembro sob o título Pró-Garibaldi, Simões Lopes insurge-se com a transcrição de notícia publicada numa revista católica de São Paulo, feita por semanário de Pelotas.[458] O texto reproduzido, para apostrofar o desvario de certo delinquente, chamou de garibaldino o seu instinto sanguinário. Evocar a memória daquele herói "para adjetivar um assassino" foi demais para Simões, que de pronto solta a pena, numa longa e inspirada resposta, hostilizando a atitude clerical brasileira contra o lidador italiano. Garibaldi, para João Simões, é "o símbolo luminoso das lutas da emancipação dos povos. O amor pelo combate ao despotismo fazia-o esquecer as fronteiras da pátria e onde quer que visse outros homens pedindo liberdade, hei-lo em marcha [...] por isso ele aqui esteve, nas plagas do sul; ele, aqui, trouxe o concurso do seu heroísmo; aqui viveu, abraçado ao seu velho ideal de combatente republicano. A história dos povos (não essa forjada pelos seus inimigos) há de indicá-lo sempre como paladino da emancipação social; Garibaldi é um desses homens que são filhos da humanidade: ter pátria é para ele pouco!... todos os homens são irmãos e o planeta é de todos..." Fala sobre a Itália, que ergue monumentos ao herói; ataca a falta do predomínio moral do Vaticano e, depois de muito palavrório, termina pe-

---

456   *A Opinião Pública*, 28 de novembro de 1912.
457   Ata da assembleia geral de 22 de dezembro de 1912, liv. 138.
458   Referia-se ao jornal católico A Palavra, editado semanalmente na cidade de Pelotas.

(1912)

dindo perdão aos italianos pela "iniciativa da defesa", porque "Garibaldi nos pertence também".[459] E no último dia do ano, divulga comentário político e social consistente, sobre projeto de lei a respeito de estrangeiros, em vias de aprovação no Congresso Nacional. O artigo que escreve, a ocupar nada menos do que três colunas da primeira página do jornal, sob o título "A lei da expulsão dos estrangeiros do Brasil", começa assim: "Neste fim de ano, verdadeiramente fúnebre para o Brasil, durante o qual vimos o caráter nacional descer às mais baixas posições, o nosso parlamento, como de costume, vota de afogadilho leis da maior importância, como, por exemplo, na delicada questão dos orçamentos". Mais adiante entra na matéria de fundo: "Neste momento ocupa-se [...] o Senado (pois já passou pela Câmara) em votar o projeto de lei já existente, pelo qual, arbitrariamente, se expulsa o estrangeiro do nosso território". Mostrando sua lucidez de analista, Simões enxerga no projeto a intenção dissimulada de cortar pela raiz os ideais democráticos do operariado mais esclarecido, que é sem dúvida o que veio da Europa, em pleno movimento revisionista das condições de trabalho nos grandes centros do Brasil. Disse Simões na introdução do tema, referindo-se aos parlamentares: "Desejam eles, por esses meios, obstar a intervenção das correntes de ideias do operariado europeu na vida nacional. Como iremos ver neste artigo, a causa dessa atitude escravocrata do nosso parlamento está intimamente ligada ao movimento operário que se inicia em São Paulo e no Rio, principalmente naquela cidade."[460]

---

459   A Opinião Pública, 28 de dezembro de 1912.
460   A Opinião Pública, 31 de dezembro de 1912.

Capítulo 14

(1913)

"Teiniaguá encantada! Eu te queria a ti, porque tu és
tudo!... És tudo o que eu não sei o que é, porém que atino
que existe fora de mim, em volta de mim, superior a mim..."
J. Simões Lopes Neto

No ano de 1913, já nos primeiros dias, Simões continua a aproximar-se do vespertino A Opinião Pública como colaborador mais efetivo, porém, para logo, seria redator remunerado daquele diário. São desses tempos as suas melhores e mais importantes matérias jornalísticas. Um Simões calejado no ofício, paciente, quase um taumaturgo, a responder as perguntas e resolver problemas práticos dos que faziam esse jornal circular diariamente. Homem de sete instrumentos, ali manteria sucessivas seções e publicaria sortidos textos, dos literários aos ensaios de ciência. Pode-se estabelecer uma pequena cronologia de publicações desse período.

Ano	Dia(s)	Jornal-Assinatura	Texto
1913	10.01 a 29.01	A Opinião Pública – João do Sul	Uma trindade científica (série de 5 artigos)
1913	10.06 a 09.08	A Opinião Pública – João do Sul	Inquéritos em contraste (17 seções)

Ano	Dia(s)	Jornal-Assinatura	Texto
1913	01.07	A Opinião Pública – Serafim Bemol	Aos estudantes de Pelotas
1913	07.07	A Opinião Pública – Serafim Bemol	Ainda pela Centenária
1913	07.07	A Opinião Pública – João do Sul	A quinta S. Romualdo
1913	15.07	A Opinião Pública – Serafim Bemol	O centenário da Centenária
1913	09.08	A Opinião Pública – João do Sul	A enfiada de macacos
1913	18.11	A Opinião Pública – João S. L. Neto	Mercenário-herói! Prostituta excelsa!
1913	31.12	A Opinião Pública – João S. L. Neto	O menininho do presépio
1913	31.12	A Opinião Pública – João S. L. Neto	Ano Novo

Nesse elenco são vistas três contribuições verdadeiramente literárias: os dois relatos que iriam ilustrar, mais tarde, a coletânea completa dos *Casos do Romualdo* e um conto, *O Menininho do Presépio*, que reapareceria em 1949, na edição crítica de *Contos Gauchescos* e *Lendas do Sul*. Iria agregar-se definitivamente aos outros dezoito, em todas as edições posteriores. Trata-se de um conto de Natal e não foi por obra do acaso que apareceu na época da festa cristã, nos finais de 1913. O já amadurecido contista relata, mais uma vez pela voz e linguagem de Blau Nunes, o milagre que impediu que se consumasse, numa velha estância, uma tragédia de morte durante o ato de adoração do presépio de Natal. A vizinhança toda foi avisada "que a sia-dona convidava para se cantar um terço de festa, na noite santa". A forte personagem feminina desse conto, a nhã Velinda, que amava o cadete Vieira, tinha sido obrigada pelo pai a casar

(1913)

com um velho "mal encarado". Nunca se conformou e se rebela naquela noite, revelando seu amor ao tenente, filho do dono da casa:

"Por um segredo do destino a sia-dona mandou o cadete ver se as luminárias estavam ou não prendidas; e vai, o moço, no entrar a porta, topou de cara a cara com a nhã Velinda que saía, justamente para vir chamar os donos da casa; toparam-se as criaturas e miraram-se, num clarão que só elas viram..."

As mãos se encontram. E depois, no silêncio, na pressa e no lusco--fusco, trocaram um beijo. Já na sala do presépio, em meio às cantorias das rezas, os olhos da moça fixaram-se no presépio, mas os dele estavam no rosto dela. O marido, percebendo tudo e enciumado, direciona o facão ao peito de Velinda. Quando "a ponta do ferro matador" estava "a quatro dedos só" do peito da moça, a tragédia não se consuma porque, naquele mesmo instante, do presépio rolou e caiu, como um escudo, "no regaço de nhã Velinda o Menino Jesus". E estava feito o milagre de Natal. O cadete e a Velinda terminam casando; o marido foi assassinado num entrevero de carreiras, mas o Menino Jesus ficou sendo o figurão do oratório da família.

O vespertino *A Opinião Pública*, nesse entretanto, tinha de ser colocado nas ruas todo o santo dia, mas o tempo consumido na tarefa de redação não estava contribuindo para sucumbir o escritor. Ao contrário, ainda lhe sobravam energias para fazer boa literatura. Tempo suficiente, entre uma coluna e outra, para emergir *A Quinta São Romualdo* e *A Enfiada de Macacos*, que enfeitariam os *Casos do Romualdo*, dados a conhecer, completos, quando publicados em folhetins periódicos no *Correio Mercantil*; tempo para inaugurar um novo projeto que terminou não acontecendo: um segundo livro de contos onde o autor imaginava que poderia figurar *O Menininho do Presépio*.

Voltemos ao início de 1913. Duas ocupações profissionais proviam as necessidades existenciais de João Simões e da família, que não eram

309

muitas, pois nesses dias o escritor, de vida modesta, estava a residir com os cunhados, repartindo despesas em pequena casa alugada. Essas ocupações consistiam nas aulas da Academia do Comércio, mal remuneradas, e a atividade de despachante-geral, que nunca abandonou. Para logo, acrescentaria ainda uma outra: a de redator remunerado do jornal A Opinião Pública. Apesar da doença que debilitava o escritor e que o privava, de tempo em tempo, do desempenho das tarefas cotidianas, tirando-o de circulação, eram tempos de tranquilidade e de criação literária." Tenho a impressão de estar entrando num período de paz, para realizar o meu sonho". E conversando com a irmã, acrescentava: "Escrevendo, escrevendo... Fiz como o Blau Nunes: tracei sobre o peito uma cruz larga de defesa e fiquei com o coração aliviado, retinindo, como se dentro dele cantasse o passarinho verde...".[461] Aqui, Simões Lopes referia-se àquele momento em que o tapejara, renunciando às onças de ouro que se multiplicavam pela magia da furna encantada, prefere, na pobreza, comer em paz o seu churrasco, e em paz a sua sesta, em paz o seu mate, em paz a sua vida.

A série de artigos de divulgação erudita, no início do ano, sobre Lamarck, Darwin e Haekel, revela a precupação do autor com as questões polêmicas de seu tempo, sua adesão à teoria evolucionista e uma peculiar desenvoltura para tratar todos os temas com linguagem simples. A Trindade Científica adornou as primeiras páginas d'A Opinião nos dias 10, 15, 18, 25 e 29 de janeiro. O primeiro artigo da série, que introduz a matéria, é o mais extenso. Ocupa duas colunas e boa parte de uma terceira; os outros quatro, também densos, preenchem sempre duas colunas do vespertino.[462]

Contudo, *Inquéritos em contraste*, urbaníssima seção que saiu das prensas de *A Opinião Pública* de junho a agosto, por dezessete vezes, ver-

---

461   Massot, Ivete Barcellos, ob. cit., p.137

462   Jocelito Zalla (2022), tratando dos padrões de leitura e biblioteca imaginária de Simões Lopes Neto, apontou que nessa série de artigos o escritor sulino inspirou-se no livro L'irréligion de la science, do francês Ernest Lesigne, de onde retirou os principais argumentos (v. bibliografia).

(1913)

sava sobre os descaminhos, as mazelas escondidas, a pobreza subterrânea das periferias da Princesa do Sul e alguns quadros humorísticos. Trabalho jornalístico pioneiro e criativo, é daqueles que nunca perdem a força e a atualidade. Em junho, quando Simões começa a publicar a seção *Inquéritos em contraste*, já está integrado como redator do jornal. Seu ingresso como redator remumerado coincide com as tratativas da proprietária para colocar o jornal nas mãos de um novo arrendatário, que assumiria na segunda metade do ano. Foi o que aconteceu. A primeiro de julho, a edição d'A Opinião já registra o nome do novo diretor: Antonio Gomes da Silva, que se havia associado nessa empresa a Damião Alves de Moura. Causídico formado em Coimbra, de ideias avançadas, anticlerical assumido, Gomes da Silva deixou sua marca entre a intelectualidade pelotense, naquelas primeiras décadas do século vinte. Grande jornalista, transformaria A Opinião Pública num moderno vespertino, mas também envolveria sua folha em grandes turbulências, por força da interminável polêmica travada com o bispo, o clero e a diocese. Simões, também anticlerical, mas sem o radicalismo de Gomes da Silva, com ele afinava em muitas coisas: a aproximação com os dirigentes da Liga Operária, a modernização da folha vespertina, que passava a contar com notas financeiras, seção feminina, colunas políticas e folhetins literários. Saía aos sábados a página "Artes, Letras e Ciência", e nela figuraram Eça de Queirós, Machado de Assis e muitos outros. Nessa mesma página é que foram divulgadas as duas histórias do conjunto, ainda incompleto, dos *Casos do Romualdo*, a sete de julho e nove de agosto. A exemplo dos grandes jornais, Gomes da Silva fez com que a gráfica da Opinião editasse um livro que reunia os contos divulgados pelo jornal e o distribuísse aos assinantes.

Inquéritos em contraste era a seção que Simões escrevia como João do Sul e que saía sempre na segunda página, com lugar certo, ao alto da primeira coluna. Desdobrou-se em dezessete edições, durante sessenta dias, de 10 de junho a 9 de agosto. As quatorze primeiras são numeradas e o número XII aparece duas vezes, por engano, nas publicações de 25 e 29 de julho. As três últimas vêm sem número. Aí está um jornalista descontraído, muito à vontade com os temas que aborda e que lhe povoavam a mente naquele inverno de 1913. Na verdade, são textos literários. Esse *humus* que inspirou o escritor, colhido no cotidiano periférico, nas tabernas, nos becos escuros, nos cortiços, onde vivem os pobres, os pretos, os mestiços, enfim, as personagens populares que são foco e que, se para mais não servissem, pelo menos confirmariam, pelo pitoresco, que a Princesa do Sul, como alguns já disseram, seria a mais brasileira das cidades sulinas.

Data	Título	Assinaturas
10 de junho de 1913 (terça-feira)	–	João do Sul
12 de junho de 1913 (quinta-feira)	Um corte de criada	João do Sul
14 de junho de 1913 (sábado)	Rusga no beco	João do Sul
17 de junho de 1913 (terça-feira)	Serenata sem licença	João do Sul
19 de junho de 1913 (quinta-feira)	O anjo da meia-noite	João do Sul
21 de junho de 1913 (sábado)	O mar em terra	João do Sul
26 de junho de 1913 (quinta-feira)	Sete em porta	João do Sul
03 de julho de 1913 (quinta-feira)	A tia das encomendas	João do Sul
10 de julho de 1913 (quinta-feira)	Mísera grandeza	João do Sul
21 de julho de 1913 (segunda-feira)	Fim de troça	João do Sul
22 de julho de 1913 (terça-feira)	O banco da Santa Casa	João do Sul
25 de julho de 1913 (sexta-feira)	O macaco tudo aguenta	João do Sul
29 de julho de 1913 (terça-feira)	Curso de dança	João do Sul
01 de agosto de 1913 (sexta-feira)	Vivendo e aprendendo	João do Sul
04 de agosto de 1913 (segunda-feira)	Curso de dança	João do Sul
06 de agosto de 1913 (quarta-feira)	Ladrão de galinha	João do Sul
09 de agosto de 1913 (sábado)	Mais cães e gatos	João do Sul

(1913)

A 10 de junho, a seção *Inquéritos em contraste* é apresentada ao público. O jornalista Simões Lopes Neto dá o tom da matéria que seria desenvolvida: "Nestes rápidos 'Inquéritos' vamos tão somente esmiuçar a nossa pequena vida-social-provinciana, pacata, de dedo no nariz, dada a fazer nós no lenço, e do mesmo passo sustentando certas graças do espírito; certo saber 'moer' dinheiro, não espantadiça de uns tantos rasgos largos, provindos de além; e gestos e tons e procederes que se têm adaptado e proliferado e aí vão medrando, que é um gosto examiná-los... O contraste deles está em que as causas e os efeitos, que parecem repelirem-se, são eles lógicos que aparentando discordância reforçam-se em íntima concordância. Pelotas, a cidade franciscana, se há que invocar a égide do seu padroeiro, a Princesa do Sul, se atentarmos na doçura de um velho e amável engraçamento, Pelotas, a centenária, se nos recordarmos da comemoração de há um ano, Pelotas tem também as suas abóbadas iluminadas sobre subterrâneos escuros... Apenas perceptíveis, é certo, umas e outros; tudo é relativo: nem pretendemos arvorar argueiros em cavaleiros. E para falar bem à moderna, diremos que na 'tela' destes inquéritos só correrão 'fitas' apanhadas do natural. A 'Inana' já passou; aqui vai começar agora é um interrogatório à cidade." [463]

A seção de 12 de junho, que é a segunda, levou o título *Um corte de criada*, e começa assim: "A caminho dos subterrâneos!... Vamos aos cortiços, já que estão em foco as visitas domiciliárias. Há um grupo deles que tem nomes sugestivos e rebarbativos: há o Beco do Sabão, o Curral das Éguas, o Corredor do Pimpão, os Sete Pecados. [...] Por feroz e zarro que seja cada qual destes e doutros cognomes, nem por isso os respectivos moradores armam "revanches" contra quem os pronunciar... a não ser que o faça achincalhando as palavras para atingir as pessoas. Existe nos cortiços a mina da criadagem... e um tesouro de psicologia. No dia deste inquérito, em um deles, abordamos uma rapariga trochuda, que gozava o

---

463   *A Opinião Pública*, 10 de junho de 1913.

sol encostada à ombreira do portão geral. Pedimos-lhe informações sobre uma Maria qualquer, cozinheira, já mulher madura, preta, que tem um filho nas obras do Mercado... — Não, senhor, Maria... Maria, com filho grande, não há nenhuma aqui." E segue o diálogo com a entrevistada. Ela queixa-se do preço do aluguel do seu quarto, que mostra ao entrevistador. Descreve-se a habitação: "As paredes encardidas, recobertas de figuras de reclames, pintalgadas de moscas; chão de tijolo, esboroado; uma cama de casal, pintada a roxo-terra; roupas em pregos; uma bacia rachada sobre uma caixa de querosene; dentro desta uma chaleira. Um caco de espelho, um facão, um violão e um fogareiro de barro completram a mobília, à vista" Aí a conversa se encaminha para assuntos mais pessoais: "Alugar é que não me alugo", dizia a mulher:

"— O senhor bem que me entende! O que custa muito é o carvão; estes vendeiros roubam a gente, que é um desaforo: um pinguinho assim, de pó, duzentos réis!... Eles dizem que é por causa dos impostos... Sei lá!

— Mas, vamos lá: você não tem cara de necessitada!...

— Quem, eu? Ah!... é que tem um senhor que às vezes vem cá falar com o meu rapaz, e quando ele não está, sempre me deixa algum presente... É um senhor muito sério.

— Está se vendo!... Então, de aluguel, nada?...

— Quem, eu?..."[464]

Simões deu ao terceiro *Inquérito*, publicado em 14 de junho, o título de Rusga no beco. O início é assim: "Beco , aqui, vai como uma figura de retórica, porque em Pelotas não há becos; é até uma anomalia... Chamemos , porém — apenas por dar mau sentido —, chamemos beco à quadra 11ª da rua Tiradentes. É a '*whitechapel*' mirim das nossas tropas fandangas; é a zona das chamadas — bodegas —. Aí 'trusteia', por direito de antiguidade, uma Catarina, que não tem nada da Rússia...; esta é italiana. É a decana dos balcões da pá virada; vende tragos de 'abrideira', sa-

---

464   A Opinião Pública, 12 de junho de 1913

(1913)

lames, queijo e páo, além de horas 'sesteáveis'... Se fornece comida quente será apenas para uma certa corte ambulante, de pelos vários e que dá pelos nomes, rinchantes, uns, dulçurosos, outros, de Niquinha, a Zeca, Laydes, Ondina, Celeste, a Frangalho, a Torta... Por vezes, marinheiros batidos de 'temporal' lançam ferro por aquelas paragens; e dá-se que coincida serem dia e horas que certo pessoal de terra firme ande 'empilchado'. As 'divas' rogadas a palmadas e beliscões, aceitaram o convite e estão tascando os salames oferecidos pelos marítimos; entramos outros e sem ao menos — boa noite! — mandam botar umas doses de 'conguera'... A Celeste, a Laydes, a Torta, insensivelmente, aceitaram 'saúdes' e 'benzeram' os copos..." Segue a descrição. Brigas, polícia, prisões. E termina assim: "Uêh!... Desde que Deus fez o mundo já foi assim mesmo; homem, por mulher, é o mesmo que macaco por bananas... Pois entre 'vosmicês' de colarinho em pé, não é a mesma cousa?... — Escuta cá: e os 'troços', de vocês? Ah! Isso a Catarina cuida; nesse ponto ela é uma madama muito séria! Pode-se deixar ouro em pó!...".[465] Como não lembrar de Roberto Arlt, do qual foi precursor, ao apropriar-se, como ele, dos acontecimentos cotidianos e convertê-los na matéria-prima desses textos? São iguais às da pequena cidade de Simões Lopes, tanto a pobreza quanto as histórias que rolam nos becos da ribeira de São Fernando, por onde transitava a prostituta Taquara, com sua cara redonda, "y como espolvoreada de carbón, y la nariz chata".[466]

O quarto "inquérito" — Serenata sem licença — foi editado em 17 de junho. Vai na íntegra este conto urbano do autor de *Lendas do Sul*: "Num quartinho pequeno, onde mal cabe o catre, uma mesinha e dois 'caixões-cadeiras', estão acondicionados oito malandros, de cabeleiras bipartidas, lencinhos azuis ou brancos, ao pescoço, estes de botinas amarelas bordadas de salpicos de lama, aqueles com o seu ralo poncho

---

465   A Opinião Pública, 14 de junho de 1913.
466   Arlt, Roberto. As feras (Cuentos Completos, 1996).

pala sobre os ombros. Houve um ajuste para uma serenata, estamos em cima do ensaio; resolveram todos perder, hoje, meio-dia... e a noite, com o meio-dia seguinte. Dois violões, um cavaquinho, uma gaita de boca. O da flauta não veio ainda. Dos oito, quatro tocam, quatro ouvem; nos intervalos, um dos ouvintes passa aos outros executantes uma garrafa; quatro beijos, sucessivos, afogam a 'menina', que contém 'mel de pau', que é uma bebida para corroborar a fibra... Vá o leitor agora desfiando o diálogo, porque a tinta está cara e assim deixamos de gastá-la escrevendo os nomes de todos os serenatistas.

— Como é, 'chê'?... e a licença?

— Não precisa; nós se 'demos' muito com o 141; ele é que cai de ronda, hoje, naquelas bandas...

— Vai atrás!... O que ele quer é entrar de carancho na casa da pequena... ela já me disse... mas eu não aguento!...

— Seu Ananias, dê o 'lá'...

— Nessa 'hipotes' o meu bordão está emendado... e falha o tom!

— Não, 'chê', comigo é nove: o 141 anda de má tenção!...

— Não anda, eu conheço ele! É de palavra!

— Cala essa matraca, Charuto! Que diabo, até parece aquele dia daqueles discursos da 'carestia da fome'! Tá vendo? São três pestanas e um floreado... assim...!

— Nessa 'hipotes' me agrada o acompanhamento. A gaita faz o cantante, e o cavaquinho faz o 'choreio', zunindo. Vamos ver!...

— Santos e buenas! — Grita na porta um recém-chegado.

— Entra, tio! Emboca o bambu e dá um 'lá', aqui, pra afinação.

— 'Tá' tudo muito bom... mas sem a licença, não embarco; eu sei... o tal 141 quer entrar de carancho...

— Pois sim, mas quem paga?

— 'Tudos'. É de quota... e venha, venha! A poder de níqueis maiores e menores, arranjou-se o necessário para a licença, e o Friagem reclama ir

(1913)

ele à 'Sub-intendência' pagar a licença e trazer o papel, o papel da licença, para meter na 'lata' daquele 'cão' do 141, que é um 'país' do de conta. — E mal que o Friagem saiu, o do cavaquinho aparteou:

— Este negro vai passar o pente nos piolhos... vocês vão ver... e a licença vai ser mesmo na 'fiúza' do 141...

Meia-noite. Rua Manduca Rodrigues, lá daquele lado. Escuro, como breu. Em frente a uma casinha, a casinha da pequena, um grupo confuso, nas sombras confusas; pontos vermelhos de fogo de cigarros; tosses abafadas.

— Nesta 'hipotes', dê-me o 'lá'!...

Pronto; rompe a serenata; a flauta puxa variações secas; o cavaquinho 'choreia', zunindo; a gaita de boca põe bronquite às notas, os violões, na mesma 'hipotes', bordonam soturnos, em três pestanas... Os não tocantes, enquanto ouvem, passam a 'menina'... Nisto abre-se a janela, e uma voz, zangada, diz:

— Vocês não têm mais onde tocar?

— 141! É o 'bonde'...

— Que dê a licença?... Já sei... é o abuso, nas minhas costas!

— Olha, 'chê'!... eu não dizia? Olha o carancho 'boiando'!... e nós tocando o compasso!...– E vão furando, hein!...

— Mas é que o Friagem tirou a licença...

— É verdade... 'cadê' o Friagem?

— Oh Friagem... retornou o do cavaquinho, eu não dizia?... O negro passou o pente no piolho!...

— Nesta 'hipotes'... vá uma despedida à saúde do seu 141...

— Olho,'chê'... e esta pequena desgraçada, que dizia que só eu era 'fatal' pra ela!...

A serenata desceu, saiu da zona, rusgou por causa da 'menina' e acabou no posto... menos o Friagem. À hora de render, o 141 abria a boca na esquina, à espera..."[467]

Dois dias depois, o inquérito pintou *O Anjo da Meia-Noite*. Começa falando do automóvel, que chegou, "como um conquistador", invadindo "atribuições noturnas que até antes dele eram confiadas à procura da figura 'meia noitica' do 'Anjo da meia-noite'!... Quem era esse anjo? Era o P'reira (chamemos-lhe assim...), um português escaveirado, dono dum casacão cor de... ruço, dum chapéu da 'season' 1902, dum carro cujo verniz fora comprado naquela ferragem que liquidou, na outra rua, e d'uns cavalos que bem mereciam um montepiosinho fornecido pela dona Sebastiana — digo a Sociedade Protetora dos Animais... quando sair do choco.

O anjo da meia-noite, ninguém o via ao... meio-dia; dormia, por certo. Mas à hora do seu fadário, lá estava ele, no canto da Praça da República, em frente ao falido quiosque do Izaguirre. A rapaziada das altas dez horas, quando, antes ou depois de ir ao João Mocotó, queria deslumbrar as andorinhas da pândega com a visão da feérica iluminação dos vários pontos escuros da cidade... chamava o anjo e mostrava-lhe o 'pessoal'; o anjo esfregava as barbas da caveira e dizia:

— São vinte mil reizinhos, indo com elas... e trinta, sem elas!... E café, havendo, e bolacha p'ros burros, se se encontrar!..."[468] E segue a história, nostálgica, do anjo da meia-noite que foi tirado de circulação pela chegada dos automóveis de praça.

O Mar em Terra, de 21 de junho, fala dos marujos. Não dos "comandantes dos vapores e capitães de navios de barra-fora; aqueles porque quase nunca desembarcam, e estes porque, desembarcados, falam somente língua do 'estranja', que nem o diabo os entende." Indica que, para os marinheiros, "a 'zona' é ali pela praça Domingos Rodrigues, ou

---

467 A Opinião Pública, 17 de junho de 1913.
468 A Opinião Pública, 19 de junho de 1913.

(1913)

ao longo do cais, ou às portas dos armazéns", ou dos seus portalós.[469] Na quinta-feira seguinte, dia 26, é que se divulga a sétima publicação de *Inquéritos em contraste*, introduzindo João do Sul, desta vez, *Sete em Porta*, que trata de um jogo carteado: "Uma caixa maior ou menor com um lanho quadrado em uma das faces, fazendo — porta — do tamanho de uma carta de jogar. Lá atrás, no 'armazém' da caixa, coloca-se um baralho composto de 10, 15, 20 outros, tudo aquilo batido, amassado, revirado, como uma salada bem complicada."[470] E na quinta-feira seguinte, a 3 de julho, quando A Opinião já passara às mãos de Gomes da Silva e a cara do jornal ficou diferente, saiu, no lugar de sempre, na segunda página e ao alto da primeira coluna, o inquérito chamado *A Tia das Encomendas*, sobre assuntos de bruxaria. Principiou assim: "Dicionário para o assunto: 'tia', feiticeira, 'encomenda', bruxaria. A classe é vasta, compreende a negra gorda, com uma 'garage' com capacidade para um caminhão... Umas deitam cartas, umas cartas cheias de emblemas e cousas...; nuvens, espadas, navios, 'ele', 'ela' e o 'outro' ou a outra, pombinhos, o diabo a quatro." Fala sobre a clientela, desde a 'madama pimpona' chata como uma tábua de engomar, até a rapariga em pleno frescor, desde a 'monetânea' até a velha ostra amorosa..." Depois, o diálogo entre a freguesa e a 'tia'. No final, seguindo-se ao receituário ("cabelo torrado", "pó de unhas", "sangue de cabrito"...):

"— Deixe os 12$000. E se quiser traga os 'perparos'...

— Aquela descarada... Há de me pagar com língua de palmo... Agora só tenho aqui 8$000; era para o aluguel do quarto... mas ficarão aqui. Tome. Quero um trabalho bem feito!...

— Vá descansada... Muitas senhoras brancas têm vindo me beijar a mão, de contentes... Os remédios da Santa Casa não curam os meus marcados..."[471]

---

469   A Opinião Pública, 21 de junho de 1913.
470   A Opinão Pública, 26 de junho de 1913.
471   A Opinião Pública, 03 de julho de 1913.

E na outra quinta-feira, dia 10 de julho, a seção seria editada pela nona vez. *Mísera Grandeza* é o título desta forte crônica do cotidiano: "Cai o nevoeiro; lentamente cai, pondo nos lampiões auréolos baçamente vermelhos. Os vultos que passam, esfumados, têm pressa e têm mau humor"; uma mulher pede dinheiro a um homem: comprar remédios para o filhinho doente; o homem a acompanha à casa, mas lá, em vez do sexo, encontram a tragédia, pois a criança está à morte.[472]

O próximo inquérito seria publicado somente em 21 de julho. E se explica, pois o escritor estava envolvido com as comemorações do primeiro ano da Semana Centenária, que ele havia criado, quando a sua cidade completou cem anos. *Fim de Troça* é o título dessa crônica, que trata dos costumes da mocidade e dos locais noturnos que estavam em moda naqueles tempos.[473] No dia seguinte saiu *O Banco da Santa Casa*, onde Simões, como se fosse um roteiro de filme, apresenta os bastidores do hospital de caridade, que chama de um "desfilar de espanto". Do texto, que é longo e do qual ressumbra uma ponta de fina ironia, quando homenageia o doutor Barcellos, o nobre médico que morreu pobre[474], transcreve-se o seu início: "Nove horas da manhã. A larga escadaria externa está cheia, junto às portas, gente; lá dentro, na sala do 'banco', sobre os mármores, arrimados às paredes, ainda doentes. A grande imagem de São João de Deus, junto ao primeiro degrau da escada de honra, estende gravemente a sua tigelinha de pedinte misericordioso; ao fundo, no alto, sobre o primeiro patamar, a placa de mármore, que lembra 52 anos de serviço incessante do doutor Miguel Barcellos (este tal doutor Barcellos foi um pedaço de toleirão que aqui houve, chamado 'o pai dos pobres' e tão parvo era e tão pateta foi, que ao morrer era mais pobre do que

---

472   A Opinião Pública, 10 de julho de 1913.
473   A Opinião Pública, 21 de julho de 1913.
474   O Dr. Miguel Barcellos era o médico da família do Visconde da Graça, de quem era muito amigo. Foi incansável quando o *colera morbis* se abateu sobre a Estância da Graça, ceifando vidas em profusão.

(1913)

muitos dos 'pobres' de que era pai...). Uma madre de alva touca e hábito escuro, como um estranho moscardo volve de grupo em grupo, deste para aquele lado, da criança que chora ao velho que tosse, da mulher que geme ao sujeito que pigarreia grosso...".[475] Na sua décima segunda divulgação, a seção *Inquéritos em contraste* traz *O Macaco?... Tudo Aguenta!*, onde se descreve como é que os fregueses levam a pior quando as compras são levadas às balanças de certos comércios. E o escritor, introduzindo, pergunta e depois responde: "Que é o macaco? É um chumbinho, é um ferrinho, é um pesinho, que trabalha 'por lo fino', em baixo do prato, ou grudado no peso grande ou ajeitado na navalha da balança, para o fim esperto e cavador de aumentar o chuchu que o freguês tem de aguentar". Aparecem três tipos diferentes, todos roubados na balança do açougue. Um sujeito metido a entendedor de carnes; uma cozinheira e uma cabrocha pernóstica.[476] Repetindo por engano o número XII, a seção de 29 de julho, que se intitulou *Curso de Dança*, na certa a décima terceira. Desvia-se o autor, de propósito, do título proposto, falando no curso só para dizer que ficava "lá para as bandas do forno do cisco", que era o lugar onde se depositava e queimava o lixo da cidade. Depois, o assunto se desloca para uma divagação em que compara o lixo do pobre com o lixo dos ricaços. E no fim acrescenta: "Não é que o inquérito perdeu o tal de Curso de Dança?... Tá bom! Fica para outro dia."[477] Logo a seguir, a primeiro de agosto, viria *Vivendo e Aprendendo*, onde se conta sobre as variedades das mercadorias à venda em certas tendas centrais e periféricas da cidade e os contrastes com que se depara o freguês quando vai, por exemplo, numa loja de móveis que vende compotas; numa outra, de fazenda, que vende 'conchas do Chuí'; ou encontra para vender tachos de cobre numa sapataria; há um armazém de comestíveis que vende "galões e franjas para

---

475   *A Opinião Pública*, 22 de julho de 1913.
476   *A Opinião Pública*, 25 de julho de 1913.
477   *A Opinião Pública*, 29 de julho de 1913.

caixões mortuários" vindos diretamente da Alemanha.[478] É Simões com falta de assunto; os Inquéritos estavam com os dias contados e o escritor por eles já não parecia mais ter interesse. Sairiam, contudo, últimas três seções sem numeração. Em 4 de agosto, segue com o Curso de Dança, abordando dessa feita o tema proposto, limitando-se a transcrever uma anedota meio sem graça de Arthur Azevedo, que se passa em São Luís do Maranhão.[479] Em *Ladrão de Galinhas*, de 6 de agosto, quarta-feira, conta "como é que uma brincadeira pode hospedar um cidadão na cadeia", e no sábado subsequente, dia 9, encerra-se o ciclo dos *Inquéritos em contraste*, de João do Sul, com *Mais Cães e Gatos*, onde prossegue com o tema de certos disparates nos negócios da cidade, trazendo à tona, entre mais exemplos, o caso de uma venda, "ali pela rua Félix da Cunha", "esquina da General Teles", que exibe "na parede um letreiro de 'quartos para frios'", além dos nomes pitorescos de alguns negócios da praça.[480] Todos esses trechos, selecionados da série *Inquéritos em Contraste*, foram trazidos a público, em livro, na primeira edição desta biografia e mantidos nesta segunda. Somente em 2016 é que a série completa dos *Inquéritos*, desta feita com tratamento literário e oportunos comentários, foi editada por Luís Augusto Fischer e Patrícia Lima, juntamente com *Temas Gastos*.[481]

A cabeça de João Simões girava em outros projetos. O escritor, sempre recomeçando, planejava prosseguir nos *Casos do Romualdo*, dos quais havia publicado apenas um episódio, anos antes, na Revista da Academia de Letras do Rio Grande do Sul. E tratava do lançamento das *Lendas do Sul*. No mesmo dia em que saiu a última seção dos Inquéritos, no habitual suplemento literário de sábado, do mesmo jornal, surge *A Enfiada de*

---

478   A Opinião Pública, 01 de agosto de 1913.
479   A Opinião Pública, 04 de agosto de 1913.
480   A Opinião Pública, 06 de agosto de 1913 e 09 de agosto de 1913.
481   Inquéritos em Contraste, João do Sul (J. Simões Lopes Neto), Porto Alegre, 2016 (v. bibliografia).

(1913)

Macacos[482], um mês depois da Quinta S. Romualdo, que fora publicada em 7 de julho.

Por aqueles tempos, como nos últimos anos, Simões era visto com frequência no Café Corrêa, na roda de fins de tarde com seus amigos. Lá estava Francisco de Paula Cardoso. Vago já estaria, nesses meados de 1913, o lugar de Sebastião Planella, há poucos anos falecido.[483] O café ficava no número 563 da Quinze de Novembro, entre as ruas 7 de Setembro e Marechal Floriano, bem no centro da cidade e perto das redações do *Correio Mercantil* e d'*A Opinião Pública*, as folhas diárias em que João Simões publicava colaborações e onde trabalhou como jornalista remunerado nos últimos anos de sua vida. Cardoso era um homem simples, marceneiro de profissão, que Simões Lopes, mais velho, havia transformado num discípulo, desde que o convenceu a matricular-se na Academia de Comércio que funcionava no Clube Caixeiral e onde o mestre, como o chamavam, dava aulas de francês e de gramática portuguesa. As lembranças do saudoso Planella ainda fascinavam Simões Lopes pelas múltiplas aptidões e ocupações que teve na vida. Proprietário de uma banca no mercado público, dado às artesanias teatrais, o popular Zé da Hora, como era conhecido na praça, ainda se aventurava no jornalismo e em tudo se dava bem, ao contrário de Simões, que tinha a fama de azarado. Nas rodas dos cafés, como na vida, Simões Lopes seguia sua intuição e seus entusiasmos, quase sempre com maior interesse em defender uma causa que lhe parecesse justa do que, propriamente, em ganhar dinheiro para viver[484], como ocorreu com a ideia de não deixar morrer a comemoração do aniversário da cidade, a partir do seu recente e festejado centenário. Desses tempos é que se recordou Francisco de Paula Cardoso:

---

482   A Opinião Pública, suplemento "Artes, Letras e Ciência", 09 de agosto de 1913.

483   Sebastião Planella morreu em 22 de julho de 1910, segundo nota d'A Opinião Pública, no primeiro aniversário do passamento.

484   Dona Velha nunca se conformou com esse altruísmo do marido. Os íntimos revelavam que ela atribuía a penúria financeira da família, quando enviuvou, ao envolvimento do marido com a literatura, em vez de tratar de prover a família com ocupações menos diletantes.

"Noite de inverno. Ali, no Café Corrêa, onde é hoje uma fruteira, João Simões, saboreando um café, riu e disse-me:

— E se eu mexesse com esta rapaziada, amanhã, e lançasse a ideia de uma festa de tradições, que se realizasse todos os anos e reunisse todos os estudantes? No dia seguinte ele lançava a ideia pelo *Correio Mercantil* e a centenária se realizou."[485]

O projeto da Semana Centenária foi mesmo lançado naquele inverno. Não nas páginas do *Correio Mercantil*, como disse o entrevistado, porém n'*A Opinião Pública*, onde João Simões ocupava funções remuneradas de redator. Simões divulgava a ideia, que terminou pegando, de que Pelotas deveria instituir a sua semana festiva, por ele denominada Semana Centenária, para comemorar todos os anos a data do aniversário da cidade. Foram três artigos, nos quais o autor ressuscita o galhofeiro Serafim Bemol. A primeiro de julho, João Simões convoca a estudantada acadêmica a perpetuar no tempo, ano a ano, as comemorações do aniversário de Pelotas. E vem sob o título *Aos Estudantes de Pelotas*. Espelhando a vocação que o futuro confirmaria, de ser importante centro universitário, já funcionavam na cidade do escritor pelo menos quatro cursos superiores. Mas em seu artigo de proclamação, ingênuo na tentativa de criar, sem conseguir, um texto humorístico de qualidade, Simões também convoca os estudantes secundários e encontra um jeito de chamar os alunos das escolas primárias. Fala da festa da primavera, comemorada na Argentina, e no ritual da parede do Espírito Santo, em Porto Alegre. Sugere a colaboração da Intendência e dos jornalistas do Diário Popular, do *Correio Mercantil*, da Tribuna, da Reação, do Arauto, da Cavação e d'A Opinião. Fala no "brado das ilusões, da alegria de viver, de poder repetir a homenagem... e a saudação"; e, por fim, no "encanto da esperança, que é a couraça das almas".[486] Esperança era mesmo o que quase nunca faltava

---

485   Diário Popular, 27 de junho de 1939.
486   A Opinião Pública, 01 de julho de 1913.

(1913)

ao envelhecido capitão. Sua couraça, nesse entretanto, já andava mais para andrajosa do que para servir de escudo protetor, dadas as aperturas que a vida lhe estava reservando nessa quadra final. No dia 7 de julho, lança *Ainda pela Centenária*. Há uma curiosa passagem, nesse texto, em que o escritor faz piada com o próprio pseudônimo e o trocadilho a que se presta: "Serafim Bemol, que esta subscreve e assina, teve um tempo em que parecia-lhe mesmo que entoava em — bemol —; hoje, porém, o Serafim, em vez de Bemol, é Bemole, e, portanto, arreda de si as cruzes que pode, porque... não pode com elas". Trata do tema da colocação da lápide comemorativa ao centenário da cidade e justifica que melhor fica numa das paredes externas da Catedral.[487] E por fim, no dia 15, mais uma vez na pele de Serafim Bemol, Simões Lopes volta a atacar o tema, em artigo que intitulou *O Centenário da Centenária*. Num curioso palavrório, imaginou o autor a projeção da comemoração no tempo, vislumbrando-a cem anos depois, quando alguns homens da sua terra — "blindados contra sensações antiquadas", e gozando as "maravilhas da ciência todo poderosa... que lava os rins, desentope as artérias, enxerta carnes e areja pulmões" — ainda se lembrariam de 1913. Despede-se dos leitores até o centenário da centenária que não tarda muito: "é para o ano de 2013. Amanhã... já está mais perto; é menos um dia". Não sem antes dizer que quando o dia chegar, ele já não será mais "nem bemol, nem bequadro, nem tremifusa, nem sustenido, sem tom nem som nenhum...".[488]

Contudo, Simões Lopes estava muito doente. Tentava ocultar dos amigos a precariedade de sua saúde, minada por males que o arrastavam, com assiduidade, aos consultórios médicos. Mas já não conseguia esconder suas penas. Numa certa noite desses tempos, dirigiu-se após o jantar à Biblioteca Pública Pelotense, para rever velhos livros. Sentiu-se mal. Horas depois, os amigos o levaram para casa, às pressas, num automóvel,

---

487   A Opinião Pública, 07 de julho de 1913.
488   A Opinião Pública, 15 de julho de 1913.

pois o rompimento de um vaso vesicular banhara-o de sangue. Ornellas, que ouviu esse relato da viúva, situa o episódio como tendo acontecido três anos antes da morte de Simões Lopes Neto e dessa vez o seu organismo reagiu. Três anos depois, portanto, outra violenta crise fulminaria o escritor, em poucas horas.[489]

Porém, o acontecimento marcante do ano de 1913, para a biografia de Simões Lopes Neto e para as letras gaúchas, seria a publicação das *Lendas do Sul*, egressa das máquinas de Echenique & Cia. Duas edições póstumas do *Cancioneiro Guasca* seriam, por derradeiro, publicadas — em 1917 e 1928 — pelos mesmos editores, encerrando-se, aí sim, o pequeno ciclo das edições simonias — lançadas pelos proprietários da Livraria Universal. Estávamos em agosto de 1913, e as dúvidas sobre a data do lançamento, ao público, das *Lendas do Sul*, ficam dissipadas quando as atenções se voltam para as edições do jornal onde trabalhava o escritor. A 14 de agosto, o anúncio, que a Livraria Universal costumava publicar com destaque n'*A Opinião Pública*, já inclui as *Lendas do Sul* no rol das novidades literárias que estavam nas suas vitrines, ao preço de um mil réis o exemplar. Na capa, o nome do autor: J. Simões Lopes Neto — Da Academia de Letras do Rio Grande do Sul e o título atravessado em diagonal: Lendas do Sul — Populário. A novidade do livro ficaria para *A Salamanca do Jarau*, dedicada a Alcides Maya, pois *O Negrinho do Pastoreio* e *M'Boitatá*, com outras lendas menores, haviam sido divulgadas em jornais e na primeira edição do *Cancioneiro Guasca*.

Foi Augusto Meyer, sem dúvida alguma, o melhor leitor da *Salamanca*. Pesquisou o tema com profundidade e revelou, em minuciosa abordagem comparativa, as fontes de leitura de Simões Lopes quando se lançou à criação literária da velha lenda. O escritor vinha trabalhando na versão literária desse relato há algum tempo, mas, certamente, começou

---

489   Ornelas, Manoelito. "Um pouco de Simões Lopes Neto". Correio do Povo, 16 de março de 1948.

(1913)

depois da publicação do ensaio folclórico do padre Teschauer, no número XXV, editado em 1911, da Revista Trimestral do Instituto do Ceará. Como se fosse uma continuação da técnica de que se utilizou nos *Contos*, Simões Lopes concede a palavra a Blau Nunes, o gaúcho pobre, interlocutor por excelência das rodas galponeiras: "Era um dia..., um dia, um gaúcho pobre, Blau, de nome, guasca de bom porte, mas que só tinha de seu um cavalo gordo, o facão afiado e as estradas reais, estava conchavado de posteiro, ali na entrada do rincão; e nesse dia andava campeando um boi barroso".[490] Anotou Augusto Meyer que esse intróito, aparentemente banal, é de sutil construção, quando se atenta às pausas respiratórias, "o descosido e o alinhavado no modo de contar". Enfim, fruto de longo amadurecimento. Considerada a mais complexa composição de Simões Lopes Neto, *A Salamaca do Jarauê*, recriação de lenda de origem árabe, trazida pelos espanhóis. "Mescla cristã-árabe", como disse Simões Lopes em nota introdutória, "de abusões e misticismo, dos encantamentos e dos milagres", com matizes indígenas. Adentrando na furna encantada, moradia da princesa moura transformada na Teiniaguá, com "alma forte e coração sereno", Blau Nunes ultrapassou as sete provas e bastava pedir para ser atendido no que quisesse. Bem registrou Raymundo Faoro, na síntese da lenda, que Blau "poderia fazer sete escolhas: sorte no jogo, tocar viola e cantar 'amarrando nas cordas dela o coração das mulheres', habilidade de medicina e feitiçaria, certeza nos golpes de facão e de tiro, ser mandão, ricaço, artista, nada queria o velho Blau. A todas as ofertas Blau nem se moveu; e, carpindo dentro em si a própria rudeza, pensou no que queria dizer e não podia que era assim: 'Teiniaguá encantada! Eu te queria a ti, porque tu és tudo!... És tudo o que eu não sei o que é, porém que atino que existe fora de mim, em volta de mim, superior a mim... Eu te queria a ti, Teiniagá encantada!...' Afinal, o velho Blau também tinha as suas fraquezas... Mas o destino, que é o senhor de todos nós, não o elegeu.

---

490   Lendas do Sul, 1913, p.17.

Para que ele não se afligisse com sua pobreza o sacristão lhe dá uma onça encantada, graças à qual ele enriqueceria. A suspeita de andar metido com as artes do demônio foi levando Blau ao isolamento. Para não ficar só e abandonado, devolve a onça que parecia estar amaldiçoada, de vez que separou seu possuidor da comunidade. Com este gesto, desencanta o sacristão e a moura. Estes saem do longo desterro da cova e reingressam no mundo dos vivos. O rito tem um fim normal, após as peripécias do castigo de ter desejado uma mulher proibida."[491]

Durante muito tempo, Augusto Meyer supôs que a única fonte de Simões, para a versão da lenda do Cerro do Jarau, tinha sido o estudo do padre Teschauer, citado pelo autor. Este historiador jesuíta reproduzira Daniel Granada, transcrevendo passos inteiros da Reseña histórico-descriptiva de Antiguas y Modernas Supersticiones del Rio de la Plata, de 1896. Meyer dedicou-se a minucioso estudo comparativo entre os textos de Granada, Teschauer e Simões Lopes e verificou que a verdadeira fonte do escritor gaúcho tinha sido a obra de Granada, concluindo que a leitura de Teschauer conduzira Simões Lopes à consulta do livro de Daniel Granada. E por quê? A resposta está no texto que Meyer nos deixou. É que Teschauer, no seu trabalho histórico, reproduzira dois temas principais: o do campeiro que entra na furna mágica e o do sacristão de S.Tomé ao topar com a Teiniaguá. "Mas não mencionava pormenores que foram desenvolvidos com importância relativa na 'Salamanca do Jarau', quando todos eles lá estão referidos em 'Supersticiones'. A 'terrível serpente', por exemplo, de Granada, surge como 'boicininga' em Simões Lopes; os 'yaguaretés e leones' são 'jaguares e pumas'; o'anciano' transforma-se em uma 'velha, muito velha, carquincha e curvada'. Da prova dos anões, que era a sétima e última na versão de Simões Lopes, e deve ser contada entre os seus achados mais interessantes, não há vestígio em Teschauer, ao passo

---

491   Faoro, Raymundo, revista Quixote,1949, p.24.

(1913)

que o platino registrou os 'enanos' como guardas de tesouros."[492] Essas covas encantadas, que tinham origem na sacristia subterrânea da igreja de São Cipriano, em Salamanca, e depois seriam transmudadas, nas lendas que os mouros trouxeram para a América, em furnas encantadas que continham tesouros inimagináveis e passaram a levar o nome de Salamancas na região platina e no Rio Grande do Sul, habitaram as mentes de muitos sonhadores e literatos desde remotos tempos. Na antiguidade, Plínio o velho, nascido no ano vinte e três da era cristã, autor da *Naturalis Historiae*, havia mencionado as "fatídicas cavernas, cujas exalações embriagam e infundem o dom da adivinhação". [493]Alcançando prestígio na Península Ibérica, o tema despertou o interesse de Miguel de Cervantes Saavedra. Abrem-se dois capítulos na segunda parte do Quixote para a descrição das maravilhas e encantamentos da "cueva de Montesinos", onde o "cavaleiro da triste figura" relata aos seus ouvintes as admiráveis coisas que disse ter visto na profunda caverna em que afundou atado na extremidade de uma corda de cem braças. E ainda lá, em Espanha, foi que Juan Luiz Alarcón e Francisco de Rojas y Zorrilla meteram o assunto em comédias. E Hartzembusch o explorava, no século dezenove, com o drama de magia *La Redoma Encantada.*[494] Ao abordar a lenda da Salamanca, aberta ao sonho na riqueza de detalhes, na mescla entre os raccontos que poderia ter ouvido do pai (Estância São Sebastião em Uruguaiana), e as leituras que fizera na maturidade, Simões deu asas ao seu talento de escritor e prova incontestável de sua erudição, o que levou Augusto Meyer a dar rédeas à imaginação, para dizer que na Salamanca pode-se sentir a afinidade do autor com o tema, incutindo no leitor a "vaga ideia de predestinação". E porque não imaginar, como ele, que assim estava escrito e que tudo quanto tinha sido elaborado coletivamente sobre aquela matéria, desde seus ar-

---

492   Meyer, Augusto. Prosa dos Pagos, 1943, p.68, 69.
493   Granada, Daniel. Reseña Histórico-Descriptiva de Antiguas y Modernas Supersticiones del Rio de la Plata, 1896, p.136.
494   Meyer, Augusto. Prosa dos Pagos, 1943, p.64.

quétipos, marcharia para um "inevitável desfecho — sugerir a um homem entre tantos outros, a ele somente, a expressão da sua forma definitiva"?[495]

Às três lendas principais — *A M'Boi-tatá, A Salamanca do Jarau* e *O Negrinho do Pastoreio* — Simões Lopes Neto ajuntou dezesseis lendas menores, de escassa elaboração literária, que preenchem apenas vinte páginas do pequeno livro, às quais chamou de "outras lendas missioneiras e do centro e norte do Brasil". São elas, pela ordem: (I) *A Mãe do Ouro*, (II) *Serros Bravos*, (III) *A Casa de M'bororé*, (IV) *Zaoris*, (V) *O Anguera*, (VI) *Mãe Mulita*, (VII) *O Lunar de Sepé*, precedido por uma nota sob o título de *São Sepé*, (VIII) *O Caapora*, (IX) *O Curupira*, (X) *O Saci*, (XI) *A Oiara*, (XII) *O Jurupari*, (XIII) *O Lobis-Homem*, (XIV) *A Mula sem Cabeça*, (XV) *Enterros* e (XVI) *Lagoa-Brava*. A crônica literária rio-gran-dense, contudo, ignorou o lançamento de *Lendas do Sul*, malgrado trazer o livro a inédita e maravilhosa versão da *Salamanca do Jarau*.

Na primavera de 1913, Simões seguia, com seus devaneios, no vespertino *A Opinião Pública*. Poderia aos mal informados causar espanto a notícia que o mesmo jornal divulgou, ao final do mês de setembro, sobre uma conferência que Simões Lopes iria proferir no clube Congresso Português, no dia 27, sobre *O Menino Jesus*.[496] Afinal, o escritor estava a serviço do jornal que desencadeara aberta campanha anticlerical. Na verdade, a anunciada palestra nem de longe seria uma pregação religiosa. Simões produziu um cotejo entre a juventude e a velhice, com evoca-ção, ao final, das três crianças exaltadas no paganismo, na bíblia e no cristianismo (Cupido, Moisés e Jesus), como foi sintetizado na notícia de 29 de setembro.[497] Localizado entre os papéis deixados pelo escritor, o manuscrito do Menino Jesus registra que essa mesma conferência foi, logo a seguir, repetida no Clube Caixeiral, em benefício do Asilo de Mendigos. Numa interessante passagem da conferência, o autor recorda

---

495   Id., p.73.
496   A Opinião Pública, 27 de setembro de 1913.
497   A Opinião Pública, 29 de setembro de 1913.

(1913)

sua infância, deixando escapar mais outra revelação autobiográfica, entre as escassas que fez na vida. E vale a pena selecionar uma parte dessa curta evocação: "Eu vivo e revejo a descuidosa meninice feliz; as soalheiras e as frutas, os ninhos revolvidos, a correria pelos campos, a frescura dos regatinhos onde zumbem abelhas, onde rufam os besouros encouraçados, onde as cigarras trilam, onde arrulham as juritis... Mais longe, ainda, a risonha puerilidade, e, ao lado desta, envolvendo-a — a larva humana dentro de um casulo tépido e luminoso, feito de blandícias, de sonhares, de esperanças —, rememoro a diluída imagem sorridente, meiga e boa daquela que, mais tarde, e pálida, muda e rígida, foi levada para o frio pouso onde ia dormir para sempre..." Contudo, o artigo que João Simões assinou a dezoito de novembro — *Mercenário-Herói! Prostituta-Excelsa!* — está atrelado à polêmica de Gomes da Silva com o jornal católico A Palavra, que se avultava dia após dia. As notícias do movimento anti-clerical ganhavam espaço no vespertino; e as conferências que o grupo patrocinava sempre mereciam destaque, como as que realizou o ex-padre católico José Augusto Barbeitos, no Teatro 7 de Abril.[498] No mesmo mês, o jornal anunciava charges do caricaturista português Eduardo Ferreira e já na primeira aparecia o bispo: "Sua Ex.ª entre os seus volumes de contos pensa gravemente na melhor maneira de acautelá-los... da traça".[499] O semanário da diocese havia acusado Garibaldi e Anita, com odiosas e chulas expressões. Simões não resiste. Aproveita o ocasião para glorificar seus ídolos da epopeia farrapa; faz o elogio de Domingos José de Almeida, Bento Gonçalves, Antonio Neto, Lima e Silva, Canabarro, Fontoura, Padre Chagas, João Antônio, Vasconcellos Jardim, Onofre e ainda outros. Para cada um deles cria um adjetivo e encerra, reverberando o "ódio im-placável soprado pelas brechas das Portas-Pias", numa saudação à pobreza de Garibaldi, que tinha as mãos limpas como os outros heróis, e à virtude

---

498   A Opinião Pública, 22 de setembro de 1913.
499   A Opinião Pública, 06 de setembro de 1913.

de Anita.[500] No dia anterior, A Opinião reproduziu, na íntegra, o ensaio de Antonio de Mariz — Contos Gauchescos por Simões Lopes Neto — que fora publicado no Correio do Povo, da capital gaúcha.[501]

O estado de ânimo de Simões Lopes Neto, no final do ano, passados os arroubos dos proclamas aos estudantes, estava em baixa. Recebe uma carta de Alcides Maya, em novembro, e não se anima a respondê-la. Fará isso mais de seis meses depois, em junho do ano seguinte. É que havia remetido ao criador de *Ruínas Vivas* um exemplar dos *Contos Gauchescos* no início daquele 1913 e dele recebera calorosos elogios que queria agradecer. Pretendia, ainda, remeter a Maya os primeiros esboços da lenda do *Cerro do Jarau*. Não fez uma coisa nem outra. Incrível como ainda encontrava tempo e saúde para dedicar-se a trabalhos voluntários na comunidade, participando da comissão organizadora da exposição comemorativa das obras de remodelação do prédio da Biblioteca Pública Pelotense[502], e integrando-se naquele ano, pela terceira vez consecutiva, na diretoria dessa mesma instituição, com os rotineiros encargos de primeiro secretário.[503] Para logo já seria reconduzido ao quarto mandato, na mesma função, a ser exercido no ano de 1914.[504]

Dando uma trégua ao bispo, *A Opinião* divulga uma edição especial de Natal, que vinha sendo anunciada nos números anteriores do vespertino. Simões Lopes Neto figuraria, sem pseudônimo, com o conto *O Menininho do Presépio*, anunciado como integrante de uma virtual segunda série dos *Contos Gauchescos* que o escritor não teria tempo de vida para compor. Contudo, a crônica de passagem de ano — Ano Novo —, que Simões edita n'*A Opinião Pública*, é o retrato desse momento pessimista: principia dizendo que "está a bater a meia noite de dezembro, a derradei-

---

500   A Opinião Pública, 18 de novembro de 1913.
501   A Opinião Pública, 17 de novembro de 1913.
502   A Opinião Pública, 11 de outubro de 1913.
503   A Opinião Pública, 15 de dezembro de 1913.
504   Ata de 14 de dezembro de 1913, liv. n° 138.

(1913)

ra, a que vai marcar a passagem de uma época falaz para outra que o será igualmente". Segue considerando que "a morte levou pais e levou filhos; o desastre inutilizou corpos, criou inválidos; os negócios fizeram pobres, derrocaram fortunas; e do mesmo passo corações estuaram de amor, anjos nasceram nos lares, golpes de fortuna engendraram triunfadores, ambições remontaram ao seu posto." Exorta os leitores a pensarem "nas criaturas que além jazem nas cadeias; nos que estertoram agonias; nos que montam guardas; nos que navegam fustigados do temporal, nos que vagam no fundo das minas." E termina assim: "A noite transcorrerá, como sempre, a mesma, ponteada de cintilações; a madrugada despontará igual nos seus rubores, o sol ascenderá na mesma estonteante vertigem; [...] a dor não transigirá."[505]

---

505   A Opinião Pública, 31 de dezembro de 1913.

Capítulo 15
(1914)

"Datas... datas! Horas que passaram... como me lembrais
prazeres meus, tão do coração..."
J. Simões Lopes Neto

Os dias de Simões Lopes na Opinião estavam contados e o escritor logo partiria para uma tarefa mais elevada, em outro periódico. O convite seria feito em fevereiro de 1914, quando se iniciaram as tratativas de transição do *Correio Mercantil*, o decano dos jornais que circulavam na cidade, das mãos de José Carlos de Souza Lobo para um novo grupo diretivo. A 19 de fevereiro, Souza Lobo informa, em nota oficial, que por motivos de saúde estava deixando a direção do *Correio Mercantil* e que o jornal suspenderia, naquele dia, sua publicação, devendo reaparecer em 2 de março. Explicava que a pequena interrupção das edições devia-se às necessidades de reorganização da empresa.[506] No mesmo dia, *A Opinião Pública*, que saía às ruas ao final da tarde, antecipava o convite a João Simões Lopes Neto, numa destacada notícia de segunda página, onde informou que para assumir o "posto de diretor chefe do 'Correio' na sua nova fase, está convidado o nosso brilhante companheiro de redação e conhecido homem de letras, capitão João Simões Lopes Neto".[507] Porém,

---

506   *Correio Mercantil*, 19 de fevereiro de 1914.
507   A Opinião Pública, 19 de fevereiro de 1914.

a despedida oficial de Simões ocorreria no dia 25 do mesmo mês, numa quarta-feira de cinzas, o que também foi noticiado com destaque, numa nota editorial que não poupou adjetivos: "Por ter aceitado o convite que lhe foi feito para chefiar a redação do *Correio Mercantil*, deixou de prestar o seu concurso intelectual a esta folha o nosso talentoso conterrâneo e brilhante escritor capitão João Simões Lopes Neto. Despedindo-nos do bom companheiro, que só deixa amizades e simpatias, em quantos aqui trabalharam, deixamos nestas linhas os nossos agradecimentos pelo auxílio eficaz que nos prestou e votos sinceros pela mais completa felicidade no árduo posto que vai assumir".[508]

Assim, em 2 de março de 1914, Simões está de volta às páginas do tradicional *Correio Mercantil*, e desta vez como diretor do jornal, já pertencente a um grupo de políticos que esperavam aparelhar a velha folha diária como "um órgão das classes produtoras"; mais adiante, apoiaria a candidatura de Ramiro Barcellos para o Senado da República. Simões faria um bom jornal e um bom jornalismo. O editorial que ele publica, no número de inauguração da nova fase do *Correio Mercantil*, dá bem a ideia da sobriedade do projeto e de seus sérios propósitos, quando disse que os tempos mudam e evoluem "as exigências sociais e os processos de contato comercial". Contudo, "sem aberrar da sadia razão, nem da pureza da consciência, nem da energia da convicção", haveria de "encarar o desdobrar dos acontecimentos e a ação dos homens públicos" com "imparcialidade", praticada com "crítica digna" e tudo isso "sem radicalismo exacerbado de credo político-partidário ou de crença religiosa" e esperava conduzir-se adstrito ao "cumprimento do dever cívico, o máximo dentre os deveres que incumbem aos homens de imprensa."[509] Tudo estava a indicar que, com Simões no comando, o Correio voltaria aos áureos tempos de seu fundador, Antônio Joaquim Dias. Nos dois primeiros meses, o

---

508   A Opinião Pública, 25 de fevereiro de 1914.
509   *Correio Mercantil*, 02 de março de 1914.

(1914)

jornal não muda muito e apresenta-se discreto, com uma ou duas colunas assinadas, ainda sem editoriais definidos, mas com densas notícias de interesse empresarial, sempre divulgadas na seção Arquivo Comercial. As notícias da cidade eram quase sempre expostas em sóbrios tópicos de poucas linhas, sob o título *Registro do Dia*, que também trazia matérias de outros centros.

Contudo, o dedo de Simões Lopes apareceria, efetivamente, a partir do início de maio daquele ano. No manuseio das coleções do *Correio Mercantil*, nota-se a transformação pela qual o jornal passou a partir da edição de sábado, 2 de maio de 1914. A paginação é toda alterada; o jornal se moderniza e fica muito melhor. Simões, como diretor, inaugura *Diárias*, que funcionou por muito tempo como editorial, já na sua aparição apresentando "um jornal completamente reformado na sua parte material e definitivamente organizado, em suas várias seções, de forma a oferecer ao leitor um aspecto atraente".[510] *Diárias* — que Simões criou — era inspirada em *Várias* do *Jornal do Comércio* do Rio de Janeiro. Incrementou tiragens especiais, algumas de luxo, e instituiu, aos sábados, a seção cultural Artes e Letras. As notas políticas e esportivas passaram a ter maior destaque. João Simões manteve *Diárias* nas colunas do *Correio Mercantil* de março de 1914 a novembro do ano seguinte, quando deixou o jornal. É desse tempo a fotografia que apareceu no álbum *O Estado do Rio Grande do Sul*, de Monte Domecq & Cia., conhecido como Album Domecq, editado em Barcelona, Espanha, em 1916.[511] Trata-se de uma pose tomada na redação do *Correio Mercantil* e tem o sabor histórico dos ambientes da época. João Simões Lopes Neto aparece ao centro, sentado à mesa, ladeado por companheiros do jornal. Prematuramente envelhecido antes de completar cinquenta anos, doente, um tanto desiludido e pobre, vinga-se da sua própria tragédia e dos mitos do gaúcho monárqui-

---

510   *Correio Mercantil*, 02 de maio de 1914.
511   Este álbum, em formato grande e amplamente ilustrado, foi editado em português, francês e espanhol.

co que professava, como ele mesmo, a pequena e culta Pelotas que tanto amava, com a publicação completa de *Casos do Romualdo*, em folhetins do *Correio Mercantil*, de 1º de junho a 21 de julho, provavelmente como um antídoto às suas amarguras.[512] Foram, ao todo, vinte e sete folhetins. É inevitável, porque inteiramente procedente, a comparação entre Romualdo e o Barão de Munchhausen, já moeda corrente nos comentários cultos da civilizada Pelotas do início do século vinte. O jornal *A Cavação*, que circulava na cidade no seu quarto ano, trouxe na edição de 28 de março de 1909 uma charge de Romualdo de Abreu e Silva, trajado de preto e a rigor, ao lado de sua cartola pousada sobre um grosso volume, onde se lê na lombada: Aventuras do Barão de Munchausen, posto em cima de pequena mesa. Empoleirado na aba da cartola, vê-se um papagaio; da boca do pássaro sai a frase *"ora pro nobis"* e como legenda, ao pé da figura, um verso em quadra: "Lembrando passadas glórias, / o respeitado fiscal, / guarda brejeiras histórias / em seu farto cabedal ". O autor da caricatura não é nem mais nem menos do que Leopoldo Gotuzzo[513], o grande pintor pelotense que estudara desenho com Frederico Trebbi. Na época, com pouco mais de vinte anos, Gotuzzo, naquele mesmo 1909, partiria para Roma, de lá transferindo-se para Madri e depois a Paris, de onde iria retornar em 1918, para logo se tornar conhecido no Brasil e no exterior, como um dos melhores representantes das artes plásticas rio-grandenses. Assim como o Barão de Munchhausen, era uma personagem real de Hanover, que se notalibilizara na guerra contra os turcos, tendo suas incríveis histórias caído no domínio coletivo, o modelo da caricatura de Gotuzzo efetivamente existiu e viveu na cidade de Pelotas,

---

512   Projeto que iniciou em 1911, com O Gringo das Linguiças, publicado no vol.VI da Revista da Academia Literária do Rio Grande do Sul e que teve sequência em 1913, no jornal A Opinião Pública, com A Quinta de São Romualdo (de 7 de julho) e A Enfiada dos Macacos (de 9 de agosto).

513   Leopoldo Gotuzzo (Pelotas,1887–Rio de Janeiro,1983) integra a nacionalmente consagrada trilogia que representa a cultura pelotense no século XX: Gotuzzo, na pintura; Simões Lopes Neto, na literatura; Antonio Caringi, na escultura.

(1914)

como engenheiro de obras públicas do município e depois como provecto fiscal do imposto de consumo. Nos *Casos de Romualdo*, como nas *Aventuras do Barão de Munchhausen*, aparecem um e outro como caçadores e contadores de inverossímeis e engraçadas histórias. Se a comparação já existia antes de surgirem os *Casos*, não é menos verdade que Simões Lopes leu a tradução das *Aventuras Maravilhosas do Celebérrimo Barão de Munchhausen*, traduzidas e adaptadas por Carlos Jansen, que já circulava desde 1891, publicada por Laemmert & C., contendo ilustrações a cores, com segunda edição de 1902.[514] Esta última, a edição de 1902, é que Simões Lopes leu e possuía na sua biblioteca. Exemplar desta publicação, com a assinatura de João Simões Lopes Neto, circulou pelos sebos da cidade de Pelotas e foi vendido pelo livreiro Adão Fernando Monquelat a um colecionador particular nos anos oitenta, quando a livraria ainda se situava na rua Dom Pedro II, perto da sede da Universidade Católica.[515] A inspiração, as sugestões temáticas num e noutro são evidentes, mas nem de longe, como de resto em toda a obra de Simões Lopes, pode-se pensar em plágio. Na recriação de Simões Lopes, o escritor — como Carlos Jansen — também recebe uma encomenda contendo as histórias prontas e acabadas. Na remessa enviada por via postal a Carlos Jansen, o envelope é firmado pelo próprio Barão de Munchhausen, que quer ver-se incluído na coleção dos clássicos destinados aos jovens, ao lado das Aventuras de Gulliver. Na encomenda, enviada por portador ignorado, não aparece o nome do remetente, que preferiu o anonimato. Compare o próprio leitor. Escreveu Simões, em 1914: "Certa hora de pleno dezembro, por véspera do Natal, estava eu desassossegadamente abanando os

---

514   Jansen, Carlos Jacob Antonio (Köln, Alemanha,1829(?)–Rio de Janeiro,1889). Foi professor, jornalista, escritor e tradutor. Além de Aventuras maravilhosas do celebérrimo Barão de Munchhausen (Laemmert & Cia., RJ, 1891, 2a ed. 1902), traduziu e adaptou pela mesma editora: Contos Seletos das Mil e uma Noites (1882), Dom Quixote (1886), Viagens de Gulliver a terras desconhecidas (1888). Informações extraídas de Villas-Boas, Pedro. Notas de Bibliografia Sul-Rio-Grandense. Porto Alegre: A Nação-IEL, 1974, p.248-249.
515   Carta do livreiro ao autor.

João Simões Lopes Neto: uma biografia

mosquitos, quando, por mão de alto e grave sujeito, chegou-me um pacote, atado em cruz por cadarço listado, farta placa de lacre fechada a laçada
do atilho, nem endereço nem sinete."[516] Escrevera Jansen, sem o estilo e
o brilho simoniano: "Estava eu a contemplar o primeiro exemplar das
Viagens de Gulliver, saído, catita e suntuoso, das oficinas de Laemmert
& C., universalmente acreditadas, aliás — e a olhar com um orgulho,
bem perdoável, esse novo acréscimo da biblioteca, que vou organizando
para os meus jovens amigos, quando o carteiro me bateu na porta de um
modo tão puxado à sustância, como quem sabe que é portador de coisa
importante. E tinha razão o homem dos galões prateados. Junto com um
rolo volumoso trazia uma carta de dimensões extraordinárias, em que se
lia o meu endereço traçado em letras altas, duras, direitas, como soldados
prussianos, mas tão imponentes que bem deixavam ver que só podiam
tratar de coisas sérias e interessantes."[517] Nesses dois textos de abertura,
assinados um por Simões Lopes e outro por Carlos Jansen, até a estrutura
da concepção literária é semelhante. Ambos partem de uma situação em
que estava envolvido o apresentador — um a abanar mosquitos e outro a
contemplar um livro — quando a encomenda chega. No décimo segundo
caso, contudo, é que Simões Lopes cita o Barão de Munchhausen, "que
possuía uma cadela lebreira, a qual, estando grávida, mesmo assim cor-
reu uma lebre que, por coincidência estava também grávida. Correram,
correram, correram muito as duas próximas mães... e tão próximas que
durante a corrida a lebre teve as lebrinhas e a cachorra os cachorrinhos.
E como a raça não nega traça, os cachorrinhos largaram-se logo a correr
atrás das lebrinhas; enquanto que a cachorra recém-mãe continuava a
correr atrás da lebre também recém-mãe. Sim, senhor! Era um bom animal, não nego: mas a Tetéia era melhor."[518] E segue contando o caso da

---

516   Simões Lopes Neto, João. Casos do Romualdo. Porto Alegre: Editora Globo, 1952, p.13.
517   Jansen, Carlos. Aventuras Maravilhosas do Celebérrimo Barão de Munchhausen. Rio de
Janeiro, Laemmert & C., 1902, p.7.
518   Simões Lopes Neto, João, Casos do Romualdo, 1952, p.101.

(1914)

Tetéia, diretamente inspirado noutro que o barão já tinha contado a seu modo. Viria no idioma francês — com o que, certamente, Simões nem em sonho suspeitaria — a melhor leitura desses casos, na pena de Maria Luiza de Carvalho Armando: *"Le Regionalisme Littéraire et le 'Mythe du Gaucho' dans L'éxtreme Sud Brésilien (le cas de Simões Lopes)"*, sua tese de terceiro ciclo apresentada na Sorbonne Nouvelle, em 1984. No segundo entre os quatro volumes da sua obra acadêmica, finalmente publicada em 2014 (v. bibliografia), Maria Luiza esquadrinha os Casos do Romualdo, apresentando-os como precursores na transgressão do mito do gaúcho, quando analisa o exagero do auto-elogio e do narcisismo, dos quais emana a paródia do mito do gaúcho, expresso nos cantos da monarquia no Cancioneiro e até mesmo nos próprios casos narrados por Blau nos Contos Gauchescos.[519]

Em meio às publicações periódicas dos *Casos do Romualdo*, Simões responde, com grande atraso, a carta de Alcides Maya. Foi esta uma das poucas que se salvou entre a virtual correspondência ativa do criador das *Lendas do Sul*. O texto, se mais não lhe sobra, serve para espelhar as ideias que andavam pela cabeça do combalido Simões Lopes, naquele meio do ano de 1914: "Pelotas, 30 de junho de 1914. Alcides Maya–Rio. Aqui estou: guardo e releio, como precioso estímulo, a sua carta de novembro do ano findo. De novembro!...e estamos em junho!... E não foi, creia, a descortesia, que me trouxe a este dilatado prazo para contestá-la. Ia fazê-lo em seguida, quando li que v. embarcara para cá; chegou, desencontramo-nos; em seguida estive em Porto Alegre e não pude encontrar--me consigo, lá. De viva voz desejava então agradecer-lhe a penhorante recepção que fez aos 'Contos Gauchescos' e dizer-lhe, do mesmo passo que o rio-grandense que v. é, seduzia para o perigo o destemido que eu não sou. E havia mais, ainda: era fazer-lhe entrega das tiras em que havia traçado um contexto para a lenda, nossa, do Cerro do Jarau. E... desli-

---

519   Chiappini, Ligia, No Entretanto dos Tempos, p.382.

zaram os dias. Proporcionou-se-me então o poder imprimir o livrinho a que denominei 'Lendas do Sul', e nele, claro é, tomou lugar aquela que vai escudada em dedicatória ao seu prezado nome. Receba-a, peço, de bom humor. Sobre ela e as demais do volume, procurei fazer trabalho consciencioso, coligindo, buscando, cotejando os escassos elementos que me foram possíveis angariar; parece-me que no gênero é esta a primeira tentativa que entrará para a bibliografia gaúcha. Nenhuma pretensão abrigo de opulentar a feição intelectual da nossa terra; trago-lhe, sim, de toda a alma, o contingente que posso, para o monte de que ela mais tarde escolha, do acervo, o que serviço possa prestar, pelo menos para mostrar que alguns de seus filhos pensaram nela. Alguns outros trabalhos tenho em andamento, sobre os quais oportunamente me permitirei ocupar sua atenção. É possível que o rigor do inverno, que já tange as minhas magras carnes de quarentão, ainda force-me a fugir dele, para aí, por algum tempo, e então...Agora vejo o mal que fiz em dizer-lhe isto : é pô-lo em defesa, como vítima rebelada, que se prepara para enfrentar ou antes, e melhor, fugir ao algoz... Aí vai, pois, o volume das 'Lendas do Sul' como vanguardeiro. Diga-me o que pensa dele. Manoel do Carmo acaba de publicar 'O Sanchismo', onde expõe uma teoria de egoísmo 'bon-vivant', cético e um tanto super... Sancho Pança... Alcides Maya, adeus. Aperto-lhe a mão afetuosamente, fraternalmente. J. Simões Lopes Neto."[520] A carta mostra um Simões consciente da primazia de seu trabalho. Quanto aos que estavam em andamento, as suas atenções voltavam-se à obra de argumento histórico, de parcial publicação póstuma, intitulada Terra Gaúcha. Sugestiva, no entanto, é a referência ao livro de Manoel Fernandes do Carmo (1891-1951), gaúcho de Santiago e muito jovem quando escreveu o ensaio filosófico que havia impressionado Simões Lopes. Quanto mais não fosse, a nota da carta sobre o autor de

---

520   Arquivo de Arthur Ferreira Filho. Deixou o ineditismo quando transcrita por Carlos Reverbel:"De Simões Lopes a Alcides Maya": Correio do Povo, 31 de outubro de 1965.

(1914)

Cantares da Minha Terra — que foi poeta, teatrólogo e ensaísta — revela um Simões atento à literatura que emergia e coloca mais um pequeno mosaico no vasto painel de suas leituras. Sobre essa questão, é de lamentar o episódio ocorrido logo após a morte de Simões Lopes Neto, quando os livros da sua biblioteca, para atender as necessidades prementes da viúva, foram vendidos a retalho nos balcões e nos balaios das livrarias, perdendo-se, dessa maneira, uma referência substancial sobre as leituras do escritor. Sobre este tema, não se poderia deixar de fazer alusão à tese acadêmica de Jocelito Zalla, submetida ao Programa de Pós-Graduação em História Social do Instituto de História da UFRJ, em 2018: *A invenção de Simões Lopes Neto: literatura e memória histórica no sul do Brasil,* que foi em parte publicada em 2022, sob o título *Simões Lopes Neto e a fabricação do Rio Grande gaúcho: Literatura e memória histórica no Sul do Brasil* (v. bibliografia).

Pois bem, é nessa primeira parte da tese de Zalla — ora transformada em livro—, no Capítulo I (*Os mundos de Simões*), que foi inserida a temática denominada *Uma biblioteca imaginária: padrões de leitura e pragmática das citações.* Jocelito Zalla apresenta, nessa passagem, um original escorso sobre as comprovadas leituras de Simões Lopes Neto. Ultrapassando a dedução pelas meras citações, como haviam feito outros estudiosos, Zalla trabalha com os textos que o biografado efetivamente aproveitou na sua obra, chegando a uma lista de 66 títulos: "entre os autores citados diretamente, eu preferi selecionar apenas aqueles em que a performance do texto simoniano insinuasse conhecimento de sua obra" (v. obra citada, p.82).

Contudo, a viagem ao Rio de Janeiro para fugir do inverno sulino, mencionada na carta a Alcides Maya, daquela vez não ultrapassaria o projeto. Enquanto isso, João Simões trabalhava duro como diretor de redação do *Correio Mercantil*, mas sempre lhe sobrava algum tempo de dedicação aos amigos.

A alma grande de João Simões Lopes Neto seria cantada em prosa e verso depois de sua vida, mas nunca como nas lembranças dos verdadeiros amigos de todos os dias, como numa linguagem simples e a seu jeito contou Francisco de Paula Cardoso:

"Nós dois, na redação do Correio. Eu sem vintém e ele tinha dois mil réis no bolso. Nisto, entra cambaleando um pintor de mérito, que o vício atirara à miséria. Saudaram-se enfaticamente.

— Mestre da pena!

— Mestre do pincel!

O João sorriu. Ia falar, quando o pintor decaído atalhou:

— Tens uns cobres?

— Dois mil réis.

— Isto basta, é... é... para...

— Vai com Deus, — disse João Simões. — A vida é assim. Aparece de quando em vez, que nem sempre durará esta quebradeira.

E virando-se para mim:

— Viste, Cardoso, como esses dois mil réis que nós não sabíamos fazer render ficaram grandes? Uma noite inteira de bebedeira. Pobre Luiz! A vida é mesmo assim, como eu disse.

Grande alma foi João Simões; grande na bondade, grande na integridade, grande na resignação, grande no desprendimento."[521]

E Simões continuava envolvido, nas horas que sobravam, com a sua história do Rio Grande — a *Terra Gaúcha*, como seria intitulada pelos editores póstumos. Dava andamento ao projeto, aproveitando material há tempos coligido, e pensava dividir o livro em dois volumes, como efetivamente terminou fazendo. O primeiro, depois da "Nota preliminar" sobre as civilizações extintas da américa, se estenderia da descoberta do Brasil, no ano mil e quinhentos, à fundação do presídio militar Jesus-Maria e

---

521   Diário Popular, 27 de junho de 1939. Sobre esses predicados do biografado, recomenda-se aos interessados consultar o livro Eu conheci João Simões Lopes Neto. Recordações de contemporâneos do escritor, 2020. (v. bibliografia).

(1914)

José, em 1737, por José da Silva Pais,"no extremo norte da península formada entre o saco da Mangueira e o canal entre o continente e uma grande ilha (dos Marinheiros), no mesmo sítio onde hoje campeia a cidade do Rio Grande." [522]Do segundo, nada se sabe de concreto. Imagina-se que Simões continuaria a sua história rio-grandense, pelo menos, até a Revolução Federalista, de 1893, quando o Rio Grande do Sul já andava perto, com seus sessenta e três municípios, de novecentos mil habitantes, com maior densidade demográfica nas áreas rurais.

Em julho, para não perder o hábito e enquanto segue com a divulgação dos *Casos do Romualdo* no *Correio Mercantil*, Simões ocupa o espaço inteiro da seção *Diárias* para registrar o segundo aniversário da Semana Centenária, que ia andando com vigor esplêndido da juventude estudantil.[523] No entanto, a cobertura da grande guerra passaria a ser uma das prioridades do jornal dirigido pelo capitão João Simões. *A Guerra Européia* seria a coluna obrigatória, a figurar diariamente e com destaque nas folhas do *Correio Mercantil*.[524] Assoberbado com as lides comerciais da velha folha diária e não querendo apresentar prejuízo à sociedade anônima que mantinha o jornal, Simões afoga-se nos compromissos financeiros e tentaria incentivar a propaganda. Vai colocando O Correio na rua, apesar da suba do papel provocada pelo conflito mundial em curso. O jornal, malgrado a dedicação de seu diretor, entraria em crise e perderia qualidade no ano seguinte, como se pode constatar pela leitura das coleções. Sobrava-lhe, assim, pouco tempo para a criação literária. Porém, Simões apostava, agora, na obra de feitio histórico que andava a compor nos vagares dos seus ócios, a Terra Gaúcha, de póstuma publicação parcial e muito contestada pela severa crítica que viria nos anos cinquenta, quando apareceu no mercado livreiro.

---

522   Simões Lopes Neto, João. Terra Gaúcha, 1955, p.144

523   *Correio Mercantil*, 09 de julho de 1914.

524   Divulgada no *Correio Mercantil*, a partir de 07 de agosto de 1914.

Sempre prestimoso, o escritor participaria de outra comissão importante na comunidade, nomeada para debelar a crise diretiva que se instaurava no Ginásio Pelotense, tal como noticiou o jornal Diário Popular, em 23 de setembro de 1914. E já no dia seguinte, Simões encarrega-se dos trâmites burocráticos para dirimir os impasses, lavrando um documento firmado por José Júlio de Albuquerque Barros, como diretor da instituição, e representantes da maçonaria. As chaves do cofre do ginásio, que guardava os livros da escrituração, lacrados na presença de todos os interessados, foram entregues a Joaquim Augusto de Assumpção Junior, como depositário. O documento, datado de 24 de setembro de 1914, vai firmado por Albuquerque Barros, João Simões Lopes Neto, que o redigiu, Alfredo Augusto de Carvalho Bastos, Joaquim Augusto de Assumpção Junior e outros presentes. Dias depois, ainda de punho de Simões Lopes Neto, encerrou-se o ato como constou: "E aos dois de outubro pelas 10 horas, reunidos os abaixo assinados, e na presença deles, foi pelo sr. Coronel Assumpção Junior aberto o cofre cuja chave lhe fora entregue e dele retirado o pacote de livros depositado, e foram os lacres encontrados intactos e logo quebrados na presença de todos". Seguem-se as assinaturas de João Simões Lopes Neto, Albuquerque Barros, Alfredo Augusto de Carvalho Bastos e outro (documento pertencente ao acervo de Fausto José Leitão Domingues). As atas do Ginásio Pelotense correspondentes ao período que vai de 08 de dezembro de 1908 até 07 de agosto de 1914, cuja descoberta e acesso só aconteceram muitos anos depois da primeira edição deste livro, revelaram os pormenores da desavença interna e também, o que nos parece mais importante, a prova material de que Simões Lopes Neto figurava com destaque na congregação desse educandário como professor catedrático de geografia.

Na ata nº 21 (07 de junho de 1914), em reunião presidida pelo diretor Álvaro Eston, que tratou do plano de reorganização do ginásio, arrolou-se João Simões Lopes Neto como professor de geografia e mem-

(1914)

bro efetivo da congregação. Nesta mesma reunião, a ata registrou o compromisso dos docentes com as ideias liberais, partidárias do ensino leigo e racionalista. E reportando-se à desavença que gerou uma crise no ginásio, as atas trazem detalhes sobre a discussão, que quase chegou a cenas de agressões físicas, entre o diretor do ginásio e o professor de latim e membro da congregação Alípio Telles. Os acontecimentos de 5, 6 e 7 de agosto de 2014, alusivos à crise instaurada no Ginásio Pelotense, condicionantes da nomeação de uma comissão de sindicância, que sequer chegou a atuar, composta pelos professores João Simões Lopes Neto, Pedro de Freitas e Cassio Braga, bem como a exclusão do professor Alípio da congregação, estão todos registrados nas respectivas atas do educandário.[525]

Nas pesquisas para a primeira edição deste livro, tentamos acesso aos documentos da loja Fraternidade, de Pelotas, pois tínhamos a informação de que esta loja, quando ainda ostentava seu antigo nome de Unidas, resultou da união das vetustas lojas Rio Branco e Lealdade. Nada encontramos nos arquivos da loja Fraternidade, o que nos levou à equivocada conclusão de que Simões Lopes Neto não havia pertencido à ordem maçônica, conquanto estivesse na lista dos amigos da maçonaria e não fugiu ao compromisso de atuar, com Manuel Luiz Osório e Joaquim Augusto de Assumpção, no triunvirato diretivo que passou a dirigir o Colégio Pelotense, educandário com fortes laços com os obreiros maçons. A estreita conexão entre o Pelotense e a maçonaria é facilmente identificada na leitura das atas dessas entidades, já que se constata, de plano, coincidência de muitos nomes de membros da ordem maçônica com integrantes da congregação do Ginásio Pelotense.

A verdade surgiu no primeiro trimestre de 2008, em Porto Alegre, quando Francisco Munhoz Silveira, responsável pelo arquivo

---

525   Atas n°s 21 (07 de junho de 1914), 23 (05 de agosto de 1914), 24 (06 de agosto de 1914) e 25 (07 de agosto de 1914); v.,sobre o tema, Domingues, Fausto José Leitão, O arquivo de João Simões Lopes Neto, publicado em Terra Gaúcha. Histórias de Infância (2013), p.210 (v. bibliografia).

geral do Grande Oriente do Rio Grande do Sul, depositário dos antigos documentos da loja Rio Branco, encontrou a prova de que Simões Lopes Neto foi maçom e ascendeu, naquela velha loja, ao grau 17 da referida ordem. Efetivamente, na ata nº 416 da Rio Branco, de 27 de fevereiro de 1890, consta o ingresso de Simões Lopes Neto na maçonaria. O achado foi registrado na revista *O Delta*, do primeiro trimestre de 2008, Ano VI, nº 53, p.9, sob o título João Simões Lopes Neto, nosso irmão.

É, ainda, no correr do ano de 1914 que Simões Lopes Neto retomaria seu interesse pelo teatro, como se estivesse a arrematar, no final da vida, algo começado nos anos de sua juventude. Compõe um pequeno diálogo teatral, de cena única, para homenagear os atores Albino Xavier e Marina Santos, na sua festa no Teatro Colyseu, realizada no mês de outubro. Bemol, por direito e resistência, presente no autógrafo da cena publicada em folheto: Valsa Branca – Diálogo e Dueto, "com arranjo de A. Tavares". Ainda na capa do pequeno folheto, a dedicatória ao duo Albino Xavier e Marina Santos, para a sua festa artística, no Colyseu. Uma cortina teatral de teor lírico-sentimental; breve e ameno diálogo de amor, em cena única, recitado por Alba e Zeno, um casal de velhos.[526] Apoia, com entusiasmo, a ideia dos estudantes em levar mais uma vez ao palco a opereta *Os Bacharéis*, no Colyseu, encenada pela Companhia Cidade de Pelotas, como ficou denominado o conjunto teatral de Francisco Santos depois da dissidência com Ribeiro Cancella. Este fundaria sua própria companhia, a Popular Portuguesa, que atuava no Politeama, também alinhada com a leveza dos *vaudevilles*. Essas duas companhias teatrais, que acolhiam artistas amadores para completar seus elencos de profissionais das artes cênicas, estabeleceram saudável e feroz competição nas representações das comédias ligeiras que encantavam as noites da Princesa do Sul daqueles tempos.[527] E foi nessa corrente que a comédia musical *Os Bacharéis*, de

---

526   Gráfica Diário Popular, outubro de 1914.
527   Lhullier dos Santos, Yolanda e Caldas, Pedro Henrique. Francisco Santos – Pioneiro no Cinema do Brasil, Pelotas: Semeador, 1995, p.73-74.

(1914)

Simões Lopes Neto, ressurgiria no Colyseu, em nova temporada, com intervalos, de 25 de setembro a 6 de outubro de 1914. A imprensa noticiou cinco apresentações, levadas em vinte e cinco e trinta de setembro e as demais nos dias primeiro, três e seis de outubro.[528] Na última noite, grande público festejou os libretistas João Simões e José Mendes, ditos Serafim Bemol e Mouta-Rara, chamados várias vezes ao proscênio.[529] Afora as notícias, restou a impressão do roteiro da peça nas prensas da Tipografia Guarany, de propriedade de Francisco Santos.[530] O ano de 1914 se esvaía. E para não perder o hábito, Simões aceita, pela última vez, a secretaria executiva da Biblioteca Pública para a gestão seguinte.[531]

---

528   A Opinião Pública, 25 de agosto de 1914; 01 e 02 de outubro de 1914; 06 de outubro de 1914.

529   A Opinião Pública, 07 de outubro de 1914.

530   Francisco Dias Ferreira dos Santos (1873-1935), português do Porto, homem de teatro, radicou-se em 1913 na cidade de Pelotas, onde fundou a Guarany Films, produtora de Os Óculos do Vovô, provavelmente o mais antigo filme de ficção rodado no Brasil.

531   Ata da sessão de 27 de dezembro de 1914, liv. 138, fl. 33v.

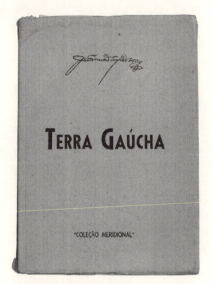

Terra Gaúcha (1955).

Artinha de Leitura (2013).

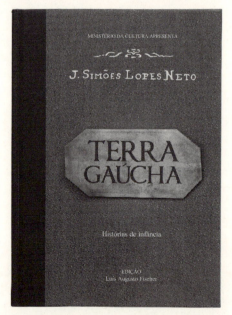

Terra Gaúcha, Histórias de Infância (2013).

Caricatura de Romualdo
(Gotuzzo,1909).

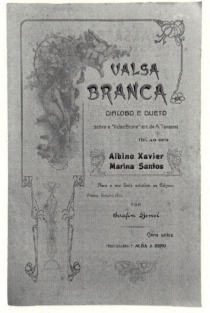

Folheto para Valsa Branca (1914).

Simões ao centro da mesa, com colegas jornalistas
do Correio Mercantil (1914).

Simões com companheiros de redação
da Opinião Pública (1916).

Vistas da cidade de Pelotas na época do falecimento do biografado.

Vistas da cidade de Pelotas na época do falecimento do biografado.

Vistas da cidade de Pelotas na época do falecimento do biografado.

Vistas da cidade de Pelotas na época
do falecimento do biografado.

As vistas urbanas de Pelotas são reproduções de fotos do Álbum de Pelotas, Centenário da Independência do Brasil, publicado por Clodomiro Carriconde, em 1922. Todas as demais são reproduções de fotos e painel pertencentes ao acervo do Instituto João Simões Lopes Neto.

Capítulo 16

(1915 - 1916)

"A ronda das horas gira, infinita, e na sua passagem vai
semeando as marcas do seu pouso infinitamente breve."

J. Simões Lopes Neto

Na passagem de ano, discreta para O Correio, não aparecem edições especiais ou suplementos literários, como n'*A Opinião Pública*. Os problemas do jornal se avolumam. E veio o verão, o carnaval e o outono. Simões trabalha silenciosamente, consumindo-se no dia-a-dia do jornal da rua Sete de Setembro, a mais antiga folha em atividade na sua terra. Lavra, a 27 de junho, a ata da sessão solene de instalação do prédio reformado, agora com dois pisos, da Biblioteca Pública Pelotense.[532] Com o inverno, a orientação da sociedade anônima que governa os destinos do Correio seria a de irmanar-se à campanha de Ramiro Barcellos no caminho ao Senado. Oposição forte contra a candidatura do marechal Hermes da Fonseca, que Simões e seus redatores seguem à risca. A matéria política que o jornal publicou, de junho a agosto, exagera nas imprecações contra Hermes. Na época oportuna, amenizando um pouco a violenta campanha contra o marechal, Simões Lopes volta à carga com a Semana Centenária, já agora uma obstinação do cinquentão escritor dos Contos

---

532   Ata da sessão de 27 de junho 1915, liv. 138.

JOÃO SIMÕES LOPES NETO: UMA BIOGRAFIA

Gauchescos, como no registro de 6 de julho, quando disse ir de vento em popa a galera galhofeira da Centenária e que a rapaziada estava a mexer--se como gente viva, pois no dia seguinte começaria a campanha "desde o discursório substantivo até o doçame substancial".[533] Interessante esse registro do sempre atento Simões Lopes para as coisas da sua terra, a mostrar a vocação, já nas ruas, em 1915, da indústria doceira cuja fama e qualidade é marca registrada da Princesa do Sul.[534] Acompanhando com interesse o progresso da sua cidade, o escritor não ficaria de fora dos acontecimentos que marcaram a inauguração dos bondes elétricos. O serviço de transporte por carris urbanos, com tração de animais muares, funcionava na cidade desde o longínquo ano de 1873, quando foi introduzido pela companhia Ferro Carril e Cais de Pelotas. Em 1912, quando Simões retocava a redação final de Contos Gauchescos, que lançaria meses depois, foi inaugurada, a 17 de maio, a Companhia Luz e Força, vinculada à *The Rio Grandense Light & Power Syndicate Limited*, que se comprometeu, por contrato com a administração municipal, a implantar os serviços de transporte urbano por carros elétricos. Atrasadas as entregas dos equipamentos importados, a concessão desses serviços à *Ligth & Power* somente surtiria efeito alguns anos depois. E foi a 20 de outubro de 1915, já nos últimos dias de Simões na direção do *Correio Mercantil*, que se deu o ato inaugural da instalação dos bondes elétricos na Princesa do Sul, distribuídos em três linhas urbanas que, no início, não passavam de vinte e um quilômetros de extensão de trilhos, aposentando para sempre os velhos e pitorescos carros puxados por muares. O ato solene, marcado para às quatorze horas do dia vinte, foi anunciado em breve notícia de segunda página do Diário Popular: "Com sua inauguração marcada para às 14 horas, a comitiva sairá da Intendência Municipal e seguirá pelas ruas 15 de Novembro e Marechal Floriano até a usina elétrica, onde terá

533   *Correio Mercantil*, 06 de junho 1915.
534   A temática da indústria doceira é versada em Doces de Pelotas:Tradição e História, de Mário Osório Magalhães, 2001; e Doces de Pelotas, de Amélia Vallandro, 1959.

lugar o ato inaugural. Uma vez terminado este, a comitiva embarcará novamente nos bondes, fazendo o trajeto da usina pela estrada de ferro e rua 7 de Abril, até o porto, voltando à Intendência, onde se dissolverá. Isso realizado, os bondes começarão o tráfego para o serviço público da linha da Praça da República ao porto, partindo a cada extremo de sete em sete minutos."[535] Dois dias depois, contudo, o mesmo jornal dedicaria toda a sua primeira página ao relato completo do ato solene, com três fotos ilustrativas. Depois dos discursos oficiais, onde despontou o pronunciamento de Emilio Guylain, como representante no Brasil da Light & Power, João Simões Lopes Neto falou em nome da imprensa, como diretor do *Correio Mercantil*, chamado na sua oração, resumida no periódico, de "decano dos jornais de Pelotas". Começou dizendo estar certo de traduzir o pensamento dos jornalistas, para deixar acentuada a "diretriz que todos mantinham de estimular as iniciativas nobres" e tudo quanto conduzisse ao "progresso material e ao levantamento moral da população", seguro de que a solidariedade da imprensa nessas "campanhas em prol da coletividade" não constituía "nem favor nem fraqueza", mas reconhecia e proclamava que a iniciativa e execução dos grandes melhoramentos atuais da cidade emanavam de seus dois "operosos intendentes", que eram os senhores Barbosa Gonçalves e Cypriano Barcellos. Concluiu afirmando que no momento em que se presenciava a realidade da inauguração dos serviços de bondes elétricos, "brindava pelo coronel Emylio Guylain", representante da arrojada empresa concessionária.[536]

Contudo, enquanto a cidade se equipava e Simões discursava, a crise do *Correio Mercantil* era maior do que se poderia, na época, imaginar. Passada a malograda campanha eleitoral de Ramiro Barcellos, candidato derrotado ao Senado da República, na qual, nos meados de 1915 e com toda a força, engajara-se o diário dirigido por Simões, o certo é que o

---

535   Diário Popular, 20 de outubro de 1915.
536   Diário Popular, 22 de outubro 1915.

Correio foi perdendo prestígio e qualidade, mergulhado nas dificuldades dos elevados preços da matéria-prima substancial: papel, material gráfico, tarifas de telegrafia. Os donos do diário, que trilhava a difícil missão de órgão de oposição ao governo, não estavam dispostos a perder dinheiro e já preparavam a sua liquidação para muito breve. Assim é que João Simões permanece no *Correio Mercantil* até 17 de novembro de 1915. Não consegue levar adiante o seu projeto jornalístico no Correio, que vê, com amargura, quase sucumbir nas suas mãos. Dispostos a salvar seu patrimônio, os acionistas decidem vender o jornal. O diretor Simões Lopes Neto, com essa decisão, despede-se publicamente naquele 17 de novembro, divulgando na primeira página a seguinte declaração, que assina: "Motivo de ordem íntima leva-me a depor, hoje, perante a empresa desta folha o cargo honroso, que me fora confiado, de diretor da redação e que exerci desde 2 de março do ano findo."[537] Permaneceria, no entanto, interinamente, na mesma função de administrador do jornal, assumindo a redação, também *pro tempore*, o secretário Carlos Leopoldo Casanovas. Dois dias depois, a Sociedade Anônima *Correio Mercantil* publica declaração, informando ao público que fizera a venda dos móveis, máquinas e utensílios do jornal a João Carlos Machado, Antônio Gomes da Silva, Luís Camps e Alberto Araújo Cunha.[538] Na mesma nota, ao final, João Simões Lopes Neto declarava que estava encarregado da liquidação dos negócios da sociedade e que a empresa havia feito um acordo com A Opinião Pública, para esta transferindo as assinaturas, os cupões de brinde de um concurso em andamento e alguns anúncios com contrato em vigor.[539] Era a última edição daquela fase do *Correio Mercantil*. Mais adiante iria ressurgir, sob nova orientação política e redacional, ficando ainda no circuito por muitos anos.

---

537   *Correio Mercantil*, 17 de novembro de 1915.
538   Nomes, na época, ligados ao jornal O Dia.
539   *Correio Mercantil*, 19 de novembro de 1915.

(1915 – 1916)

João Simões teria saído com certa amargura, como transparece na nota que escreveria o redator do pequeno e popular jornal O Zé, fundado por seu amigo Sebastião Planella, o popular Zé da Hora: "Homenagem ao Mestre e Amigo[540], Capitão João Simões Lopes Neto. Vem de exonerar-se da redação do *Correio Mercantil*, após curto, mas criterioso mandato, o talentoso jornalista capitão João Simões Lopes Neto, cujo retrato honra esta coluna. No 'carnet' das amizades que desfrutamos com justificado orgulho, o nosso homenageado ocupa lugar proeminente: Amigo e Mestre, há sabido conseguir de nós um grande respeito, uma veneração sincera, mau grado a intimidade amistosa que a ele nos une. E porque assim tanto o estimamos, é com sentimento verdadeiro que vemo-lo afastar--se da buliçosa vida da imprensa, ingrata, entretanto, e onde o capitão João Simões deu sempre robustas provas de uma atividade máscula, de uma administração sábia, emprestando à folha que dirigiu, com altiva independência e elevação de vistas, uma orientação dignificadora. Aí fica a modesta homenagem — que é também a pública demonstração da solidariedade dos que aqui labutam — ao prezado mestre e amigo." Mesmo tendo confidenciado aos amigos que estaria deixando a imprensa para sempre, terminou mudando de ideia. Manoel Serafim Gomes de Freitas, companheiro de Simões Lopes Neto na mesa da Academia de Letras, lembrou-se, meses depois da morte do confrade, de um certo "riso encobridor das amarguras e das decepções que não raro andavam", por aqueles tempos, nos lábios do escritor e luziam nos seus olhos.[541] Não seria, ainda, desta vez que João Simões abandonaria o jornalismo. O final do ano reservou ao popular Politeama, que abrigava espetáculos de cinema e teatro, a fama de ligar seu nome à última produção teatral de Simões Lopes Neto.[542] Foi quando subiu à cena, a 29 de dezembro,

---

540   O Zé, ano I, n° 10, 21 de novembro de 1915.
541   Diário Popular, 04 de novembro de 1916,
542   O Politeama situava-se no terreno onde foi construído o Grande Hotel, em frente à Praça da República, hoje Coronel Pedro Osório.

a peça Sapato de Bebê, adaptada de um conto de François Couppé para encenação em ato único.[543] Nada mais do que um instante melodramático com pretensões de realismo, centrado nas recordações da perda de um filho pequeno, onde o tom perseguido é lastimoso e sentimental, na observação de Cláudio Heemann.[544] Na virada do ano, o escritor retorna ao jornal *A Opinião Pública*. E lá iria encerrar sua carreira de jornalista e sua vida como um simples redator do vespertino, em nova fase e sob a direção de José Júlio de Albuquerque Barros. A volta de Simões se dá após o levantamento da censura imposta ao jornal por sua campanha contra o bispo diocesano. Chegava com Simões — que trabalharia nas funções de redator juntamente com Álvaro Eston — o jornalista Carlos Leopoldo Casanovas, com a incumbência de ser o secretário do jornal. Seriam auxiliares na redação os moços Francisco de Paula Alves da Fonseca e Ildefonso Carvalho; como repórteres estariam Artur Mascorda e Gastão Röhnelt. [545]Muitos anos depois, já em 1937, um desses moços — Francisco de Paula Alves da Fonseca — que por aqueles velhos tempos privara da intimidade de João Simões na redação do jornal, prestaria um saudoso depoimento sobre o escritor: "Acessível, generoso, tolerante, era bem o tipo do espírito superior. Em poucos minutos, Simões Neto redigia um excelente artigo, ou escrevia um chistoso 'suelto'."[546] João Simões nunca ficava sem assunto para escrever. Saía para dar uma volta e pouco depois, já na redação, redigia a sua crônica: "Caçara o assunto na rua, num acidente, numa palestra, numa observação de caráter psicológico." Lembrou que Simões Lopes usava a ortografia adotada na Academia Sul-Rio-Grandense de Letras. Escrevia coza, roza, com z, lonje, vijilante com j. Escrita a crônica nessa ortografia, entregava seu trabalho ao Casinha, o

---

543   A peça foi oferecida por Serafim Bemol ao ator Edmundo Silva para sua festa artística: J. Galante de Souza, O Teatro no Brasil, II, p.310.
544   O Teatro de Simões Lopes Neto,1990, p.20.
545   A Opinião Pública, 03 de janeiro de 1916.
546   Diário Popular, 27 de junho de 1937.

(1915 – 1916)

Carlos Casanovas, para que o adaptasse à "ortografia do Paula Alves", que na mesma época manteve a coluna *Seção Gramatical*.[547]

Carlos Leopoldo Casanovas, o seu Casinha, como era conhecido pelos funcionários, encerrou sua vida de homem de jornal lá pelos anos sessenta, na cidade de Pelotas. Numa entrevista que nunca chegou a ser publicada, concedida a Hernani Cavalheiro, em 1958, referiu-se a Simões Lopes Neto como um homem azarado e quando falava nele batia na madeira da mesa com os dedos cruzados, para não ser contaminado pela má sorte. Muitos conterrâneos acreditavam que Simões nunca foi levado muito a sério na sua cidade natal e até diziam que "ele não era grande coisa", tal como ficou registrado na opinião de contemporâneos seus.[548] Outros ajudaram a propagar a ideia de que o escritor era mesmo um homem de pouca sorte. Garcia Schlee colheria igual comentário de dona Francisca Meireles Lopes: "A viúva do escritor disse-me em entrevista que 'ele era caipora'. A impressão que tive, ao ouvi-la, foi de que também ela achava que Simões Lopes Neto não fora 'grande coisa' — e que culpava a atividade literária do marido pelo fracasso dele como homem de negócios."[549] Nesse retorno, além de ser o principal redator do jornal, João Simões vai manter a coluna Temas Gastos, de 13 de janeiro a 5 de maio, sob o pseudônimo João do Sul. A seção seria editada somente por sete vezes. Simões gastaria temas e seu latim sem dizer muita coisa, como planejara no primeiro texto, que é de apresentação e dá uma ideia da colcha de retalhos que viria, como ele mesmo disse. "Figuras e coisas, gestos e brados, lances e quietudes, marchas e recuos, máximos e mínimos, águas, homens, plumas, ramos... tudo, oh! variegada colcha de retalhos, tudo justificará o teu título, oh! coluna que começas para redizer aquilo que

---

547   Alves da Fonseca, Francisco de Paula. "Reminiscências" (março de 1965), reprodução de Moreira, Angelo Pires, A Outra Face de J. Simões Lopes Neto. Porto Alegre: Martins Livreiro, 1983, p.58.
548   Schlee, Aldyr Garcia. "Introdução": Simões Lopes Neto, Contos Gauchescos, edição comentada e anotada. Porto Alegre: Novo Século, 2000, p.9 e nota 2.
549   Id., p.9, nota 3.

todos sabem e que a indolência de cada um goza em que lh'o recordem. Não há nada de novo?... Pois digamos do 'velho', vestindo-o à feição do dia. Para amanhã, sim?..."[550]

Temas Gastos	A Opinião Pública
Data	Título
13/01/1916	
14/01/1916	Os Nomes
17/01/1916	Casamentos
19/01/1916	Sorte Grande
21/01/1916	Pesadelo de Gatunos
28/01/1916	Aquela Criança
05/05/1916	Então... e Hoje

Os Nomes e Casamentos são reflexões humorísticas do escritor, bem escritas, mas sem grande efeito. Do primeiro extraímos este trecho: "Até certa época, pelo menos cá para nós outros, os da progênie brasílico-lusitana, nome de gente era nome de gente, nome de bicho era nome p'ra bicho: João, era nome de gente; Mimosa, era apelidozinho de vários nomes de gente e Zeca, ou Juca, era sempre o apelativo caseiro de José. P'ra cachorro, se este era de respeito, o nome seria Tigre, Leão, Rompe-Ferro; se era fraldiqueiro, Veludo ou Moleque; se se tratava de uma cadelinha, era Violeta, Saudade, Dengosa, etc. Cavalo raramente tinha nome, sendo o animal designado pela cor de seu pelo; era o baio, o mouro, o tordilho, o escuro. Depois vieram os hipódromos apresentando os parelheiros 'aristocráticos' e nas exposições, a cachorrada trazendo, nas coleiras, escudos heráldicos, touros, vacas, lord Tal, duqueza Qual, lady Isto, barão Aquilo. As gentes, então, essas foram às do Cabo. Pelo nome da criatura ninguém sabe de que raça ou de que terra ela é, sendo aliás genuinamente brasileira".[551] E

---

550   A Opinião Pública, 13 de janeiro de 1916.
551   A Opinião Pública, 14 de janeiro de 1916.

(*1915 – 1916*)

do segundo, este outro: "Quem se casa, quer casa, já diziam os gastadores deste e doutros temas, mais antigos do que eu. Isso era no tempo em que se amarrava cachorro com linguiça, tempo em que os 'meninos' de vinte anos andavam ainda descalcinhos e sem mais que uma camisola com um nó nas costas, na altura dos rins...".[552] Enquanto Então... e Hoje, que é o último dos temas, assim como o primeiro, na apresentação da coluna, são nostálgicos e refletem, sem pieguice, o momento de amarguras do escritor, formando um arco com o passado, os outros três temas — *Sorte Grande, Pesadelo de Gatunos e Aquela Criança* — são historietas cômicas contadas a modo de esquetes, lembrando os Casos do Romualdo. Na primeira, dois rapazes fazem seus planos, se premiados na loteria. Diz um deles: "Se eu ganhar a bruta, meto o pau neste café, quebro espelhos, viro mesas, surro esta caixeirada e vou dar um passeio em automóvel... e depois peço a mão da miúda e no fim de um mês estou casado."[553] Pesadelo de Gatunos começa assim: "Aí, comadrinha, que susto raspei esta noite!..."[554] E Aquela Criança traz o diálogo entre duas fuxiqueiras, a apontar com malícia uma criança, filha de certa dama, cujos traços certamente não eram do marido, mas de um intrometido que não saía de perto:

"—Repare, comadre, que traços ela tem...

— Ora, está se vendo... aquelas ventas de mono, aquela testa de baú, as orelhas...

— E o arreganhado do beiço... aquilo não nega. Bem que já me disseram que o tal intrometido não sai de lá... sem vergonha!"[555]

Mas, no final, descobrem que a criança era filha de uma mulher que chegara há pouco na cidade, esboroando-se a fofoca. Nesses entrechos, durante a semana de carnaval, que naquele ano transcorreria de 5 a 12 de março, A Opinião não deixou de registrar, na edição da quarta-feira

---

552   A Opinião Pública, 17 de janeiro de 1916.
553   A Opinião Pública, 19 de janeiro de 1916.
554   A Opinião Pública, 21 de janeiro 1916.
555   A Opinião Pública, 28 de janeiro de 1916.

de cinzas, o aniversário do escritor. Seria esta a última vez que Simões receberia essa homenagem. "Completa, amanhã, mais um aniversário natalício o nosso digno e talentoso companheiro de redação". E a nota remarca o seu "espírito de observação, penetrante e atilado, servido por uma cultura pouco vulgar"; diz que desde muito jovem "impôs-se ao vasto círculo dos seus admiradores"; fala no "brilho da sua pena" e no "honroso posto" que ocupava na Academia de Letras. Finaliza a notícia afirmando que a tais "qualidades de escritor e jornalista de irrecusável mérito, alia o preparo técnico comercial", o que faz "pesar o seu parecer repetidamente em assunto de alto quilate, embora nem sempre sob a ostentação de seu nome, que modestamente esconde. Se avaliarmos por um momento as qualidades de coração que o distinguem, teremos justificada a cordialidade do abraço que mui sinceramente lhe dirigimos".[556]

A saúde do capitão João Simões piorava dia a dia. Mesmo assim, para comemorar a data da Batalha de Taquary, aquele feito das armas farroupilhas em 1840, não se furtou a pronunciar, a três de maio, uma conferência cívica na Biblioteca Pública, promovida pelo Tiro Brasileiro de Pelotas e a convite de Fernando Osório, que na época presidia a entidade.[557] O evento não passou em brancas nuvens na imprensa: "Realizar-se-á, amanhã, na Biblioteca Pública Pelotense, a terceira conferência cívica da série comemorativa das datas nacionais, promovida pelo patriótico Tiro Brasileiro. Será orador o senhor capitão João Simões Lopes Neto, um dos redatores desta folha." [558]

Dois dias depois da palestra, na edição comemorativa dos vinte anos de *A Opinião Pública*, apareceu na primeira página a fotografia de Simões Lopes Neto, sentado sobre cadeira de vime, no grupo de redatores: prematuramente velho, dercarnado como Quixote, fisionomia séria e can-

---

556   A Opinião Pública, 08 de março de 1916.
557   Osorio, Fernando. Relatório de 1916 do Tiro Brasileiro de Pelotas, Pelotas, 20 de dezembro de 1916.
558   A Opinião Pública, 02 de maio de 1916.

(1915 – 1916)

sada, cavanhaque e cabelos encanecidos. A legenda sob a foto descreve os retratados, da esquerda para a direita: "Álvaro Eston, redator (higiene, instrução, ciências); Albuquerque Barros, diretor (assuntos jurídicos, políticos, sociais); J. Simões Lopes Neto, redator (comércio, artes, literatura); no segundo plano, Francisco de Paula Alves da Fonseca, auxiliar (seção telegráfica, noticiário); Ildefonso Alves de Carvalho, auxiliar (encarregado da reportagem fixa); Carlos Leopoldo Casanovas, secretário; Gastão Röhnelt, repórter."[559] Nos seus últimos dias, pobre e sem glória, nada mais lhe havia restado da vida do que uma mesa de redação de jornal[560], sua última atividade na escala final da existência.

Temas Gastos, de 5 de maio de 1916, foi a última matéria jornalística que Simões assinou e sob o pseudônimo de João do Sul. O texto, reproduzido na íntegra, revela naquela quadra final, como se fosse premonição de morte, um Simões nostálgico que se sentia derrotado pela vida: "Então... e Hoje. O lúgubre e o álacre, riso e lágrimas, sangue e flores, dor e prazer... tudo se ajunta e ressalta na imaginação do agente ou do paciente à evocação da data... O mesmo dia, a mesma hora, lembram aos homens, a cada um no foro íntimo, a etapa que no tempo se fixou... quanto de suave, nesta, quanto de travor naquela! A ronda das horas gira, infinita, e na sua passagem vai semeando as marcas do seu pouso infinitamente breve; recolhem-se os vivos para espelharem aos olhos da memória o ato que ao giro fugidio da ronda célere praticaram e recolhem-nas ainda, em preito de amor, de justiça, de saudade, a iluminar o que iniciou o 'homem bom', que tombou à beira do caminho da vida... Datas... datas! Horas que passaram... como me lembrais prazeres meus, tão do coração... como me recordais o perfil moral daqueles que aqui neste mesmo jornal traçaram de luz a linha inicial: 5 de maio, como fazes nítida a

---

559   A Opinião Pública, 05 de maio de 1916.
560   A expressão é de Carlos Reverbel: "J. Simões Lopes Neto. Esboço biográfico em tempo de reportagem", v. Simões Lopes Neto, João, Contos Gauchescos e Lendas do Sul. Porto Alegre, Globo, 1949, p.428.

lembrança de Theodosio de Menezes e João Moura, quando a emoção da 'realização' lhes confundiu o olhar brilhante, relanceado enquanto as suas mãos irmanadas agitaram o exemplar primeiro d'*A Opinião Pública* e a impressora arfava, tirando a multiplicação que continuava ainda..."[561] Permaneceu trabalhando na redação do jornal até a antevéspera de sua morte. O biógrafo Carlos Reverbel, que teve nos princípios da década de quarenta a oportunidade de colher informações diretas sobre os últimos dias de vida de João Simões, com amigos do escritor e com o médico que o atendeu na cabeceira do leito, foi muito conciso. A sobrinha Ivete Massot apresentou, a seu modo, a reconstituição desses últimos dias que teria presenciado. Com base nesses escassos depoimentos é que se pode voltar àqueles dias do rigoroso inverno sulino, perpassado pelo minuano que cortava o tabuleiro de xadrez das ruas centrais da Princesa do Sul, trajetos habituais por onde se deslocava o velho Joca, que andava adoentado há tempos. Da casa em que residia, na rua Quinze, à redação d'A Opinião, que ficava ao número 703, vários quarteirões acima, na mesma rua e na área central. Da redação para casa, fazendo certas vezes uma pausa no Café Correia ou na Biblioteca Pública. Queixava-se do fígado e, como bom gaúcho, procurava cura nas ervas do campo, na chaleira do mate amargo.[562] "A semana começava mal: naquela segunda-feira, 12 de junho, Simões e seus comparsas de redação colocam o vespertino A Opinião Pública nas ruas da cidade. O escritor vai para casa, dizendo não se sentir bem. Mais tarde, tomaria o cafezinho de todos os dias na casa da irmã Maria Izabel, mãe de Ivete Barcellos Massot.

Tarde gélida: o termômetro descera a três graus. Ventava. Neblina espessa caía sobre a cidade.

— Estou te achando muito desfigurado, mano – teria dito Izabel, entregando-lhe o café. – Estás sentindo alguma coisa?

---

561   A Opinião Pública, 05 de maio de 1916.
562   Informação colhida por Carlos Reverbel: Um Capitão da Guarda Nacional, p.278.

(1915 – 1916)

— O frio está me trespassando, Bebela...

— O dindo está com as mãos ardendo, mamãe! – teria dito Ivete. A irmã Izabel sugeriu chamar um carro. Simões pegou-a pelo braço e disse:

— Prefiro caminhar, para ver se passa a indisposição. Hoje ainda vou trabalhar na minha obra-prima (era o livro que ele estava escrevendo, já no fim)."[563] "Tomou o café, enrolou o pala no pescoço, abraçou mamãe, deu-me um beijo e saiu."[564]

Na terça-feira não voltaria à redação, nem mandaria notícias. Naquele dia guardou o leito, atendido pelos médicos da família, seu tio Francisco de Paula Simões e Antero Leivas, sob o diagnóstico de úlcera duodenal perfurada, o que o levaria à morte no meio da tarde do dia seguinte. O doutor Francisco Simões, anos depois, quando entrevistado a respeito, diria secamente, sobre o acontecimento daquela quarta-feira, dia 14 de junho de 1916: "o Joca faleceu de uma úlcera duodenal, com perfuração e complicações correlatas."[565] *A Opinião Pública*, tarjando o nome do escritor, consegue ainda colocar às pressas, na edição vespertina daquele mesmo dia quatorze, a notícia que caíra às três da tarde, como uma bomba, na redação:

"De surpresa, brutalmente, hoje, às quinze horas e um quarto éramos avisados da morte do capitão João Simões Lopes Neto, um dos redatores desta folha. O inesperado da notícia, a rudeza do golpe, feriu fundamente os que labutam nesta casa. João Simões era o companheiro dedicado, a alma boa e franca que todos nesta cidade conheciam, inteligência de escol, servida por uma ilustração variada e vastíssima. O seu desapareci-mento brusco naturalmente abate a quantos o conheciam e o estimavam, e por ventura haverá alguém que o não conhecesse e estimasse nesta

---

563   A referência de Ivete é sobre o livro histórico Terra Gaúcha, publicação póstuma da Editora Sulina, cujo 2° volume se perdeu.

564   Transcrições extraídas de Ivete Barcellos Massot. Simões Lopes Neto na Intimidade, ob.cit., p.147.

565   Reverbel, Carlos. Um Capitão da Guarda Nacional, p.278.

terra?! Ainda anteontem, já se manifestando um tanto adoentado, mas de forma alguma deixando pressagiar um desenlace fatal e rápido, aqui esteve, no labutar contínuo. Retirou-se para sua residência, acabrunhado. E hoje, rudemente, inesperadamente, o telefone nos transmite, de um modo lacônico e horrível, que o nosso querido companheiro, inolvidável amigo, havia baqueado para sempre. A prostração causada em nós por este golpe súbito, o adiantado da hora e, mais do que tudo, a série imensa de serviços e trabalhos prestados a esta terra por João Simões, não nos permitem, hoje mesmo, dar desenvolvida notícia a seu respeito. Porque a sua vida está inteiramente entrelaçada com todos os fatos, todos os aspectos, da vida de Pelotas. Em todos os assuntos — sociais, econômicos, intelectuais, ele labutou, propugnando pelo progresso, pelas ideias generosas, pela arte, por tudo, enfim. Não se diz quem ele foi em meia dúzia de linhas, tão dilatada, tão intensa foi a sua obra. Amanhã, portanto, 'A Opinião Pública' dirá quem foi o homem imensamente apreciável que a sociedade pelotense perdeu. O nosso colega, sr. Carlos Souza, em nome do apreciado confrade 'Diário Popular' veio trazer-nos pêsames logo que teve notícia do lutuoso acontecimento e cientificar-nos que aquela folha havia cerrado as suas portas em sinal de pesar, pelo que lhes somos agradecidos. Em homenagem ao seu redator, 'A Opinião Pública' tomará luto por três dias."[566]

João Simões Lopes Neto foi velado na pequena casa onde residia, no número 409 da rua 15 de Novembro, enquanto as bandeiras da Biblioteca Pública, da União Gaúcha e de muitas entidades sociais e desportivas iam sendo içadas, a meio mastro, pelas ruas da cidade. No dia seguinte, a 15 de junho, João foi levado ao túmulo em consagração e comoção popular. Por volta de uma hora da tarde, começou a chegar na residência da família uma multidão de amigos e admiradores que queriam dar o último adeus ao escritor. Já pequena, a casa ficou ainda

---

566   A Opinião Pública, 14 de junho de 1916.

(1915 – 1916)

menor para abrigar os visitantes que se apinhavam pelo passeio público. Muitos não conseguiram "romper a massa compacta, deixando de assinar o livro de presença", diria A Opinião Pública no dia seguinte. Por volta das três e meia da tarde, os tios Augusto Simões Lopes, Justiniano Simões Lopes e Manoel Simões Lopes, o primo médico Francisco Simões, e os cunhados Artur Meirelles Leite e José Gomes Mendes tomaram as alças do féretro. Organizou-se o cortejo fúnebre, seguindo em marcha lenta, a pé, pelas ruas Quinze de Novembro e Marechal Floriano até a ponte de pedra, onde foi o esquife colocado num coche fúnebre e daí partiu para o cemitério; o féretro foi retirado pelos colegas de redação da Opinião e levado ao túmulo. Lá estavam Albuquerque Barros, diretor do jornal, e os companheiros Álvaro Eston, Sylvio Corrêa, Ildefonso Carvalho, José Luiz Pinto da Silva e Gastão Röhnelt. O cortejo ao cemitério foi acompanhado por grande número de automóveis e carros, dois entre eles "literalmente cheios" de coroas de flores, e bondes lotados com acadêmicos e associados do Tiro 31. Os jornais do dia seguinte enumeraram, de forma extensa e completa, as comissões das entidades, os órgãos de imprensa, as autoridades e as pessoas presentes aos atos de sepultamento ou que haviam enviado mensagens. Um enterro e tanto! Figurões da cidade não faltaram à cerimônia: Cypriano Barcellos, intendente de Pelotas; Pompeu Mascarenhas, presidente do Conselho Municipal; o chefe republicano coronel Pedro Osório. Estranha sina, essa do escritor. Não levado muito a sério no fim da vida e intensamente homenageado na morte.

Por muito tempo permaneceriam, nas memórias dos cidadãos pelotenses, as imagens do esquife de João Simões sendo levado, a passo lento, em fria e nublada tarde, pelas ruas úmidas da cidade, a retardar o sepultamento. Pelotas não queria enterrar Simões Lopes Neto. Sentimento de culpa? Premonição da sua grandeza? Sabe-se lá o porquê... Mas o cadáver do capitão João Simões parece ainda seguir insepulto, no seu balanço eterno sobre os umedecidos passeios de pedra.[567] À beira da tumba falou o doutor Victor Russomano[568], já ao crepúsculo, numa última homenagem àquele que, como ele disse, "pesquisou as profundidades da alma rio-grandense e escreveu páginas de mestre, onde se vê perpassar a figura épica, heróica e melancólica do gaúcho". Naquele entardecer, quando João Simões Lopes Neto foi sepultado, um teto de nuvens muito escuras recobria a cidade e os ventos gelados agitavam e faziam cantar os ciprestes.[569]

---

567   A metáfora foi sugerida por Ricardo Piglia, ao referir-se ao esquife do escritor Roberto Arlt, tirado com cordas e polias pela janela de seu andar, a erguer-se sobre as ruas de Buenos Aires ("Prólogo"de Cuentos Completos).

568   Um dos pioneiros do culto ao escritor falecido, Victor Russomano (1890-1937) – médico, bacharel em direito, político, professor, historiador e ensaísta – já havia escrito a"História Natural do Educando"(tese, 1914, nos Anais da Faculdade de Medicina do Rio de Janeiro) e escreveria A Escravidão Social da Mulher (editada em Lisboa, 1925), Em Memória de Júlio de Castilhos (1929), Um Episódio da Guerra dos Farrapos (1930), O Valor Mental da Assembleia Constituinte de 1823 (1934), História Constitucional do Rio Grande do Sul-1835-1930 (1932) e Adagiário Gaúcho (1938). Pai de Mozart Victor Russomano, magistrado (ex-presidente do Tribunal Superior do Trabalho), jurista, escritor que muito se dedicou à memória de João Simões Lopes Neto.

569   As informações sobre os atos fúnebres foram extraídas dos jornais A Opinião Pública e Diário Popular, nas edições de sexta-feira, dia 16 de junho de 1916.

POSFÁCIO: UMA BIOGRAFIA EXEMPLAR

Fausto José Leitão Domingues

Na última década do século passado, um grupo de leitores, amantes dos livros, ávidos por novas descobertas, com uma pulsão incontida de encontrar o objeto dos seus desejos, reunia-se numa pequena livraria existente na rua D. Pedro II, em Pelotas. Espaço pequeno, com meia dúzia de estantes, dedicada à venda de livros usados, era, talvez, a única na localidade que poderia proporcionar a realização daqueles anseios e aspirações. Afastada do centro da cidade e quase misteriosa, naquela casa de livros velhos, não se buscavam os últimos lançamentos ou novidades literárias. Não eram procuradas aquelas edições mais vistosas, com valiosas encadernações, ilustrações e gravuras coloridas. Pelo poder aquisitivo que imperava no grupo, também não tinham a intenção de achar um Rugendas ou um Ribeyrolles em primeiras edições. Não. Os objetivos eram bem mais simples. Às vezes, num voluminho desajeitado, de gosto duvidoso, lombada desgastada, com grampos a sustentar suas páginas descoradas e já atingidas pela ferrugem, ali estava a preciosidade tão almejada. Aquelas obras mais raras e almejadas eram escondidas sob o velho balcão de madeira tosca. Eram livros que não despertariam a curiosidade ou a atenção de abastados leitores ocasionais ou de senhoras afetadas que buscam no livro o enfeite para adornar suas salas luxuosas. Mas, quando aparecia o interessado, um daqueles do grupo costumeiro, absorvido por sonhos e devaneios bibliográficos, aquela joia rara era exibida com o cuidado e a deferência que definem as mais solenes apresentações.

O certo é que aquele grupo heterogêneo, com interesses culturais distintos, movido pelo propósito singular de obter um objeto comum e unido pelo hobby do colecionismo e da leitura, transformou os encontros daquele pequeno recanto de livros em uma confraria que passou a ter reuniões periódicas num determinado bar e restaurante da cidade. Numa mesa, com caráter cordial e familiar, instituíra-se um círculo de comunicação espiritual. Citava-se um livro velho recém descoberto, um convincente ensaio literário, um manuscrito curioso ou um acontecimento cultural. Entre muitos assuntos, quase sempre de natureza literária, era comum a abordagem sobre a obra e a figura de João Simões Lopes Neto, o notável escritor pelotense. As primeiras edições de suas obras eram alvos quase inatingíveis por membros da seleta associação de amigos. A não ser a Biblioteca Pública, alguma entidade social, ou algum raríssimo colecionador poderiam ser detentores daquelas preciosidades que o grupo considerava verdadeiros *cimélios*. A posse de uma edição princeps outorgava status naquele pequeno mundo da bibliofilia. Discutia-se Simões, falava-se nas novas publicações dos seus livros, reconhecia-se o momento de quase frenesi, no âmbito estadual, em torno de sua literatura.

Neste ambiente de comuns interesses, de ilusão e entusiasmo, assumia lugar de realce o doutor Carlos Francisco Sica Diniz. Advogado civilista reconhecido e professor titular de Direito Civil, dava prosseguimento, com a mesma competência e probidade profissional, à carreira encetada por seu digno progenitor. Dono de uma biblioteca selecionada, com espírito amplo, era leitor de Kafka, Poe, Proust, Borges, Drummond, Fernando Pessoa e outros tantos luminares da literatura nacional e universal. Não ocultava, contudo, uma especial simpatia pelo autor dos Contos Gauchescos e Lendas do Sul. É bem provável que ele tenha sido, no nosso grupo, o primeiro a desvendar a enigmática magia que envolve

POSFÁCIO: UMA BIOGRAFIA EXEMPLAR

a obra de Simões e seus mistérios identitários. Comumente, trazia à tona certos detalhes e aportes relacionados à vida e à obra do grande escritor e, com erudição, já estampava, nos jornais locais, algum artigo que deixava entrever um trabalho de maior fôlego. Comentava-se, entre os integrantes daquela comunhão de amigos, que o Diniz preparava uma biografia de Simões. Nada escapava à sua prospecção e sondagens. Lia muito, fazia indagações, colhia e anotava dados, frequentava arquivos, bibliotecas públicas e particulares e, segundo os mesmos comentários, circunspecto e solitário, adentrava as noites a escrever. Em sua profícua atividade, houve aquela que poderia ser chamada de lítero-jurídica, quando, em 1992, com justificada ressonância jornalística e cultural, Diniz, em suas buscas cartoriais, localizou a casa que o escritor adquiriu em 1897 e onde morou com sua família até 1907. Nela seria instalado o Instituto João Simões Lopes Neto, do qual é o atual presidente. E nela Simões produziria parte relevante de sua obra, como a lenda do Negrinho do Pastoreio que mais se assemelha a um conto engendrado com buril de ouro.

Não foi com menor repercussão social que, em 2003, quando ainda madrugava o novo século, como resultado desta obstinada pesquisa e de sua inegável capacidade intelectual, entregou ao público o seu estudo biográfico sobre João Simões Lopes Neto. Estava ali consubstanciada, em letra de forma, a mais expressiva contribuição que, em Pelotas, por um filho da terra, foi até o presente momento prestada ao seu grande escritor.

Sem o rigor analítico de Paul Ricoeur, segundo o qual escrever a vida é uma história inacabada, não expresso qualquer novidade ao asseverar que não existe biografia absolutamente completa. Sempre ocorrerão lacunas, notadamente aquelas que derivam das personalíssimas vivências íntimas que são impenetráveis para o biógrafo. No caso de Simões Lopes Neto, homem simples aparentemente, mas com vida plena de inquietudes e atribulações, ainda maiores serão os óbices para desvelar a idiossincrasia. Percebo mesmo que desta figura complexa e multifacetada, tão dispersiva quanto genial, que sobreviveu entre o sucesso e o caos, numa vertiginosa aventura de viver, inconstante nas ações empresariais e eclético na produção intelectual, seria imprescindível a análise da sua subjetividade, um exame biopsicológico.

O papel do biógrafo, que não necessariamente será um psicanalista, é registrar cada passo da existência material do biografado e captar os influxos sociais que nortearam o seu tempo no espaço em que viveu. Biografar não consiste em desvendar a alma, mas em descobrir a vida. Quando a vida vivida de uma personalidade e as circunstâncias da sua época são esmiuçadas com austeridade, segurança e abrangência, como acontece no presente trabalho, está realizada a recolta das ferramentas indispensáveis à dissecação destas insondáveis veredas psíquicas.

Carlos Reverbel, na sua esmerada biografia de Simões, escrita vinte anos antes, até porque não conheceu tudo que restou do seu despojado arquivo, repete alguns equívocos que perpassaram os anos desde aqueles primeiros apontamentos sobre sua vida colocados na segunda edição do Cancioneiro Guasca, publicada um ano após a sua morte, até o surgimento de uma romantizada tentativa biográfica que permeou o imaginário de alguns curiosos e precipitados estudiosos. Diniz, além de rastrear as já quase desaparecidas pegadas do escritor como fez o homônimo biógrafo, bebeu em novas, fecundas e privilegiadas fontes. Perseverou na procura pelo que restara dos seus papéis. Agiu como atuante e desprendido advogado que não poupa esforços para perseguir os meios de defesa do seu constituinte. E teve a felicidade de ver franqueada pelo seu então zeloso detentor a consulta ao conjunto de manuscritos e documentos que se encontravam no chamado baú do escritor. Realizou um resgate minucioso e acrescentou ignorados e relevantes aportes. Ainda assim, autor de tantos e tão importantes achados, em obra escrita com rara exatidão metodológica, em que a cronologia favorece o desenvolvimento do processo narrativo, Diniz traz agora, com algumas desnecessárias correções, ampliada com descobertas recentes, um brinde inesperado à grande legião de estudiosos da vida e da obra de João Simões Lopes Neto.

Esta segunda edição do excelente livro biográfico também comprova a asserção emitida anteriormente. Inexistem biografias completas. Aliás, na obra de François Dosse, em seu último parágrafo, ao alinhavar uma compreensão definitiva do seu estudo, o autor preleciona: "Mas em sua era hermenêutica o biógrafo já não tem a ilusão de fazer falar a realidade e de saturar com ela o sentido. Ele sabe que o enigma biográfico sobrevive à escrita biográfica. A porta permanece escancarada para sempre, oferecida a todos em revisitações sempre possíveis das efrações individuais e de seus traços no tempo" (O Desafio Biográfico-Escrever uma Vida, EDUSP, 2022). No caso presente, a abertura não estará escancarada, nem sujeita a efrações, mas semiaberta e receptiva a novos aditamentos que a emblemática figura do biografado realmente enseja. Cercados por um certo cunho peculiar, ocasionado pela genialidade do seu espírito, Simões e sua obra parecem estar sempre sujeitos a novas revelações. Foram seus contos e estilizações das lendas que lhe proporcionaram consagração pela posteridade. Este livro, agora oferecido em nova edição, comprova que João Simões Lopes Neto foi mais que um exímio contador de histórias.

Se ao prefácio recomenda-se discrição e brevidade, ao posfácio, tão dispensável quanto inútil como este, com mais razão, deve ser abreviado. Não soube dizer tudo que pudesse exteriorizar minha profunda admiração e inefável prazer por mais esta contribuição. Não é sem emoção que registro que vários integrantes daquela curiosa e vibrante confraria de amantes do livro já não estão entre nós para juntos manifestarmos nosso júbilo e apresentarmos nossos justificados aplausos. Parabéns, amigo Diniz!

BIBLIOGRAFIA

Esta bibliografia limita-se às obras de João Simões Lopes Neto e aos livros, artigos, ensaios, teses e periódicos que contêm as fontes utilizadas na biografia, citadas ou não no texto. Consta de duas partes. A primeira relaciona as obras do escritor; entre elas, procuramos não registrar contos ou outras narrativas, publicados em jornais ou revistas, que vieram a integrar-se nos livros de autoria do biografado. A segunda parte traz o elenco dos textos de apoio, na sua maioria sobre João Simões Lopes Neto. Há, porém, vários trabalhos, citados na bibliografia, que não versam sobre o escritor, mas que foram utilizados nesta biografia. Em razão disso, não se pode considerar uma bibliografia exclusiva sobre o escritor. Trata-se, tão somente, da bibliografia da biografia.

I. DE AUTORIA DE JOÃO SIMÕES LOPES NETO
(Edições e publicações originais)

a) 1894 a 1916

Folclore e ficção
Cancioneiro Guasca. Pelotas: Echenique & Cia., 1910.
Contos Gauchescos. Pelotas: Echenique & Cia., 1912.
Lendas do Sul. Pelotas: Echenique & Cia., 1913.

Teatro
O Boato. Revista teatral, em parceria com Mouta Rara (José Gomes Mendes). Pelotas: Echenique & Irmão, 1894.
Viúva Pitorra. Comédia. Pelotas: Livraria Comercial, 1896.
Os Bacharéis. Comédia opereta, em parceria com Mouta Rara (José Gomes Mendes). Pelotas: Tipografia da Fábrica Guarani, 1914.

Valsa Branca. Cortina teatral. Pelotas: Tipografia do Diário Popular, 1914.

Conferências

Educação Cívica – "Terra Gaúcha" (apresentação de um livro). Annaes da Bibliotheca Pública Pelotense – Anno I, 1904, vol. I. Pelotas: Livraria Comercial, 1905, p.47-59.

A Cidade de Pelotas – apontamentos para alguma monografia para o seu centenário. Annaes da Bibliotheca Pública Pelotense – Anno II, 1905, vol. II. Pelotas: Livraria Comercial, 1905, p.103-120.

Educação Cívica. Pelotas: Sociedade União Gaúcha, 1906.[1]

Educação e Caridade. Proferida em Jaguarão, no Teatro Esperança. Jaguarão: O Commercio, 20.11.1906.

Pedras. Proferida no clube Congresso Português. Pelotas: Correio Mercantil, 17 a 22 de janeiro de 1910.[2]

Discursos

Discurso – orador oficial (inauguração de exposição no Clube Caixeiral, pró Academia de Comércio). Pelotas: Imp. do *Correio Mercantil*, 1909.

Discurso – orador oficial (sessão comemorativa do 1º aniversário da Academia de Letras do Rio Grande do Sul – 11.6.1911). Porto Alegre: Revista da Academia de Letras do Rio Grande do Sul, no 8, set.-nov. 1911.

Elogio fúnebre de Cassiano do Nascimento. Pelotas: A Opinião Pública, 24 de setembro de 1912.

Discurso – orador oficial (inauguração do Colégio Elementar). Pelotas: Diário Popular, 19.6.1913.

Diversos

---

1   Nova versão da conferência de igual título.

2   Trechos dessa conferência foram publicados na Revista da Academia de Letras do Rio Grande do Sul. Porto Alegre: no 2, set.1910.

BIBLIOGRAFIA

Festa das Árvores (opúsculo). Pelotas: Soc. Agrícola Pastoril/Livraria Universal, 1909.

A Recolhida. Revista da Academia de Letras do Rio Grande do Sul, Porto Alegre, no 7, jun./ago.1911.

A Fundação de Pelotas. Revista do 1o Centenário de Pelotas (Publicação auxiliar para a comemoração projetada pela Biblioteca Pública Pelotense). Pelotas: números 1 a 8 (out.1911-maio 1912).

Grande Efeito de uma Causa Mínima. Almanach de Pelotas. Pelotas, 1914.

b) Póstumas

Ficção
Casos do Romualdo. Porto Alegre: Globo, 1952.

História
Terra Gaúcha. Porto Alegre: Sulina, 1955.

Diversos
A Forca em Pelotas. Almanak Litterario e Estatístico do Rio Grande do Sul, org. por Alfredo Ferreira Rodrigues. Rio Grande: Editores Pinto & Cia., 1917.

Madrugada. Extraído do manuscrito Recordações de Infância. Correio do Povo, Caderno de Sábado, 12.06.1971.

O rodeio. Extraído do manuscrito Recordações de Infância. Correio do Povo, Caderno de Sábado, 12.06.1971.

Terra gaúcha. Histórias de infância. Edição de Fischer, Luís Augusto. Caxias do Sul: Belas Letras, 2013

Artinha de leitura. Dedicada às escolas urbanas e rurais. Edição de Fischer, Luís Augusto. Caxias do Sul: Belas Letras, 2013

Principais reedições
Cancioneiro Guasca. Pelotas: Echenique & Cia., 1917 (2a ed.).

JOÃO SIMÕES LOPES NETO: UMA BIOGRAFIA

3a ed., Pelotas: Echenique & Cia., 1928.
4a ed., Porto Alegre: Globo, 1954.
5a ed., Porto Alegre: Sulina, 1999.

Contos Gauchescos e Lendas do Sul. Porto Alegre: Globo, 1926.
Contos Gauchescos e Lendas do Sul. Edição crítica. "Prefácio e Nota sobre Lendas do Sul", de Augusto Meyer; Introdução de Aurélio Buarque de Hollanda; Glossário; Posfácio de Carlos Reverbel. Porto Alegre: Globo, 1949.
Casos do Romualdo. Porto Alegre: Globo, 1959 (2a ed.).
3a ed., Porto Alegre: Globo, 1973.
4a ed., Porto Alegre: Globo, 1976.
Contos e Lendas. Seleção dos contos e das lendas. Apresentação de Moysés Vellinho. Rio de Janeiro: Agir, 1957.
Contos Gauchescos e Lendas do Sul (Coleção Catavento), formato bolso. Porto Alegre: Globo, 1965.
Contos Gauchescos e Lendas do Sul. Fixação de texto e glossário de Aurélio Buarque de Hollanda. Porto Alegre: Globo, em convênio com o INL-MEC, 1973, 4a ed.
Contos Gauchescos. Prefácio de Augusto Meyer e glossário abreviado. Porto Alegre: Globo, 1976.
Lendas do Sul. Nota introdutória de Augusto Meyer e glossário abreviado. Porto Alegre: Globo, 1976.
Contos Gauchescos, Lendas do Sul, Casos do Romualdo. Edição crítica organizada por Ligia Chiappini. Rio de Janeiro: Presença; Brasília: INL, 1988.
Lendas do Sul. Prefácio de Carlos Reverbel. Porto Alegre: Martins Livreiro, 1991.
Contos Gauchescos. Prefácio de Carlos Reverbel. Porto Alegre: Martins Livreiro, 1992.
Casos do Romualdo. Prefácio de Carlos Reverbel. Porto Alegre: Martins Livreiro, 1992 .

BIBLIOGRAFIA

Contos Gauchescos. Rio de Janeiro: Imago, 1993.

O Negro Bonifácio & Outras Histórias. Edição de bolso. Porto Alegre: Mercado Aberto, 1996.

Contos Gauchescos e Lendas do Sul. Edição de bolso, com introdução de Everson P. da Silva. Porto Alegre: L&PM, 1998.

Terra Gaúcha. Porto Alegre: Sulina, 1998 (2a ed.).

Contos Gauchescos. Edição anotada, org. por Luis Augusto Fischer. Porto Alegre: Artes e Ofícios, 1998.

Contos Gauchescos. Apresentação de Moacyr Scliar e posfácio de Antonio Carlos Olivieri, com resumo biográfico. São Paulo: Ática, 1998.

Os Melhores Contos de Simões Lopes Neto. Seleção e introdução de Dionísio Toledo, com bibliografia. São Paulo: Global, 1998.

Contos Gauchescos. Apresentação de Carlos Reverbel. Edição de bolso, com texto integral e glossário. Porto Alegre: Martins Livreiro, 1999.

Contos Gauchescos. Edição de bolso. Seleção de contos com prefácio de Charles Kiefer e glossário. Porto Alegre: UE/Porto Alegre, 1999.

O Negrinho do Pastoreio e Outras Histórias (Antologia). Edição de bolso com apresentação de Mário Osório Magalhães. Pelotas: Armazém Literário, 1999.

Contos Gauchescos. Edição para didática, com introdução, comentários, notas e estabelecimento de texto por Aldyr Garcia Schlee. Porto Alegre: Novo Século, 2000.

Contos Gauchescos. Seleção de contos, formato pequeno, com introdução, comentários, notas e vocabulário por Aldyr Garcia Schlee. Porto Alegre: Novo Século, 2000.

Contos Gauchescos. Edição de bolso comentada. Seleção de contos com apresentação de Maria Tereza Faria. Porto Alegre: L&PM, 2000.

Contos Gauchescos. Edição de bolso. Seleção de contos com apresentação de Everson Pereira da Silva e cronologia. Porto Alegre: Movimento, 2000.

Contos Gauchescos. Seleção de contos. Porto Alegre: Movimento, 2000.

Contos Gauchescos e Lendas do Sul. Introdução de Flávio Loureiro Chaves. Rio de Janeiro: Ediouro, s/d (Coleção Prestígio).

Contos Gauchescos. Edição de bolso com textos de Antonio de Mariz, João Pinto da Silva, Augusto Meyer e Darcy Azambuja. São Paulo: Martin Claret, 2001.

Contos Gauchescos. FISCHER, Luís Augusto (org.) Porto Alegre: Artes e Ofícios, 1998.

Lendas do Sul. Introdução e notas de Luis Augusto Fischer. Porto Alegre: Artes e Ofícios, 2002.

Contos Gauchescos e Lendas do Sul. Simões Lopes Neto, João. Edição crítica. SCHLEE, Aldyr Garcia (Ed.). Porto Alegre/São Leopoldo: IEL-Unisinos, 2006, volumes I e II, apresentados em box.

Contos gauchescos e lendas do sul, de João Simões Lopes Neto – Introdução, fixação de texto e notas por Luís Augusto Fischer, L&PM, Porto Alegre, 2012

Edições especiais

Contos Gauchescos e Lendas do Sul. Edição de 50 exemplares para colecionadores, extraída da 1a edição crítica de 1949, em papel especial, destinados à "Arte do Livro", escola de encadernação artística, numerados e rubricados. Porto Alegre: Globo, 1949.

Lendas do Sul. Edição de luxo, com ilustrações de Nelson Boeira Faedrich, tiragem de dois mil exemplares numerados, em papel especial. São Paulo: Martins Editora, 1953.

Terra Gaúcha. Edição de 100 exemplares destinados a bibliófilos e encadernadores artísticos, extraída da 1a edição de 1955, em papel ilustração. Porto Alegre: Sulina, 1955.

Lendas do Sul. Ilustrações de Nelson Boeira Faedrich, ensaios de Mozart Pereira Soares, Manoelito de Ornellas, e glossário org. por Aurélio Buarque de Hollanda. Porto Alegre: Aplub e Globo, 1974.

Contos Gauchescos. Ilustrações de Nelson Boeira Faedrich, ensaios de Mozart Pereira Soares e Manoelito de Ornellas, prefácio de Augusto

Meyer e glossário org. por Aurélio Buarque de Hollanda. Porto Alegre: Globo, 1983.

O Negrinho do Pastoreio. Ilustrações de Vasco Prado e Nota introdutória de Guilhermino Cesar, com glossário, tiragem de mil exemplares numerados, em papel especial. Porto Alegre: Metrópole, 1991.

14 contos e uma lenda de Simões Lopes Neto. Coletânea de texto do escritor gaúcho João Simões Lopes Neto (1865-1816), com ilustrações de Zorávia Bettiol. Brasília: Confraria dos Bibliófilos do Brasil, 2011.

Lendas do Sul. Paula Mastroberti (org.). Ilustrações de Adriana Antunes e outros. Ed.UFRGS-IEL, 2018.

Traduções selecionadas

Storie di gauchos. Tradução de Giuseppe Tavani. Milano: Fratelli Bocca Editori, 1956.

La Salamanca del Jarau. Tradução de Aldyr Garcia Schlee. Porto Alegre: IEL/IGEL, 1991.

Mate de João Cardoso. Tradução parcial deste conto, por Margarita Barretto. El Mate. Su Historia y Cultura. Buenos Aires: Ediciones del Sol, 2a ed., 2000, p.106 a 108.

A Sackful O' Gold. Tradução do conto Trezentas Onças, por Rion & Yoko Reece. Ilustrações de Clóvis Garcia. Tokyo: Shinseken, 2002 (idem para o japonês, trad. de Mayumi Watanabe & Sachiko Tsuda, com mesmo formato e iguais ilustrações. Tokyo: Shinseken, 2002).

The Legend of Half-Pint. Tradução de O Negrinho do Pastoreio, por Rion & Yoko Reece. Ilustrações de Clarice Jaeger. Tokyo: Shinseken, 2002 (idem para o japonês, trad. de Mayumi Watanabe & Sachiko Tsuda, com mesmo formato e iguais ilustrações. Tokyo: Shinseken Limited, 2002).

Cuentos Gauchescos, traducción de Garcia Arrospide,Román, revisión de la traducción y prólogo de Raviolo, Heber, Banda Oriental, Montevideo, 2008.

Leyendas Del Sur, traducción de Garcia Arrospide, Román, presentación de Rela, Walter, El Galeón, Montevideo, 2009.

The Old Ox, in Brazil: a traveler's literary companion, Berkeley: (s.n.), 2009.

Historias de Alejandro – Casos de Romualdo. RAMOS, Graciliano y Simões Lopes Neto, traducción de GARCIA ROSPIDE, Román, OBALDIA, José M. y RAVIOLO, Heber. Montevideo: Banda Oriental, 2010.

Simões Lopes Neto para o mundo. Tradução de Contos Gauchescos para dez línguas. Organização de Fischer, Luís Augusto, Garcia, Rosália Neumann e Lucena, Karina de Castilhos. **Trezentas Onças** para o alemão (Sarita Brandt), catalão (Pere Comellas), polonês (Joanna Dudek, Malgorzata Stankiewicz e Natália Klidzio), chinês (Schmaltz e Xu Jingxin), **Contrabandista** para o espanhol (Karina de Castilhos Lucena), **Os cabelos da china** para o francês (Michel Le Grand), **Duelo de farrapos** para o inglês (Rosalia Neumann Garcia e Carolina Facchin) **Chasque do Imperador** para o italiano (Elena Manzato e Eugenio Lucotti), **Jogo do osso** para o japonês (Tomoko Kimura Gaudioso), **O mate de João Cardoso** para o russo (Denise de Sales e Elena Vássina). Porto Alegre: Ed. UFRGS, 2017.

Compilações e seleções de textos

A Outra Face de J. Simões Lopes Neto, 1º vol. Seleção de textos jornalísticos, organizados e anotados por Ângelo Pires Moreira. Apres. por Carlos Reverbel. Porto Alegre: Martins Livreiro, 1983.

O Teatro de Simões Lopes Neto, vol. I. Peças teatrais. Edição comentada com estabelecimento de texto, variantes e apreciação crítica segundo pesquisa de Cláudio Heemann. Apresentação de Carlos Jorge Appel e textos de Cláudio Heemann e Mozart Victor Russomano. Porto Alegre: IEL, 1990.

Novos Textos Simonianos. Contos urbanos e poemas de J. Simões Lopes Neto. Prefácio de Mozart V. Russomano. Apresentação de

BIBLIOGRAFIA

Adão Fernando Monquelat, Carlos F. Sica Diniz e Mário Osório Magalhães. Pelotas: Prometheu, 1991.

História de Pelotas. Apontamentos referentes à história de Pelotas e de outros municípios da Zona Sul. Reprodução de textos divulgados na Revista do 1º Centenário de Pelotas, entre 1911 e 1912 (números 1 a 8), org. e apres. por Mário Osório Magalhães. Pelotas: Armazém Literário, 1994.

Inquéritos em Contraste – João do Sul (J. Simões Lopes Neto). Edição organizada por Luís Augusto Fischer e Patrícia Lima. Porto Alegre, Edigal, 2016.

A Mandinga – Uma crítica social? DE LEON, Zênia. Pelotas: Edição da autora, impressão Gráfica Pallotti, 2017.

João Simões Lopes Neto – Teatro (Século XIX), Edição crítica. Pesquisa ensaios de João Luis Pereira Ourique e Luís Rubira. Porto Alegre: Ed. Zouk-IEL,2017.

Teatro completo de Simões Lopes Neto. Apresentação de Regina Zilberman, Mozart Victor Russomano, Cláudio Heemann, Márcio de Souza e Carlos Jorge Appel. Porto Alegre: Movimento, 2018.

II. SOBRE JOÃO SIMÕES LOPES NETO E OUTROS TEMAS ABORDADOS

ABREU, Florêncio de. **Os casos do Romualdo.** Porto Alegre: Correio do Povo, 7 de março de 1959.

AFONSO,Wilson. 1844: **Um caso de capa e espada nas coxilhas.** Porto Alegre: Correio do Povo – Caderno de Sábado, 27 de janeiro de 1979.

ALEXANDER, Ian. **A voz do homem comum: Henry Lawson e Simões Lopes Neto,** in Henry Lawson. Enquanto a água ferve (vinte contos). Org. Ian Alexander. Porto Alegre: Class, 2022.

AMBRÓZIO, Leonilda. **Negrinho do pastoreio: o mediadior.** Porto Alegre: Correio do Povo – Caderno de Sábado, 6.9.1980.

APPEL, Carlos Jorge. **Afinal o teatro de Simões Lopes Neto**, in O Teatro de Simões Lopes Neto. Porto Alegre: IEL, 1990.

ARAÚJO FILHO, Luiz. **Recordações Gaúchas**. Pelotas: Echenique Irmãos & Cia., 2a ed.,1905.

ARMANDO, Maria Luíza de Carvalho. **Pode parecer exagero...** Correio do Povo, Porto Alegre, 7 out. 1972. Caderno de Sábado.

—. **A quase ausente:** o machismo na literatura gaúcha. Correio do Povo – Caderno de Sábado, 16 e 23.2.1980.

—. **O regionalismo como fenômeno global:** relações entre o primeiro regionalismo na literatura erudita sul-rio-grandense e a "reação tradicional" às transformações econômico-sociais da época no extremo-sul do Brasil. Travessia, Florianópolis, v.5, n.12, jan./jun. 1986.

—. **O Regionalismo na Literatura e o "Mito do Gaúcho" no Extremo Sul do Brasil**, 4 tomos, o último contendo os anexos da tese original e apêndice da edição brasileira. Ilha de Santa Catarina: Editoras Mulheres, 2014 (Edição em português, revista e aumentada, da tese de terceiro ciclo "Le Regionalisme Litteraire et Le Myte du Gaucho dans L'Éxtreme Sud Brésilien (Le cas de Simões Lopes)", apresentada na Sorbonne Nouvelle, em 1984.

ARRIADA, Eduardo. **Pelotas – Gênese e Desenvolvimento Urbano (1780–1835)**. Pelotas: Armazém Literário, 1994.

AVÉ-LALLEMANT, Roberto. **Viagem pelo Sul do Brasil no Ano de 1858**. Rio de Janeiro: INL, 1953.

AZAMBUJA, Darcy. **Contos gauchescos:** Correio do Povo, Porto Alegre, 29 ago. 1926.

BARNASQUE, Clemenciano. **Ephemerides Rio-Grandenses**. Porto Alegre: Selbach, 1931.

BARRETO, Abeillard. **Bibliografia Sul-Rio-Grandense**, 2 v. Rio de Janeiro: Conselho Federal de Cultura, 1973.

BARRETTO, Margarita. **El Mate. Su Historia y Cultura**. Buenos Aires: Ediciones del Sol, 2000, 2a ed.

BAUMGARTEN, Carlos Alexandre. **A Crítica Literária no Rio Grande do Sul: Do Romantismo ao Modernismo.** Porto Alegre: IEL/ Edipucrs, 1997.

BAVARESCO, Agemir e BORGES, Luís. **História, Resistência e Projeto em Simões Lopes Neto.** Porto Alegre: WS Editor, 2001.

BAVARESCO, Agemir e BORGES, Luís (Orgs.). **Identidades ameríndias.** Sepé Tiaraju, Lendas Missioneiras, Salamanca do Jarau. Porto Alegre: Edições EST, 2006.

BELTON, William. **Aves Silvestres do Rio Grande do Sul.** Porto Alegre: Fundação Zoobotânica do RS, 1982.

BILAC, Olavo. **Últimas Conferências e Discursos.** Rio de Janeiro: Francisco Alves, 1924. —. A Defesa Nacional (Discursos). Rio de Janeiro: Liga da Defesa Nacional, 1917.

BORDINI, Maria da Glória. **Aventura x domesticidade.** Correio do Povo, Porto Alegre, 7 out. 1972. Caderno de Sábado.

—. **Contos Gauchescos – Atuação do Narrador.** Correio do Povo, Porto Alegre, 12 jun. 1971. Caderno de Sábado.

BORGES, Jorge Luis. **Aspectos de la Literatura Gauchesca.** Montevideo: Numero, 1950.

—. **Obras Completas.** Buenos Aires: Emecé Editores, 1974.

—. **Diálogos Últimos.** Buenos Aires: Editorial Sudamericana, 1987.

BORGES, Luís. **O Projeto Cívico-Pedagógico de João Simões Lopes Neto.** Pelotas: Ed. UFPEL, 2009.

—. **Simões Lopes Neto jornalista: um preconceito e uma negligência,** in Inquéritos em Contraste. João do Sul (J. Simões Lopes Neto). Edição organizada por Luís Augusto Fischer e Patrícia Lima. Porto Alegre, Edigal, 2016.

BORRÉ, Omar. **Notas a esta edición,** in Arlt, Roberto, Cuentos Completos. Buenos Aires: Seix Barral, 1996.

BOSI, Alfredo. **O Pré-Modernismo.** São Paulo: Cultrix, 1966.

—. **História Concisa da Literatura Brasileira.** São Paulo: Cultrix, 1970.

BRAGA, Alfredo Augusto. **O vermelhinho**. A Opinião Pública, 13 de julho de 1916.

BRAUNER, Flora Osório. **A Estrutura da Comparação nos Contos Gauchescos**, de Simões Lopes Neto. Dissertação – Instituto de Letras e Artes, Pontifícia Universidade Católica do Rio Grande do Sul, Porto Alegre, 1979.

BRUNO, Haroldo. **Estudos de Literatura Brasileira**. Rio de Janeiro: O Cruzeiro, 1957.

CARPEAUX, Otto Maria. **Pequena Bibliografia Crítica da Literatura Brasileira**. Rio de Janeiro: Letras e Artes, 1964, 3a ed. revista e aumentada.

CARVALHAL, Tânia Franco. **Prefácio**: FILIPOUSKI, Ana Mariza e outras. Simões Lopes Neto, a Invenção, o Mito e a Mentira. Porto Alegre: Movimento/IEL, 1973.

—. **Simões Lopes Neto e a literatura gaúcha**: o particular e o geral. Simões Lopes Neto. Cadernos Porto & Vírgula. Porto Alegre: UE/ Porto Alegre, v.17, 1999.

CASCUDO, Luís da Câmara. Com Dom Quixote no folclore do Brasil, in **Dom Quixote de La Mancha**, vol. 1, Rio de Janeiro: José Olympio, 1958.

CASTELO, José Aderaldo. **A Literatura Brasileira**. Origens e Unidade. São Paulo: EDUSP, 1999, vol. II.

CESAR, Guilhermino. **História da Literatura do Rio Grande do Sul**. Porto Alegre: Globo, 1956.

—. **Notícia do Rio Grande**. Porto Alegre: IEL-UFRGS, 1994.

—. **Os bons negócios do capitão João Simões**. Porto Alegre: Correio do Povo – Caderno de Sábado, 15.06.1974.

—. **O exagero e o fantástico nos Casos do Romualdo**. Correio do Povo, Porto Alegre, 7 out. 1972. Caderno de Sábado.

CEZIMBRA JACQUES, João. **Assuntos do Rio Grande do Sul**. Porto Alegre: Of. Gráf. Escola de Engenharia, 1912.

BIBLIOGRAFIA

—. **Ensaio Sobre os Costumes do Rio Grande do Sul.** Porto Alegre: Gundlach, 1883.

CHAMIE, Mário. **Linguagem Virtual.** São Paulo: Quiron, 1976.

CHAVES, Antônio José Gonçalves. **Memórias Ecônomo-Políticas sobre a Administração Pública do Brasil** (5a e última Memória, sobre a Província do Rio Grande em particular). Rio de Janeiro: Silva Porto, 1823.

CHAVES, Flávio Loureiro. **Simões Lopes Neto: Regionalismo & Literatura.** Porto Alegre: Mercado Aberto, 1982.

—. **A conquista da linguagem.** Correio do Povo, Porto Alegre, 1o nov. 1980. Caderno de Sábado.

—. **A viagem de Blau Nunes.** In: LOPES NETO, J. Simões. Contos Gauchescos e Lendas do Sul. Rio de Janeiro: Ediouro, 1990.

—. **Blau e vancê.** Correio do Povo, Porto Alegre, 25. out. 1980. Caderno de Sábado.

—. **Cronologia João Simões Lopes Neto.** In: LOPES NETO, J. Simões. Contos Gauchescos. Rio de Janeiro: Ediouro, s/d.

—. **No rastro da teiniaguá.** Correio do Povo, Porto Alegre, 30. ago. 1980. Caderno de Sábado.

—. **O regionalismo universal de Simões Lopes Neto.** Zero Hora, Porto Alegre, 21 set. 1980. Revista ZH/Literatura.

—. **Simões Lopes Neto.** Porto Alegre: IEL, 1990 (Letras Rio-Grandenses).

CHIAPPINI, Ligia. **No Entretanto dos Tempos.** São Paulo: Martins Fontes, 1988.

—. **Introdução à Edição Crítica de Contos Gauchescos, Lendas do Sul e Casos do Romualdo.** Rio de Janeiro: Presença, 1988.

—. **Motivos e critérios de uma segunda edição crítica dos Contos Gauchescos e das Lendas do Sul.** Simões Lopes Neto. Cadernos Porto & Vírgula. Porto Alegre: UE/Porto Alegre, v.17, 1999.

—. **Multiculturalismo e Identidade Nacional. Fronteiras Culturais.** São Paulo: Ateliê Editorial, 2002.

COELHO NETO, Paulo. **Coelho Neto.** Rio de Janeiro: Valverde, 1942.

CRUZ, Claudio. **Simões Lopes Neto a mancheias**. Cadernos Porto & Vírgula. Simões Lopes Neto. Porto Alegre: UE/Porto Alegre, v.17, 1999.

CÚNEO, Dardo. **Teatro Completo de Florencio Sánches**, Buenos Aires: Editorial Claridad, 1941.

DAMASCENO, Athos. **Palco, Salão e Picadeiro**. Porto Alegre: Editora Globo, 1956.

DREYS, Nicolau. **Noticia Descriptiva da Provincia do Rio-Grande de S. Pedro do Sul**. Rio de Janeiro: J. Villeneuve e Comp., 1839.

DOMINGUES, Fausto José Leitão. **O arquivo de João Simões Lopes Neto**, in Terra gaúcha. Histórias de infância. Fischer, Luís Augusto (Ed). Belas Letras, Caxias do Sul: Belas Letras, 2013.

—. **Os estudos preparatórios de João Simões Lopes Neto**, conferência pronunciada na Biblioteca Pública Pelotense, em 2016, cópia do original cedida pelo autor.

—. **Publicações em outras línguas, de obras de João Simões Lopes Neto, no Brasil e no exterior** in Simões Lopes Neto para o mundo. Tradução de Contos Gauchescos para dez línguas, Org. de Ficher, Luís Augusto, Garcia, Rosália Neumann e Lucena, Karina de Castilhos (trad. Brandt, Sarita e outros), Ed. UFRGS, Porto Alegre, 2017.

—. Intróito, in **A Mandinga** – Uma crítica social? De León, Zênia. Pelotas: edição da autora, 2017.

—. **Cláudia Antunes, o Diabo e São Pedro**. Diário da Manhã, 24 de dezembro de 2021.

DUVAL, Paulo. **Teatro Sete de Abril**. Pelotas: Fundapel, s/d: publicação baseada nos Apontamentos Sobre o Teatro no Rio Grande do Sul e Síntese Histórica do Teatro Sete de Abril, divulgação na Revista do Instituto Histórico e Geográfico do Rio Grande do Sul, 1945, 1º trimestre.

ECHENIQUE, Guilherme. **Histórico do Theatro Sete de Abril**. Pelotas: Livraria do Globo, 1934.

ECHENIQUE, Sylvio da Cunha. **Fagulhas do meu Isqueiro**. Pelotas: Editora Hugo, 1963.

BIBLIOGRAFIA

—. **Recrutando sinuelo para a tropa das nossas tradições.** Porto Alegre: Correio do Povo, página rural, 12 de março de 1965.

EU, Conde d'. **Viagem Militar ao Rio Grande do Sul (agosto a novembro de 1865).** São Paulo: Companhia Editora Nacional, 1936.

ESCOBAR, Wenceslau. **Apontamentos para a História da Revolução Rio-Grandense de 1893.** Brasília: Editora da Universidade de Brasília, 1983.

EULÁLIO, Alexandre. **O Livro Involuntário – Literatura, história, matéria & modernidade.** Rio de Janeiro: Editora da UFRJ, 1993.

—. **O lugar de Simões Lopes.** Correio do Povo, Porto Alegre, 25 abr. 1965.

FAGUNDES, Morivalde Calvet. **Lobo da Costa, Ascensão e Declínio de um Poeta,** Porto Alegre: Sulina, 1954.

FAORO, Raymundo. **Introdução ao estudo de Simões Lopes Neto,** revista Quixote, no 4. Porto Alegre: 1949.

—. **Antônio Chimango, algoz de Blau Nunes,** revista Quixote, no 5. Porto Alegre: 1952.

FELINTO, Marilene. **Simões Lopes Neto transcende o pitoresco.** Folha de São Paulo, Caderno Mais. São Paulo, 30 jan. 1994.

FELIZARDO, Joaquim José. **Ritmo, harmonia e beleza da forma.** Correio do Povo, Caderno de Sábado. Porto Alegre: 27.05.1978.

—. **A revolução de Simões Lopes Neto. Simões Lopes Neto.** Cadernos Porto & Vírgula. Porto Alegre: UE/Porto Alegre, v.17, 1999.

—. **Lendas do Sul.** Um roteiro de leitura, in: Simões Lopes Neto, João. Lendas do Sul. Porto Alegre: Artes e Ofícios, 2002.

FILIPOUSKI, Ana Mariza, em colaboração com Luiz Arthur Nunes, Maria da Glória Bordini e Regina Zilberman. **Simões Lopes Neto: A Invenção, o Mito e a Mentira.** Porto Alegre: Movimento/IEL, 1973.

FILIPOUSKI, Ana Mariza. **Estrutura da narrativa nos Contos Gauchescos.** Correio do Povo, Caderno de Sábado. Porto Alegre, 12 jun. 1971.

—. **O folclórico em Graciliano Ramos e Simões Lopes Neto.** Correio do Povo, Caderno de Sábado. Porto Alegre, 7 out. 1972.

—. **O papel do narrador em Melancia, Coco Verde**. Correio do Povo, Caderno de Sábado, Porto Alegre, 21 jun.1980.

FISCHER, Luís Augusto. **Uma edição nova e inovadora**, in Contos Gauchescos. Simões Lopes Neto. Edição anotada, org. por Luis Augusto Fischer. Porto Alegre: Artes e Ofícios, 1998.

—. Lendas do Sul. Um roteiro de leitura, in **Lendas do Sul**. Simões Lopes Neto. Introdução e notas de Luis Augusto Fischer. Porto Alegre: Artes e Ofícios, 2002.

—. Uma introdução, in **Contos gauchescos e lendas do sul**. João Simões Lopes Neto. Introdução, fixação de texto e notas por Luís Augusto Fischer, L&PM, Porto Alegre, 2012.

—. Vida e obra de João Simões Lopes Neto, in **Contos gauchescos e Lendas do sul**. João Simões Lopes Neto. Introdução, fixação de texto e notas por Luís Augusto Fischer, L&PM, Porto Alegre, 2012.

—. Contexto e natureza de Terra Gaúcha, in **Terra gaúcha**. Histórias de infância Fischer, Luís Augusto (Ed). Belas Letras, Caxias do Sul: Belas Letras, 2013.

—. Uma pequena história do texto, in **Artinha de leitura**. Dedicada às escolas urbanas e rurais. Fischer, Luís Augusto (Ed.). Caxias do Sul: Belas Letras, 2013.

—. Uma obra ainda em progresso, in **Inquéritos em Contraste**. João do Sul (J. Simões Lopes Neto). Edição organizada por Luís Augusto Fischer e Patrícia Lima. Porto Alegre, Edigal, 2016.

—. Enfrentando mistérios persistentes, in **Eu conheci João Simões Lopes Neto**. Recordações de contemporâneos do escritor, Sica Diniz, Carlos F. (Organização, introdução, notas e texto biográfico). Rio de Janeiro: Letra Capital, 2020.

FLORES, Moacyr. **História do Rio Grande**. Porto Alegre: Nova Dimensão, 2a ed., 1988.

FREYRE, Gilberto. **Casa-Grande & Senzala**. Rio de Janeiro: Record, 2001, 42a ed.

BIBLIOGRAFIA

GARCEZ, Pedro de Moraes. Da Artinha de leitura de Simões Lopes Neto, in **Artinha de leitura**. Dedicada às escolas urbanas e rurais. Fischer, Luís Augusto (Ed.). Caxias do Sul: Belas Letras, 2013.

GHISOLFI, Alda Maria do Couto. **Alcides Maya e Simões Lopes Neto: Desmitificação do Gaúcho**, dissertação – Instituto de Letras e Artes, Pontifícia Universidade Católica do Rio Grande do Sul, Porto Alegre, 1979.

—. **Romualdo**: o caso da fragmentação do mito. Correio do Povo, Caderno de Sábado. Porto Alegre: 21.06.1980.

GOULART, Jorge Salis. **Alma Viva do Rio Grande**. Pelotas: Livraria do Globo, 1927.

—. **A Formação do Rio-Grande-do-Sul**. Porto Alegre/Pelotas: Globo, 1927.

—. **História da Minha Terra**. Pelotas: Livraria do Globo: 1929 (2a ed.).

GRANADA, Daniel. **Reseña Histórico-Descriptiva de Antiguas y Modernas Supersticiones del Rio de La Plata**. Montevideo: A. Barreiro y Ramos, 1896.

GRIECO, Agrippino. **Evolução da Prosa Brasileira**. Rio de Janeiro: José Olympio, 1947 (2a ed.).

GUIMARAENS, Eduardo. **Um poeta do pampa**. Porto Alegre: Correio do Povo, 16 de julho de 1925.

GUTIERREZ, Ester J. B. Negros. **Charqueadas & Olarias**. Pelotas: Editora Universitária (Ufpel), 1993.

HEEMAN, Cláudio. O Teatro de Simões Lopes Neto, in **O Teatro de Simões Lopes Neto**, vol. I. Porto Alegre: IEL. 1990.

HOHLFELDT, Antônio. **A história gaúcha em três lendas de João Simões Lopes Neto**. Porto Alegre: Correio do Povo, Caderno de Sábado, 05 de maio de 1979.

—. **Conto Brasileiro Contemporâneo**. Porto Alegre: Mercado Aberto, 1981.

—. **Simões Lopes Neto**. Porto Alegre: Tchê, 1985.

—. **O Gaúcho: Ficção e Realidade**. Rio de Janeiro: Antares/Brasília: INL, 1982.

—. **Literatura e Vida Social**. Porto Alegre: Ed. UFRGS, 1996.

—. **Procedimentos dramáticos nas comédias de João Simões Lopes Neto**. Cadernos Porto & Vírgula. Porto Alegre: UE/Porto Alegre, v.17, 1999.

HOLLANDA, Aurélio Buarque de. Introdução. Linguagem e estilo de João Simões Lopes Neto, in Simões Lopes Neto, João, **Contos Gauchescos e Lendas do Sul**, edição crítica. Porto Alegre: Globo, 1949.

—. **Linguagem e estilo de Simões Lopes Neto**. Revista Província de São Pedro, nº 13. Porto Alegre: Globo, março-junho de 1949.

ISABELLE, Arsène. **Viagem ao Rio Grande do Sul (1833-1834)**. Trad. e notas de Dante de Laytano. Porto Alegre: Martins Livreiro, 1983.

JANSEN, Carlos. **Aventuras Maravilhosas do Celebérrimo Barão de Munchhausen**. Rio de Janeiro, Laemmert & C., 1902.

JÚLIO, Sílvio. **Estudos Gauchescos de Literatura e Folclore**. Natal: Clube Internacional do Folclore, 1953

—. **Literatura, Folclore e Lingüística da Área Gauchesca no Brasil**. Rio de Janeiro: Coelho Branco Filho, 1962.

—. **Os contos de Simões Lopes Neto**. Revista das Academias de Letras, no 36. Rio de Janeiro: agosto de 1941.

KOSERITZ, Carl Von. **Imagens do Brasil**. São Paulo: Martins-Ed. da USP, 1972.

LANGE DO AMARAL, Giana. **O Gymnasio Pelotense e a Maçonaria**. Pelotas: Seiva/Ed. Universitária Ufpel, 1999.

LAYTANO, Dante de. **Centenário de Simões Lopes Neto**, na Revista Brasileira de Folclore, ano V, no 12, maio/agosto de 1965.

LE GRAND, Michel. **Ler para traduzir: o caso da litertura com forte componente léxical regional** – Proposta para uma versão francesa de Contos Gauchescos, de João Simões Lopes Neto. Tese de doutorado apresentada em 2019 ao Pós-Graduação em Letras, do Instituto de Letras da UFRGS.

LEITE, Ligia Chiappini Moraes. **Regionalismo e Modernismo (o "Caso" Gaúcho)**. São Paulo: Ática, 1978.

BIBLIOGRAFIA

LESIGNE, Ernest. **L' Irréligion de la science**. Paris: Librairie Schleicher Frères, s/d (OBS: pós-1909).

LIMA, Alcides. **História Popular do Rio Grande**. Rio de Janeiro: G. Leutzinger & Filhos, 1882.

LIMA, Alcides de Mendonça. **Simões Lopes Neto em italiano**. Correio do Povo. Porto Alegre, 17.05.1968.

LIMA, Ébion de. **Lições de Literatura Brasileira**. São Paulo: Salesiana, 1963, 2a ed.

LIMA, Herman. **Coelho Netto: as duas faces do espelho**, in Coelho Netto, Obra Seleta, Vol. I. Rio de Janeiro, José Aguilar, 1958.

LIMA, Patrícia. Novidades do velho João, in **Inquéritos em Contraste**. João do Sul (J. Simões Lopes Neto). Edição organizada por Luís Augusto Fischer e Patrícia Lima. Porto Alegre, Edigal, 2016.

LONER, Beatriz Ana. Simões Lopes e a Artinha, in **Artinha de leitura**. Dedicada às escolas urbanas e rurais. Fischer, Luís Augusto (Ed.). Caxias do Sul: Belas Letras, 2013.

LOPES, José Antonio Dias. **A alma das salamancas**. Correio do Povo, Caderno de Sábado. Porto Alegre: 30.12.1967.

LUCCOCK, John. **Notas Sobre o Rio de Janeiro e Partes Meridionais do Brasil**. São Paulo: Martins, 1951.

LUFT, Celso Pedro. **Dicionário de Literatura Portuguesa e Brasileira**. Porto Alegre: Globo, 1967.

MACHADO DE ASSIS. **Crônicas – 4o vol. (1878-1888)**. Rio de Janeiro: W. M. Jackson, 1938, vol. 23.

MAGALHÃES, Mário Osório. **Opulência e Cultura na Província de São Pedro do Rio Grande do Sul**. Pelotas: UFPEL/Livraria Mundial, 1993.

—. No Rastro de uns Olhos, in **Novos Textos Simonianos**. Pelotas: Confraria Cultural e Científica Prometheu, 1991.

—. Um conto inédito, in **Novos Textos Simonianos**. Pelotas: Confraria Cultural e Científica Prometheu, 1991.

—. **Os Passeios da Cidade Antiga** (Guia Histórico das Ruas de Pelotas). Pelotas: Armazém Literário, 1994.

—. **Doces de Pelotas: Tradição e História.** Pelotas: Armazém Literário, 2001. MANGUEL, Alberto. Uma História da Leitura. São Paulo: Cia. das Letras, 2001, 2ª ed.

MARQUES, Alvarino da Fontoura. **A Economia do Xarque.** Porto Alegre: Martins Livreiro, 1992.

MARIANTE, Hélio. **A vida humana e animal em Contos gauchescos.** Organon, Porto Alegre, no 13, 1968.

MARIZ, Antônio de. **Contos gauchescos.** Correio do Povo. Porto Alegre, 07 de novembro de 1913.

MARTINS, Ari. **Escritores do Rio Grande do Sul.** Porto Alegre: URGS-IEL, 1978.

MARTINS, Cyro. **Escritores Gaúchos.** Porto Alegre: Movimento, 1981.

MARTINS, Wilson. **História da Inteligência Brasileira**, vol. V. São Paulo: Cultrix, 1978.

MASINA, Léa Sílvia dos Santos. **Os contos de Simões Lopes Neto e Alcides Maya.** Correio do Povo, Caderno de Sábado. Porto Alegre, 30 de junho de 1979.

MASSOT, Ivete Simões Lopes Barcellos. **Simões Lopes Neto na Intimidade.** Porto Alegre: Bels, 1974.

MEYER, Augusto. **O grande Simões Lopes.** Correio do Povo. Porto Alegre: 26 de agosto de 1926.

—. **Prosa dos Pagos.** São Paulo: Martins, 1943.

—. Simões Lopes Neto. **Província de São Pedro**, no 1. Porto Alegre: Globo, jun. de 1945.

—. **Guia do Folclore Gaúcho.** Rio de Janeiro: Aurora, 1951.

—. **Cancioneiro Gaúcho.** Porto Alegre, Globo, 1952.

—. **Prefácio:** Simões Lopes Neto, João, Casos do Romualdo. Porto Alegre: Globo, 1952.

—. **O grupo gaúcho:** A Literatura no Brasil, vol. 3, org. por Afrânio Coutinho. Rio de Janeiro: Ed. Sul Americana, 1955.

—. **Prosa dos Pagos.** Rio de Janeiro: São José, 1960 (2a edição refundida e ampliada).

BIBLIOGRAFIA

—. **Textos Críticos**. São Paulo: Perspectiva, 1986.

MILITZ DA COSTA, Lígia. **O regionalismo em Simões Lopes Neto**. Revista Literatura, no 3. Santa Maria: UFSM, dezembro de 1976.

MIRANDA NETO. **Poemas farrapos**. Correio do Povo. Porto Alegre, 28.11.1978.

—. **Os desgarrados dos pagos**. Correio do Povo. Porto Alegre: 20 de janeiro de 1980.

MONQUELAT, Adão F. **Capitão João Simões... e sua Cia**. de Joões: Novos Textos Simonianos. Pelotas: Confraria Cultural e Científica Prometheu, 1991.

—. **Simões Lopes Neto: A face romântica**. Diário da Manhã, DM Cultura. Pelotas, 16.06.1991.

MORAES, Carlos Dante de. **Figuras e Ciclos da História Rio-Grandense**. Porto Alegre: Globo, 1959.

MORAIS, Adail. **De Blau Nunes a João Guedes**. Província de São Pedro, no 4, março de 1946.

MOREIRA, Ângelo Pires. **A Outra Face de J. Simões Lopes Neto**. Porto Alegre: Martins Livreiro, 1983.

MOURA, Reynaldo. **Simões e Alcides**. Correio do Povo. Porto Alegre: 17.02.1956. MULHAL, Michael George. O Rio Grande do Sul e suas Colônias Alemãs. Porto Alegre: Bels-IEL, 1974.

NUNES, Luiz Arthur. **Contos Gauchescos – uma tipologia das personagens**. Correio do Povo – Caderno de Sábado. Porto Alegre: 12 de junho de 1971.

OLIVEIRA, José Osório de. **O escritor gaúcho Simões Lopes Neto**. Atlântico (Nova-Série), nº 2, Lisboa-Rio: SNI – DNI, 1946.

—. **O escritor gaúcho Simões Lopes Neto**. Correio do Povo, Porto Alegre, 2 mar. 1947.

—. **O escritor gaúcho Simões Lopes Neto**. Província de São Pedro, Porto Alegre, no 9, jun. de 1947.

OLIVIERI, Antonio Carlos. **A voz do gaúcho em letras de imprensa.** Simões Lopes Neto, João. Contos Gauchescos. Porto Alegre: Ática, 1998.

ONETTI, Juan Carlos. Roberto Arlt, in Arlt, Roberto, **El Juguete Rabioso.** Barcelona: Editorial Bruguera S.A. (impresso no Brasil). São Paulo: São Paulo Indústria Gráfica e Editora S.A., 1981).

ORNELLAS, Manoelito de. **Símbolos Bárbaros.** Porto Alegre: Globo, 1943.

—. **João Simões Lopes Neto – o romancista.** Diário Popular, Pelotas, 27 ago. 1944.

—. **Um pouco de Simões Lopes Neto.** Correio do Povo, 16 de março de 1948.

—. **Genealogia lírica dos pampas.** Província de São Pedro, no 11. Porto Alegre: Editora Globo, 1948.

—. **Um livro inédito de Simões.** Correio do Povo, 15 nov. 1949.

—. Prefácio. Simões Lopes Neto, João. **Terra Gaúcha.** Porto Alegre: Sulina, 1955.

—. **O Rio Grande do Sul nas Letras do Brasil – Resenha Histórica.** Porto Alegre: PUCRS, 1965.

—. A origem das Salamancas. Simões Lopes Neto, João. **Lendas do Sul. Porto Alegre:** Globo, 1974.

—. À maneira do velho Blau. In: LOPES NETO, João Simões. **Lendas do Sul.** Porto Alegre: Globo, 1974.

OSÓRIO, Fernando. **A Cidade de Pelotas.** Pelotas: Tip. do Diário Popular, 1922.

—. **Pátria Nova.** Pelotas: Tip. Diário Popular, 1916.

—. **Relatório de 1916 do Tiro Brazileiro de Pelotas.** Pelotas: Tiro Brazileiro, 1916.

OSÓRIO, João de Castro. **Um grande poeta épico.** Província de São Pedro, no 15. Porto Alegre: Editora Globo, 1951.

PAES, José Paulo & MOISÉS, Massaud. **Pequeno Dicionário de Literatura Brasileira.** São Paulo: Cultrix, 1967.

BIBLIOGRAFIA

PEREIRA, Lucia-Miguel. **Prosa de ficção, de 1870 a 1920**, História da Literatura Brasileira, vol. XII. Rio de Janeiro: José Olympio, 2a edição, 1957.

PESAVENTO, Sandra Jathay. **História da Indústria Sul-Rio-Grandense.** Guaíba: Riocel, 1985.

PICCHIO, Luciana Stegagno. **História da Literatura Brasileira.** Rio de Janeiro: Nova Aguilar, 1997.

PINTO DA SILVA, João. **Physionomias de "Novos".** São Paulo: Monteiro Lobato, 1922.

—. **História Literária do Rio Grande do Sul.** Porto Alegre, Globo, 1930, 2ª ed.

POMPÉIA, Raul. **O Ateneu.** São Paulo: Editora Martin Claret, 2000.

POZENATO, José Clemente. **O Regional e o Universal na Literatura Gaúcha.** Porto Alegre: Movimento/IEL, 1974.

PRETI, Dino. **Sociolingüística – Os Níveis da Fala.** São Paulo: Nacional, 1974. REGO, José Lins do. Gordos e Magros – Ensaios. Rio de Janeiro: CEB, 1942.

REVERBEL, Carlos. **J. Simões Lopes Neto. Esboço biográfico em tempo de reportagem.** Província de São Pedro, no 2, Porto Alegre: Globo, setembro de 1945.

—. J. Simões Lopes Neto. **Esboço biográfico em tempo de reportagem**, Posfácio: Simões Lopes Neto, João, Contos Gauchescos e Lendas do Sul, edição crítica. Porto Alegre, Globo, 1949.

—. **Um Capitão da Guarda Nacional.** Porto Alegre: UCS e Martins Liveiro Editor, 1981.

—. **Pedras Altas. A Vida no Campo Segundo Assis Brasil.** Porto Alegre: L&PM, 1984.

—. Prefácio para Casos do Romualdo, in **Casos do Romualdo.** Porto Alegre: Martins Livreiro, 1992.

—. **Arca de Blau.** Porto Alegre: Artes e Ofícios, 1993.

ROSA, João Guimarães. **Grande Sertão: Veredas.** Rio de Janeiro, José Olympio, 1956.

RUBIRA, Luis. Apresentação. **Almanaque do Bicentenário de Pelotas** (Vol.1), in Almanaque do Bicentenário de Pelotas, v. 1. Pró-Cultura RS, Ed.Pallotti de Santa Maria, 2012.

RUSSOMANO, Mozart Victor. Alguns aspectos de Simões Lopes Neto, em **Fundamentos da Cultura Rio-Grandense**, 3ª série. Porto Alegre: URGS, 1958.

—. **Simões Lopes Neto e Darcy Azambuja – Uma Visão do Neo-Regionalismo Gaúcho.** Porto Alegre: Instituto Histórico e Geográfico do Rio Grande do Sul, 1975.

—. O arquivo de Simões Lopes Neto, em **O Teatro de Simões Lopes Neto**, vol. I. Porto Alegre: IEL, 1990.

—. **Vida e morte de Lobo da Costa.** Porto Alegre: Província de S. Pedro, no 15, p.27-35, Globo, 1951.

—. **Casos de Romualdo.** Correio do Povo, Porto Alegre, 13 jul.1957.

—. Como se fosse um prefácio. In: LOPES NETO, João Simões. **Novos Textos Simonianos.** Pelotas: Confraria Cultural e Científica Prometheu, 1991.

SAINT-HILAIRE, Auguste. **Viagem ao Rio Grande do Sul.** Rio de Janeiro: Ariel, 1935.

SANTOS, Eurico. **Pássaros do Brasil.** Belo Horizonte: Itatiaia, 1979, 4ª ed.

SANTOS, Klécio. **Bibliotheca Pública Pelotense.** Pelotas: Fructos do Paiz, 2017.

SANTOS, Yolanda Lhullier dos, e Caldas, Pedro Henrique. Francisco Santos. **Pioneiro no Cinema do Brasil.** Pelotas: Semeador, 1995.

SCHLEE, Aldyr Garcia. **Traducción y inversión de J. Simões Lopes Neto: Simões Lopes Neto, João, La Salamanca del Jarau.** Tradução de Aldyr G. Schlee. Porto Alegre:

—. **Lembrança de João Simões Lopes Neto.** Baurú: Canal 6 Projetos Editoriais, 2009.

—. **Cronologia de Simões Lopes Neto.** Cadernos Porto & Vírgula. Porto Alegre: UE/Porto Alegre, v.17, 1999.

SCLIAR, Moacyr. Simões Lopes Neto, escritor universal. In: LOPES NETO, Simões. **Contos Gauchescos**. São Paulo: Ática, 1998.

SERAFIM BEMOL e MOUTA RARA (J. Simões Lopes Neto e José Gomes Mendes). **O Boato**. Pelotas: Echenique & Irmão, 1894.

SICA DINIZ, Carlos Francisco. **Um conto bem contado**, in Novos Textos Simonianos, Pelotas: Confraria Cultural e Científica Prometheu, 1991.

—. **Olhos de remorso**. Diário da Manhã, 07 de julho de 1991, caderno DM Cultura.

—. Bibliografia, em **Novos Textos Simonianos**, Pelotas: Confraria Cultural e Científica Prometheu, 1991.

—. **A Coleção Brasiliana**. Diário da Manhã, 24.11.1996.

—. **Simões Lopes Neto: os inéditos e as novas edições**. Cadernos Porto & Vírgula. Porto Alegre: UE/Porto Alegre, v.17, 1999.

—. **Simões Lopes Neto – o espaço da linguagem**. Diário Popular, 04 de março de 2001.

—. **A confraria do capitão e o painel farroupilha**. Diário Popular, 17 de maio de 2003.

—. **A presença indígena na obra de Simões Lopes Neto**, in Identidades ameríndias. Sepé Tiaraju, Lendas Missioneiras, Salamanca do Jarau. Agemir Bavaresco e Luís Borges (orgs.) Porto Alegre: Edições EST, 2006.

—. **Apresentação**, em 14 contos e uma lenda de Simões Lopes Neto. Coletânea de textos do escritor gaúcho João Simões Lopes Neto (1865-1816), com ilustrações de Zorávia Bettiol. Brasília: Confraria dos Bibliófilos do Brasil, 2011.

—. **À frente de seu tempo**, em Terra gaúcha. Histórias de infância. Fischer, Luís Augusto (Ed). Caxias do Sul: Belas Letras, 2013.

—. **Prefácio**, in A Mandinga – Uma crítica social? De León, Zênia. Pelotas: edição da autora, 2017.

—. **Eu conheci João Simões Lopes Neto. Recordações de contemporâneos do escritor** (Organização, introdução, notas e texto biográfico). Rio de Janeiro: Letra Capital, 2020.

SIMÕES LOPES, Hilda. **Entre sonhos e charqueadas**. Simões Lopes
Neto. Cadernos Porto & Vírgula. Porto Alegre: UE/Porto Alegre,
v.17, 1999.

SIMÕES LOPES, Luiz. **O hóspede da Estância da Graça**. Porto Alegre:
Revista do Globo, no 795, 27.05 a 9.06 de 1961.

—. **Fragmentos de memória**. Suely Braga da Silva (org.). Rio de Janeiro:
Ed. FGV, 2006

SIMÕES LOPES, João. **Cultura do Arroz**. Pelotas: s/editor, 1914.

SMITH, Herbert. **Do Rio de Janeiro a Cuiabá**. São Paulo: Melhoramentos,
1922.

SOARES, Mozart Pereira. O elemento sensorial nos Contos Gauchescos,
em Simões Lopes Neto, João. **Contos Gauchescos**, edição ilustrada.
Porto Alegre, Globo, 1983, p.IX.

—. O elemento sensorial nas Lendas do Sul, edição ilustrada, em Simões
Lopes Neto, João. **Lendas do Sul**. Porto Alegre: Globo, 1974.

SOBREIRO JÚNIOR, Valter. **Contos gauchescos: uma experiência cênica**. Simões Lopes Neto. Cadernos Porto & Vírgula. Porto Alegre:
UE/Porto Alegre, v.17, 1999.

SODRÉ, Nelson Werneck. **História da Literatura Brasileira**. Rio de
Janeiro: Civilização Brasileira, 1964, 4a ed.

SOUZA, Deodato. **Aves do Brasil**. Belo Horizonte: Itatiaia, 1987.

SOUZA, J. Galante de. **O Teatro no Brasil**, 2 vol. Rio de Janeiro: Min.
de Educ. e Cultura-INL, 1960.

SUSSEKIND, Flora. **As Revistas de Ano e a Invenção do Rio de Janeiro**.
Rio de Janeiro: Nova Fronteira, Fundação da Casa de Rui Barbosa, 1986.

SEVCENKO, Nicolau. **Literatura como Missão: Tensões Sociais e
Criação Cultural na Primeira República**. São Paulo: Brasiliense, 1983.

SPALDING, Walter. **Introdução**: Simões lopes Neto, João. Terra gaúcha.
Porto Alegre: Sulina, 1955.

TEIXEIRA, Jerônimo. **O silêncio quando a fogueira apaga**. Simões
Lopes Neto. Cadernos Porto & Vírgula. Porto Alegre: UE/Porto
Alegre, v.17, 1999.

BIBLIOGRAFIA

TOLEDO, Dionísio. **Introdução:** Simões Lopes Neto, João. Os Melhores Contos de João Simões Lopes Neto. São Paulo: Global, 1998.

TRIGO, Luciano. **O Viajante Imóvel.** Machado de Assis e o Rio de Janeiro de seu Tempo. Rio de Janeiro: Record, 2001.

URBIM, Carlos. **Rio Grande do Sul. Um Século de História**, vol. 1. Porto Alegre: Mercado Aberto, 1999

VALLANDRO, Amélia. **Doces de Pelotas.** Porto Alegre: Globo, 1959.

VALPÍRIO, Victor. **Introdução a Contos-Riograndenses.** Revista do Parthenon.

VARELA, Alfredo. **Rio Grande do Sul.** Pelotas: Echenique & Irmão – Editores, 1897, vol. 1º.

VELLINHO, Moysés. **Letras da Província.** Porto Alegre: Globo, 1960 (2ª ed.).

—. **Apresentação.** Simões Lopes Neto, João, Contos e Lendas. Rio de Janeiro: Agir, 1957.

VIANA FILHO, Luiz. **A Verdade na Biografia.** Rio de Janeiro: Civilização Brasileira, 1945.

VILLAS-BÔAS, Pedro. **Notas de Bibliografia Sul-Rio-Grandense.** Porto Alegre: A Nação-IEL, 1974.

—. **Dicionário Bibliográfico Gaúcho.** Porto Alegre: Est/Edigal, 1991.

WEBER, João Hernesto. **Um ancestral de Riobaldo...** Simões Lopes Neto. Cadernos Porto & Vírgula. Porto Alegre: UE/Porto Alegre, v.17, 1999.

ZALLA, Jocelito. **Simões Lopes Neto e a fabricação do Rio Grande gaúcho.** Literatura e memória histórica no sul do Brasil. São Leopoldo: Editora Oikos, 2022.

—. Simões Lopes Neto modernista. **O campo literário e a invenção do autor.** São Paulo: Letra e Voz, 2023.

ZILBERMAN, Regina. **Presente e passado nos Contos Gauchescos.** Correio do Povo, Porto Alegre, 12 jun. 1971. Caderno de Sábado.

—. **Os Casos do Romualdo: por uma descrição morfológica.** Correio do Povo, Porto Alegre, 7 out. 1972. Caderno de Sábado.

—. **A Literatura no Rio Grande do Sul**. Porto Alegre: Mercado Aberto, 1980.

Álbuns, revistas, almanaques, catálogos

Álbum de Pelotas, Centenário da Independência do Brasil. Pelotas: Clodomiro Carriconde, 1922.

Álbum de recortes, fotos e documentos: acervo da Biblioteca Pública Pelotense. Almanach de Pelotas. Pelotas: Florentino Paradeda.

Almanak Litterario e Estatistico do Rio Grande do Sul de Alfredo Ferreira Rodrigues. Rio Grande: Pinto & Cia.

Almanak Pelotense, de Joaquim Ferreira Nunes para o ano 1862. Pelotas:Typ. Do Com- mercio, 1861.

Anais da Biblioteca Pública Pelotense. Pelotas: Liv. Comercial, 1905 (2 volumes: I–1904; II–1905).

Annuario da Provincia do Rio Grande do Sul de Graciano Azambuja. Porto Alegre: Gundlach & Cia.

Guia Bemporat. Porto Alegre, s/d.

Ilustração Brasileira (fundada em 1909). Rio de Janeiro: Ed. O Malho, ano XLVI, no 239, novembro-dezembro, 1955.

Princesa do Sul – Revista. Pelotas: Euclides Franco de Castro, 11 fascículos (1944-1952).

Província de São Pedro – Revista, números 1 (junho-1945) a 21 (1957). Porto Alegre: Editora Globo, 1945-1957.

Revista Agrícola do Rio Grande do Sul. Pelotas, 1907.

Revista da Academia de Letras do Rio Grande do Sul (1910-1913). Porto Alegre: Livraria Americana.

Revista da Academia de Letras do Rio Grande do Sul (nova fase: a partir de 1936). Porto Alegre: Centro da Boa Imprensa do RGS.

Revista *O Delta* (artigo João Simões Lopes Neto, nosso irmão). Porto Alegre: GORGS e COMAB, 1o trimestre de 2008, Ano VI, no 53, p.9.

BIBLIOGRAFIA

Revista da Sociedade Partenon Literário. Porto Alegre: março, 1869
– setembro, 1879, 4 séries (a partir de abril de 1879, Revista
Contemporânea do Partenon Literário).

Revista do Globo. Porto Alegre: Ed. Globo.

Revista do 1º Centenário de Pelotas (Publicação auxiliar para a comemoração projetada pela Biblioteca Pública Pelotense). Pelotas: números
1 a 8 (out.1911-mai.1912).

O Estado do Rio Grande do Sul, divulgado como Album Domecq.
Barcelona: Domecq & Cia., 1916.

Simões Lopes Neto: onde não chega o olhar prossegue o pensamento.
Catálogo ilustrado da Exposição realizada no Santander Cultural, de
19 de outubro a 18 de setembro de 2016, em Porto Alegre, Curadoria
de Ceres Sthorchi. São Paulo: Santander Cultural, 2016.

Almanaque do Bicentenário de Pelotas, ilustrado (Vol.1), 336 p. Pró-
Cultura RS, Ed. Pallotti de Santa Maria, 2012.

Almanaque do Bicentenário de Pelotas, ilustrado (Vol.2), 576 p. Pró-
Cultura RS, Ed. Pallotti de Santa Maria, 2014.

Almanaque do Bicentenário de Pelotas, ilustrado (Vol.3), 640 p. Pró-
Cultura RS, Ed. João Eduardo Keiber, Pelotas, 2014.

Jornais

A Opinião Pública, Pelotas.

A Cavação, Pelotas.

A Pátria, Pelotas.

A Ventarola, Pelotas.

Correio do Povo, Porto Alegre.

Correio Mercantil, Pelotas.

Diário de Notícias, Porto Alegre.

Diário Popular, Pelotas.

O Arauto, Pelotas.

O Commercio, Jaguarão.

Manuscritos diversos

Atas da União Gaúcha: livros no 1, sem numeração de folhas (10.09.1899 a 27.09.1903), e no 2, fls. 1 a 200 (14.10.1904 a 22.06.1911).

Atas da Associação Comercial de Pelotas (1900-1916).

Atas da Biblioteca Pública Pelotense (1906-1914).

Atas do Ginásio Colégio Pelotense correspondentes ao período entre 08.12.1908 a 07.08.1914.

Ata nº 416 da loja maçônica Rio Branco, de Pelotas, de 27 de fevereiro de 1890.

Cópia datilografada do manuscrito do diário de viagem do Visconde da Graça (28.08.1873 a 05.11.1873).

Cópia do manuscrito das memórias de João Simões Lopes, tio do escritor, redigidas no ano de 1931.

Recordações da Infância: 27 páginas.

Terra Gaúcha (2 cadernos). I Parte: As férias, na estância; II Parte: O estudo, no colégio.

Boi-Tatá

Alguidar em cacos

Faltam poucos dias

O Menino Jesus (conferência)

Jóias (conferência)

Noite de Chuva

Despedida

Reforma ortográfica

Cartas

Coelho Neto para Simões Lopes Neto (1º de janeiro de 1907 – Lendas do Sul, 1913).

Coelho Neto para Simões Lopes Neto (20 de novembro de 1909 – Lendas do Sul, 1913).

Simões Lopes Neto para Alcides Maya (30 de junho de 1914 – Correio do Povo, 31.10.1965).

BIBLIOGRAFIA

Antonio José Pereira para Simões Lopes Neto (8 de outubro de 1906 – original).

Antonio José Pereira para Simões Lopes Neto (4 de dezembro de 1906 – original).

Ildefonso Simões Lopes para Simões Lopes Neto (17 de novembro de 1906 – original).

Simões Lopes Neto para Antonio Ferreira Soares (de 20 de setembro de 1907 – cópia).

Simões Lopes Neto para Alberto Sá (20 de setembro de 1907 – cópia).

Alberto Sá para João Simões Lopes Neto (de 26 de setembro de 1907 – original).

Simões Lopes Neto para o padre Antonio Vilhegas, vigário de Arroio Grande (de 12 de outubro de 1907 – cópia).

Padre Antonio Vilhegas para Simões Lopes Neto (de 29 de outubro de 1907 – original).

Citações de início dos capítulos

Introdução – "Não é preciso ser gaúcho para sentir-lhe a poesia". Lucia Miguel-Pereira, Prosa de Ficção (de 1870 a 1920), na História da Literatura Brasileira, vol. XII, 1957, p.216.

Capítulo 1 – "Meu pai; o pala branco, brilhando no sol, voando ao vento, parece que está nos dizendo –adeus! adeus! – ainda lá, no alto das coxilhas verdejantes." J. Simões Lopes Neto, da narrativa Meu Pai, no manuscrito Terra Gaúcha, parte I, As férias, na estância, p. 25 do primeiro caderno.

Capítulo 2 – "... lindas ficam as gotas da orvalhada, trespassadas pela luz do sol que vai subindo." J. Simões Lopes Neto, A Recolhida, Revista da Academia de Letras do Rio Grande do Sul, no 7, jun./ago.191, p.184-187.

Capítulo 3 –"Amanhã! O que é, o que vai ser, o que há de passar amanhã?..." J. Simões Lopes Neto, da narrativa introdutória no manuscrito Terra Gaúcha, parte II, O estudo, no colégio, primeira página do segundo caderno.

Capítulo 4 – "Doença da saudade que se cura com a visita da velha casa paterna, à sombra da árvore que nos viu criança..." J. Simões Lopes Neto, Educação Cívica, 1904, Anais da Biblioteca Pública Pelotense, 1905, p.55.

Capítulo 5 – "Estou habituado a arcar – em qualquer terreno – com a responsabilidade do que faço, do que digo e do que escrevo." J. Simões Lopes Neto, Diário Popular, 28.02.1892.

Capítulo 6 – "Existe abaixo de nós outros – que lemos jornais, discutimos política e tratamos de negócios – o mundo sombrio, rodeado de pouco caso, mas que é tratado com respeito, quando alguém carece do seu serviço. O tempo dos bruxedos não passou." J. Simões Lopes Neto, A Mandinga, *Correio Mercantil*, 15 de outubro de 1893.

Capítulo 7 – "... com as suas contradições, trivialidades, utopias – o jornalismo é, sem dúvida, a expansão mais atraente para o homem essencialmente humano." J. Simões Lopes Neto, A Opinião Pública, 05.05.1896.

Capítulo 8 – "E o minuano assobiava, que não era graça..." J. Simões Lopes Neto, da narrativa Meu Pai, no manuscrito Terra Gaúcha, parte I, As férias, na estância, p.28 do primeiro caderno.

Capítulo 9 – " Aparecem as andorinhas, as mensageiras da primavera... Começam a soprar os ventos do quadrante norte, os ventos do calor, e os macegais queimados pelas geadas reverdecem." J. Simões Lopes Neto, A estância, Terra Gaúcha – Histórias de Infância (2013), p.27.

Capítulo 10 – " – Eu tive campos, vendi-os; freqüentei academia, não me formei; mas, sem terras e sem diploma, continuo a ser... capitão da guarda nacional!" J. Simões Lopes Neto, Educação Cívica, conferência, 1906, p.10.

Capítulo 11 – "É um fogo amarelo e azulado, que não queima a maceca seca nem aquenta a água dos manantiais; e rola, gira, corre, corcoveia e se despenca e arrebenta-se, apagado... e quando um menos espera,

BIBLIOGRAFIA

aparece, outra vez, do mesmo jeito!" J. Simões Lopes Neto, A M'Boi-tatá, em Lendas do Sul, 1913, p.14.

Capítulo 12 – "Por coxilhas e canhadas, na beira dos lagoões, nos para-deiros e nas restingas, por onde o Negrinho ia passando, a vela benta ia pingando cera no chão: e de cada pingo nascia uma nova luz, e já eram tantas que clareavam tudo."J. Simões Lopes Neto, O Negrinho do Pastoreio, em Lendas do Sul, 1913, p.65.

Capítulo 13 – " – Ah! patrício! Deus existe!... No refilão daquele tormen-to, olhei para diante e vi... as Três-Marias luzindo na água..." J. Simões Lopes Neto, Trezentas Onças, em Contos Gauchescos, 1912, p.21.

Capítulo 14 – "Teiniaguá encantada! Eu te queria a ti, porque tu és tudo!... És tudo o que eu não sei o que é, porém que atino que existe fora de mim, em volta de mim, superior a mim..." J. Simões Lopes Neto, A Salamanca do Jarau, em Lendas do Sul, 1913, p.45.

Capítulo 15 – "Datas...datas! Horas que passaram… como me lembrais prazeres meus, tão do coração..." J. Simões Lopes Neto, A Opinião Pública, 05.05.1916.

Capítulo 16 – "A ronda das horas gira, infinita, e na sua passagem vai semeando as marcas do seu pouso infinitamente breve." J. Simões Lopes Neto, A Opinião Pública, 05 de maio de 1916.

ÍNDICE ONOMÁSTICO

A

Abeillard Barreto, 59
Abigail Maia, 172
Abílio Cesar Borges, 76, 77
Abrilina Almeida Barcellos, 216
Achylles Porto Alegre, 267
Adão Fernando Monquelat, 40, 339
Adelaide de Freitas, 143
Adeodato Fialho, 232
Adolfo Luiz Osório, 97
Affonso Emilio Massot, 67
Affonso Penna, 209, 233
Afonso Celso Júnior, 179
Agripino Grieco, 37
Alarico Ribeiro, 261
Alberto Araújo Cunha, 362
Alberto C. Leite, 261
Alberto Coelho da Cunha, 222,
Alberto Manguel, 128
Alberto Roberto Rosa,
Alberto Rosa, 144, 158, 168, 170, 171, 173, 175
Alberto Sá, 218
Albino Xavier, 348
Alcides Lima, 98
Alcides Maya, 224, 262, 276, 279, 326, 332, 341, 342, 343
Alcina, 83
Aldyr Garcia Schlee, 281, 282, 287, 294, 365
Alexandre Eulálio, 289

JOÃO SIMÕES LOPES NETO: UMA BIOGRAFIA

Alfredo Augusto de Carvalho Bastos, 346
Alfredo Augusto Gonçalves Braga, 61, 62, 64, 114, 115
Alfredo Bosi, 34, 38, 271
Alfredo Ferreira Rodrigues, 224, 225, 240, 258, 261
Alfredo Varela, 58, 118, 225, 226
Alípio Telles, 347
Almir de Andrade, 250
Almiro Rolmes Barbosa, 293
Alvarino da Fontoura Marques, 61
Álvaro Eston, 346, 364, 369, 373
Álvaro José Gonçalves Chaves, 69, 97, 109, 110, 260, 261
Amélia Vallandro, 360
Ana Mariza Filipouski, 38
Anacleto da Costa Barcellos, 133
Anastasio el Pollo, 27
Andrade Neves Neto, 242, 255, 261
Angelo Pires Moreira, 365
Anita, 331, 332
Anna Gonçalves Victorino, 49
Anna Maria, 53
Anna Rosa, 53
Annateresa Fabris, 36
Antero Anselmo da Cunha, 212, 213, 231
Antero Victoriano Leivas, 144, 371
Antonia (Filha de Simões Lopes), 42
Antonio (Filho de S. Lopes Filho), 47, 76, 77, 78, 79, 127
Antonio Caringi, 338
Antonio Cesar Leivas Massot, 55
Antonio da Costa Guim, 53, 61
Antonio de Mariz, 37, 279, 332
Antônio Ferreira Soares, 206

ÍNDICE ONOMÁSTICO

Antonio Garcia de Miranda Neto, 88

Antonio Gomes da Silva, 311, 319, 331, 362

Antônio Hohlfeldt, 23, 123, 297, 298

Antônio Joaquim Dias, 336

Antônio José Gonçalves Chaves, 69, 71

Antônio José Rodrigues Pereira, 68, 217, 219

Antonio Lopes Rios, 163

Antonio Lussich, 27, 28

Antonio Moreira dos Santos, 177

Antonio Neto, 331

Antonio Vasconcellos Vieira Diniz, 68

Apolinário Porto Alegre, 222, 223, 261

Aquiles Porto Alegre, 261

Araújo Porto Alegre, 261

Ari Martins, 261

Aristarco, 76

Aristeu, 169

Aristides Guidony, 68, 69

Arminda (Filha de S. Lopes Filho), 47, 62, 114, 127

Arthur Azevedo, 133, 322

Arthur Ferreira Filho, 342

Artur Hameister, 119, 140

Artur Mascorda, 364

Artur Meirelles Leite, 373

Artur Oliveira, 261

Artur Oscar, 117, 118

Artur Pinto da Rocha, 260, 261, 276

Athos Damasceno Ferreira, 133

Augusto (Filho de S. Lopes Filho), 47, 48, 127, 207, 212, 230, 373

Augusto de Carvalho, 262

Augusto Meyer, 32, 34, 37, 38, 190, 226, 227, 249, 256, 257, 277, 280, 281, 287, 289, 295, 326, 327, 328, 329
Aureliano Bernardino de Araújo, 218
Aurélio Buarque de Hollanda, 38, 283, 291
Aurélio de Figueiredo, 239
Avé-Lallemant, 59

B

Balzac, 154
Barão Alves da Conceição 113, 123
Barão da Graça (Ver João Simões Lopes Filho)
Barão de Correntes, 54, 252
Barão de Munchhausen, 338, 339, 340
Barbosa Gonçalves, 361
Barbosa Neto, 262
Barreto Leite, General, 111
Barros Cassal, 110
Bartolomeo Hidalgo, 26, 27, 28
Beatriz Ana Loner, 193, 194
Belmonte, Padre, 76
Bento Gonçalves, 268, 297, 298, 332
Bernardelli, 238, 239
Bernardino Bormann, 262
Bernardo Taveira Jr, 261
Bertaso, 277, 278
Bibiano de Almeida, 261
Blau Nunes, 29, 30, 31, 33, 38, 188, 205, 210, 212, 274, 277, 280, 285, 286, 287, 288, 291 - 295, 297, 299, 300, 301, 302, 308, 310, 327, 328, 341
Boaventura Leite, 156
Boi-Tatá, 188, 189, 242, 243, 255, 326, 330

ÍNDICE ONOMÁSTICO

Borges de Medeiros, 170, 209
Bruno Gonçalves Chaves, 69

C

Câmara Cascudo, 250
Canabarro, 331
Cândida Clara (Filha de Simões Lopes), 42
Cândido Costa, 110
Carlos Alexandre Baumgarten, 279
Carlos Cantallupi, 169
Carlos Casanova, 113
Carlos Dante de Moraes, 38
Carlos Echenique, 90, 252
Carlos Francisco Sica Diniz, 40, 294, 376, 377, 378, 379
Carlos Ferreira Ramos, 148
Carlos Ferreira, 262
Carlos Jensen, 339, 340
Carlos José da Silva, 113
Carlos Leopoldo Casanovas, 244, 362, 364, 365, 369
Carlos Paiva, 174
Carlos Pinto, 46
Carlos Reverbel, 23, 24, 86, 116, 121, 145, 148, 153, 155, 183, 186, 187, 201, 203, 232, 237, 242, 244, 276, 277, 278, 299, 310, 342, 369, 370, 371, 378
Carlos Souza, 372
Carlos Von Koseritz, 255
Carolino de Freitas, 118
Cassiano do Nascimento, 151, 159, 160, 274, 275
Cassio Braga, 347
Castro Alves, 79

Catão Bonifácio (Filho de S. Lopes Filho), 46, 48, 49, 50, 51, 52, 53, 54, 61, 65, 72, 73, 76, 82, 86, 87, 88, 98, 100, 115, 120, 126, 127, 128, 139, 144, 146, 147, 152
Cavaco, 184
Cavalcanti, 143
César de Castro, 261
Cesar Dias, 156
Chagas, Padre, 321
Charles Dickens, 128
Chico Pedro, 205, 258
Chico Preto, 33
Cidreira, 145
Cirilo Pereira, 123
Cláudio Heemann, 38, 130, 132, 133, 141, 142, 145, 146, 155, 156, 159, 167, 168, 169, 174, 364
Cláudio Velho da Motta Maia, 81
Clementino Leal Pereira, 202
Clotilde (Filha de S. Lopes Filho), 47
Coelho da Costa, 262, 278
Coelho Neto, 52, 220, 221, 229, 230, 241, 243, 255, 276
Conde d'Eu, 58
Correia M. Faria Correia, 262
Custódio Gonçalves Belchior, 54
Cypriano Corrêa Barcellos, 144, 361, 373

D

D. Nhanhã, 219
D. Pedro I 43, 239
D. Pedro II, 238, 286, 287
Damasceno Vieira, 261
Damião Alves de Moura, 311

ÍNDICE ONOMÁSTICO

Daniel Granada, 28, 32, 328, 329

Dantas Barreto, 261

Dante de Laytano, 38

Darcila de Oliveira, 88

Darcy Azambuja, 38, 226, 272

Dardo Cúneo, 142

Darwin, 310

David Copperfield, 128

David Meirelles, 148

Debret, 239

Delgado Carvalho, 185

Demétrio Antonio Peixoto, 68

Demétrio Ribeiro, 110

Demócrito Rodrigues da Silva, 178, 199, 200

Deodoro da Fonseca, Marechal, 111

Djanira, 88

Domingos José de Almeida, 71, 215, 216, 332

Don Salústio, 123

Dona Cazuza, 253

Dona Velha (Ver Francisca Meirelles Simões Lopes)

Doricélia, 123

Dorotéa (Filha de Simões Lopes), 42

Duque de Caxias, 238, 286, 287

E

Eça de Queiroz, 311

Edgar Allan Poe, 31

Edgard Cavalheiro, 293

Edmondo de Amicis, 185

Edmundo Berchon des Essarts, 211, 212, 263

Edmundo Silva, 364

Eduardo Chapon, 214
Eduardo de Araújo, 261
Eduardo Ferreira, 331
Eduardo Guimaraens, 262
El Moreno, 258
Elesbão Soares, 123
Eliane Peres, 193
Emilio de Missimy, 67
Emilio Guylain, 361
Epaminondas Pelotense Gomes, 202
Érico Veríssimo, 278
Ernest Lesigne, 310
Ernesto Alves, 261
Estanislao del Campo, 27, 28
Euclides da Cunha, 26
Euclides Franco de Castro, 113, 155
Eudoro Berlink, 261
Eufrásia Gonçalves Lopes, 42, 46, 47, 49, 53, 125, 146
Eufrásia Gonçalves Vitorino (Ver Eufrásia Gonçalves Lopes)
Eufrázia (Filha de Catão Bonifácio), 54, 60, 65, 72, 73, 75, 147
Eufrázia (Filha de S. Lopes Filho), 46, 47, 75, 126
Eulália (Filha de S. Lopes Filho), 46
Eurico Santos, 65
Evaristo (Filho de S. Lopes Filho), 46, 116, 126
Evaristo do Amaral, 118
Ezequiel Ubatuba, 261

F

F. Martino, 238, 239
Faber Júnior, 161
Fanfa Ribas, 261, 267

ÍNDICE ONOMÁSTICO

Faria Corrêa, 203

Fausto José Leitão Domingues, 39, 40, 83, 191, 196, 346, 347, 375

Fausto, 27

Feliciano Ribeiro, 87

Felipe, 97

Felisberto Ignácio da Cunha, 53, 90

Félix da Cunha, 261

Fernando Abbott, 110

Fernando Gomes, 261

Fernando Luís Osório, 42, 43, 45, 46, 68, 204, 245, 368

Fernando Rohnelt, 156

Firmina de Oliveira, 201, 202, 203, 234

Firmino Thomaz de Oliveira (Pai de Firmina), 201

Firmino Thomaz de Oliveira (Avô de Firmina), 202

Flávio Loureiro Chaves, 30, 31, 38, 292

Flora Sussekind, 130

Florencio Sánchez, 142

Floriano Peixoto, Marechal, 111, 116, 117, 135

Fontoura Xavier, 94

Fontoura, 331

Francisca (Filha de S. Lopes Filho), 46, 27

Francisca de Paula Meireles Leite (Ver Francisca Meirelles Simões Lopes)

Francisca Dias Leite, 114, 115

Francisca Gomes de Jesus, 47

Francisca Meirelles Simões Lopes, 23, 102, 111, 112, 114, 115, 150, 157, 158, 182, 183, 187, 201, 202, 203, 220, 275, 278, 323, 365

Francisco de Freitas Ramos, 53

Francisco de Paula Alves da Fonseca, 364, 365, 369

Francisco de Paula Amarante, 162, 180, 205

Francisco de Paula Barcellos, 133

Francisco de Paula Cardoso, 274, 323, 344

Francisco de Paula Gonçalves Moreira, 144, 158
Francisco de Paula Meira, 159
Francisco de Paula Simões, 371
Francisco de Rojas y Zorrilla, 329
Francisco de Salles (Filho de S. Lopes Filho), 46, 92, 126
Francisco Florencio da Rocha, 49
Francisco Maria Pâncaro, 114
Francisco Meirelles Leite, 112, 114, 115
Francisco Munhoz Silveira, 347
Francisco Rodrigo de Souza, 68
Francisco Santos, 132, 348, 349
Francisco Simões, 217, 373
Francisco Vieira Villela, 163
Francisco Xavier Pinto Lima, 43
François Couppé, 364
François Dosse, 379
Frederico Bastos, 147
Frederico Trebbi, 338

G

Galante de Souza, 141, 159, 169
Garibaldi, 304, 305, 331
Gaspar Silveira Martins, 110, 116, 120
Gastão Röhnelt, 364, 369, 373
Gaucho Martín Fierro, 26
General Osório, 239
Getúlio Vargas, 133
Gilberto Freyre, 223, 224
Gomes Jardim, 268
Gonçalves Chaves, 224
Gontram Torres, 113

ÍNDICE ONOMÁSTICO

Gorki, 283
Graciano A. Azambuja, 258
Gregório da Fonseca, 52
Guilherme Echenique, 54, 90, 144, 252, 253, 255
Guilherme Minssen, 236
Guilherme Moreira dos Santos, 177
Guilhermino Cesar, 122, 154
Guimarães Rosa, 300, 301, 303
Gustavo Venzi, 61

H

Haekel, 310
Hanover, 338
Hartzembusch, 329
Haussmann, 208
Haydé Vinhas Lopes, 126
Heleodoro de Azevedo e Souza, 72
Helga Landgraf Piccolo, 194, 195
Henrique Lavater, 202
Herbert Smith, 59
Hermes da Fonseca, 359
Hernani Cavalheiro, 365
Hilario Ascasubi, 26, 27, 28
Hilário Ribeiro, 193
Hilário, 123
Hilda Simões Lopes Costa, 39, 76, 82
Hugo Piratinino de Almeida, 231

I

Ildefonso (Filho de Simões Lopes e tio-avô do escritor), 42, 80, 125

Ildefonso (1º Filho de S. Lopes Filho), 46
Ildefonso (2º Filho de S. Lopes Filho), 47, 76, 77, 78, 79, 127, 162, 173, 174, 178, 212, 219
Ildefonso Carvalho, 364, 369, 373
Ildefonso Corrêa, 164
Ildefonso Menandro Correia, 112
Inglês de Souza, 283
Inocêncio Galvão de Queiroz, 137
Irineu Trajano, 261, 266
Isaak Babel, 32
Ismael (Filho de S. Lopes Filho), 47, 48, 94, 97, 98, 109, 127, 139, 143
Ítalo Moriconi, 293
Ivete Massot, 23, 25 50, 54, 55, 60, 61, 65, 67, 73, 79, 81, 86, 111, 132, 150, 153, 167, 185, 200, 201, 202, 203, 254, 370, 371
Ivete Simões Lopes Barcellos (Ver Ivete Massot)
Izabel (Filha de S. Lopes Filho), 43, 46
Izabel Dorotea (Filha de Simões Lopes e tia-avó do escritor), 42
Izabel Dorothea Carneiro da Fontoura, 41, 42, 49
Izabel Francisca, 42

J

J.C, 143, 167
Januário Coelho da Costa, 267, 275
Januário Joaquim Amarante, 53
Javier de Viana, 33
Javier Freyre, 226, 227
Jerônimo José Coelho da Silva, 53
João (Filho de S. Lopes Filho), 47, 48, 78, 86, 127
João Antonio Pinheiro, 121, 122
João Antônio, 331
João Augusto Belchior, 68, 80

ÍNDICE ONOMÁSTICO

João Cardoso, 94

João Carlos Machado, 362

João Carneiro da Fontoura, 41

João Cezimbra Jacques, 255, 259, 262

João Coelho da Silva, 53

João de Barros Cassal, 111

João de Castro Osório, 32

João de Deus, 193, 196,

João Dias Vianna, Major, 115

João do Sul, 140, 308, 311, 319, 322, 365, 369

João Fernandes de Lima, 202

João Jacinto Mendonça, 97

João José Pereira Parobé, 122

João Maia, 261, 267

João Moura, 370

João Nunes da Silva Tavares, 111, 116, 117, 118, 137

João Paulino (Filho de S. Lopes Filho), 46, 51

João Pinto da Silva, 37, 261, 276, 277

(João) Rialto, 112

(João) Riduro, 93

(João) Riforte, 112

(João) Riforte, 93

(João) Rigago, 93

(João) Riinchado, 93

(João) Rilonge, 93

(João) Rimaduro, 93

(João) Rimiúdo, 93

(João) Rimole, 93

(João) Rimudo, 93

(João) Rimuito, 93

(João) Ripasmo, 93

(João) Riperto, 93

(João) Ripianíssimo, 93

(João) Ripouco, 93, 112

(João) Risempre, 93

(João) Risó, 112

(João) Risurdo, 93

(João) Ritossindo, 93

(João) Riverde, 93

(João) Rivotos, 93

(João) Ricegosurdo, 93

João Simões Lopes, comendador, 41, 49

João Simões Lopes Filho, 40, 42, 43, 44, 45, 46, 47, 49, 53, 61, 72, 76, 78, 79, 86, 88, 99, 114, 116, 120, 124, 125, 128, 136, 146 147, 148, 159, 241, 320

João Simões Lopes Neto, 21 - 26, 28 - 30, 32 - 34, 37 - 41, 47, 48, 50, 52, 54, 57 - 63, 65 - 69, 71 - 73, 75, 77 - 83, 85 - 95, 98 - 100, 102, 109 - 116, 118 - 123, 128 - 136, 138 - 142, 144, 145, 147 - 150 - 154, 156 - 173, 175, 177 - 183, 185 - 188, 190 - 195, 197 - 214, 216 - 222, 227, 229 - 234, 236, 237, 239 - 245, 247 - 280, 282 - 284, 286 - 291, 293 - 296, 298 - 301, 303 - 305, 307 - 311, 313, 314, 315, 320 - 332, 335 - 349, 352, 359 -365, 368 - 374, 376 - 379

João Teixeira de Souza, 159

Joaquim Alves Torres, 261

Joaquim Araújo, 209

Joaquim Augusto de Assumpção Junior, 346

Joaquim Augusto de Assumpção, 347

Joaquim Caetano, 261

Joaquim Ferreira Nunes, 68

Joaquim Francisco de Assis Brasil, 111

Joaquim Francisco Meirelles Leite, 114, 115

Joaquim Gonçalves, 298

ÍNDICE ONOMÁSTICO

Joaquim Kraemer, 177
Joaquim Leivas, 206
Joaquim Luís Osório, 205, 206, 212, 221
Joaquina Antonia da Luz, 47
Jocelito Zalla, 310, 343
John Luccock, 59
Joões do Riso, 110, 112
Jorge Luis Borges, 26, 27, 35, 50, 289, 290, 299
Jorge Salis Goulart, 185, 225
José (Filho de Simões Lopes), 42
José (Filho de S. Lopes Filho), 46, 47, 126
José Aderaldo Castelo, 280
José Antonio Saraiva, 45
José Augusto Barbeitos, 331
José Bonifácio, 238
José Carlos Rodrigues, 261
José Carneiro da Fontoura, 41
José Cunha, 50, 299
José da Silva Paes, 41, 345
José de Alencar, 239
José de Assis Brasil, 261
José de Souza Lobo, 261, 335
José Gomes de Freitas, 262
José Gomes Mendes, 55, 128, 129, 147, 151, 152, 260, 373
José Gonçalves Chaves, 69
José Hernández, 26, 27, 28
José Joaquim de Freitas, 164
José Júlio de Albuquerque Barros, 346, 364, 369, 373
José Luiz Pinto da Silva, 373
José Lyra, 219
José Mariano, 218

José Mendes, 113, 349
José Monteiro, 278
José Osimod' Aquino, 201
José Paulo Ribeiro, 261, 279
José Silveira d'Ávila, 53
José Simões Lopes, 41
José Veríssimo, 179
Juan Luiz Alarcón, 329
Juca, 70, 71, 183, 184, 287, 288, 289
Juca Guerra, 49, 50, 287, 294, 299
Juca Picumã, 287, 288, 289
Juca Polvadeira, 188, 191
Júlio de Castilhos, 111, 116, 120, 121, 374
Junius Brutus Almeida, 111
Justiniano (Filho de S. Lopes Filho), 47, 48, 88, 127, 156, 162, 373

L

L. Rochet, 238, 239
Lamarck, 310
Lélio, 93
Leôncio de Carvalho, 80
Leopoldino J. de Freitas, 262
Leopoldo Chaves, 261
Leopoldo de Freitas, 262
Leopoldo Gotuzzo, 338
Letterio Bonarrigo, 196, 197
Lhullier dos Santos, 348
Lidia Gauthier, 234
Ligia Chiappini, 24, 26, 28, 37, 38, 40, 52, 62, 79, 86, 89, 94, 95, 130, 141, 183, 192, 248, 275, 276, 277, 296, 297, 302, 303, 341
Lima Barreto, 26

ÍNDICE ONOMÁSTICO

Lima e Silva, 331
Lindolfo Collor, 261
Lobo da Costa, 92, 93, 262
Lourival, 60
Lucia Miguel-Pereira, 38
Luciano Trigo, 208, 234
Lugones, 26
Luís Augusto Fischer, 39, 40, 191, 193, 195, 210, 211, 300, 301, 322
Luís Camps, 362
Luiz Araújo Filho, 28, 32, 205, 258, 283, 295
Luiz Arthur Nunes, 38
Luiz Carlos Massot, 67, 151, 231
Luiz Felipe Gastão d'Orléans, 55
Luiz Ribeiro de Souza Fontes, 81
Luiz Simões Lopes, 42, 48, 50
Luiz Viana Filho, 21, 35, 36
Luiza de Queiroz, 83

M

M. De Faria Correa, 267
M'boi-tatá (Ver Boi-Tatá)
Mabel Lacombe, 185
Machado de Assis, 93, 233, 234, 311
Magalhães de Azeredo, 233
Manoel (Filho de S. Lopes Filho), 47, 98, 127, 373
Manoel Acosta y Olivera, 129, 131, 132, 133, 143
Manoel Bomfim, 210, 211
Manoel Gonçalves Lopes, 213
Manoel Gonçalves Victorino, 47, 49
Manoel Ignácio Fernandes, 67
Manoel José de Freitas Ramos, 53, 54, 61

Manoel Luiz da Rocha Osório, 111, 206, 347

Manoel Pereira da Luz, 47

Manoel Serafim Gomes de Freitas, 232, 245, 262, 267, 363

Manoelito de Ornellas, 23, 27, 31, 37, 67, 68, 181, 182, 185, 186, 187, 188, 190, 220, 234, 278, 326

Manuel do Carmo, 262, 342

Marcelo Gama, 262

Marcolino da Maia Firme, 114

Marcos, 183, 188

Margarita Barretto, 283, 284

Maria da Conceição de Oliveira, 201

Maria da Glória Bordini, 38

Maria da Glória de Oliveira, 202

Maria Gomes, 49

Maria Isabel Dias Murray, 132

Maria Izabel (Filha de Catão Bonifácio), 55, 62, 75, 111, 132, 147, 216, 370, 371

Maria Izabel de Freitas Lopes, 24

Maria Joaquina (Filha de S. Lopes Filho), 46, 75, 126

Maria Joaquina Lopes de Almeida, 111

Maria Livia Meyer, 289

Maria Lucas da Silva, 148

Maria Luiza de Carvalho Armando, 341

Maria Magdalena de Lima, 202

Maria Marinho da Silva, 148

Maria Silveira d'Ávila, 53

Marianna Alves, 53

Mariano da Rocha, 261

Marina Santos, 348

Mário Chamie, 38

Mário d'Artagão, 261

ÍNDICE ONOMÁSTICO

Mario Osório Magalhães, 40, 112, 360
Martim Echenique, 252
Martin Esslin, 168
Martin Fierro, 27, 28, 258
Martins Penna, 156
Maud, 128
Maximiano Mafra, 239
Maximiliano von Lassberg, 236
Mayo, 188
Michael Mulhal, 59
Miguel Barcellos, 60, 320
Miguel da Cunha Martins, 133
Miguel de Cervantes Saavedra 250, 329
Miguel Ferreira, 261
Milton Amado, 250
Moacyr Flores, 120
Mogar Xavier, 39
Mouta-Rara, 129, 131, 133, 141, 143, 349
Moysés Vellinho, 22, 38, 250, 281
Mozart Pereira Soares, 38, 66, 242
Mozart Victor Russomano, 23, 25, 26, 38, 40, 66, 93, 151, 187, 217, 236, 255, 374

N

Nava Coll, 63
Negrinho do Pastoreio, 31, 188, 190, 208, 221, 222, 223, 224, 225, 226, 227, 228, 229, 241, 242, 243, 255, 286, 326, 330, 377
Nelson Boeira Faedrich, 38
Nestor Veríssimo, 278
Nham Pombinha, 123
Nicolau Dreys, 59

Nicolau Gogol, 32
Nicolau Sevcenko, 26
Nilnah Lopes Barcellos, 132
Nunes de Souza, 204

O

Olavo Bilac, 206, 220, 276
Omar Borré, 166
Onofre Pires, 268, 297, 298, 332
Oswaldo Cruz, 208
Oswaldo Vergara, 261
Otávio A. de Faria, 262
Otávio Peixoto, 156
Ozébio, 245

P

Pardal Mallet, 262
Patricia Lima, 322
Paul Ricoeur, 377
Paula Ramos, 173
Pedro Álvares Cabral, 238
Pedro Américo, 238, 239
Pedro Calmon, 208
Pedro de Freitas, 347
Pedro de Moraes Garcez, 193, 195, 197
Pedro Henrique, 348
Pedro Ignacio Fernandes, 115
Pedro Leão de Almeida Barcellos, 55, 147
Pedro Osório, 373
Pedro Villas-Boas, 339

Pereira Passos, 208
Pierre Bourdieu, 36
Pinheiro Guimarães, 234
Pinheiro Machado, 212
Pinto da Rocha, 261
Pinto Peres, 238
Pirandello, 283
Plácido de Castro, 235, 236
Plínio, o velho, 329
Plotino Amaro Duarte, 163
Pompeu Mascarenhas, 373
Princesa Isabel, 88, 238
Professor Boato, 130, 131
Prudêncio Ribeiro, 113

Q

Querubim Trovão, 169
Quincas Ferreira, 218

R

Ramão, 145
Ramiro Barcellos, 336, 359, 361
Ramiz Galvão, 262
Ramón del Valle-Inclán, 283
Ramón Trápaga, 116
Raquel, 60
Raul D'Anvers, 139, 141
Raul Pompéia, 76
Raul Villeroy, 262
Raymundo Faoro, 38, 327

Regina (Filha de S. Lopes Filho), 47
Regina Zilberman, 38, 285, 286, 302
Ribeiro Cancella, 348
Ribeiro Taques, 262
Ribeyrolles, 375
Ricardo Piglia, 166, 374
Riobaldo, 30, 38, 300, 301
Rivadávia, 160
Roberto Arlt, 166, 315, 374
Roberto, 183, 184, 188
Rodolfo Amoedo, 238
Romualdo de Abreu e Silva, 338
Romualdo, 24, 25, 29, 38, 94, 192, 338, 351
Rosas, 27, 298
Rugendas, 375
Ruy Barbosa, 79

S

Sainte-Beuve, 35
Saint-Hilaire, 59, 224, 225
Saldanha Marinho, 110
Santos Vega, 26, 27
São Francisco de Paula, 239
Sátiro Clemente, 123
Sebastião Planella, 113, 133, 167, 244, 323, 363
Serafim Bemol, 95, 96, 99, 123, 129, 131, 133, 135, 136, 139, 143, 144,
     145, 146, 155, 158, 159, 167, 168, 169, 172, 174, 199, 241, 244,
     253, 308, 325, 348, 349, 364
Sia Mariana, 188, 189
Silvana (Filha de Catão Bonifácio), 54, 62, 75, 147, 152
Silvana Belchior da Cunha, (Filha de Felisberto Ignácio da Cunha), 54, 90

ÍNDICE ONOMÁSTICO

Silvana Claudina Coelho da Silva, 53, 54
Silvana Coelho Belchior, 53, 54, 61, 90, 252
Silvana de Freitas Ramos, 148
Silvestre da Fontoura Galvão, 148
Sílvio Júlio, 38, 283, 288, 295
Sílvio Romero, 255
Simeão, 60
Simeãozinho, 60, 62, 64, 150
Sinhá Jana, 247, 248
Soares Júnior, 219
Solano Lopes, 298
Sylvio Corrêa, 373
Sylvio da Cunha Echenique, 54, 91, 252, 253, 254, 303

T

Tancredo F. Mello, 261
Tandão Lopes, 49, 50, 51, 299
Tennyson, 128
Teófilo Borges de Barros, 262
Tereza, 150
Teschauer, Padre, 32, 327, 328
Theodósio de Menezes, 119, 140, 370
Theresa Coelho de Freitas, 53, 54, 60, 61, 68, 71, 72, 73, 75, 76, 90,
    100, 115 252
Theresa de Freitas Lopes (Ver Theresa Coelho de Freitas)
Thereza Maria de Jesus, 41
Timóteo de Faria, 262
Tinuca, 184
Tio Joca, 51
Tomás Carrasquilha, 283
Tonico, 145

Tristão Araripe, 298

U

Ulisses Cabral, 261
Urbano Garcia, 134
Urbano Garcia, 175

V

Valentim, 150
Vasco Pinto Bandeira, 156, 162
Vasconcellos Jardim, 331
Venâncio Filho, 185
Venuta, 88
Veríssimo de Mello, 289, 290
Vero, 62
Vicência (Filha de Simões Lopes), 42
Vicente (Filho de S. Lopes Filho), 46, 127
Victor Meirelles, 237, 238, 239
Victor Russomano, 374
Vieira Pires, 262
Violão, 184
Virgílio Lúcio de Matos, 121, 122
Virgílio Xavier, 218
Viriato Dorneles Vargas, 133
Visconde da Graça (Ver João Simões Lopes Filho)
Visconde de Pelotas, 117
Visconde de Sabóia, 80
Visconde do Rio Branco, 43, 44
Vítor Valpírio, 222, 223
Vitorino Ribeiro Carneiro Monteiro, 117, 118, 120

W

W. M. Jackson, 93
Waldemar Coufal, 140
Walter Spalding, 28
Wenceslau Escobar, 117
Wilson Afonso, 297, 298

Y

Yolanda e Caldas, 348

Z

Zé da hora,167, 244, 323, 363
Zeferina Antonia da Luz, 42, 43, 47, 124
Zeferino Brasil, 244, 261, 267

Este livro foi composto em fonte tipográfica Garamond Pro
11pt/15pt e impresso 108 anos após o falecimento de João Simões
Lopes Neto pela gráfica Printstore sob papel pólen $80g/m^3$ para a
Editora Coragem no verão de 2024.